LA LICENCE EN DROIT

PRÉCIS ÉLÉMENTAIRE

DE

DROIT CONSTITUTIONNEL

PAR

MAURICE HAURIOU

DOYEN HONORAIRE DE LA FACULTÉ DE DROIT
DE TOULOUSE

MEMBRE CORRESPONDANT DE L'INSTITUT

MEMBRE ASSOCIÉ DE L'ACADÉMIE ROYALE DE BELGIQUE

DEUXIÈME ÉDITION

LIBRAIRIE

DU

RECUEIL SIREY

(SOCIÉTÉ ANONYME)

22, Rue Soufflot, PARIS, 5e

1930

PRÉCIS ÉLÉMENTAIRE

DE

DROIT CONSTITUTIONNEL

BORDEAUX

IMPRIMERIE CADORET

3, Place Saint-Christoly

14.936. — 1929.

PRÉCIS ÉLÉMENTAIRE

DE

DROIT CONSTITUTIONNEL

PAR

MAURICE HAURIOU

DOYEN HONORAIRE DE LA FACULTÉ DE DROIT DE TOULOUSE

MEMBRE CORRESPONDANT DE L'INSTITUT

MEMBRE ASSOCIÉ DE L'ACADÉMIE ROYALE DE BELGIQUE.

DEUXIÈME ÉDITION

LIBRAIRIE

DU

RECUEIL SIREY

(SOCIÉTÉ ANONYME)

22, Rue Soufflot, PARIS, 5e

PRÉFACE [1]

Ce que l'on conçoit bien s'écrit brièvement. Cet aphorisme, imité de Boileau, m'a servi de programme.

La brièveté dans l'écriture n'est pas douteuse; en ces trois cents petites pages, l'essentiel des matières constitutionnelles aura été enfermé; quant à la bonne conception du sujet, j'espère également qu'elle aura été réalisée, non seulement au sens de la clarté de l'exposition, mais aussi et surtout au sens de la vérité des doctrines. Il est temps de renoncer au cliché des « vues intéressantes de l'auteur » qui met sur le même plan l'erreur et la vérité, car les erreurs doctrinales se révèlent dangereuses pour la société. J'ai cherché les vérités fondamentales en matière de Droit public, ma certitude de les avoir trouvées gît dans le fait que je me suis attaché aux idées classiques, particulièrement en ce qui concerne la doctrine du pouvoir qui, seule, permet de remettre en leur aplomb les deux théories essentielles de la souveraineté nationale et des sources du droit.

Il faut se bien pénétrer de la valeur de la tradition classique dans les choses de l'esprit. Les progrès de la civilisation, avec les nouveautés qui nous émerveillent, se limitent aux inventions matérielles et à la science des phénomènes physiques; il n'y a pas de nouveautés spirituelles; l'esprit humain a réagi sur la matière, mais, quant à lui, et quant aux principes des relations sociales qui dépendent de lui, rien d'essen-

---

(1) Cette seconde édition du *Précis élémentaire de droit constitutionnel* a été entièrement préparée par les soins de Maurice Hauriou, que la mort est venue surprendre alors qu'il se disposait à envoyer le manuscrit à l'impression.

Le signataire de ces lignes n'a donc assumé qu'un travail d'ordre matériel, à part l'indication de quelques faits nouveaux survenus depuis mars 1929.

André Hauriou.

tiel n'a été changé. De la somme des idées philosophiques et juridiques que les civilisations se sont transmises, il s'est dégagé un système juridique classique; ce classique du droit s'impose à nos préférences qualitatives, avec la même force que le classique de la littérature ou celui de la sculpture et pour les mêmes raisons : la vérité de l'observation, la justesse des proportions et de leur équilibre. Les nouveautés juridiques qui vont directement à l'encontre des thèmes classiques fondamentaux sont des erreurs certaines; la vigueur ou le talent avec lesquels elles sont affirmées ne doivent pas nous faire illusion.

J'ai divisé l'organisation constitutionnelle en deux parties : la constitution politique et la constitution sociale; sous la seconde rubrique, j'ai rangé les libertés individuelles, mais en mettant en relief les libertés de fondation et d'association par lesquelles sont créés les corps spontanés, syndicats, associations, établissements, et grâce auxquelles la société civile se protège elle-même dans une large mesure, sans avoir à faire appel au protectorat politique de l'Etat et, donc, possède une constitution sociale autonome.

Ainsi le Droit constitutionnel est « tête de chapitre » en Droit privé comme en Droit public. En Droit public, parce qu'il est le droit de la fondation de l'Etat, de son organisation et de sa personnification et qu'il commande en ce sens, d'une part, le droit international public, d'autre part, le droit administratif qui, chacun de leur côté, régissent les œuvres de la personne Etat. En Droit privé, il est « tête de chapitre » aussi, puisqu'il fonde les droits individuels, non seulement ceux qui s'emploient au commerce juridique, mais encore ceux qui servent aux organisations sociales spontanées.

C'est à cette valeur juridique éminente, autant qu'à son importance pour la liberté politique, que le Droit constitutionnel doit d'être placé en première année de licence; il est une initiation au système juridique, tout autant qu'au système politique, et ses doctrines orientent l'étudiant pour toute la suite des études.

Maurice Hauriou.

TEXTE ACTUELLEMENT EN VIGUEUR
DES TROIS LOIS CONSTITUTIONNELLES DE 1875

—•—

Loi du 25 février 1875

Relative à l'organisation des pouvoirs publics.

(L'article 9 de cette loi, relatif au siège des pouvoirs publics, avait été abrogé lors de la revision du 21 juin 1879. Un nouvel article 9 lui a été substitué par la revision constitutionnelle du 10 août 1926; il est relatif à la caisse d'amortissement.)

Art. 1er. — Le pouvoir législatif s'exerce par deux assemblées : la Chambre des députés et le Sénat. — La Chambre des députés est nommée par le suffrage universel dans les conditions déterminées par la loi électorale. — La composition, le mode de nomination et les attributions du Sénat seront réglés par une loi spéciale.

2. Le Président de la République est élu à la majorité absolue des suffrages par le Sénat et par la Chambre des députés réunis en Assemblée nationale. — Il est nommé pour sept ans. Il est rééligible.

3. Le Président de la République a l'initiative des lois, concurremment avec les membres des deux Chambres. Il promulgue les lois lorsqu'elles ont été votées par les deux Chambres; il en surveille et en assure l'exécution. — Il a le droit de faire grâce; les amnisties ne peuvent être accordées que par une loi. — Il dispose de la force armée. — Il nomme à tous les emplois civils et militaires. — Il préside aux solennités nationales; les envoyés des ambassadeurs des puissances étrangères sont accrédités auprès de lui. — Chacun des actes du Président de la République doit être contresigné par un ministre.

4. Au fur et à mesure des vacances qui se produiront à partir de la promulgation de la présente loi, le Président de la République nomme, en conseil des ministres, les conseillers d'Etat en service ordinaire. — Les conseillers d'Etat ainsi nommés ne pourront être révoqués que par décret rendu en conseil des ministres.

5. Le Président de la République peut, sur l'avis conforme du Sénat, dissoudre la Chambre des députés avant l'expiration de son mandat. — (Ainsi modifié, L. 14 août 1884, art. 1er). En ce cas, les collèges électoraux sont *réunis* pour de nouvelles élections, dans le délai de *deux mois*, et la Chambre dans les dix jours qui suivent la clôture des opérations électorales.

6. Les ministres sont solidairement responsables devant les Chambres de la politique générale du Gouvernement, et individuellement de leurs actes personnels. — Le Président de la République n'est responsable que dans le cas de haute trahison.

7. En cas de vacance par décès ou pour toute autre cause, les deux Chambres réunies procèdent immédiatement à l'élection d'un nouveau président. — Dans l'intervalle, le Conseil des ministres est investi du pouvoir exécutif.

8. Les Chambres auront le droit, par délibérations séparées, prises dans chacune à la majorité absolue des voix, soit spontanément, soit sur la demande du Président de la République, de déclarer qu'il y a lieu de reviser les lois constitutionnelles. — Après que chacune des deux Chambres aura pris cette résolution, elles se réuniront en Assemblée nationale pour procéder à la revision. — Les délibérations portant revision des lois constitutionnelles, en tout ou en partie, devront être prises à la majorité absolue des membres composant l'Assemblée nationale. — (Paragraphe ajouté, L. 14 août 1884, art. 2). La forme républicaine du Gouvernement ne peut faire l'objet d'une proposition de revision. Les membres des familles ayant régné sur la France sont inéligibles à la Présidence de la République.

9. (Revision du 10 août 1926). L'autonomie de la Caisse de gestion des bons de la défense nationale et d'amortissement de la dette publique a le caractère constitutionnel. Seront affec és à cette Caisse jusqu'à l'amortissement complet des bons de la défense nationale et des titres créés par la Caisse : 1° Les recettes nettes de la vente des tabacs; — 2° Le produit de la taxe complémentaire et exceptionnelle sur la première mutation, le produit des droits de succession et les contributions volontaires. — Le produit des ressources ci-dessus énumérées au cours du premier exercice qui suivra la promulgation de la présente loi constitue la dotation annuelle minimum de la Caisse d'amortissement. En cas de diminution ultérieure de ces ressources, un crédit au moins égal à cette insuffisance sera inscrit au budget.

Loi constitutionnelle du 24 février 1875

Sur l'organisation du Sénat.

(Les articles 1 à 7 de cette loi ont été abrogés par la loi de revision du 14 août 1884 et remplacés par les dispositions de la loi du 9 décembre 1884; les articles 10 et 11 contenaient des dispositions transitoires.)

8. Le Sénat a, concurremment avec la Chambre des députés, l'initiative et la confection des lois. — Toutefois, les lois de finances doivent être, en premier lieu, présentées à la Chambre des députés et votées par elle.

9. Le Sénat peut être constitué en cour de justice pour juger, soit le Président de la République, soit les ministres, et pour connaître des attentats commis contre la sûreté de l'Etat.

Loi constitutionnelle du 16 juillet 1875

Sur les rapports des pouvoirs publics.

(Le dernier paragraphe de l'article 1er, relatif aux prières publiques,
a été abrogé par la revision du 14 août 1884.)

Art. 1er. — Le Sénat et la Chambre des députés se réunissent chaque année le second mardi de janvier, à moins d'une convocation antérieure faite par le Président de la République. — Les deux Chambres doivent être réunies en session cinq mois au moins chaque année. La session de l'une commence et finit en même temps que celle de l'autre.

2. Le Président de la République prononce la clôture de la session. Il a le droit de convoquer extraordinairement les Chambres. Il devra les convoquer si la demande en est faite, dans l'intervalle des sessions, par la majorité absolue des membres composant chaque Chambre. Le Président peut ajourner les Chambres. Toutefois, l'ajournement ne peut excéder le terme d'un mois, ni avoir lieu plus de deux fois dans la même session.

3. Un mois au moins avant le terme légal des pouvoirs du Président de la République, les Chambres devront être réunies en Assemblée nationale pour procéder à l'élection du nouveau Président. — A défaut de convocation, cette réunion aura lieu de plein droit le quinzième jour avant l'expiration de ces pouvoirs. — En cas de décès ou de démission du Président de la République, les deux Chambres se réunissent immédiatement et de plein droit. — Dans le cas où, par application de l'article 5 de la loi du 25 février 1875, la Chambre des députés se trouverait dissoute au moment où la Présidence de la République deviendrait vacante, les collèges électoraux seraient aussitôt convoqués, et le Sénat se réunirait de plein droit.

4. Toute assemblée de l'une des deux Chambres qui serait tenue hors du temps de la session commune est illicite et nulle de plein droit, sauf le cas prévu par l'article précédent et celui où le Sénat est réuni comme cour de justice; et, dans ce dernier cas, il ne peut exercer que des fonctions judiciaires.

5. Les séances du Sénat et celles de la Chambre des députés

sont publiques. — Néanmoins, chaque Chambre peut se former en comité secret, sur la demande d'un certain nombre de ses membres, fixé par le règlement. — Elle décide ensuite, à la majorité absolue, si la séance doit être reprise en public sur le même sujet.

6. Le Président de la République communique avec les Chambres par des messages qui sont lus à la tribune par un ministre. — Les ministres ont leur entrée dans les deux Chambres et doivent être entendus quand ils le demandent. Ils peuvent se faire assister par des commissaires désignés, pour la discussion d'un projet de loi déterminé, par décret du Président de la République.

7. Le Président de la République promulgue les lois dans le mois qui suit la transmission au Gouvernement de la loi définitivement adoptée. Il doit promulguer dans les trois jours les lois dont la promulgation, par un vote exprès dans l'une et l'autre Chambre, aura été déclarée urgente. — Dans le délai fixé pour la promulgation, le Président de la République peut, par un message motivé, demander aux deux Chambres une nouvelle délibération qui ne peut être refusée.

8. Le Président de la République négocie et ratifie les traités. Il en donne connaissance aux Chambres aussitôt que l'intérêt et la sûreté de l'Etat le permettent. — Les traités de paix, de commerce, les traités qui engagent les finances de l'Etat, ceux qui sont relatifs à l'état des personnes et au droit de propriété des Français à l'étranger, ne sont définitifs qu'après avoir été votés par les deux Chambres. Nulle cession, nul échange, nulle adjonction de territoire ne peut avoir lieu qu'en vertu d'une loi.

9. Le Président de la République ne peut déclarer la guerre sans l'assentiment préalable des deux Chambres.

10. Chacune des Chambres est juge de l'éligibilité de ses membres et de la régularité de leur élection; elle peut seule recevoir leur démission.

11. Le bureau de chacune des deux Chambres est élu chaque année pour la durée de la session, et pour toute session extraordinaire qui aurait lieu avant la session ordinaire de l'année suivante. — Lorsque les deux Chambres se réunissent en Assemblée nationale, leur bureau se compose des président, vice-présidents et secrétaires du Sénat.

12. Le Président de la République ne peut être mis en accusation que par la Chambre des députés et ne peut être jugé que par le Sénat. — Les ministres peuvent être mis en accusation par la Chambre des députés pour crimes commis dans l'exercice de leurs fonctions. En ce cas, ils sont jugés par le Sénat. — Le Sénat peut être constitué en cour de justice par un décret du Président de la République, rendu en conseil des ministres, pour juger toute personne prévenue d'attentat commis contre la sûreté de l'Etat. — Si l'instruction est commencée par la justice ordinaire, le décret de convocation du Sénat peut être rendu jusqu'à l'arrêt de renvoi. — Une loi déterminera le mode de procéder pour l'accusation, l'instruction et le jugement.

13. Aucun membre de l'une ou de l'autre Chambre ne peut être poursuivi ou recherché à l'occasion des opinions ou votes émis par lui dans l'exercice de ses fonctions.

14. Aucun membre de l'une ou de l'autre Chambre ne peut, pendant la durée de la session, être poursuivi ou arrêté en matière criminelle ou correctionnelle, qu'avec l'autorisation de la Chambre dont il fait partie, sauf le cas de flagrant délit. — La détention ou la poursuite d'un membre de l'une ou de l'autre Chambre est suspendue, pendant la session, et pour toute sa durée, si la Chambre le requiert.

INTRODUCTION

I. — Définition du droit constitutionnel.

Le Droit constitutionnel est une branche du Droit public. Le Droit public se distingue du Droit privé par les traits suivants :

Le Droit privé a pour objet les relations sociales de la vie civile, commerciale et industrielle qui, actuellement, sont sous la protection de l'Etat, mais qui, à d'autres époques historiques, ont été sous la protection d'organisations politiques d'une autre espèce : clans, tribus, seigneuries féodales; le Droit privé peut donc se concevoir sans l'Etat. Au contraire, le Droit public est le droit de l'Etat; il a pour objet les relations de la vie publique constitutives de l'organisation et de l'activité de l'Etat, organisme politique qui protège actuellement la vie civile dans les pays civilisés.

Le *Droit public* se divise en trois branches : le *Droit international public*, le *Droit administratif* et le *Droit constitutionnel*.

Le *Droit international public* est une branche externe du Droit public; il a pour objet les « relations extérieures » ou les « affaires étrangères » de l'Etat, c'est-à-dire, les multiples relations de paix ou de guerre qu'un Etat déterminé soutient avec les Etats étrangers et avec l'ordre international;

Le *Droit administratif* est une branche interne du Droit public; il a pour objet l'*administration publique*, c'est-à-dire, l'organisation de police et de services publics grâce à laquelle l'Etat satisfait, d'une façon régulière et continue, aux besoins communs et aux intérêts généraux des habitants du pays;

Le *Droit constitutionnel* est également une branche interne du Droit public; il a pour objet la *constitution politique et sociale de l'Etat*. La *constitution politique de l'Etat* vise : d'une part, *l'organisation et le fonctionnement du gouvernement*, c'est-à-dire, de l'ensemble des pouvoirs politiques qui dirigent la vie du groupe; d'autre part, l'organisation de la *liberté politique*, c'est-à-dire, de la participation des citoyens au gouvernement.

La *constitution sociale de l'Etat* vise l'ordre social envisagé comme un ordre individualiste reposant sur la double base des libertés individuelles et des institutions privées et spécialement garanti par le pouvoir judiciaire.

II. — Emploi de la méthode d'observation et principes qu'elle permet de dégager.

Il convient, pour l'étude du Droit constitutionnel, d'employer la méthode d'observation, car le phénomène de l'organisation constitutionnelle des Etats comme celui de la Société privée est en grande partie naturel et spontané. L'observation doit être à la fois historique et comparative :

La méthode doit être historique, parce que le régime constitutionnel s'est déjà reproduit deux fois dans l'histoire de la civilisation méditerranéenne; une première fois, à l'époque des Etats antiques, et une seconde fois, au xviii° siècle de notre ère, alors que les Etats modernes avaient déjà, pour la plupart, sept à huit siècles d'existence; à ce premier point de vue, on peut, pour les Etats modernes, profiter des expériences faites dans les Etats antiques et nous verrons, notamment, que le referendum procède du *gouvernement direct de l'assemblée du peuple,* institution léguée par les républiques antiques.

A un autre point de vue, l'observation historique nous enseigne comment les institutions se sont formées et ont évolué, soit chez les anciens, soit chez les modernes; il est précieux, par exemple, de voir comment le *régime représentatif* s'est formé chez les peuples modernes et comment il a évolué chez certains en *régime parlementaire,* chez d'autres en *régime présidentiel,* chez d'autres en *régime directorial,* chez d'autres encore en *régime conventionnel.*

La méthode doit être comparative, c'est-à-dire, ne pas se borner à l'étude de quelques constitutions, mais s'étendre à un grand nombre. Déjà Aristote avait fait un recueil des constitutions de 158 cités grecques et barbares de son temps. Ces études comparatives doivent être poursuivies pour les constitutions modernes. Elles révèlent une grande varité de combinaisons diverses.

Un droit commun constitutionnel se constitue. — Malgré cette diversité, on discerne cependant l'existence d'un certain nombre de types communs, non seulement dans les constitutions sociales où l'on retrouve partout les mêmes institutions, mais même dans les constitutions politiques où l'on observe plusieurs formes de gouvernements, mais où l'on voit aussi que chacune a sa logique propre, tirée de la nécessité de l'équilibre des pouvoirs. En ce sens, il existe *un droit commun constitutionnel* au nom duquel on peut juger les institutions d'un pays déterminé; c'est ainsi qu'il existe un type normal du régime parlementaire et qu'on peut affirmer que la dualité des chambres et la dissolution de la chambre basse par le chef de l'Etat en sont des éléments essentiels, au même titre que le gouvernement de cabinet et la responsabilité des ministres devant le parlement.

Des principes constitutionnels se dégagent. — Il suit de là que la méthode d'observation conduit d'elle-même à un certain emploi de la méthode déductive, à mesure qu'elle dégage des observations dont la constance paraît suffisante pour qu'elles soient érigées en *principes;* c'est ainsi que de l'observation du gouvernement représentatif et parlementaire anglais, aux débuts du xviii° siècle, Montesquieu a cru pouvoir dégager le *principe de la séparation des pouvoirs,* dont on a ensuite tiré des déductions. Ce principe a été et est encore très discuté, surtout parce qu'il a été mal compris, nous aurons à l'apprécier; en tout cas, cet exemple prouve qu'avec beaucoup de prudence, des principes constitutionnels peuvent être dégagés de l'expérience; ils seront, d'ailleurs, d'autant plus féconds qu'ils seront mieux d'acord avec la psychologie positive (ce qui est vrai du principe de la séparation des pouvoirs), car les tendances de l'esprit humain sont d'une remarquable constance.

III. — Indication du plan de l'ouvrage.

LIVRE I

LES PRINCIPES CONSTITUTIONNELS.

Chapitre I. — Les principes de l'Etat moderne.
Chapitre II. — La liberté politique moderne.

LIVRE II

LES LOIS CONSTITUTIONNELLES.

Chapitre I. — Théorie générale du droit de la constitution.
Chapitre II. — Les constitutions de la France.

LIVRE III

L'ORGANISATION CONSTITUTIONNELLE.

PREMIÈRE PARTIE.

La constitution politique.

Chapitre préliminaire. — La forme Républicaine et le régime parlementaire.
Chapitre I. — Le pouvoir Exécutif.

LIVRE PREMIER
LES PRINCIPES CONSTITUTIONNELS

CHAPITRE PREMIER
LES PRINCIPES DE L'ETAT MODERNE

SECTION PREMIERE

LES ELEMENTS POLITIQUES DE L'ETAT MODERNE

Sommaire. — **I.** Définition de l'Etat moderne. — **II.** L'Etat est l'organisation politique d'une nation. — **III.** L'Etat est un gouvernement centralisé; la puissance publique de l'Etat; la souveraineté. — **IV.** L'Etat est la superposition d'une chose publique à la chose privée.

I. — DEFINITION DE L'ETAT MODERNE

L'Etat est *l'organisation politique d'une nation comportant un gouvernement centralisé et l'entreprise d'une chose publique superposée à la chose privée.*

Cette définition contient trois propositions, dont chacune vise l'un des caractères essentiels de l'Etat :

L'Etat est l'organisation politique d'une nation·

L'Etat est un gouvernement centralisé;

L'Etat est l'entreprise d'une chose publique qui va se superposer à la chose privée existant d'avance dans la nation.

II. — L'ETAT EST L'ORGANISATION POLITIQUE D'UNE NATION.

Il serait même plus exact de dire que l'Etat est *la forme politique d'une nation*, puisque toutes les nations, quand elles ont suffisamment pris conscience d'elles-mêmes et qu'elles sont maîtresses de leurs destinées adoptent spontanément cette forme. D'autre part, la forme et le mécanisme de l'Etat ne peuvent pas être utilement adoptés par des populations qui ne sont pas arrivées au stade de civilisation que suppose le groupement national. Ces populations doivent provisoirement conserver les formes politiques plus simples de la tribu ou du clan.

L'Etat est donc une forme entièrement liée à une matière qui est une nation ou, tout au moins, une population évoluée jusqu'au stade national. Beaucoup d'éléments que l'on étudie d'ordinaire à propos de l'Etat appartiennent en réalité à la nation.

Ainsi l'élément de population de l'Etat est, en réalité, la population nationale;

L'élément de territoire de l'Etat est en réalité le territoire national, car déjà les nations sont à l'état sédentaire;

L'élément de société civile et de chose privée qu'il y a dans l'Etat appartient encore à la nation car la société civile et privée existait en elle bien avant qu'elle ne fût parvenue au stade national.

A. *Les nations* (1). — Les groupements sociaux ayant pris conscience de leur unité morale et de leurs intérêts communs et prêts à former des communions étatiques sont les nations.

Il faut considérer les nations comme des formations historiques qui succèdent chronologiquement aux formations plus primitives des clans, des tribus, des principautés féodales. Dans l'antiquité, nous voyons les nations ou *gentes* constituées dès l'aube des temps historiques; dans les temps modernes, les nations de l'Europe se sont constituées pendant le Moyen âge; de nos jours, nous voyons se former sous nos yeux de nouvelles nations, par exemple la nation américaine.

Si les nations sont des formations historiques, cela veut dire que c'est la destinée commune des populations qui détermine en elles la conscience de leur unité morale, et il y a lieu de se demander sous l'influence de quels faits. C'est le célèbre problème de la *formation des nations,* ou de la *définition des nations.* Pour résoudre ce problème, il convient de mettre en ligne trois séries de faits : *a)* les événements historiques; *b)* les éléments ethniques, race, langue, religion; *c)* l'élément de la parenté spirituelle.

a) Les événements historiques et les intérêts communs. — La destinée commune des populations sédentaires est fortement déterminée par tous les événements qui viennent affecter le territoire qu'elles habitent : guerres, invasions, calamités physiques ou, au contraire, propérité agricole, relations commerciales, années heureuses. Ces événements entraînent des souvenirs communs de souf-

---

(1) Bibliogr. — Renan, *Qu'est-ce qu'une nation ?* Broch. 1882; Lefur, *Race et nationalité (Rev. cath. des institutions et du droit,* 1921); *Nationalité et Etats (Rev. de droit international,* 1921); René Johannet, *Le principe des nationalités,* 1921.

france, de gloire ou de bonheur (Renan). Mais il ne faut pas oublier les intérêts communs d'ordre matériel que la cohabitation sur le même territoire fait nécessairement surgir, intérêts de production agricole et de commerce. On saisit ici le rôle important que joue l'habitat commun dans la création de la communion nationale;

b) **Les éléments ethniques, la race, la langue, la religion.** — Ces éléments sont importants, mais il faut se garder de leur accorder une action exclusive :

1° En ce qui concerne la communauté de langage et de religion. Assurément, cette communauté facilite la formation de l'unité morale nationale; cependant, il faut remarquer, d'une part, qu'il existe aujourd'hui beaucoup de nations sans unité religieuse, et un certain nombre de nations bilingues ou trilingues (Belgique, Suisse, etc.), sans compter les nations où, à côté de la langue officielle, subsistent des patois locaux ou des langues locales, ce qui est le cas même en France; d'autre part, que toutes les populations de même religion ou de même langue ne constituent point une même nation, ainsi toutes les populations catholiques ne constituent point une seule et même nation, ni même toutes les populations de langue française (Suisse romande, Belgique wallonne, Canada), ni toutes celles de langue anglaise, ni toutes celles de langue espagnole. Il serait plus exact de dire que les différences de religion ou de langue sont un obstacle à la formation nationale tant que les populations n'ont pas compris fortement leurs intérêts communs, surtout les religions lorsqu'elles ne sont pas de même famille.

2° En ce qui concerne la communauté de race, on doit concéder que cette communauté facilite, elle aussi, la formation de l'unité morale nationale. Assurément, il doit exister, dans une nation, un très important *noyau racique* destiné à assimiler rapidement les immigrés et capable de neutraliser l'action des étrangers et des métèques. Mais *la race ne doit pas être entendue au sens allemand* comme une communauté de sang qui se serait maintenue pure depuis les lointaines origines aryennes. Il n'y a pas de race ancienne qui soit restée pure. Les races se font et se défont par un continuel métissage. Les races supérieures sont le résultat d'un métissage heureux; la race anglaise est anglo-saxonne; la race française, gallo-romaine et franque.

c) **L'élément de la parenté spirituelle.** — La parenté spirituelle fait des nations des *formations spirituelles* (Renan). Elle est l'élément essentiel, et il faut bien admettre que si elle est préparée par les autres éléments, par les événements historiques, par les intérêts communs, par la communauté de race, de langue et de religion, dans une large mesure aussi elle existe spontanément. Il y a des esprits parents, des âmes sœurs, des mentalités pareilles. C'est cette parenté spirituelle qui fait dire à nombre d'étrangers de tous les pays « qu'ils ont deux patries, la leur et puis la France ». Cela signifie qu'ils ont deux parentés spirituelles. C'est aussi l'explication du phénomène de l'assimilation. Un étranger est assimilé, non pas quand il a les mêmes idées qu'un national, car les idées sont différentes même entre nationaux, mais quand il a acquis la même mentalité, c'est-à-dire la même tournure d'esprit, la même façon d'envisager toutes les idées. *Une nationalité est une mentalité;* il y a une mentalité anglaise, une mentalité espagnole ou italienne, et c'est directement de cette mentalité commune que découle *l'unité morale nationale*, laquelle engendre à son tour la communion.

B. *Le rôle du territoire national dans l'Etat.* — La nation et l'Etat sont assis sur un territoire qui a des frontières et qui est, pour ainsi dire, leur siège. En Droit public il y a plusieurs systèmes sur la condition de ce territoire : *territoire sujet, territoire objet, territoire limite.*

a) La théorie du *territoire sujet* suppose la personnalité morale de l'Etat et envisage le territoire comme un élément de la volonté subjective de cette personnalité, en ce sens que, cette volonté ne pouvant être autonome et souveraine que dans un domaine limité, le territoire réalise la condition de ce domaine limité;

b) La théorie du *territoire objet* se place au point de vue juridique des droits de l'Etat; le territoire est alors l'objet d'une sorte de domaine éminent de l'Etat qui est un des aspects de la souveraineté;

c) La théorie du *territoire limite* se place au point de vue du ressort de la puissance d'Etat; c'est la circonscription de la compétence globale de l'Etat, laquelle s'exerce sur les populations à raison de leur habitation sur le territoire, de même que les circonscriptions administratives sont le ressort des diverses compétences des autorités particulières. C'est à cette dernière théorie que l'on doit donner la préférence, comme étant la plus utile; mais il convient d'ajouter que le territoire, en même temps qu'il est le ressort de la compétence de l'Etat, est aussi celui du protectorat de la vie civile, exercé par lui. Cette addition permet de comprendre la distinction du territoire métropolitain et des teritoires coloniaux; la vie civile des indigènes des possessions coloniales n'ayant pas le même développement que la vie civile des citoyens de la métropole, la protection de l'Etat ne peut pas s'exercer de la même façon sur les deux territoires. Il se constitue dans le territoire métropolitain un droit de cité supérieur et un pays légal qui réagissent sur le pouvoir politique de l'Etat pour créer de la liberté politique, et cela n'existe pas dans les territoires coloniaux.

C. *Les relations entre une nation et sa forme Etat.* — Ici deux questions se posent dont l'une intéresse le Droit international et l'autre le Droit constitutionnel.

1º Est-ce qu'a chaque nation un Etat doit correspondre ? — Du principe des nationalités. — En cette matière, il faut écarter le point de vue juridique pour s'en tenir au point de vue politique : par conséquent, il ne faut pas entendre en un sens juridique le célèbre *principe des nationalités*, qui se formule ainsi : « Toute nation a le droit de former un Etat distinct et autonome. » Il ne s'agit pas là d'un droit véritable, parce qu'une nation n'est pas une entité juridique. Mais le principe des nationalités a une valeur politique, en ce sens que toute nationalité énergique aspire en effet à se transformer en un Etat distinct et met en œuvre, dans ce but, toutes sortes de moyens politiques quand les circonstances sont favorables : insurrections, révolutions, intrigues internationales. En outre, le principe politique des nationalités a été favorablement accueilli par l'opinion depuis l'avènement des démocraties, parce qu'il s'apparente à celui de la souveraineté nationale d'où l'on tire le droit des peuples à disposer d'eux-mêmes. Au xix⁰ siècle, ce principe a présidé à la formation de l'unité italienne et à celle de l'unité de l'empire allemand, sous l'œil bienveillant du démocrate Napoléon III; et, lors du remaniement de la carte de l'Europe, après la guerre de 1914, il a présidé à la naissance des nombreux Etats issus du démembrement de la Russie, de l'Autriche et de l'Allemagne, sous l'impulsion du très démocrate président Wilson; — En réalité, il doit être tenu compte d'un principe antagoniste qui est celui de « l'Etat viable politiquement et économiquement »; car il y a bien des conditions à réunir pour qu'un Etat soit viable, et toutes les nationalités ne réalisent pas ces conditions.

2º De la survivance de l'élément nation a l'intérieur de l'Etat et dans son droit public interne. — Nous écartons le cas des Etats fédéraux dans lesquels des nationalités particulières peuvent coexister, nous écartons également le cas des possessions coloniales, pour poser la question dans les seuls Etats unitaires et métropolitains. Dans la France métropolitaine, par exemple, où les limites de la nation française coïncident exactement avec celles de l'Etat français, y a-t-il un intérêt quelconque à distinguer la nation et l'Etat ? La nation ne constitue certainement pas une entité juridique distincte de l'Etat; mais, d'un point de vue politique, on peut opposer la nation, comme communion gouvernée, au gouvernement de l'Etat. Cette opposition correspond à celle de la société civile et de la société politique et à celle du droit privé et du droit public; la nation a été rejetée dans la vie civile et l'Etat, représenté essentiellement par le gouvernement, exerce son protectorat sur la vie civile de la nation. Mais, avec le principe de la souveraineté nationale, nous assistons à une réaction politique de la nation sur son gouvernement dans lequel elle acquiert une participation. Cet équilibre du pouvoir gouvernemental de l'Etat et de la souveraineté nationale est à la base de notre droit public actuel.

III. — L'ETAT EST UN GOUVERNEMENT CENTRALISE;
LA PUISSANCE PUBLIQUE DE L'ETAT; LA SOUVERAINETE

Non seulement le gouvernement de l'Etat est centralisé, mais il est *superposé* aux anciennes organisations politiques que contenait la nation : tribus, clans, principautés et seigneuries féodales. Le roi, qui est le chef de l'Etat primitif, se place au-dessus des chefs de tribus, des chefs de clans, des barons féodaux. Pour conquérir un pouvoir effectif, il va être obligé de centraliser, c'est-à-dire d'attirer à lui, qui est un centre, les pouvoirs des anciens chefs locaux et de les dépouiller, car il n'y a dans un pays qu'une certaine quantité de pouvoir politique, surtout quand les sujets sont des hommes libres, ce qui est le cas dans l'Etat.

Cette matière comporte des développements :

A. Sur le pouvoir politique en général;

B. Sur le pouvoir politique d'Etat qui est une puissance publique;

C. Sur la centralisation du pouvoir d'Etat et sur la souveraineté.

A. *Le pouvoir politique en général.* — C'est celui qu'exerce un chef sur un groupement d'hommes libres en vue de la conduite du groupe vers ses destinées. C'est un pouvoir *sur des hommes libres*, parce que le pouvoir sur des esclaves ou sur des hommes non libres est une forme du droit de propriété plutôt qu'une forme du droit de conduite comme l'est le pouvoir politique. C'est un *pouvoir politique* en ce qu'il a pour objet la conduite d'un groupe, d'un tout social (*polis*, la cité).

Il y a lieu de distinguer dans la vie des sociétés des *pouvoirs de droit* ou *gouvernements de droit* et des *pouvoirs de fait* ou gouvernements de fait.

a) Les pouvoirs de droit ou gouvernements de droit. — Ce sont ceux qui ont été légitimés par l'acceptation des sujets et par l'*obligation de sujétion* que ceux-ci ont contractées envers eux. Cette obligation de sujétion résulte parfois de serments de fidélité formellement exprimés, mais, le plus souvent, elle s'établit par un consentement coutumier implicite et elle doit être présumée, après une certaine durée du gouvernement, surtout lorsque cette durée s'est accomplie en paix et que le gouvernement a été transmis par le chef primitif à des successeurs sans protestation ni trouble.

Le pouvoir de droit *est justifié* par le seul fait de son acceptation et ses *commandements sont légitimes* parce qu'ils sont eux aussi acceptés d'avance en même temps que le pouvoir lui-même. Toutefois reste à régler la question de savoir si, dans chaque cas particulier, les sujets sont obligés d'obéir sans discussion ou s'ils ont le droit de discuter avant d'obéir.

Il y a ici deux principes antagonistes : le *principe d'autorité*, sans lequel il n'y a pas de gouvernement possible, et le *principe de la discussion*, sans lequel il n'y a pas de liberté possible. Dans les régimes de liberté politique, il s'établit un compromis sur la base suivante : « En principe, tous les commandements du pouvoir d'Etat peuvent être l'objet d'une discussion préalable, à l'exécution, sauf dans les cas et dans les catégories de cas où la légitime défense de l'Etat exigent l'obéissance immédiate ». D'ailleurs, même dans les cas où l'obéissance préalable peut ainsi être exigée, une discussion contentieuse peut s'engager *a posteriori*. (Ce qui est le cas du contentieux administratif, contre les décisions administratives, qui sont exécutoires par provision).

La légitimité dans la transmission du pouvoir de droit. — Lorsqu'un pouvoir de droit s'est transmis d'un titulaire à l'autre, suivant des procédures consacrées, pendant un certain temps, ces transmissions successives donnent naissance à une sorte de coutume qui équivaut à une loi, et il y a alors *légitimité*, en ce sens que la succession au trône de France, par exemple, sous l'ancien régime, se produisait non pas à titre d'héritage, mais en vertu de la coutume ou loi fondamentale du royaume, ce qui affranchissait le nouveau roi du testament de son père.

b) Les pouvoirs de fait ou gouvernements de fait. — On appelle ainsi des gouvernements qui se sont emparés du pouvoir dans un pays par *conquête* ou par *révolution* et qui n'ont pas encore été acceptés par les sujets. S'emparer du pouvoir, cela signifie s'emparer des installations où siégeait le gouvernement précédent et se mettre à commander aux agents d'exécution comme le faisait le gouvernement précédent.

Existe-t-il une justification théorique du pouvoir de fait? — Bien des considérations d'opportunité et de prudence conseillent en pratique l'obéissance à cette sorte de pouvoir, mais existe-t-il une raison théorique ?

C'est ici le lieu de placer la justification par l'*origine divine du pouvoir*. Elle est pratiquement inutile en ce qui concerne le *pouvoir de droit* puisque celui-ci est déjà justifié par l'acceptation de la majorité des sujets. Mais elle peut avoir son utilité en ce qui concerne le *pouvoir de fait*.

Voici cette doctrine :

Le pouvoir a une *origine divine* « omnis potestas a Deo »; cette doctrine traditionnelle a revêtu deux formes successives en France : 1° la doctrine du *droit divin surnaturel* (Bossuet), qui consiste à dire que Dieu lui-même choisit les gouvernants et les investit de leurs pouvoirs; cette doctrine n'était compatible qu'avec la monarchie absolue; 2° la doctrine du *droit divin providentiel* (de Maistre et de Bonald), d'après laquelle le pouvoir, dans son principe, fait partie de l'ordre providentiel du monde, mais est mis à la disposition des gouvernants par des moyens humains; cette doctrine permet aussi bien la justification du pouvoir minoritaire, assumé par une élite, que du *pouvoir majoritaire*, exercé par les majorités populaires (*vox populi, vox Dei*).

Outre ses mérites théologiques et philosophiques, que nous ne discutons pas ici, cette doctrine a un double avantage : 1° elle signifie que l'instinct du pouvoir se trouve dans la nature humaine et en ce sens, est présocial; 2° elle place l'origine du pouvoir à la fois au-dessus de la collectivité sociale, au-dessus du droit propre des élites, au-dessus du droit propre de n'importe quel individu, c'est-à-dire qu'elle ne conduit à aucun absolutisme; elle est donc la plus favorable à la liberté.

La légitimation des gouvernements de fait et leur reconnaissance. — Les gouvernements et pouvoirs de fait peuvent devenir des pouvoirs de droit par une sorte de légitimation, lorsqu'en fait ils se sont consolidés et ont duré un certain temps, à une double condition :

1° Ils ne doivent pas être basés sur des principes foncièrement immoraux ni antisociaux;

2° Ils doivent avoir été *reconnus*, c'est-à-dire acceptés tant par leurs propres sujets que par les puissances étrangères. L'acceptation des sujets se produit de façon coutumière, mais elle est accélérée lorsque les corps de l'Etat et les diverses institutions privées sont entrées en relations régulières avec le gouvernement. Quant à la reconnaissance par les puissances étrangères, elle se produit par l'échange des ambassadeurs ou chargés d'affaires accrédités de part et d'autre.

Décrets-lois des gouvernements de fait. — A ce point de vue le droit public et la jurisprudence, moins exigeants que l'opinion, admettent très vite la validité des actes législatifs et gouvernementaux, et la font même réagir jusqu'au début du nouveau régime. C'est ainsi que tous les actes des *gouvernements de fait*, issus des coups d'Etat de brumaire an VIII, et du 2 décembre 1851, ainsi que de la révolution du 4 septembre 1870, ont été validés.

B. *La Puissance publique de l'Etat: son caractère politique, temporel et civil.* — Le pouvoir de l'Etat, qui porte le nom de *Puissance publique*, présente les caractères suivants qui lui sont très particuliers : c'est un pouvoir purement politique; un pouvoir civil; un pouvoir de centralisation à base territoriale :

a) La Puissance publique est un pouvoir purement politique qui laisse, en principe, aux sujets de l'Etat, leur entière liberté économique. A la différence des pouvoirs primitifs du chef de clan ou du baron féodal, qui sont des mélanges de domination sur les personnes et de propriété sur le sol, le pouvoir de l'Etat est uniquement un pouvoir de domination sur des hommes qui possèdent

tout au moins la liberté civile et qui se partagent la propriété du
sol, grâce à un régime de propriété privée individuelle. Le pouvoir
de l'Etat repose donc sur une sorte de *séparation du politique et
de l'économique*, ou, comme on le signale en histoire du droit,
sur une séparation de la puissance publique et de la propriété privée.

De ce point de vue, on peut constater combien le régime d'Etat
est individualiste et combien lui sont antinomiques tous les systèmes socialistes, collectivistes ou communistes qui tendent à la destruction de l'ordre individualiste par celle de la propriété privée;
c'est qu'en effet, ils ne peuvent pas détruire la propriété privée
sans détruire du même coup la puissance publique qui est le seul
protectorat politique qui soit compatible avec la propriété individuelle. Du même coup encore, ils détruiraient la liberté *politique*
parce qu'ils ruineraient sa base qui est la liberté civile;

b) **La Puissance publique est un pouvoir temporel. — Séparation du pouvoir religieux et du pouvoir temporel.** — Cette séparation correspond à peu près à celle de la morale et du droit, en ce
sens que le pouvoir religieux promulgue surtout des *règles morales*
et pourvoit aux intérêts moraux, tandis que l'Etat promulgue surtout des règles juridiques et pourvoit surtout aux intérêts matériels.
Cette séparation entre les domaines de la morale et du droit est
délicate et difficile à réaliser parce que les deux se superposent souvent. Depuis le moyen âge, il y a eu de nombreux et graves conflits
entre l'Eglise catholique, qui revendique énergiquement le domaine
moral et spirituel, et les Etats modernes, qui revendiquent non
moins énergiquement tout le domaine juridique et temporel. Ces
conflits ont abouti à des régimes de séparation entre les deux puissances : avec *concordat* dans les pays où les matières litigieuses
sont réglées par une sorte de traité passé avec le Saint-Siège : *sans
concordat*, dans les pays où les mêmes matières litigieuses sont
réglées unilatéralement par la législation de l'Etat.

La France avait vécu depuis François Ier sous le régime du concordat (1516), renouvelé par Napoléon en 1804, après l'interruption
de la Révolution; le régime concordataire a pris fin, après quatre
siècles d'existence, par la loi de séparation du 9 décembre 1905.
Les relations juridiques entre les deux Puissances ont été complètement rompues pendant une quinzaine d'années, le Saint-Siège
n'ayant pas accepté la législation unilatérale de 1905 basée sur les
associations cultuelles. Elles se sont renouées en 1921 par le rétablissement de l'ambassade française au Vatican et, en 1924, par le
fait que le Saint-Siège a accepté l'institution des *Associations diocésaines* pour l'administration des biens du culte, sur la base de la
législation de 1905.

La séparation absolue n'est pas possible entre l'Etat et l'Eglise parce qu'un Etat ne peut pas vivre sans morale et qu'une morale sans base religieuse, c'est-à-dire sans sanctions, est inefficace.

c) **La Puissance publique est un pouvoir civil. — Séparation du pouvoir civil et du pouvoir militaire: subordination de ce dernier.** — La suprématie de l'élément civil dans la Puissance publique est le résultat d'une évolution historique, car la plupart des Etats, à leurs débuts, présentent un caractère militaire accentué. Il faut noter aussi que les nécessités de la défense militaire, qui sont constantes, ne permettent point l'élimination complète de l'élément militaire et que, pendant les périodes de guerre ou de troubles, l'importance de cet élément grandit singulièrement. (V. *infra, état de guerre et état de siège*). Mais l'histoire nous enseigne que, avec le temps, la paix finit par être considérée comme l'état normal et que, dans cet état normal et justement pour le maintenir, il importe que le pouvoir militaire soit subordonné à un pouvoir civil et pour cela en soit séparé.

Le pouvoir civil est donc un *pouvoir organisé pour l'état de paix, et exercé par un personnel gouvernemental civil;* à côté de lui, il existe un pouvoir organisé pour l'état de guerre et exercé par un personnel militaire, mais ce second pouvoir est subordonné au premier, ce qui fait que le personnel militaire est subordonné au personnel civil.

Il existe deux procédés possibles de séparation entre le pouvoir civil et le pouvoir militaire : celui du cantonnement territorial et celui du cantonnement juridique.

Dans le procédé du *cantonnement territorial,* on distingue des territoires civils où s'exerce le pouvoir civil, et des territoires militaires où s'exerce le pouvoir militaire; ce procédé a été celui de la Rome antique, où le seul territoire civil était celui de l'*urbs Roma;* il est encore utilisé pour certaines possessions coloniales et aussi, en temps de guerre, pour la zone des armées.

Dans le procédé du *cantonnement juridique,* on admet la coexistence sur le même territoire des deux pouvoirs et des deux personnels, ce qui crée une situation très délicate, surtout avec le régime des armées nationales permanentes. Voici les précautions qui ont été prises en France pour assurer le cantonnement juridique du pouvoir militaire :

1° L'armée est écartée de la vie politique et pour ce, de l'organisation électorale et représentative, ce qui cantonne le jeu de la liberté politique à l'intérieur du régime civil : d'abord « nul corps armé ne peut délibérer » (art. 275, Const. an III). Ensuite, les officiers en activité et les soldats présents au corps ne votent pas, sont inéligibles, et, ainsi, ne participent pas au gouvernement du pays. Cette précaution est relativement récente (L. 30 nov. 1875), et n'existe pas dans tous les pays;

2° Sauf en cas d'*état de siège*, l'autorité militaire est complètement dénuée de pouvoirs de police sur la population civile, même
sur les hommes qui appartiennent encore à l'armée en qualité de
réservistes ou de territoriaux, mais qui sont rentrés dans la vie
civile (sauf pendant les périodes d'instruction);

3° L'autorité militaire, avec la force armée dont elle dispose, est
tenue de déférer aux *réquisitions écrites* de l'autorité civile, lorsque celle-ci en a besoin pour le maintien de l'ordre ou pour assurer
l'exécution des jugements et des lois (Const. 24 juin 1793, art. 112).
Ainsi, elle est essentiellement « subordonnée et obéissante », Const.
an III, art. 275;

4° Le Président de la République, magistrat éminemment civil,
« dispose de la force armée », aux termes de l'article 3 L. C. 25 février 1875, et assure la préséance de l'élément civil sur l'élément
militaire (Cfr. décret de messidor, refondu par décrets des 16 juin
1907 et 8 juillet 1908).

**C. *La Puissance publique est un pouvoir de centralisation à
base territoriale; centralisation et décentralisation politique.*** —
Le caractère centralisateur du pouvoir d'Etat est bien connu comme
une tendance à concentrer toute l'autonomie du pouvoir politique
entre les mains d'un gouvernement central, pour n'en laisser que
le moins possible aux rouages locaux disséminés dans le pays; mais
c'est aussi et en même temps une mainmise sur toutes les formes
du pouvoir politique, une reprise de tous les droits régaliens : justice, police, législation, finances, monnaies, etc.

Pour comprendre cette œuvre de centralisation, il faut se rendre
compte que le pouvoir d'Etat est *de superposition* et qu'il tire à
lui les pouvoirs préexistants au-dessus desquels il s'est établi. L'histoire des Etats fédéraux illustre très bien cette proposition. Lorsque des Etats se fédèrent, ils créent un Etat fédéral superposé à
eux-mêmes. Ils conservent une très large autonomie particulière,
mais quelque jaloux qu'ils soient de cette autonomie, ils ne peuvent
empêcher la compétence de l'Etat fédéral de se développer constamment au détriment de la leur. Ce progrès n'est autre chose que le
mouvement même de la centralisation, conséquence fatale de la
superposition des pouvoirs. Historiquement, la plupart des Etats se
sont constitués à la façon des Etats fédéraux, par « synécisme »,
ainsi que disaient les Grecs.

Les royautés du moyen âge ont été des confédérations de baron-
nies féodales. C'est-à-dire, que le roi primitif est un chef plus puissant, qui s'est subordonné les autres chefs du pays et qui, à leurs
pouvoirs anciens, a superposé une domination qui, par le fait même
de la superposition et de la centralisation, a revêtu des caractères
nouveaux et est devenue puissance publique d'Etat.

Il est à remarquer que toute cette opération est à base territoriale; car les mêmes hommes ne peuvent être soumis à la fois aux pouvoirs locaux et au pouvoir central superposé que parce que ces pouvoirs s'accumulent sur le territoire dont ils sont habitants.

Dans un pays comme la France où l'œuvre centralisatrice a été poussée à fond, les anciens pouvoirs locaux autonomes, qui étaient des pouvoirs féodaux, de même que les anciennes coutumes et les anciennes institutions, ont entièrement disparu. La Puissance publique règne seule. Sans doute, il a été reconstitué des départements et des communes, mais ce n'est qu'une décentralisation administrative qui ne limite pas la puissance publique; ce n'est plus cette décentralisation politique féodale qui, pendant longtemps, avait limité le pouvoir royal en l'obligeant à des négociations politiques avec les grands feudataires. Un point d'équilibre politique a été ainsi dépassé. Cet équilibre de superposition présentait des avantages. Les Etats fédéraux modernes n'ont fait que le ressusciter sous une forme plus savante. Il se peut que la France pâtisse de n'avoir plus aucune décentralisation politique et qu'elle soit obligée, dans l'intérêt même de la liberté politique, d'en chercher une nouvelle forme dans une société qu'elle contracterait avec celles de ses colonies qui pourraient recevoir un gouvernement libre.

D. *La souveraineté de l'Etat: conception politique et juridique.* — Il y a deux conceptions de la souveraineté, dont l'une est politique et l'autre juridique; ajoutons que la souveraineté doit être envisagée tantôt à l'extérieur, dans le plan du droit international public, tantôt à l'intérieur, dans le plan du droit public interne, et que, cependant, les mêmes conceptions de la souveraineté doivent se retrouver dans les deux plans.

a) Conception politique de la souveraineté. — Elle consiste dans l'idée de *l'indépendance fondamentale du Pouvoir de l'Etat*, qui est affranchi de toute espèce de subordination vis-à-vis de n'importe quel autre pouvoir. Cette conception s'est affirmée en France, au XVI° siècle, alors que le roi, ayant établi sa suprématie à l'intérieur sur les grands feudataires, avait proclamé également son indépendance vis-à-vis du Saint-Siège par la maxime des légistes que « le roi tient sa couronne de Dieu seul » (et non pas des mains du pape), — et, vis-à-vis du Saint-Empire, par la maxime qu'il est « empereur dans son royaume », et donc nullement subordonné à l'empereur germanique. Cette physionomie de la souveraineté comme indépendance est fixée dans l'ouvrage classique de Bodin, les *Six livres de la République* (1576), et, de France, s'est répandue dans toute l'Europe.

Cette conception politique s'est maintenue en droit international public où l'indépendance fondamentale des Etats souverains est à la base d'une quantité de principes et de règles, par exemple à la base du principe de non-intervention. Elle s'est maintenue aussi en Droit public interne, en ce sens que, dans tout gouvernement constitutionnel où il existe une séparation des pouvoirs, on est sûr de trouver un pouvoir souverain qui domine les autres pouvoirs et qui en fait est indépendant. C'est ainsi qu'en Angleterre, le Parlement est considéré comme souverain, tandis qu'aux Etats-Unis d'Amérique, le Congrès ne l'est pas : ce sont les neuf juges de la Cour suprême de justice qui sont souverains, parce qu'ils ont le pouvoir de rendre inefficaces les lois du congrès s'ils les déclarent inconstitutionnelles (V. *infra*, Gouvernement des juges).

En fait, la conception politique de la souveraineté « indépendance » est négative, en ce qu'elle se borne à écarter du pouvoir ce qui le limiterait; elle ne vise aucunement le contenu positif de ce pouvoir. C'est la conception juridique de la souveraineté qui va nous renseigner sur ce contenu positif.

b) Conception juridique de la souveraineté. — Elle consiste dans l'idée de la *propriété des droits régaliens de gouvernement, qui peut se dédoubler en une jouissance et un exercice de ces droits.* Cette conception juridique a la même origine historique que la conception politique, car si, au xiiie siècle, le roi de France a établi sa suprématie sur les grands feudataires, c'est qu'il a repris un à un, sous le nom de *droits régaliens*, tous les pouvoirs de Puissance publique indispensables au gouvernement centralisé d'un grand pays : droits de justice, police et finances, droits de législation et d'impôt, droit de battre monnaie, droit de légation, etc. Ce faisceau de droits régaliens constitue le contenu positif de la souveraineté.

1° Cette conception a été conservée par le droit international public qui fait jouer un grand rôle au faisceau des droits régaliens et qui les a enrichis de la catégorie des *droits fondamentaux* des Etats. Par une conséquence importante, elle a conduit le Droit international à admettre que la souveraineté n'est pas une et indivisible, qu'elle peut être partagée, qu'il peut y avoir des Etats mi-souverains aussi bien que des Etats souverains. C'est l'élément des droits régaliens qui a ouvert cette perspective car, par exemple, dans la combinaison du protectorat, l'Etat protégé aliène certains de ses droits régaliens, au moins ceux qui concernent les relations extérieures, mais conserve certains autres droits pour le gouvernement intérieur, par exemple le droit de législation. Ainsi, ne possédant plus que la moitié des droits régaliens, il n'a plus qu'une demi-souveraineté.

Il se révèle ici un conflit entre la conception politique de la souveraineté « indépendance » et la conception juridique de la souveraineté « faisceau de droits régaliens »; la première est facilement poussée à l'absolu, aboutit à la souveraineté une et indivisible, conduit à l'affirmation que les formations politiques qui ne sont plus complètement indépendantes ne sont plus des Etats; la conception juridique est moins absolue; elle admet que la souveraineté soit divisible, parce que le faisceau des droits régaliens l'est lui-même, et que des Etats mi-souverains soient encore des Etats, pourvu qu'il leur reste des droits régaliens fondamentaux comme celui de législation (V. *infra*, Etat fédéral);

2° Cette même conception juridique de la souveraineté a trouvé un regain de fortune dans le droit public interne parce qu'elle est le seul moyen d'expliquer la structure de la souveraineté nationale dans les pays démocratiques. Dès la Révolution de 1789, dans ce que l'on appelle « la doctrine de la délégation », on a trouvé l'essentiel de la formule : « La nation a la jouissance de la souveraineté, elle en délègue l'exercice. » Cette formule pose le principe de la souveraineté conçue comme faisceau des droits régaliens et des pouvoirs de gouvernement, car ce que la nation délègue, ce sont les pouvoirs de gouvernement. Nous verrons, au chapitre suivant, comment, par cette conception et par la distinction de la jouissance et de l'exercice, le principe de la souveraineté nationale se trouve pratiquement concilié avec celui du gouvernement représentatif.

IV. — L'ETAT EST LA SUPERPOSITION D'UNE CHOSE PUBLIQUE A LA CHOSE PRIVEE.

Pour bien comprendre ce dernier caractère de l'Etat, l'exemple historique de l'Etat féodal des premiers Capétiens nous sera extrêmement utile. Quelle était la situation de la France au xe siècle? Ce n'était qu'une immense chose privée, c'est-à-dire une agglomération de propriétés privées. Non seulement les terres étaient toutes possédées à titre privé, en alleu, censive ou fief, mais les anciens droits régaliens de l'Etat romain, les droits de justice, police, finances, monnaies, etc., étaient possédés à titre privé par le seigneur dans sa seigneurie.

Plus rien n'était public et, par conséquent, plus rien n'était commun, car la chose publique n'est qu'une variété de la chose commune. Il n'y avait plus ni propriétés communes, ni intérêts communs, ni bourse commune. Tous les services rendus par le seigneur étaient à titre privé et il les faisait payer, témoin le four banal.

Mais les groupes humains n'ont jamais pu se passer longtemps d'une part de communauté. Les barons féodaux, quand ils élisaient Hugues Capet, se rendaient bien compte qu'il y avait, au-dessus d'eux, des intérêts communs de la nation qui réclamaient l'organisme royal à titre d'organisme commun. A peu près en même temps, les bourgeois des villes, pour s'affranchir des seigneurs, évoquaient le souvenir des anciens *municipes* romains, organisations communautaires, et s'organisaient en corps de ville et en *communes*.

La royauté capétienne ne représenta d'abord qu'un patrimoine commun de souvenirs et d'espoirs, car il n'y avait ni domaine public, ni impôts publics, ni même législation publique; le roi gouverna longtemps avec les seules ressources de son domaine privé et de sa suzeraineté féodale, mais il y avait dans l'idée communautaire de la chose publique une force qui la fit rapidement grandir. Actuellement la chose publique, superposée par l'Etat à la chose privée, comprend un domaine public étendu à un trésor public, des impôts publics, une dette publique, qui ne sont que trop considérables, l'écheveau compliqué des services publics et l'armée des fonctionnaires publics avec la riche provision de compétences gouvernementales et administratives que leur activité suppose. Toutes ces ressources communes sont au service des intérêts communs des nationaux. Mais en même temps c'est la chose publique qui gouverne la nation et, par conséquent, la chose privée.

Cela ne signifie point que la communauté soit plus que l'individu, mais cela signifie que, dans une large mesure, le bien destiné aux individus ne peut être réalisé que par l'intermédiaire d'une communauté, peut-être parce que, par ce moyen, la distribution des biens et des avantages s'opère d'une façon plus égale que si elle était abandonnée à des initiatives individuelles. Notons donc que la communauté de la chose publique n'est qu'un moyen pour mieux servir la chose privée tout en la gouvernant; notons aussi que c'est une communauté très limitée et que notamment, détail essentiel, elle ne touche pas au régime individualiste des terres, qui est à la base de la production.

Le vrai danger de la chose publique est dans l'exagération du régime administratif et fiscal qu'elle entraîne, car elle est nourrie par l'impôt prélevé sur la chose privée. Les démocraties, qui sont dépensières, doivent particulièrement veiller au danger fiscal parce que laisser la fiscalité publique dévorer la chose privée serait tuer la poule aux œufs d'or.

SECTION II

LES CARACTERES JURIDIQUES DE L'ETAT MODERNE

Sommaire. — **I.** Le fondement juridique de l'Etat : le contrat social; le contrat politique; l'institution et le statut; la personnalité morale de l'Etat. — **II.** Les relations de l'Etat et du droit : La centralisation des sources du droit par l'Etat; la sanction du droit; la subordination de l'Etat au droit.

I. — LE FONDEMENT JURIDIQUE DE L'ETAT

C'est au Moyen âge, dans la théologie scolastique, et, ensuite, au xviie siècle, dans *l'Ecole du droit de la nature et des gens*, que l'on a commencé à se préoccuper du fondement juridique de l'Etat. On lui en a donné trois différents : le contrat social, le contrat politique, l'institution coutumière.

A. *La théorie du contrat social*. — Bien que les premiers linéaments s'en trouvent chez certains théologiens du moyen âge, elle a surtout été organisée par Hobbes dans le *Léviathan* (1651), et par J.-J. Rousseau dans le *Contrat social* (1762), non pas d'ailleurs dans le même esprit, car le système de Hobbes est à base de pessimisme et celui de Rousseau à basse d'optimisme. Nous donnons la construction de Rousseau, dont la vogue a été inouïe pendant la seconde moitié du xviiie siècle, et encore aux débuts du xixe et qui a eu une influence considérable sur les doctrines révolutionnaires.

A la base de cette construction, se trouve la distinction entre « l'état de nature » et « l'âge des institutions politiques ». Dans l'état de nature, l'homme était libre; lorsque les institutions politiques se sont organisées, il a été « dans les fers », parce que ces institutions ont été viciées. Elles n'auraient pu s'organiser pour exercer un pouvoir légitime que par le libre consentement de tous les intéressés; or, elles se sont organisées par la force. Il faut donc refondre la société, les institutions politiques et l'Etat lui-même. Cela ne peut être fait que par le *contrat social*, c'est-à-dire, par un pacte conclu par tous les intéressés librement et à l'unanimité, et par lequel ils reconstitueront le corps social en faisant spontanément abandon à la communauté de tous leurs droits et de leur personne même, sauf au corps social à leur restituer à son gré de nouveaux droits.

Cette construction, purement logique, a perdu tout crédit lorsque les publicistes eurent acquis un peu d'esprit historique. D'abord, le pacte social unanime n'a aucune réalité historique, comme fondement ou comme refonte de société. — Les constitutions écrites modernes, qui sont ce qui approcherait le plus (la théorie des constitutions écrites est en relations étroites avec la croyance au contrat social) sont traitées comme des *lois constitutionnelles;* de plus, elles n'ont jamais été acceptées par le consentement unanime des intéressés. Même quand elles ont été soumises au *referendum*, elles n'ont jamais été votées qu'à la majorité et il est des pays où elles conservent des adversaires irréconciliables sans que, pour cela, on les considère comme illégitimes. La pratique a donc dénoncé le caractère utopique du consentement unanime qu'exigerait le contrat.

C'est une seconde erreur de croire que les institutions sociales qui ne sont pas fondées sur le consentement contractuel unanime le sont sur la force. Elles sont fondées sur un « pouvoir de droit » qui ne se confond pas avec la force et qui est légitime (V. *supra*, p. 10) et, de plus, elles sont acceptées par le consentement coutumier de la majorité, et tout le monde sait bien que les affaires collectives ne peuvent marcher qu'à la majorité. Rousseau a sophistiqué la théorie du pouvoir et celle des constitutions.

Une troisième erreur manifeste est celle de la prétendue aliénation totale de leur personne et de leurs droits que feraient les contractants au profit du corps social. Non seulement, cette aliénation totale ne pourrait qu'engendrer l'absolutisme de l'Etat, mais historiquement elle est en contradiction avec les faits, la plupart des Etats s'établissant dans des conditions telles qu'il intervient des compromis avec les pouvoirs primitifs, d'où résultent des. réserves de libertés individuelles.

Enfin, à supposer qu'un contrat social fut réellement conclu à la base d'un Etat, cette situation contractuelle serait l'affaire d'un moment; la marche de l'Etat transformerait rapidement le contrat en une coutume avec des institutions, et tout serait à recommencer. C'est ainsi que la féodalité, régime établi par des contrats avant le x⁰ siècle, était devenue, au xvi⁰, un régime coutumier. C'est ainsi encore que du contrat conclu par des émigrants anglais sur le bateau *le May flower*, le 11 novembre 1620, il ne subsistait, au xviii⁰ siècle, que les lois et coutumes de l'Etat de Massachussets.

C'est dire que le contrat social est une construction *statique* qui ne résiste pas au mouvement historique des sociétés.

B. *La théorie du contrat politique.* — Le contrat politique est une réalité plus positive, quoique également d'une durée éphémère : l'histoire du droit public est pleine d'exemples de ces contrats qui sont *des conventions entre puissances politiques, entre corps de l'Etat, ou entre partis politiques.* La grande Charte de 1215, accordée par le roi Jean sans Terre aux barons anglais, était le résultat d'un contrat politique; la Charte de 1830, signée par le roi Louis-Philippe et qui avait été votée par la Chambre des députés et la Chambre des pairs, était aussi un contrat politique. Le philosophe anglais Locke, dans son *Traité du gouvernement civil* (1690), avait poussé l'idée du contrat politique jusqu'à la thèse générale; il en faisait la base juridique de l'Etat. Cette thèse est une exagération. Il y a certainement dans l'Etat beaucoup de contrat politique (cfr. Gierke, *Althusius*), mais il y a aussi un fort élément d'institutions fondées sur le pouvoir et sur le consentement coutumier, et, ici encore, l'élément contrat est absorbé au bout d'un certain temps par l'élément coutume et institutions. Pour les Anglais, la Charte de Jean sans Terre n'est plus, depuis longtemps, qu'une vieille coutume et, dans l'application de la Charte de 1830 en France, on ne s'est point occupé de savoir si elle résultait d'un contrat politique, elle a été appliquée comme une loi.

C. *La théorie de l'institution coutumière.* — Elle comporte les éléments suivants :

1⁰ Un pouvoir de commandement dans le groupe;

2° Une obligation de sujétion coutumière émanant de la majorité des membres du groupe et par laquelle le pouvoir de commandement est accepté;

3° Une idée d'entreprise relative à la conduite du groupe, laquelle, dans l'Etat, devient l'idée de la création d'une chose publique superposée à la chose privée (*res publica*).

Tous ces éléments sont naturels; le pouvoir de commandement est un élément naturel; l'obligation de sujétion également. Il y a des hommes portés à s'assujettir et à se dévouer; tandis que d'autres sont portés à commander; quant à l'idée d'entreprise d'un nouveau genre de gouvernement, tel que celui de la *res publica*, elle est naturelle lorsqu'elle se produit à un certain degré de civilisation et lorsqu'elle est amenée par les circonstances.

Ces éléments sont juridiques et la fondation de l'Etat est une opération juridique comme toute sorte de fondation. — D'abord, l'élément du *pouvoir* est juridique lorsqu'il a été accepté par la majorité des sujets et que ceux-ci se sont obligés envers lui; il n'y a pas de fondement, plus juridique que celui de l'obligation (qui est également le fondement de la coutume). Quant à *l'obligation de sujétion*, elle est évidemment juridique si elle existe réellement à la base des gouvernements. Mais cette réalité est l'évidence même, car on sait bien que, sans elle, aucun gouvernement politique ne durerait. Au moyen âge la théorie de la sujétion était établie sur le *pactum subjectionis* et c'est d'ailleurs de là qu'ont été tirés le contrat politique et même le contrat social; mais il faut rejeter l'idée du pacte, d'origine féodale; il ne faut retenir que l'idée d'obligation de sujétion et en faire une obligation coutumière, ce qui est la vérité même. Seulement cette obligation n'opère, pour légitimer le pouvoir et fonder l'Etat, que si elle est acceptée par la majorité des sujets. Il y a en elle le même principe majoritaire que dans le suffrage politique, qui, d'ailleurs, est greffé sur elle puisque ce sont les sujets qui sont en même temps électeurs.

Enfin, l'idée de la *res publica*, qui donne son caractère particulier à l'entreprise du gouvernement de l'Etat, est, elle aussi, juridique et la meilleure preuve est qu'elle deviendra la base du régime représentatif qui est juridique (V. *infra*).

Quant à la fondation d'une institution, c'est bien une opération juridique, puisqu'elle existe à la base des sociétés de commerce par actions.

Ce qui fait hésiter bien des esprits, c'est que les effets de la fondation dépassent presque toujours les prévisions des fondateurs et ainsi ne sont pas complètement enfermés dans l'acte de fondation. Cela est évident pour l'institution de l'Etat dont les développements, qui peuvent durer des milliers d'années sont de nature à déconcerter les prévisions. Mais il en est de même pour les sociétés par actions. Qui aurait pensé en 1850 qu'une compagnie de chemins de fer serait amenée à construire en montagne un palace pour les sports d'hiver ? Ou bien il faut renoncer à la théorie juridique de la fondation, ou bien il faut admettre que l'Etat peut être fondé juridiquement par l'emploi de formes juridiques appropriées. Des auteurs trop nombreux affectent aujourd'hui de soutenir que la fondation de l'Etat n'est qu'un événement historique et que le droit n'apparaît qu'après l'organisation de l'Etat et comme manifestation de volonté de celui-ci (Cf. Carré de Malberg, *Contribution à la théorie générale de l'Etat*, t. I, p. 66 et s.; I. II, p. 490 et s.) C'est transformer l'apparition de l'Etat en une sorte de *miracle juridique.* Il ne se produit pas de miracles en histoire du Droit : l'Etat est une institution juridique, parce qu'il a été fondé juridiquement et il a été fondé juridiquement parce qu'il existait avant lui des pouvoirs politiques d'une autre espèce (de chefs de clan ou de chefs féodaux), lesquels, en se conformant aux formes juridiques antérieures, pouvaient fonder des institutions juridiques nouvelles basées sur des idées nouvelles. Car c'est le pouvoir qui détient les vieilles formes juridiques en lesquelles il peut couler des matières nouvelles. L'Etat lui-même, s'il crée du droit, ne le crée que par son pouvoir : *la vraie source du droit n'est pas l'Etat, mais le dialogue entre le pouvoir de commandement et l'obligation de sujétion.*

La durée des institutions; rôles respectifs du pouvoir, de l'obligation de sujétion et de l'idée de l'entreprise; la personnalité morale. — Examinons la question dans l'institution de l'Etat. L'action du gouvernement de l'Etat contribue à faire durer celui-ci, mais cette action est discontinue, elle se fait sentir surtout dans les moments de crise. L'effet de l'obligation de sujétion est plus continu et partant plus efficace, parce que, par elle, l'Etat devient une coutume. Il faut même convenir que, par-dessous les constitutions écrites et les lois, la sujétion coutumière est le vrai support de l'Etat. Mais le rôle de l'*idée de l'entreprise*, qui est ici l'idée de la *res publica*, est également important, car c'est elle qui engendre le mécanisme représentatif, lequel communique au gouvernement et à la sujétion la longévité de l'idée. En effet, le pouvoir de gouvernement en vient à se considérer comme le représentant de la *res publica* (même la monarchie absolue : Bodin les *six livres de la République*), et c'est aussi à la *res publica* que les sujets finissent par adresser leur sujétion. C'est également l'idée de la *res publica* qui servira de support à la personnalité morale de l'Etat quand elle se dégagera et deviendra un nouveau signe de sa longévité.

La personnalité morale de l'Etat produit les effets sociaux et juridiques suivants :

1° Elle est le fondement de la capacité juridique de l'Etat, ces droits et du patrimoine de l'Etat, de la dette de l'Etat qui, elle-même, est la base du crédit public;

2° Elle est le fondement de la perpétuité juridique de l'Etat, c'est-à-dire, du fait que les engagements de l'Etat, par exemple les traités internationaux et les emprunts publics, sont perpétuels, alors que les gouvernements qui ont signé les traités et contracté les emprunts sont passagers. Aux époques où la personnalité juridiques de l'Etat ne dominait pas comme aujourd'hui, il fallait, à chaque changement de gouvernement, faire renouveler les traités, confirmer les promesses et les privilèges, etc.;

3° Elle est, en droit international, le fondement de l'égalité juridique des Etats, malgré les différences de leur puissance;

4° En droit constitutionnel, elle est le fondement psychologique du principe de la séparation des pouvoirs sur la base des diverses opérations de la volonté.

II. — LES RELATIONS DE L'ETAT ET DU DROIT

A. *La centralisation des sources du droit par l'Etat, la législation, la réglementation, la question de la coutume. a)* C'est par son pouvoir que l'Etat est source du droit; au reste, on distingue en lui un « pouvoir constituant », qui fait les lois constitutionnelles; un « pouvoir législatif », qui fait les lois ordinaires; un « pouvoir réglementaire », qui fait les règlements; un « pouvoir administratif », qui prend les décisions exécutoires. Il est dangereux de rapporter à la volonté de l'Etat, personne morale, la création du droit d'Etat, parce qu'on en arrive à croire que cette **personne morale seule peut créer du droit.** Or, c'est le pouvoir de droit qui est créateur du droit (V. *supra*, p. 10); il en créait sous les régimes antérieurs à l'Etat, il continue sous le régime d'Etat; si des sources du droit d'Etat présentent des caractères particuliers, par exemple, la loi, cela est dû aux caractères particuliers du pouvoir d'Etat lui-même, par exemple, si la loi est territoriale et égale pour tous, c'est que le pouvoir d'Etat présente ces mêmes caractères de territorialité et d'égalité.

b) Ce qui est vrai, c'est qu'avec son instinct de centralisation, le pouvoir d'Etat n'admet pas d'autre source du droit que lui-même, sur le territoire d'Etat. Pour obtenir ce résultat, il travaille à subordonner toutes les sources du droit locales ou spontanées, telles que les coutumes et les règlements, à la loi écrite qu'il a elle-même monopolisée.

La loi est *une disposition générale territoriale écrite par le pouvoir politique, après une délibération et acceptée formellement par le peuple ou au nom du peuple :* 1° C'est une *disposition générale* qui statue à la fois pour le présent et pour l'avenir et pour tous également; 2° c'est une *disposition territoriale* qui s'applique en principe à raison de l'habitation sur le territoire (sauf exception); 3° c'est une *disposition écrite*, c'est-à-dire rédigée à un moment donné par un pouvoir politique qui lui donne une formule définitive et constatée par écrit; 4° c'est une *disposition délibérée* qui n'est adoptée qu'après une discussion formelle plus ou moins solennelle; 5° c'est une *disposition adoptée* soit directement par le peuple au moyen d'un *referendum*, soit indirectement par les représentants du peuple qui composent les Chambres législatives; de telle sorte que *l'obligation de sujétion* envers la loi est formellement exprimée; en ce sens, le vote de la loi peut être rapproché du vote de l'impôt, il y a consentement formel à la loi comme il y a consentement formel à l'impôt.

Les règlements sont des *dispositions générales émises par le pouvoir exécutif et qui ne sont pas d'une façon actuelle et formelle acceptées par le peuple ou au nom du peuple par les représentants* (leur seul titre de validité est d'émaner d'un gouvernement dont le pouvoir est accepté comme légitime). Ils peuvent avoir été délibérés, pour avis, par une assemblée consultative, comme par exemple, nos règlements d'administration publique sont délibérés par le Conseil d'Etat, mais ils ne sont pas, comme les lois, délibérés par une assemblée qui ait le pouvoir de les rejeter. Le pouvoir réglementaire appartient au pouvoir exécutif et d'abord au chef de l'Etat, mais il est volontiers décentralisé; il appartient à des autorités locales, surtout pour la police, par exemple au maire de la commune ou au préfet du département. Il est subordonné à la loi en ce sens que les règlements qui seraient en contradiction avec une disposition de la loi ou même avec l'esprit de la loi sont illégaux; la sanction est double : d'une part, ils peuvent être annulés par le Conseil d'Etat, sur recours pour excès de pouvoir; d'autre part, au moins pour les règlements de police, les juges de paix chargés de les appliquer peuvent refuser de le faire en déclarant leur illégalité (art. 471, n° 15, C. P.).

Les coutumes sont des *règles non écrites* nées de deux éléments : 1° l'*usus communis*, qui est l'usage répété de décisions ou sentences provenant d'autorités publiques ou judiciaires ou parfois de simples praticiens; 2° l'*opinio juris seu necessitatis*, qui est la conscience élaborée, dans les milieux où l'*usus communis* s'est produit, que, désormais, la règle impliquée par les précédents était devenue obligatoire; c'est donc l'intervention de l'*obligation de sujétion*, mais elle se produit ici, d'une façon implicite; n'empêche qu'elle transforme en une obligation de droit une jurisprudence qui, jusque-là n'était qu'une habitude de fait.

Les coutumes étant des règles non écrites, c'est-à-dire non rédigées officiellement, leur teneur doit être établie par le juge à l'occasion de chaque procès. Bien qu'elles soient des règles gér4.

rales dans le ressort où elles s'appliquent, les coutumes sont volontiers locales en ce sens qu'elles s'appliquent dans des circonscriptions peu étendues. Tel était le cas en France, sous l'ancien régime, dans les pays de coutume; il y avait une grande variété de règles coutumières et il ne s'est jamais dégagé de coutume générale de la France. Il n'en a pas été de même en Angleterre où, sous l'action de Cours de justice centralisées, une coutume générale a été dégagée sous le nom de *common law* et contient les principes essentiels des libertés civiles.

En France, les anciennes coutumes ont été, à la Révolution de 1789, remplacées par des lois. Actuellement, et en vertu de la loi de codification du 30 ventôse an XII, art. 7, d'une part, une coutume ne peut pas abroger une loi (autrement dit, les lois ne tombent pas en désuétude); d'autre part, la coutume ne peut fonder, par elle-même, aucune règle applicable par le juge (sauf en matière commerciale et en quelques matières déterminées); pratiquement donc, la coutume est à peu près supprimée comme source du droit; nous verrons, cependant, qu'en droit constitutionnel elle joue un rôle par les *pratiques constitutionnelles*.

En Angleterre et aux Etats-Unis d'Amérique, le *common law* coutumier a subsisté à côté de la législation écrite (*statue law*); il continue d'être appliqué et développé par les juges; ceux-ci placent les principes coutumiers au-dessus des lois écrites, même au-dessus des lois du droit public; en Angleterre, les principes coutumiers font partie de la constitution et, aux Etats-Unis, ils sont au-dessus de la constitution écrite (V. *infra, gouvernement des juges*). C'est-à-dire que, dans les pays anglo-saxons, la centralisation du droit par l'Etat n'a pas été poussée aussi loin qu'en France et qu'à ce point de vue il y subsiste des éléments d'ancien régime juxtaposés à ceux du nouveau régime.

B. *La sanction du Droit*. — La sanction du droit a été monopolisée par l'Etat autant que les sources du droit. C'est la forme publique qui applique les sanctions pénales et les voies d'exécution forcées. Mais c'est un principe que les sanctions ne peuvent être appliquées dans chaque cas particulier qu'après examen de l'affaire par un juge. De telle sorte que l'*obligation de sujétion* envers les lois et règlements est *sous condition de l'intervention d'un juge* (il n'y a d'exception que dans la catégorie des disciplines administratives pour les fonctionnaires, dans celle des délits d'indigènes dans les possessions coloniales, et ces exceptions se réduisent de plus en plus).

C. *La subordination de l'Etat au droit. La légalité* ou *l'état de Droit*. — L'Etat s'est emparé des sources du droit et des moyens de sanctions afin de pouvoir plus aisément imposer à ses sujets l'observation du droit et, par là, s'assurer une tranquille possession du pouvoir et maintenir la paix; mais ce n'est malheureusement pas une raison suffisante pour que lui-même, envisagé dans son gouvernement et son administration, observe spontanément le droit, même celui qu'il a établi, et il a fallu, pour l'amener à cette soumission au droit, un long effort. L'Etat est, avant tout, un pouvoir, et tout pouvoir est porté à ne supporter aucune entrave. La proclamation de la souveraineté de l'Etat au XVIe siècle a encore exagéré ce penchant; la maxime a été que le prince était « *lege solutus* » affranchi de l'observation des lois, pouvant en dispenser les autres et, quant à lui, « au-dessus des lois ». Le régime constitutionnel a été obligé de travailler à la destruction de ces fâcheuses maximes et de ces errements. La garantie des libertés individuelles, aussi bien que celle de la liberté politique, demandent, comme première condition, que les différents pouvoirs de l'Etat, pouvoir administratif, pouvoir judiciaire, pouvoir législatif, soient astreints à l'observation soit des lois ordinaires, soit des lois constitutionnelles; le plus dangereux pour la liberté n'est point le pouvoir exécutif dont les règlements et les décisions sont efficacement subordonnés à la loi (V. *supra*, p. 25); c'est le pouvoir législatif qui peut bouleverser les lois existantes au gré de majorités politiques changeantes; c'est contre ce danger que les citoyens des Etats-Unis d'Amérique ont organisé fortement le contrôle judiciaire de la constitutionnalité des lois. (V. *infra*, *Contrôle de constitutionnalité*).

Il convient, en effet, de remarquer qu'en dernière analyse le régime de la légalité repose sur le juge. Subordonner les pouvoirs politiques à la loi, cela aboutit pratiquement à les subordonner au juge chargé d'appliquer la loi. Dans le régime de la légalité anglaise, tous les pouvoirs, sauf le législatif, sont subordonnés au juge ordinaire; dans le régime de la légalité américaine, tous les pouvoirs, même le législatif, sont également subordonnés au juge ordinaire. Dans le régime de la légalité française, jusqu'à présent, le pouvoir législatif n'est pas subordonné au juge, car le contrôle juridictionnel de la constitutionnalité des lois n'est pas encore admis, mais le contrôle des autres pouvoirs est partagé entre le juge ordinaire et le juge administratif, grâce à l'institution de la juridiction administrative; le contrôle juridictionnel du pouvoir administratif est même plus développé que dans les pays anglo-saxons.

Le régime de la légalité tend ainsi à créer à l'intérieur de l'Etat, au point de vue spécial de l'observation du droit établi, un équilibre constitutionnel entre les pouvoirs politiques, d'une part, et, d'autre part, le pouvoir juridictionnel, qui est considéré comme ne devant pas être un pouvoir politique. C'est cet équilibre de pouvoirs, très délicat et susceptible de plusieurs modalités, qui constitue pratiquement « l'état de droit » (V. *infrà*, *Contrôle de constitutionnalité, gouvernement des juges*).

SECTION III

LES DIFFERENTES ESPECES D'ETATS

Sommaire. — **I.** Critérium de l'Etat; distinction entre ce qui est un Etat et ce qui n'en est pas un (pays primitifs, provinces décentralisées, colonies). — **II.** Les différentes formes des Etats : A. Les Etats simples et unitaires; B. Les Etats composés : *a)* les unions d'Etats; *b)* les Etats fédéraux; *c)* les Etats subordonnés, Etats vassaux et Etats sous protectorat. — **III.** Les sociétés internationales d'Etats : A. Les confédérations d'Etats; B. Le Commonwealth impérial de l'Angleterre et de ses dominions; C. La Société des Nations (1).

La question des différentes espèces d'Etats, qui suppose résolue au préalable celle de savoir ce qui est un Etat et ce qui n'en est pas un, intéresse également le droit international public et le droit constitutionnel : le droit international public, parce que pour celui-ci, les Etats seuls ou les sociétés d'Etats sont des sujets juridiques et parce que leurs relations internationales sont affectées par la forme qu'ils revêtent; le droit constitutionnel, parce que les Etats seuls ont une constitution formelle et que cette constitution est grandement conditionnée par la forme de l'Etat. Observons qu'il s'agit de la forme même de l'Etat et non pas de la forme du gouvernement, autre question qui sera traitée au chapitre suivant (La liberté moderne).

I. — CRITERIUM DE L'ETAT; DISTINCTION ENTRE CE QUI EST UN ETAT ET CE QUI N'EN EST PAS UN (PAYS PRIMITIFS, PROVINCES DECENTRALISEES D'UN ETAT; COLONIES); CRITERIUMS DE L'ETAT A CES DIVERS POINTS DE VUE.

Etant donnée la définition de l'Etat, d'après laquelle l'Etat est *l'organisation politique d'une nation comportant un gouvernement centralisé et l'entreprise d'une chose publique superposée à la chose privée,* toutes les formations politiques ou d'apparence politique ne sont pas des Etats.

A. Pays primitifs qui ne sont pas des Etats. — D'abord, il est des pays qui conservent encore une formation politique primitive et dont les populations sont à un niveau de civilisation insuffisant pour qu'elles puissent concevoir l'idée de l'Etat. On reconnaîtra ces pays à ce que le pouvoir politique qui y est organisé n'est pas « une puissance publique qui ait pour but de superposer une chose publique à la chose privée ». Tels étaient encore récemment les Pays de l'Afrique centrale ou des îles de l'Océanie non occupés par des Etats civilisés.

---

(1) Bibliogr. — Bonfils et Fauchille, *Droit international,* 8ᵉ édit.; Carré de Malberg, *Théorie générale de l'Etat,* vᵒ *Etat fédéral, province, fédéralisme,* etc.

B. *Provinces décentralisées et colonies : Comment les distinguer des Etats.* — Il est ensuite des territoires dont les populations jouissent incontestablement d'un régime d'Etat, mais on peut se demander s'ils sont des Etats constitués ou si, plutôt, ils ne seraient pas, soit des circonscriptions décentralisées d'un Etat plus grand, soit des colonies. Dans des confrontations de ce genre à quel critérium reconnaît-on un Etat ?

Ce qui fait la difficulté du sujet, c'est qu'on peut songer au critérium de la souveraineté conçue comme une indépendance complète. Si le droit public ne reconnaissait comme Etats que les souverainetés pleinement indépendantes, aucune confusion ne serait possible. Mais il reconnaît la qualité d'Etats à des formations politiques dont la souveraineté est considérablement diminuée. C'est ainsi que le droit public interne admet la qualité d'Etats au profit des Etats particuliers des Etats fédéraux, et, cependant, ces Etats particuliers ne sont pas pleinement souverains.

Plusieurs critériums ont été proposés :

a) Critérium des buts nationaux et des buts territoriaux. — Rosin a prétendu que l'Etat aurait pour but la satisfaction des intérêts nationaux non territoriaux et les autres collectivités (provinces décentralisées, colonies) auraient pour but la satisfaction des intérêts territoriaux; ce système paraît avoir influencé les rédacteurs de la nouvelle constitution allemande du 11 août 1919 dont la première section oppose le *Reich* ou empire fédéral aux *Lander* (pays) qui sont les anciens Etats particuliers, et insiste ainsi sur le caractère purement territorial de ces anciens Etats, dans le but de les réduire à des circonscriptions administratives.

Ce point de vue peut se recommander du fait que les intérêts industriels et commerciaux, dont la préoccupation domine actuellement la politique des Etats, sont beaucoup plus indépendants du territoire que ne l'étaient les anciens intérêts agricoles. Mais ce fait n'a pas l'importance dirimante qu'on lui attribue. Dans les pays industriels comme dans les agricoles, l'Etat reste essentiellement une puissance territoriale; d'une part, il est un marché économique territorial, d'autre part, ses industries ont leur siège sur son territoire; occuper son territoire serait mettre la main sur ses industries, ainsi que l'a montré l'occupation de la Ruhr. Il n'y a donc rien à tirer du critérium des buts nationaux;

b) Critérium du pouvoir originaire. — On oppose le pouvoir originaire au pouvoir dérivé : l'Etat seul aurait un pouvoir originaire, c'est-à-dire qu'il n'aurait été fondé juridiquement par personne et tiendrait son pouvoir de lui-même, les provinces, départements, communes, colonies, auraient été fondés par l'Etat et tiendraient de lui leur pouvoir, qui ainsi serait dérivé. Ce système donne prise à la critique historique et il n'y résiste pas. D'abord, les communes modernes sont souvent antérieures aux Etats modernes et tous leurs pouvoirs ne sont point dérivés. Ensuite, les Etats ne se fondent pas eux-mêmes, mais sont fondés par des pouvoirs antérieurs. Quand un Etat nouveau est créé par un traité international, il est fondé par le pouvoir des Etats signataires du traité qui, dans ce traité, ont fait une opération de fondation; quand un grand feudataire transforme son duché en royaume, avec son pouvoir de feudataire, il fonde un Etat; ainsi, les Etats eux-mêmes, si l'on va au fond des choses, n'ont qu'un pouvoir dérivé;

c) **Critérium du pouvoir propre de contrainte.** — Dans un troisième système, Laband cherche le *critérium* de l'Etat dans le pouvoir propre de contrainte; autrement dit, l'Etat aurait le monopole de la contrainte sur les citoyens; les collectivités simplement décentralisées pourraient bien faire des règlements, mais ne pourraient pas les sanctionner par la contrainte en leur propre nom. Ce système contient une part de vérité, mais il doit se fondre en une autre formule plus large que nous indiquerons plus loin (lettre *e*);

d) **Critérium de l'auto-organisation.** — Dans un quatrième système, Jellinek cherche le *critérium* de l'Etat dans le pouvoir d'auto-organisation, c'est-à-dire, dans le pouvoir de décréter sa propre constitution, de déterminer ses propres organes et leur compétence, la forme de son gouvernement, monarchique ou républicain, aristocratique ou démocratique. Ce système contient lui aussi une part de vérité;

e) **Critérium des droits régaliens essentiels.** — Le véritable *critérium* est, en effet, le suivant : On est en présence d'un Etat lorsque la formation politique envisagée possède, en propre, les principaux droits régaliens dont l'ensemble constitue la souveraineté intérieure entendue comme Puissance publique; ces principaux droits sont ceux de législation (constitutionnelle et ordinaire), de justice et de contrainte; le plus important est le droit de législation exercé par un parlement.

Il n'est pas nécessaire que l'exercice de ces droits ne soit soumis à aucune restriction, quant à leur étendue, ni à aucune autorisation de tutelle de la part d'un autre Etat. C'est un principe que le contrôle de tutelle ne détruit pas l'autonomie au point de vue du droit propre. Dans les Etats fédéraux, le droit de législation des Etats particuliers peut être restreint par celui de l'Etat fédéral ou inversement. Chez les *dominions* anglais, les lois votées par le parlement local sont soumises à l'approbation du roi d'Angleterre et cependant les dominions à gouvernement libre peuvent être considérés comme des Etats.

Il n'est pas non plus nécessaire que les droits régaliens appartiennent à l'Etat d'une façon *originaire;* il suffit qu'il les ait conquis par une émancipation. Le critérium des *droits originaires* qui a été soutenu, est fallacieux en ce qu'il ne tient aucun compte du fait de l'évolution (V. p. précédente).

Il suffit donc, pour qu'il y ait Etat, que les droits de législation, justice et contrainte soient actuellement possédés en propre et exercés par des organes; ce sont des droits qu'une province décentralisée ou une colonie ordinaire ne possèdent jamais; quant aux droits de souveraineté extérieure, concernant la diplomatie, la guerre et la paix, ils ne sont pas indispensables et c'est ce qui fait que les pays protégés peuvent conserver la qualité d'Etats (cfr. Polier et de Marans, *Esquisse d'une théorie des Etats composés*, Toulouse, Privat, 1902; *Bulletin Université :* Toulouse, Série B, n° 2).

II. — LES DIFFERENTES FORMES DES ETATS

Il y a des Etats simples, des Etats composés de plusieurs sortes et des Etats subordonnés.

A. *Les Etats simples*. — On peut appeler « Etat simple » celui qui n'est pas divisible en parties internes méritant elles-mêmes le nom d'Etats et unies entre elles par un lien de société, et « Etat composé » celui qui, au contraire, est divisible en parties internes, qui méritent elles-mêmes le nom d'Etats et qui sont unies entre elles par un lien de société.

L'Etat simple mérite aussi le nom d'Etat unitaire. Un bon exemple de l'Etat simple et unitaire est l'Etat français; il est vrai que la France possède un empire colonial dans lequel se trouvent des Etats protégés, mais elle n'est point en société formelle avec ces parties internes, pas même avec ses pays de protectorat qui restent uniquement *sous son empire*.

B. *Les Etats composés*. — Ils peuvent présenter diverses formes, mais toutes ont ceci de commun qu'elles créent entre les Etats intéressés une certaine société et des relations de droit interne; il y a des *unions d'Etats et des Etats fédéraux*.

a) Les unions d'Etats: **Monarchies à union personnelle et à union réelle.** — Il y a eu, dans le passé, un certain nombre de ces unions, il en subsiste une actuellement (Danemark et Islande); on en pourrait revoir dans l'avenir.

Dans les unions personnelles, deux monarchies ont un même monarque, lequel a, dans chacune d'elles, tout au moins une part de la souveraineté. Elles ne constituent qu'un seul Etat en ce sens qu'en la personne du monarque la souveraineté sur les deux pays est confondue, mais, à part cette unification qui ne concerne que la propriété du pouvoir, les deux gouvernements sont indépendants l'un de l'autre, c'est-à-dire que l'unification ne s'étend pas jusqu'à l'exercice du pouvoir. Il y a eu plusieurs exemples de ces unions personnelles:

Entre l'Angleterre et le royaume de Hanovre, de 1714, date de l'avènement au trône d'Angleterre de la branche de Hanovre (George 1er), à 1837, date de l'avènement de la reine Victoria (elle fut rompue à ce moment-là, parce que les règles sur la succession au trône, en ce qui concerne les femmes, n'étaient pas les mêmes dans les deux pays; la couronne de Hanovre passa à la maison de Cumberland);

Entre le Royaume des Pays-Bas et le Grand-duché de Luxembourg, de 1815, époque où le traité de Vienne donna le duché à Guillaume Ier, roi des Pays-Bas, au 23 novembre 1890, date où la reine Wilhelmine put recueillir le trône de Hollande, mais non celui de Luxembourg (toujours pour raison de règles différentes dans les deux pays en ce qui concerne la succession des femmes au trône; la couronne de Luxembourg passa dans la maison de Nassau);

Entre le Royaume de Belgique et l'Etat libre du Congo, de 1885, époque où le congrès de Berlin assura la souveraineté de l'Etat libre à Léopold II, roi des Belges, à 1908, époque où, après la mort de Léopold, l'Etat belge annexa à titre de colonie l'Etat libre du Congo, en vertu d'une convention intervenue dès le 3 juillet 1890.

Dans les unions réelles, les monarchies sont unies en la personne d'un même monarque, non seulement quant à la souveraineté, c'est-à-dire, quant à la propriété du pouvoir, mais aussi, partiellement, quant au gouvernement, c'est-à-dire, quant à l'exercice du pouvoir, L'union gouvernementale se réalise en ce qui concerne les relations étrangères et peut aussi se réaliser en ce qui concerne la guerre et les finances; mais le gouvernement reste distinct dans ses autres branches et notamment en ce qui concerne la .législation;

Il y a eu deux exemples d'union réelle; *entre la Suède et la Norvège* à partir de 1815, en vertu du traité de paix de Tost, où la Norvège vaincue avait été obligée d'accepter les conditions de la Suède et la souveraineté de la dynastie suédoise, jusqu'au 26 octobre 1905, date où, par le traité de Stockholm, à la suite d'une insurrection pacifique, la Norvège recouvra sa liberté et se donna une dynastie propre danoise;

Entre l'Autriche et la Hongrie, en vertu d'un compromis de 1865, renouvelé tous les dix ans jusqu'aux événements de 1918 qui ont amené la dissolution de l'empire Austro-Hongrois.

Depuis 1918, en vertu d'un traité, il existe une union réelle entre le Danemark et l'Islande; elle est d'origine coloniale, en ce sens que l'Islande était une possession danoise douée d'une certaine autonomie. Maintenant, le roi de Danemark est roi d'Islande; certaines affaires communes sont gérées par le ministre des Affaires étrangères danois, mais un Islandais lui est attaché comme consultant; désormais l'Islande donne son consentement aux nouveaux traités passés par le Danemark. Chacun des deux Etats a le droit de mettre fin au traité d'union en suivant une certaine procédure.

b) **Les Etats fédéraux** (1). — L'Etat fédéral est une société d'Etats dans laquelle un *super-Etat* est superposé aux Etats associés.

Non seulement le super-Etat prend ou réserve pour lui, dès le début, une part importante des droits régaliens de souveraineté (notamment tous ceux de la souveraineté extérieure, une part de la législation et de la justice), mais il a compétence pour déterminer sa propre compétence, par conséquent, il peut réduire progressivement celle des Etats particuliers, soit par sa législation fédérale — « loi fédérale passe loi de pays » — soit par des modifications à sa propre constitution, opérées à la simple majorité des voix. Il y a, dans tout super-Etat fédéral, une force de centralisation contre laquelle les Etats associés ont de la peine à ~e défendre. Il y a d'ailleurs, dans l'Etat fédéral, au regard de l'étranger, unité du territoire politique et du marché économique; il y a une nationalité fédérale qui se superpose ou se juxtapose aux nationalités particulières, de même que la souveraineté du *super-Etat* se superpose ou se juxtapose à celles des Etats particuliers; chacun des citoyens d'un Etat fédéral possède deux nationalités, de même qu'il est soumis à deux souverainetés.

Les Etats fédéraux sont nombreux : L'Amérique du nord en compte deux : les Etats-Unis et le Mexique; l'Amérique du Sud, quatre : le Brésil, le Venezuela, la Colombie et la République Argentine; quatre des *dominions* anglais sont eux-mêmes des Etats fédéraux ou *commonwealth* (Canada, Australie, Nouvelle-Zélande, Afrique du Sud). Enfin, l'Europe en compte trois : la Suisse, l'Allemagne, l'Autriche, sans compter la Russie soviétique : Total, quatorze.

Quelques-uns de ces Etats fédéraux sont très vastes (Etats-Unis, Brésil, Allemagne), et cela fait songer que la forme fédérale, qui permet des législations diverses dans les Etats particuliers, s'impose peut-être, au delà d'une certaine dimension, aux pays qui veulent avoir de la liberté politique. (Il est certain que le Brésil, qui fut d'abord un empire unitaire, s'est transformé en 1889 en une république fédérale; sans doute, la Russie, même avec un autre régime que les Soviets, ne pourra-t-elle se réorganiser que sous la forme fédérale; l'immense Chine aussi, dont les vice-rois, même sous l'Empire, étaient presque indépendants.) Il existe cependant des

____

(1) BIBLIOGR. — Lefur, *L'Etat fédéral;* Carré de Malberg, *Théorie de l'Etat,* v° *Etat fédéral.*

Etats fédéraux peu étendus, comme la Suisse; alors ce sont des circonstances historiques ou géographiques qui les expliquent.

La forme fédérale entraîne, entre les divers Etats associés qu'elle
enveloppe, des relations extrêmement délicates et au sujet desquelles
il convient de faire les remarques suivants : 1° ce sont des relations de droit public interne de nature constitutionnelle et non point
des relations de nature internationale (à la différence de ce qui
se produit dans les confédérations d'Etats). Cela tient à ce que
le super-Etat contient tous les Etats particuliers dans son sein et à
ce que les relations internationales, rejetées hors du bloc des Etats
associés, sont de la compétence exclusive du super-Etat fédéral, sauf
exception très rare (la Bavière dans l'Empire allemand de 1871
avait conservé un certain droit de légation); 2° d'autre part, les
relations complexes qui s'établissent à l'intérieur de l'Etat fédéral,
entre les divers Etats, sont extrêmement favorables à la liberté
démocratique; elles permettent en effet un pouvoir fédéral fort,
dont la force se fera sentir au dehors et qui sera sans danger à
l'intérieur, à cause de l'amortisseur énergique constitué par l'enchevêtrement des compétences qui oblige le pouvoir central à
négocier avec les pouvoirs des Etats locaux plutôt qu'à leur commander.

*En principe, les Etats particuliers d'un Etat fédéral sont égaux
entre eux* et ont la même importance dans l'empire fédéral; il n'en
est pas de même dans l'Empire allemand où la Prusse a eu, dès le
début, en 1871, une situation prépondérante (17 voix sur 61 dans
le conseil fédéral) et cette prépondérance s'est accentuée dans la
constitution de Weimar de 1919 (22 voix sur 51 dans le même conseil fédéral); la Bavière, la Saxe et le Wurtemberg ont aussi plus
de voix que les autres Etats. L'Allemagne est donc un Etat fédéral
a inégalité intérieure, cette inégalité étant d'ailleurs pour favoriser
la centralisation prussienne.

Au point de vue de l'organisation politique et constitutionnelle,
les Etats fédéraux présentent plusieurs particularités intéressantes :

1° Les Etats particuliers ont chacun leur constitution comme
l'Etat fédéral a la sienne (ce qui augmente beaucoup le stock des
constitutions); ils ont la liberté de rédiger leur constitution comme
ils l'entendent, sauf qu'en principe la forme républicaine est exigée
en vertu de la constitution fédérale (Etats-Unis, Suisse); la constitution allemande de Weimar (1919), art. 17, a simplement exigé
que les « pays » se donnassent une « constitution d'Etat libre »
(*Freistaatliche*); cela est habile car il y a des monarchies constitutionnelles, et, en même temps, cela est d'accord avec le critérium
Wilsonien des pays « qui se gouvernent librement », adopté pour
l'entrée dans la Société des Nations par l'article 1, § 2, du traité de
Versailles;

2⁰ Il y a normalement, dans le super-Etat fédéral, deux chambres, dont l'une, la Chambre des représentants, représente dans son ensemble la nation fédérale et est nommée directement par tous les citoyens, et l'autre, le conseil fédéral (Reichtag allemand, Sénat américain), représente les Etats particuliers et est composée de délégués élus dans ces Etats;

3° Le pouvoir judiciaire a forcément dans l'Etat fédéral un rôle fédéral à jouer, qui augmente beaucoup son importance. En effet, les conflits entre Etats particuliers ou bien entre Etats particuliers et Etat fédéral ne peuvent point se régler par la voie diplomatique puisqu'ils sont de droit public interne; ils ne peuvent pas non plus se régler par la voie administrative parce que les Etats fédéraux ne sont pas subordonnés au super-Etat fédéral par la hiérarchie administrative; ils ne peuvent être réglés que par la voie judiciaire. C'est ainsi que la Cour suprême des Etats-Unis exerce, sur les lois votées par les législatures des Etats particuliers, un contrôle de fédéralisme (V. *infra*).

c) **Les Etats subordonnés.** — Il y a trois espèces de subordination : la *vassalité*, le *protectorat* et le *mandat*.

Il n'y a plus d'Etats vassaux (à moins que cette qualité ne convienne à la République d'Andorre dont le chef de l'Etat français et l'évêque d'Urgel sont coseigneurs depuis l'an 872). Il n'en subsistait que dans l'Empire ottoman et tous ont été affranchis successivement : la *Serbie* au traité de Berlin de 1878; la *Moldavie* et la *Valachie*, en vertu du même traité, ont constitué le royaume indépendant de *Roumanie*. Enfin, l'Egypte est passée sous le protectorat de l'Angleterre le 18 décembre 1914 et, depuis, a été libérée par celle-ci. Il est désormais sans intérêt de s'attarder à la définition de la vassalité qui, d'ailleurs, en fait, n'était guère qu'un protectorat très étroit empruntant des formes féodales.

Au contraire, *le protectorat* est une espèce de subordination conforme aux données et aux procédures étatiques, avec cette observation que l'Etat protégé ne se trouve dans cette situation que par suite du degré trop peu avancé de sa civilisation indigène. La réalité de sa capacité politique ne répond donc pas à sa façade d'Etat organisé. C'est ce caractère indigène de la civilisation et cette absence de capacité politique, et aussi le fait qu'à la base du protectorat il y a un traité, qui distinguent les pays protégés des colonies à gouvernement libre (*dominions*), lesquelles ont une civilisation européenne, une capacité politique et, d'ailleurs, une autonomie plus étendue. Le protectorat est susceptible d'une infinité de modalités : l'Etat protecteur s'empare en partie de l'exercice de la souveraineté extérieure et de la disposition de la force armée, mais il peut aussi contrôler le gouvernement intérieur et l'administration, le tout par l'intermédiaire d'un *résident*.

Bien que le protectorat ne comporte pas d'annexion territoriale et que, en France du moins, l'Administration de certains protectorats relève du ministère des Affaires étrangères (Tunisie, Maroc), on ne doit pas considérer les relations de protectorat comme de droit international, mais bien de droit public interne; en effet, il est rare que le protectorat se borne à une mainmise sur les droits de souveraineté extérieure de l'Etat protégé; il pénètre dans le gouvernement intérieur et même dans l'administration. En somme, les protectorats sont à l'intérieur de l'empire colonial.

La France compte actuellement, dans son empire, quatre protectorats, deux asiatiques : celui de l'*Annam*, *Tonkin* et *Laos*, qui remonte au traité du 15 mai 1874, renouvelé le 6 juin 1884, après l'expédition du Tonkin, et celui du *Cambodge*, qui remonte au traité du 11 août 1863; deux africains, celui de *Tunisie*, qui remonte aux traités du *Bardo* du 12 mai 1881 et de *la Marsa*, du 8 juin 1883, et celui du *Maroc*, qui remonte au traité du 30 mars 1912. Un protectorat avait été établi sur Madagascar le 17 décembre 1885, mais Madagascar a été annexée et transformée en colonie par une loi du 18 janvier 1896.

Pays sous mandat international. — Ce sont ceux qui, pour des raisons diverses, n'ont pas joui encore de la qualité d'Etats et sont placés sous la tutelle d'Etats civilisés, mandataires de la Société des Nations, avec contrôle de celle-ci. Cette catégorie a été créée après la guerre de 1914 par les traités de Versailles et de Lausanne. Suivant leur degré de civilisation, ils sont divisés en trois catégories A, B, C. Dans la catégorie A sont des pays qui seraient susceptibles d'être érigés en Etats n'étaient des difficultés d'ordre pratique. Dans les catégories B et C sont des populations qui ne sont pas encore arrivées au stade national.

La France a reçu un mandat A sur la *Syrie* et le *Liban* et un mandat B sur une partie du *Cameroun* et du *Togo*.

III. — LES SOCIETES INTERNATIONALES D'ETATS

Les confédérations d'Etats; le commonwealth impérial de l'Angleterre et de ses dominions; la Société des Nations. — Il s'agit ici de sociétés que peuvent former entre eux des Etats et dont les relations restent d'ordre international, parce qu'il n'est créé aucun organisme politique commun qui soit un super-Etat.

A. *Les confédérations d'Etats.* — Il a existé dans l'histoire beaucoup de confédérations, depuis la *ligue achéenne* en Grèce et la *confédération des villes latines*, dont Rome fit partie, jusqu'aux confédérations modernes;

Celle des Etats-Unis de l'Amérique du Nord, qui dura de 1778 à 1787, pendant la guerre de l'Indépendance, et précéda la constitution de l'Etat fédéral;

La *confédération helvétique*, dont les premiers fondements furent posés au xive siècle, et qui, avec des fortunes diverses, dura jusqu'en 1848, époque à laquelle elle fut transformée en un Etat fédéral par la constitution suisse du 12 septembre 1848;

La *confédération germanique*, qui a duré de 1815 à 1866, et dont faisait partie l'Autriche, qui, à ce moment, a été remplacée par la *confédération de l'Allemagne du Nord*, séparée de l'Autriche par le traité de Prague; laquelle confédération de l'Allemagne du Nord, augmentée de quelques Etats du Sud, s'est transformée en 1871 en l'Empire fédéral allemand.

Il n'existe plus actuellement de *confédérations;* c'est, d'ailleurs, une organisation instable, ou bien elle se dissout, ou bien elle se transforme en un Etat fédéral; il est néanmoins intéressant d'en fixer les caractères; il y en a deux principaux :

1° La confédération d'Etats est plus qu'une simple alliance parce qu'elle a une organisation qui se compose d'une diète ou Assemblée de délégués des Etats qui se réunit périodiquement pour traiter des affaires communes prévues par le pacte;

2° Mais elle n'est pas un Etat fédéral parce que cette organisation ne tend pas à créer une volonté étatique supérieure, ni une personnalité internationale, mais seulement un moyen d'exercer en commun la volonté propre de chacun des Etats confédérés; la diète n'est pas l'organe d'un super-Etat, mais une sorte de conférence internationale où les décisions importantes ne sont prises qu'à l'unanimité des voix des Etats et encore souvent *ad referendum.*

Un Etat confédéré est d'ailleurs théoriquement libre de se retirer de la confédération, tandis que les Etats membres d'un Etat fédéral n'ont pas cette liberté, ainsi que les Etats du Sud l'ont bien vu lors de la guerre de Sécession américaine de 1862-64.

B. *Le commonwealth impérial de l'Angleterre et de ses dominions.* — Depuis la conférence impériale de 1907, les colonies à gouvernement libre de l'Angleterre portent le nom de *dominions;* elles sont actuellement au nombre de quatre (Canada, Afrique du Sud, Australie, Nouvelle-Zélande), auxquelles il convient d'adjoindre l'*Etat libre d'Irlande*, qui, depuis une déclaration du 6 décembre 1921, a été assimilé à un *dominion*, et qui a été admis à la société des Nations en septembre 1923. (La colonie de Terre-Neuve, d'abord comptée au nombre de ces formations politiques, a disparu en fait de la nomenclature.) En revanche, le *Gouvernement de l'Inde*, bien qu'il ne soit pas encore un gouvernement libre, malgré les réformes de 1919, figure à côté des *dominions* dans la liste des fondateurs originaires de la Société des Nations.

La situation juridique des *dominions* est assez difficile à préciser.

Leur qualité d'Etat est encore très discutée; cependant, ils sont considérés, au regard de la Société des Nations, depuis le traité de Versailles, comme des *pays à gouvernement libre;* il serait d'ailleurs absurde de ne pas les considérer ainsi, alors que leur souveraineté est plus étendue et plus libre que celle des Etats protégés ou celles des Etats particuliers d'un Empire fédéral. Mais dans quelle catégorie d'Etats les ranger ? Ce ne sont point des Etats particuliers, membres d'un Empire fédéral qui serait l'Empire britannique, car cet Empire n'est pas un « super-Etat » auquel le Royaume-Uni de Grande-Bretagne serait lui-même subordonné. Au contraire, le Royaume-Uni demeure la métropole indépendante et prépondérante en fait. Ce ne sont pas non plus des Etats protégés, car ils sont de même civilisation et de même race que la métropole; de plus, leur autonomie est plus grande que celle d'aucun Etat protégé.

Les dominions restent liés à cette métropole par une sorte d'*union personnelle*, le gouverneur qu'y maintient l'Angleterre représentant seulement le roi et non pas le gouvernement anglais.

La conférence de 1926 leur a reconnu le droit de légation et celui de conclure des traités.

On sera très près de la vérité en disant que chacun des dominions pris à part marche vers la situation d'Etat indépendant et que, tous ensemble, constituent avec l'Angleterre une sorte de confédération d'Etat.

D'une part, le dominion a la jouissance et l'exercice de tous les droits régaliens de souveraineté, y compris, à l'intérieur, le droit de législation avec un parlement local, le droit de justice, un droit de contrainte propre avec une force armée, la Grande-Bretagne ayant complètement retiré ses troupes; à l'extérieur, un droit de diplomatie et un droit de guerre et de paix; il y a donc qualité d'Etat.

D'autre part, le lien d'union personnelle avec le roi d'Angleterre et la réunion périodique des conférences impériales des premiers ministres de chaque pays tendent à réaliser cette sorte de confédération d'Etats que l'on peut appeler le *commonwealth impérial Britannique.*

Sans doute, le lien juridique confédéral n'est pas encore réalisé sous forme de traité, mais la matière en existe.

Comme situation actuelle, c'est un mélange d'union personnelle et de confédération.

C. *La Société des Nations* [1]. — *La Société des Nations est un office général de coopération internationale entre les peuples libres pour la paix du monde.* Elle constitue la première organisation for-

______

[1] BIBLIOGR. — F. Larnaude, *La Société des Nations,* conférences à l'Ecole de guerre, Imprimerie nationale, 1920; Scelle, *Le pacte des nations,* 1919; Brunet, *La Société des Nations,* 1919.

melle de cette Société des Etats que suppose l'existence du droit des gens ou droit international public. Cette organisation formelle est limitée à la coopération volontaire en vue de la paix et de la sûreté (préambule du pacte). C'est une « communion » ou un *commonwealth* analogue à celui qui unit l'Angleterre à ses *dominions*, mais sous une forme différente. Il suit de là : 1° que la Société des Nations *n'est pas un super-Etat de nature fédérale*, car elle ne possède ni droit de législation, ni force propre de contrainte; l'article 16 du pacte prévoit bien des sanctions, mais elles seraient mises en mouvement par des membres de la Société qui, eux-mêmes, ne pourraient pas être contraints juridiquement à les employer. Cette proposition est vraie, du moins au regard des Etats associés: elle ne l'est pas entièrement au regard de certains territoires qui ne font pas partie de la Société des Nations, mais sur lesquels celle-ci exerce des droits de supériorité, par exemple, la ville libre de Dantzig, et les territoires pour lesquels elle organise des mandats; il faut admettre que ces droits de supériorité sont en réalité ceux des Etats associés; 2° la Société des Nations n'est *même pas une confédération d'Etats véritable;* d'une part, son but, qui est la paix du monde entier, dépasse les buts d'une confédération d'Etats qui se bornent aux intérêts communs des Etats confédérés; d'autre part, elle n'a pas à sa base de pacte économique, ce qui est la base ordinaire des confédérations.

La Société des Nations ne possède donc pas de souveraineté propre. Si elle a cependant reçu la *personnalité internationale*, c'est au seul titre d'office de coopération internationale pour la paix du monde.

La Société des Nations a été constituée par un pacte contenu dans la première section du traité de Versailles du 28 juin 1919. A ce pacte, ont adhéré immédiatement 31 Etats signataires du traité de paix, auquel 13 Etats non signataires du traité (neutres) ont été invités immédiatement à adhérer et ont donné cette adhésion; ce qui a fait 44 *membres originaires* de la Société, réduits à 41 par la défection de l'Hedjaz, de l'Equateur et du Brésil; 13 Etats ont été admis à adhérer de 1920 à 1928, dont l'Allemagne; total des adhésions : 54. Sont encore en dehors du pacte et de la Société des Nations : les Etats-Unis d'Amérique, la Russie, l'Equateur, la Turquie, l'Egypte, le Mexique, l'Hedjaz, le Brésil.

A l'avenir, tout Etat, dominion, ou colonie *qui se gouverne librement*, peut devenir membre de la Société si son admission est prononcée par l'assemblée, pourvu qu'il donne des garanties effectives de son intention sincère d'observer ses engagements internationaux et qu'il accepte le règlement de la Société en ce qui concerne ses forces et ses armements militaires, navals et aériens. Tout membre de la Société peut, après un préavis de deux ans, se retirer de la Société, à la condition d'avoir rempli à ce moment toutes ses obligations internationales, y compris celles du présent pacte (article premier).

L'action de la Société s'exerce par une assemblée et par un conseil assistés d'un secrétariat permanent (art. 2).

L'*assemblée* se compose des représentants des membres de la société (qui peuvent être 3 au maximum pour chaque membre, mais ne disposent que d'une voix). Elle connaît de toute question qui rentre dans la sphère d'activité de la Société ou qui affecte la paix du monde (même par le fait d'Etats qui ne seraient pas membres de la Société); elle se réunit à dates fixes et espacées.

Le *conseil*, qui est l'organe le plus important, se compose, d'après l'article 4, de représentants des principales puissances (France, Angleterre, Italie, Japon, Allemagne), soit cinq membres, plus neuf membres représentant toutes les autres nations, total, quatorze. D'ailleurs, cette composition du conseil pourra être modifiée.

Le siège de la Société des Nations est à Genève, mais pourrait être transféré.

La Société des Nations a eu à préparer l'organisation d'une Cour permanente de justice internationale (art. 14), qui a, en effet, été organisée en 1922.

Mais sa principale originalité consiste en ce qu'elle dispose d'une procédure politique et diplomatique qui permet de régler pacifiquement les conflits non soumis à l'arbitrage de la cour internationale (les plus dangereux) (art. 15).

Elle a été chargée en outre de certaines missions concernant l'application du traité de paix : 1° l'organisation des *mandats* sur les colonies et territoires qui, à la suite de la guerre, ont cessé d'être sous la souveraineté des Etats qui les gouvernaient précédemment et dont les peuples ne sont pas encore capables de se gouverner eux-mêmes, par exemple le mandat de la France sur la Syrie (art. 22); 2° l'organisation de certains plébiscites, par exemple celui de la Haute-Silésie; 3° le contrôle permanent de l'administration de certains territoires à souveraineté liée comme les territoires de la Sarre et de Dantzig; 4° le contrôle de la protection des minorités ethniques et religieuses dans les pays qui ont accepté ce contrôle en vertu des traités de paix; 5° la direction de tous les bureaux et offices internationaux établis antérieurement par traité collectif et de tous autres bureaux et toutes commissions pour le règlement des affaires d'intérêt international qui seront créés ultérieurement.

La Société des Nations, depuis sa fondation, a été chargée, en outre, de certaines opérations ou missions telles que la réorganisation financière de l'Autriche.

CHAPITRE II

LA LIBERTE POLITIQUE MODERNE

SECTION PREMIERE

DEFINITION DE LA LIBERTE POLITIQUE MODERNE

Sommaire. — **I.** Définition. — **II.** Origines de la liberté politique moderne dans le besoin de garantie des libertés civiles contre l'arbitraire des seigneurs et des rois; chartes de garanties seigneuriales et royales; rôle joué par la fiscalité et principe du consentement à l'impôt.

I. — DEFINITION DE LA LIBERTE POLITIQUE MODERNE

La liberté politique moderne se définit comme étant la *participation des citoyens ou de la nation au gouvernement de l'Etat, concurremment avec le pouvoir d'Etat, en vue de garantir leurs libertés civiles* et, au surplus, *en vue du bien commun*. C'est la formule américaine; elle figure dans les quatorze points du président Wilson et c'est par elle que doit s'interpréter l'art. 1er, § 2, du traité de Versailles « tout Etat, dominion ou colonie qui se gouverne librement, etc. ». Cette participation des citoyens au gouvernement est aussi ce qu'on appelle le *self-government* ou *gouvernement du pays par le pays.*

Participation au gouvernement, cela ne signifie pas détention de tout le gouvernement. Il s'ensuit : 1° que la liberté politique moderne n'exige pas la souveraineté nationale absolue, qu'elle est compatible avec des monarchies constitutionnelles dans lesquelles le monarque héréditaire détient forcément une partie de la souveraineté (exemple de l'Angleterre et des autres monarchies continentales); 2° que, même dans un Etat à souveraineté nationale et à forme républicaine, les citoyens ne participent pas nécessairement, d'une façon directe, à tout le gouvernement, une partie de celui-ci pouvant être confiée à des *institutions représentatives* qui incarnent, en le modérant, le pouvoir d'Etat, c'est-à-dire qu'il y a liberté politique sous un gouvernement représentatif aussi bien que sous le gouvernement direct de l'Assemblée du peuple.

II. — ORIGINES DE LA LIBERTÉ POLITIQUE MODERNE DANS LE BESOIN DE GARANTIE DES LIBERTÉS CIVILES CONTRE L'ARBITRAIRE DES SEIGNEURS ET DES ROIS

Les Anglais ont coutume de dire que leur régime constitutionnel n'est que le prolongement de leurs libertés individuelles. Ce point de vue individualiste est conforme à l'histoire. Ce sont les bourgeois du xiiᵉ siècle dans le mouvement communal, à l'encontre des seigneurs, les barons anglais du xiiiᵉ siècle à l'encontre du roi, qui ont conquis des libertés politiques une à une afin de protéger leurs libertés civiles contre l'arbitraire du pouvoir politique. Cela suppose, il est vrai, qu'au moyen âge, barons, bourgeois et même hommes du peuple possédaient un premier fond de libertés civiles, et cela est certain, car il ne subsistait plus d'esclaves et les serfs de la glèbe eux-mêmes jouissaient d'un certain degré de liberté. Tous avaient donc des libertés à défendre contre l'arbitraire.

Ils avaient surtout à se défendre *contre la fiscalité des seigneurs et du roi*, qui ruinait en fait les libertés civiles en dépouillant périodiquement les travailleurs du fruit de leur travail.

C'est d'abord aux *Chartes de garanties*, arrachées aux seigneurs ou au roi, soit par des insurrections, soit par des coalitions, qu'eurent recours les citoyens. Les Chartes des communes furent obtenues par les bourgeois et le peuple coalisés et réduisirent les redevances et droits seigneuriaux. La grande Charte de 1215, en Angleterre, fut obtenue de Jean sans Terre par les barons ecclésiastiques et laïcs; elle stipule des garanties multiples et notamment que : les *impôts ne pourront être levés sans le consentement du commun conseil du royaume*. La *bulle d'or*, imposée par les barons magyars au roi de Hongrie en 1222, contient les mêmes stipulations.

Mais on s'aperçoit bien vite que les Chartes ne sont pas une garantie si elles ne sont pas défendues par un pouvoir organisé qui veille à leur application; c'est pourquoi les bourgeois des villes s'organisent en *corps de ville* qui tiendront les seigneurs en respect; c'est pourquoi la Charte de 1215 pose les bases de l'organisation du « commun conseil du royaume » ou *magnum consilium* qui, avec le temps, deviendra le parlement anglais et qui tiendra tête à la couronne.

C'est en vertu du principe que « des impôts ne peuvent être levés sans le consentement du commun conseil », qu'en France les Etats généraux furent convoqués d'une façon intermittente à partir de Philippe le Bel, aux débuts du xivᵉ siècle, et, bien que la monarchie absolue eût établi des impôts de la seule autorité royale, aux xvᵉ, xviiᵉ et xviiiᵉ siècles, c'est encore le même principe qui reparaît avec la convocation des Etats généraux de 1789, parce que la situation financière exigeait des impôts extraordinaires, et ce fut l'occasion de la Révolution.

On peut dire avec vérité que la première des libertés politiques
modernes fut celle du vote de l'impôt ou du consentement à l'impôt, qui était déjà une participation au gouvernement, que cette
liberté fut consignée pour la première fois dans la grande Charte
anglaise de 1215 et que c'est d'elle que sont sorties les autres libertés politiques, en Angleterre par une lente évolution, en France par
la Révolution de 1789.

SECTION II

LES ÉLEMENTS DE LA LIBERTÉ MODERNE

§ 1. — Le Gouvernement représentatif.

(Première assise de la liberté moderne.)

Sommaire. — **I.** Les débuts du gouvernement représentatif : A. En Angleterre, le « magnum consilium »; *a)* la séparation des deux Chambres; *b)* la conquête du pouvoir législatif et le vote de l'impôt; B. En
France ébauches et tentatives; les Etats généraux. — **II.** La crise de
monarchie absolue au XVIe et au XVIIIe siècles : A. Les doctrines, les
légistes, les monarchomaques, les politiques; B. Les faits : les Tudors
en Angleterre et les Bourbons en France. — **III.** Le réveil du gouvernement représentatif : A. en Angleterre, les Stuarts : la pétition
des droits, le « long Parlement »; la révolution de 1646; Cromwell;
la Révolution de 1688; le Bill des droits; Locke, apparition du parlementarisme; B. En France, Montesquieu et la séparation des pouvoirs;
la mise au point actuelle du principe de la séparation des pouvoirs.

Il y a, comme éléments de la liberté politique moderne, une première assise qui est le gouvernement représentatif et une seconde
assise qui est le gouvernement direct du peuple; les deux éléments
ayant été combinés.

Le gouvernement représentatif est la première forme prise par
la liberté politique dans les Etats modernes, alors que le gouvernement direct du peuple avait été la première forme de la liberté
dans les cités antiques de la Grèce et de l'Italie. La raison de cette
différence est dans la dimension beaucoup plus grande des Etats
modernes et dans leur population plus nombreuse. Il était maté-
riellement impossible de réunir en une assemblée tous les habitants
de la France ou de l'Angleterre du XIIIe siècle. Sans compter les
difficultés des communications et aussi les particularismes qui dis-
tinguaient les habitants des comtés ou des cantons.

Mais si on ne pouvait pas réunir tous les habitants du pays, on
en pouvait réunir des *représentants*, et point n'était besoin même
de faire élire ces représentants par les habitants; dans une société
aristocratique et hiérarchisée comme celle du moyen âge, il était
admis que les *ordres de la nation*, c'est-à-dire le clergé et la no-

blesse, représentaient de plein droit les habitants du *plat pays*. Il n'y aurait donc qu'à convoquer une assemblée de membres du clergé et de la noblesse, tout le pays se trouverait représenté. Ainsi fut fait d'abord, tout naturellement. L'élection des représentants n'apparut que plus tard.

Primitivement, lorsqu'il y avait à la tête des Etats un roi à pouvoir personnel, c'est devant lui que les représentants de la nation étaient convoqués pour participer à son gouvernement, d'abord par le vote de l'impôt, ensuite par la délibération des lois.

Actuellement, les chefs d'Etats ont cessé d'avoir un pouvoir personnel, eux-mêmes sont devenus des représentants de la nation, que ce soient des présidents de la République ou des monarques constitutionnels. Il est même plus exact de dire qu'à la tête des Etats il y a des *Institutions représentatives*, institution de la présidence de la République, dans les républiques, institution de la couronne dans les monarchies.

La définition actuelle du gouvernement représentatif sera donc la suivante : c'est *un gouvernement d'institutions représentatives auquel viennent participer des représentants de la nation*. En réalité il y a deux étages superposés de représentants :

1° Des institutions d'Etat qui gouvernent la nation à titre de représentants de celle-ci; c'est en ce sens que la Constitution du 3 sept. 1791, titre III, art. 2, avait dit : « la Constitution française est représentative : les représentants sont le *corps législatif* et le *roi* ». (Le roi étant mis ici pour l'institution de la couronne); 2° Des représentants élus, des députés, des sénateurs, des ministres, etc., qui viennent, au nom de la nation, participer au gouvernement des institutions représentatives.

L'histoire du gouvernement représentatif peut être divisée en trois périodes : les débuts, du xiie au xvie siècle; la crise de monarchie absolue du xvie siècle; le triomphe du gouvernement représentatif après cette crise.

1. — LES DÉBUTS DU GOUVERNEMENT REPRÉSENTATIF EN ANGLETERRE ET EN FRANCE

A. En Angleterre, le « magnum consilium », la séparation en deux chambres; la conquête du pouvoir législatif. — L'histoire du gouvernement représentatif en Angleterre se présente de la façon suivante : il existe, au xiie siècle, auprès du roi, un *magnum consilium* comprenant uniquement des représentants du haut baronnage et les grands prélats; au cours du xiiie siècle, après la grande Charte de 1215, et particulièrement à partir du *Parlement modèle* convoqué en 1295 par Edouard Ier, le *magnum consilium*, qui n'était en somme que le *conseil du roi*, commence à siéger aussi comme *Parlement* ou comme *Etats généraux;* et c'était là une combinaison de la tradition romaine et monarchique du *consilium*, avec la tradition féodale des *Assises de vassaux* convoqués par le suzerain, de telle sorte que le gouvernement représentatif moderne est né d'une mixture romaine et féodale; quand il siège sous cette forme, on adjoint au *magnum consilium* des représentants du bas clergé et des députés des comtés, des villes et des bourgs; composition fort semblable à celle de nos Etats généraux du xive siècle, à cette différence près que, chez nous, le tiers état ne comprenait que des députés des bonnes villes et que, par conséquent, le plat pays n'était pas représenté, tandis qu'en Angleterre il y eut des députés des comtés qui étaient déjà une organisation administrative du plat pays; cette circonstance allait donner beaucoup plus de force à la représentation du tiers état; d'autant que les premiers députés des comtés furent de la petite noblesse.

a) **Les deux Chambres.** — Les Etats généraux anglais de la fin du xiiie siècle auraient pu avorter comme les nôtres, qui furent maintenus dans l'impuissance par la délibération séparée des trois ordres; mais il leur arriva cette chance historique que la délibération séparée des ordres fit place à un partage en deux Chambres où les ordres mélangés délibérèrent ensemble en chacune des Chambres. L'une, la *Chambre des lords*, fut constituée des anciens éléments du *magnum consilium*, c'est-à-dire du haut baronnage et du haut clergé, et l'autre, la *Chambre des communes*, fut constituée des députés des comtés, des villes et des bourgs. Cette séparation en deux Chambres s'opéra au cours du xive siècle, parce que les députés des comtés, des villes et des bourgs, n'étant pas de la même classe sociale que le haut baronnage, ne demandèrent qu'à se séparer de lui; en 1341, les deux assemblées sont bien marquées; en 1351, la Chambre des communes possède un lieu de réunion particulier et, à partir de 1377, elle a un *speaker*, c'est-à-dire un président en titre élu par elle-même.

Le Parlement anglais est donc constitué, avec sa Chambre des lords et sa Chambre des communes, dès la fin du xive siècle; la Chambre des communes *est déjà élective;* quant à la Chambre des lords, elle est composée de *lords spirituels*, dont le titre est attaché à certains postes ecclésiastiques, et de *lords temporels*, qui sont des pairs héréditaires nommés par le roi.

La périodicité des sessions du Parlement s'établit graduellement et, en même temps, la règle de la simultanéité des sessions des deux Chambres, ce qui entraîna la dissociation de la Chambre des lords et du conseil du roi.

Le système des deux Chambres législatives, ainsi constitué depuis cinq cents ans, a montré son excellence pour le gouvernement représentatif en s'adaptant aux régimes les plus divers : 1° aux régimes aristocratiques, en permettant d'associer une Chambre des lords ou une Chambre des pairs à une Chambre populaire; 2º aux Etats fédéraux, en permettant d'associer un Sénat représentant les Etats fédérés à une Chambre basse représentant l'Etat fédéral, 3º aux régimes démocratiques, en assurant la modération du pouvoir législatif par le seul fait de la division de l'organe législatif en deux sections. Ce dernier avantage du système des deux Chambres est le plus important au point de vue constitutionnel, en ce qu'il prépare le régime parlementaire, lequel serait impossible avec le système de l'Assemblée unique.

b) **Conquête par le Parlement anglais du pouvoir législatif et du pouvoir de refuser l'impôt et l'armée.** — Le *magnum consilium* a eu, dès le xii⁰ siècle, le droit de refuser des augmentations d'impôt et des levées de troupes; quant à l'évolution du pouvoir législatif, elle se produisit du xii⁰ au xv⁰ siècle et elle passa par les phases suivantes : tout d'abord, le roit prit l'habitude de soumettre ses projets d'ordonnance ou d'établissements à l'assentiment des Chambres, mais bientôt celles-ci allaient conquérir l'initiative et, renversant la situation, faire les lois avec l'assentiment du roi. Ce changement fut l'œuvre d'un usage habile du *droit de pétition* qui ressemblait au droit de doléances de nos Etats généraux; les Chambres commencèrent par supplier le roi de faire une loi, puis elles rédigèrent elles-mêmes le projet de loi ou *Bill;* lorsqu'elles avaient voté toutes les deux le projet, la sanction du roi le transformait en loi ou *statute.* Cette évolution fut achevée sous **Henri IV** (1422-1462); bien entendu, elle ne s'était pas faite sans résistances de la royauté ni sans tiraillements entre les deux Chambres, mais les communes se servirent très politiquement du droit qu'elles avaient déjà de refuser l'impôt.

B. *En France, ébauches et tentatives de régime représentatif; les Etats généraux.* — L'exemple anglais n'est pas le seul; un peu partout, dans les pays de l'Europe occidentale, du xii⁰ au xiv⁰ siècle, des ébauches de gouvernement représentatif apparaissent par suite de la même combinaison entre la tradition romaine du *consilium* et la pratique féodale des *cours* ou *assises féodales* nécessaires pour obtenir l'assentiment des barons aux mesures nouvelles ou exceptionnelles que le roi juge urgentes (Hongrie, Pologne, Suède, Espagne, Allemagne; parlements, diètes, cortès, etc...).

En France, l'ébauche se produit sous forme de convocation par le roi d'*Etats généraux.* Ce sont des réunions ou assemblées des trois ordres privilégiés de la nation (Clergé, noblesse, tiers état ou bourgeois des villes) qui, à eux trois, représentent l'ensemble de la nation, le bas peuple étant considéré comme de leur clientèle. Les trois ordres ne sont pas d'abord convoqués simultanément ni pour tout le royaume à la fois; il est tenu au xii⁰ siècle des Etats particuliers du clergé, puis de la noblesse, puis des députés des bonnes

villes, le tout pour une région déterminée et irrégulièrement. A ces
Etats particuliers s'ajoutent, en 1302, des *Etats généraux*, convoqué par Philippe le Bel qui désirait avoir l'appui de la nation dans
sa lutte contre le pape Boniface VIII; pour la première fois il y eut
convocation simultanée, et sur une grande échelle, du clergé, de
la noblesse et du tiers état de la France entière.

Les Etats généraux ne devinrent jamais une institution permanente, en ce sens qu'ils ne furent pas réunis périodiquement ni
régulièrement. Il y eut 13 réunions au xive siècle, 8 au xve, 5 au
xvie, 1 au xviie; au total, 27 réunions en près de 500 ans, et la fré-
quence alla toujours en décroissant. Ces assemblées n'eurent finalement qu'un rôle consultatif au point de vue de la législation; elles
formulaient des *doléances* contenues dans des *cahiers* et, après la
clôture de la session, le roi édictait une ordonnance *pour la réformation du royaume* qui donnait ou ne donnait pas satisfaction aux
doléances.

Les Etats généraux avaient pourtant une attribution délibérative
qui était le vote des subsides ou le consentement à l'impôt, mais
ils ne surent pas se servir de cette arme politique pour conquérir
la délibération législative ni pour rendre leurs convocations périodiques; à plusieurs reprises, cependant, le régime représentatif parut sur le point d'être établi aux xive et xve siècles :

1° De 1357 à 1358, sous le roi Jean, après la défaite de Poitiers,
pendant la captivité du roi et la régence du dauphin· Charles
(*Etienne Marcel* et *Robert le Coq*); les ordonnances de 1355 et de
1357 ont été comparées à la grande charte anglaise de 1215;

2° Aux Etats de 1413, sous Charles VI, pendant la période insur-
rectionnelle cabochienne (mémoire d'*Eustache de Pavilly*);

3° Aux Etats de Tours de 1484, pendant la minorité de Charles VIII, on appela pour la première fois des députés des villes
non murées, des bailliages et des sénéchaussées, donc des représentants des campagnes; *Philippe Pot*, député de la Bourgogne,
proclama le principe de la souveraineté nationale; les Etats reven-
diquèrent comme un droit le vote de l'impôt et demandèrent la
convocation périodique (*Journal des Etats,* de 1484, rédigé par *Jean
Masselin*).

Toutes ces occasions furent manquées, faute d'entente entre les
trois ordres qui délibéraient toujours séparément et parce que la
noblesse, au lieu d'incliner vers l'opposition au roi, comme en
Angleterre, inclina vers le ralliement, et, finalement la différence
de destinée des deux pays tient à la situation continentale de la
France qui lia la noblesse au roi par des guerres nationales, tandis
que la situation insulaire de l'Angleterre n'imposait pas à sa noblesse la même continuelle assistance.

Toujours est-il qu'en France, la royauté, qui allait toujours se fortifiant, promettait des réformes dans les moments de crise, puis, la crise passée, grâce aux Etats généraux, négligeait de tenir ses promesses et espaçait les convocations.

Des élections aux Etats généraux. — Il y avait à ces Etats généraux des xive et xve siècles des personnages convoqués individuellement, comme personnes féodales, et des députés élus qui représentaient, d'abord, des collectivités féodales et, ensuite (à partir de 1484) des collèges électoraux de circonscriptions administratives, bailliages et sénéchaussées. Ces élections n'avaient pas le même caractère que celles d'aujourd'hui; elles avaient pour but de choisir de véritables mandataires qui recevaient une véritable procuration écrite du collège qui les envoyait et apportaient le cahier des doléances adopté par ce collègue; c'est pourquoi, dès la réunion des Etats, il y avait *vérification des pouvoirs* ou *des procurations* des députés, opération qui s'est perpétuée dans nos élections parlementaires, mais qui a changé de signification, comme le mandat lui-même, parce qu'il n'y a plus de procuration écrite.

II. — LA CRISE DE MONARCHIE ABSOLUE AUX XVIe ET XVIIe SIECLES. LES DOCTRINES ET LES FAITS

Au xvie siècle s'est produite comme une explosion de la souveraineté de l'Etat; c'est le moment où, dans les principaux pays de l'Europe, l'ensemble des droits régaliens ayant été reconquis par la couronne sur les seigneurs féodaux, les légistes et les conseillers des rois, exaltés par les résultats de cette centralisation politique, désirant aussi affranchir complètement leur pays, vis-à-vis de la Papauté et du Saint-Empire germanique, proclament la toute-puissance de l'Etat. Cette effervescence coïncide avec la Réforme protestante qui, disloquant la chrétienté, contribue à augmenter l'indépendance de chaque Etat et la puissance laïque.

Mais la souveraineté de l'Etat sera-t-elle celle du roi ou celle de la nation ? C'est une crise formidable qui se traduit dans les doctrines et dans les faits.

A. *Les doctrines: les légistes et les théoriciens de la monarchie absolue; les monarchomaques et les politiques.* — Les *légistes* avaient toujours poussé au pouvoir absolu du roi; ils s'étaient emparés d'axiomes de l'impérialisme romain « *quod principi placuit legis habet vigorem* » qu'ils traduisaient ainsi : « Si veut le roi, si veut la loi ». Ils étaient de tendances centralisatrices et égalitaires, ne voulant dans l'Etat que le roi d'un côté et des sujets de l'autre, tous égaux devant la loi du roi. Ils travaillèrent à la lente destruction des « corps intermédiaires », dont l'existence modéra longtemps en fait le pouvoir royal (ordres privilégiés de la nation, privilèges des provinces et des villes, corps et communautés) par là même ils détruisirent les soutiens naturels du trône qui se trouva isolé en face du peuple et, ainsi, facilitèrent la Révolution de 1789, de telle sorte que la monarchie absolue tua la monarchie. Derrière les légistes, des théoriciens de la monarchie absolue s'étaient levés. En France, l'illustre *Jean Bodin*, dont *les six livres de la République* (1576) dégagèrent la conception d'un pouvoir souverain perpétuel, inaliénable, indivisible; ensuite *Lebret*, contemporain de Richelieu, dans son *traité de la souveraineté;* enfin, *Bossuet*, sous Louis XIV, dans sa *politique tirée de l'Écriture sainte.* En Angleterre, *Hobbes* (de cive 1642 et le *Léviathan* 1651), construit le fondement philosophique et logique du pouvoir absolu en partant de la donnée du contrat social; Hobbes était, d'ailleurs, partisan des Stuarts qui s'efforçaient alors de maintenir la monarchie absolue en Angleterre.

Même en France, où cette théorie de la monarchie « royale et non pas seigneuriale » et de la « souveraineté parfaite » était généralement acceptée et vantée, il y eut cependant des contradicteurs. D'abord, les *monarchomaques* dans la seconde moitié du xvi⁰ siècle, pendant les guerres de religion; ces adversaires, dont les principaux furent *François Hotman (franco-gallia, 1583)* et *Hubert Languet,* auteur présumé du *vindiciæ contra tyrannos* (1576), soutenaient l'idée d'une monarchie représentative et celle de la souveraineté nationale. Ensuite, les *politiques* parlementaires et gallicans, tels que *Guy-Coquille, Loisel, Pithou, Michel de l'Hôpital,* tous de la fin du xvi⁰ siècle et du début du xvii⁰, demandaient une monarchie tempérée par des lois.

B. *Les faits: la monarchie absolue des Tudors en Angleterre et des Bourbons en France.* — En Angleterre, la monarchie devient absolue avec l'avènement de la dynastie des Tudors en 1485 (Henri VII) et le reste jusqu'à l'avènement des Stuarts en 1603. Dans cet espace de plus d'un siècle se succèdent des souverains à tempérament despotique. Henri VII, Henri VIII et ses trois enfants, Edouard VI, Marie Tudor et la reine Elisabeth; leur pouvoir est d'ailleurs accru par le schisme qui fait d'eux les chefs de l'Église anglicane et les dispensateurs des biens ecclésiastiques sécularisés (à dater d'Henri VIII et sauf la courte réaction catholique de Marie Tudor); les libertés publiques qui avaient commencé de s'établir sont suspendues et le Parlement subit une éclipse complète.

En France, la monarchie n'est devenue véritablement absolue qu'avec les Bourbons (avènement d'Henri IV, 1590), après les convulsions des guerres de religion et de la Ligue, mais elle durera plus longtemps qu'en Angleterre; les dernières velléités d'indépendance des seigneurs sont brisées par Richelieu, sous Louis XIII; les gouverneurs de provinces, qui étaient des gentilshommes, sont supplantés par les intendants, fonctionnaires issus du conseil du roi. Sous Louis XIV, les grands officiers de la couronne sont remplacés par des secrétaires d'Etat tels que Colbert et Louvois; la monarchie devient administrative et son pouvoir politique se double d'un pouvoir administratif. Aucun corps politique ne limite plus ce pouvoir; il n'y a plus d'Etats généraux, ils n'ont plus été convoqués depuis 1614; la noblesse, engluée par la vie de cour, n'offre plus aucune résistance. Quant au Tiers état, il acquiert de l'influence sociale, mais il n'entrera en scène qu'en 1789.

III. — LE REVEIL DU GOUVERNEMENT REPRESENTATIF

A. *En Angleterre: les Stuarts, la pétition des droits de 1629; le « long Parlement »; la Révolution de 1642 à 1660; la restauration, la Révolution de 1688; le bill des droits; Locke; les débuts du gouvernement parlementaire.* — Les Stuarts voulaient maintenir le régime absolu des Tudors, mais ils furent moins habiles, le Parlement se cabra et, malgré des dissolutions répétées, tint tête au roi; il affirma de nouveau son droit de voter les subsides et en 1629 fit suivre le vote des subsides, pour la guerre de France, de la célèbre *pétition des droits* qui contient une première liste des libertés individuelles;

Une longue lutte s'engagea sous Jacques Ier et Charles Ier, surtout avec le *long Parlement*, convoqué en 1640, composé de presbytériens, et qui allait siéger 20 ans; dès 1642, la lutte devient révolutionnaire et tourne à la guerre civile; Charles Ier est condamné à mort et exécuté le 30 janvier 1649; la République est établie et dure, sous le protectorat de Cromwell, jusqu'en 1660, mais c'est une dictature et les libertés parlementaires sont encore suspendues;

Une restauration des Stuarts, en la personne de Charles II, préparée par Monk, est bien accueillie, mais Charles II et ensuite Jacques II, son frère, indisposent encore le pays par leurs tendances absolues et aussi par une tentative de restauration catholique;

En 1688, Jacques II est détrôné par son gendre, le *prince d'Orange* (Guillaume III et Marie), qui fait un pacte avec le Parlement et accepte le *Bill des droits* par lequel, entre autres choses, il renonce au pouvoir d'ordonnance qu'Henri VIII avait rétabli au profit de la couronne 150 ans auparavant.

C'était la royauté constitutionnelle qui s'installait par cette sorte de charte et qui allait désormais se perpétuer; à Guillaume III et Marie, succédait la reine Anne, de 1702 à 1714, et, en 1714, avec Georges Ier, accédait au trône la *maison de Hanovre*, encore régnante. C'est en s'inspirant des événements de 1688 que Locke, en 1690, dans son *Traité du gouvernement civil*, édifiait sa théorie du *contrat politique* comme base juridique de l'Etat (V. *supra*, p. 21).

Le gouvernement parlementaire. — En ce début du xviiⁱᵉ siècle,
le Parlement triomphe, et c'est ce qui va transformer le régime
représentatif en régime parlementaire, par l'institution du gouvernement de cabinet et par l'élaboration de la responsabilité ministérielle. Le Parlement anglais ne commettra pas la faute qu'ont commise nos assemblées révolutionnaires de 1789-1793, il ne visera
pas à la dictature des assemblées, il se bornera à assurer son pouvoir par la mainmise sur les ministres du roi. Montesquieu, qui a
séjourné en Angleterre pendant deux années, en 1729-1731, a vu
cet enfantement. Ce qu'il y a de souple et d'élastique dans le gouvernement parlementaire commençait de paraître dans les faits, le
cabinet marchait déjà d'accord avec le Parlement et c'est cette réalité qu'il a traduit dans le mot célèbre : *ces puissances seront forcées d'aller de concert.*

B. *En France : Montesquieu et le principe de la séparation
des pouvoirs.* — En effet, Montesquieu, dans son *Esprit des lois*
qui parut en 1748, particulièrement dans le chapitre VI du livre XI
consacré à la *constitution d'Angleterre*, remarqua que, dans le
gouvernement représentatif, il y avait une séparation des pouvoirs
et qu'elle était la principale garantie de la liberté politique. Il avait
distingué trois pouvoirs : l'exécutif, le législatif et le judiciaire; il
disait que ces trois pouvoirs ne pouvaient être concentrés dans les
mêmes mains sans qu'il y eût despotisme; qu'ils devaient donc
appartenir à des organes différents et; cependant, collaborer aux
mêmes affaires gouvernementales, de façon à pouvoir s'empêcher
l'un l'autre » au besoin, mais que, cependant, par le mouvement
nécessaire des choses, ils seraient contraints d'aller de concert.

Les pouvoirs auxquels fait ainsi allusion Montesquieu sont les
puissances de volonté mises au service de l'Etat envisagées dans
les diverses opérations de la volonté. Le pouvoir exécutif est le
pouvoir de prendre des décisions exécutoires; le pouvoir législatif
est celui de prendre des délibérations; le pouvoir judiciaire est celui
de formuler des jugements. Il s'agit donc d'une conception psychologique.

Dès lors, il ne faut confondre la séparation des *pouvoirs* ni avec
la séparation des *organes* qui sont les organisations de gouvernants
chargés de vouloir ni avec les *fonctions* qui sont les tâches à remplir par les organes avec leurs pouvoirs.

1° Il ne faut pas confondre *séparation des pouvoirs* avec *séparation des organes*. La séparation des organes est, elle aussi, une
garantie de la liberté, c'est une fort vieille précaution; il y avait
à Rome deux consuls avec compétence égale qui se partageaient le
même pouvoir; nous avons deux Chambres législatives qui se partagent le même pouvoir et qui, ainsi, se modèrent l'une l'autre.

La séparation des pouvoirs part d'un autre principe; ce sont des pouvoirs différents qu'il s'agit de confier à des organes différents, mais ces pouvoirs différents sont choisis de telle sorte qu'ils sont obligés de collaborer aux mêmes décisions gouvernementales, parce qu'ils répondent à des opérations différentes de la volonté dans la même décision; par exemple, une loi, pour obtenir efficacité complète, doit avoir été délibérée par le pouvoir législatif et ensuite avoir été rendue exécutoire par un décret du pouvoir exécutif, parce que, psychologiquement, la délibération a été séparée de la décision exécutoire.

2° Il ne faut surtout pas confondre *séparation des pouvoirs et séparation des fonctions*. Ce ne sont pas les fonctions qu'il s'agit de séparer; au contraire, en principe, les différentes fonctions de l'Etat réclament la participation de différents pouvoirs. On vient de voir que le pouvoir exécutif intervient avec le pouvoir législatif dans la fonction de faire des lois; dans le gouvernement parlementaire, le pouvoir législatif intervient avec le pouvoir exécutif dans la fonction gouvernementale, etc. Sans doute, la fonction législative est une attribution importante du pouvoir législatif, mais son contrôle du pouvoir exécutif dans l'accomplissement de la fonction gouvernementale n'est pas moins important.

Il est des pays où le principe de la séparation des pouvoirs a été conçu comme inséparable d'une séparation des fonctions correspondantes; telle est la grande République des Etats-Unis. Là, le pouvoir exécutif est parqué dans la fonction exécutive ou gouvernementale, le pouvoir législatif parqué dans la fonction législative, et il n'y a presque point, entre les deux pouvoirs, de collaboration à la même fonction. On appelle cela *la conception rigide de la séparation des pouvoirs;* elle présente de tels inconvénients pratiques qu'elle a déterminé une critique violente du principe lui-même. Mais cette critique est sans fondement, car la conception américaine n'est pas la bonne interprétation du principe de la séparation des pouvoirs. Cette bonne interprétation a été fournie par le gouvernement parlementaire qui introduit la collaboration entre le Parlement et l'Exécutif dans l'accomplissement des mêmes fonctions.

C'est *en ce sens souple* que Montesquieu avait compris son fameux principe; d'abord, parce que le gouvernement de l'Angleterre, qu'il avait pu observer pendant son séjour à Londres de 1729 à 1731 et suivre ensuite jusqu'en 1748, était déjà parlementaire; ensuite parce qu'il l'a dit formellement : « Ces puissances seront forcées d'aller de concert ».

La mise au point actuelle du principe de la séparation des pouvoirs. — Montesquieu avait distingué trois pouvoirs : l'exécutif, le législatif et le judiciaire; les deux premiers ont conservé leur raison d'être parce qu'ils sont restés des pouvoirs politiques; le pouvoir judiciaire a perdu le caractère politique qu'il avait au xviiie siè-

cle, à l'époque où les Parlements judiciaires en France faisaient de
l'opposition politique à la royauté en refusant l'enregistrement des
ordonnances; il n'est plus actuellement qu'un *pouvoir social*, et
nous le retrouverons à propos de la constitution sociale. Il faut
donc effacer le pouvoir judiciaire de la liste des pouvoirs publics;
au reste, le langage exact est « *autorité judiciaire* » et non pas
« pouvoir judiciaire ».

Mais, depuis Montesquieu, un nouveau pouvoir politique s'est
élevé auquel il faut bien faire une place, parce qu'il prend de plus
en plus part au gouvernement, c'est le *pouvoir de suffrage*. Par
cette élimination et par cette addition, nous sommes ramenés au
même chiffre de trois pouvoirs et nous pouvons définitivement les
classer ainsi, d'après les opérations de la volonté qu'ils signifient :

1° *Pouvoir exécutif*, c'est-à-dire, *pouvoir de décision exécutoire*,
assumant la fonction gouvernementale et la fonction administrative;
intervenant dans la fonction législative;

2° *Pouvoir délibérant*, se caractérisant par l'*opération de délibération*, qui assume la fonction législative et intervient dans la fonction gouvernementale;

3° *Pouvoir de suffrage*, caractérisé par ces manifestations de la
volonté qui s'appellent l'*assentiment* et le *suffrage de confiance*,
assumant la fonction élective, participant, dans les pays à *referendum*, à la fonction législative, participant à la fonction gouvernementale au cas d'une dissolution de la Chambre des députés, lorsque le gouvernement exécutif fait appel au pays, etc.

C'est bien d'après cette division tripartite des pouvoirs que sont
organisées les grandes institutions politiques des pays libres, car il
y a partout :

1° Des *institutions exécutives*, qui sont les organes dépositaires
du pouvoir exécutif; présidence de la République et ministères (En
Angleterre, la couronne et le cabinet des ministres);

2° Des *institutions parlementaires* ou des *Chambres délibérantes*
qui sont les organes dépositaires du pouvoir délibérant ou législatif;

3° Des *institutions du suffrage* ou *un corps électoral*, organes
dépositaires du pouvoir de suffrage.

Les idées de Montesquieu, propagées dans les pays de langue
anglaise par le jurisconsulte *Blackstone* (mort en 1786), dans ses
« commentaires sur les lois anglaises », eurent une grande influence;
mais elles furent d'abord déformées par l'interprétation rigide qu'en
consacra la constitution fédérale des Etats-Unis de 1787; elles nous
revinrent au début de la Révolution de 1789, dont toutes les constitutions (3 sept. 1791; 24 juin 1793; 5 fructidor an III; 22 frimaire
an VIII) sont du type américain avec régime représentatif pur et

séparation des pouvoirs rigide. En tout cas, l'influence de Montesquieu contribua à nous conserver un gouvernement représentatif et à nous épargner l'expérience dangereuse d'un gouvernement direct du peuple qui était dans le courant d'idées provoqué par les écrits de J.-J. Rousseau, à la même époque, ainsi que nous le verrons plus loin.

§ 2. — Les éléments de la liberté politique moderne (suite). La souveraineté nationale.

Sommaire. — I. Le principe de la souveraineté nationale et de la souveraineté individuelle : A. La théorie de la souveraineté nationale: *a)* la distinction de la jouissance et de l'exercice de la souveraineté; *b)* la délégation de l'exercice de la souveraineté faite par la nation à des représentants; B. Théorie de la souveraineté individuelle. — II. La théorie des constitutions écrites. — III. Le gouvernement direct de l'assemblée du peuple; la volonté générale et la primauté de la loi; le referendum, le plébiscite, le gouvernement semi-direct.

La doctrine de la souveraineté nationale suppose le fait de la démocratie. Mais, du xvii° au xviii° siècle, la France est passée de l'aristocratie à la démocratie, grâce à la monarchie absolue, le phénomène peut paraître singulier au premier abord, mais il suffit de réfléchir que le pouvoir absolu avait lui-même nivelé les classes et que ce nivellement avait coïncidé avec une diffusion des lumières et un accroissement de la richesse dont le peuple avait pris sa part. Il n'est besoin que de se rappeler le ton des valets de comédie, de Molière à Beaumarchais, pour se rendre compte de la marche à l'égalité qui s'était accomplie en 150 ans. Or, la démocratie se caractérise par les mœurs égalitaires autant que par le pouvoir politique du peuple. La Révolution de 1789 n'a fait que consacrer politiquement et juridiquement l'état social du xviii° siècle.

En même temps que l'épanouissement de l'égalité démocratique, se produit dans la France du xviii° siècle un débordement de l'esprit de discussion en matière sociale, politique et religieuse (*L'Encyclopédie*, Voltaire; les *Physiocrates*, Montesquieu et Rousseau). Il se constitue peu à peu, en opposition violente avec l'ancien régime aristocratique et représentatif, un corps de doctrines où se poursuit l'œuvre de la Renaissance du xvi° siècle et qui va jusqu'à l'imitation des institutions politiques des républiques antiques, telles qu'on se les imagine. Ce corps de doctrines politiques comprend le principe de la souveraineté nationale, la théorie des constitutions écrites et le principe du gouvernement direct de l'assemblée du peuple, lié lui-même au dogme de la volonté générale et de la suprématie de la loi.

Toutes ces doctrines ont des origines médiévales, car la tradition antique n'a jamais été complètement perdue; l'assemblée du peuple a existé dans l'organisation des communes libres du moyen âge; les Canonistes du xiiie siècle ont disserté sur la souveraineté du peuple; la théorie du contrat social a contribué à rappeler l'attention sur les constitutions écrites, qui sont des espèces de renouvellements du pacte social; or, cette théorie, déjà ébauchée au moyen âge, a été reprise au xviie siècle par l'école du *droit de la nature et des gens* de Grotius, et, au xviiie, par Rousseau dans le contrat social.

A la fin du xviiie siècle, le principe de la souveraineté nationale fait irruption sur la scène politique, d'abord aux Etats-Unis d'Amérique, ensuite en France, en 1789. De là il est propagé par les armées de la Révolution et de l'Empire dans toute l'Europe, et, après des revirements passagers, s'y installe.

Ce principe engendre un certain nombre de conséquences pratiques :

1° Il tend à introduire, à côté du gouvernement représentatif qui reste fondamental, certains éléments de gouvernement direct de l'assemblée du peuple sous la forme perfectionnée du *referendum;*

2° Dans le régime électoral qui, primitivement, n'avait été qu'un mécanisme pour rendre plus formelle la représentation dans le gouvernement représentatif, il introduit le *suffrage universel* qui devient l'organe immédiat de la souveraineté nationale;

3° Il entraîne la rédaction de constitutions écrites formelles des Etats que l'on appelle constitutions nationales et qui sont des sortes de statuts corporatifs;

4° Il entraîne logiquement la forme républicaine de l'Etat, en ce sens que toute fonction gouvernementale conférée à vie semble être une aliénation de la souveraineté de la nation.

I. — LE PRINCIPE DE LA SOUVERAINETE NATIONALE ET DE LA SOUVERAINETE INDIVIDUELLE

Nous sommes en présence d'un principe complexe : il y a, à la fois, avènement de deux espèces de souverainetés qui se combinent pour assurer la liberté démocratique. L'une est la souveraineté nationale proprement dite; elle appartient à la nation considérée comme collectivité, celle-ci en retient la jouissance et en délègue l'exercice à des institutions représentatives. L'autre, la souveraineté individuelle, est un droit propre du sujet-citoyen; c'est elle qui assure la participation des citoyens-électeurs et des hommes politiques élus au fonctionnement des institutions représentatives, auxquelles ils apportent le concours de leur vitalité civique. Ainsi l'on peut dire, de ces deux formes de la souveraineté, que l'une assure à la nation la propriété des institutions gouvernementales et des pouvoirs de gouvernement, tandis que l'autre assure la participation des citoyens au gouvernement.

Les deux formes de la souveraineté sont adaptées aussi bien aux gouvernements représentatifs qu'aux gouvernements directs ou semi-directs.

A. *La théorie de la Souveraineté nationale.* — Elle est organisée et adaptée au régime représentatif par la Constitution du 3 sept. 1791, tit. III, art. 1 et 2, dans les termes suivants : « La » souveraineté est une, indivisible, inaliénable et imprescriptible. » Elle appartient à la Nation; aucune section du peuple, ni aucun » individu ne peut s'en attribuer l'exercice. La Nation, de qui seule » émanent tous les pouvoirs, ne peut les exercer que par déléga-» tion; la Constitution française est représentative; les représen-» tants sont le corps législatif et le roi. »

Les propositions contenues dans ces deux articles peuvent être ainsi agencées :

1° La souveraineté réside dans la nation considérée comme collectivité (Elle ne réside ni en une section du peuple, ce qui exclut l'aristocratie; ni en aucun individu, ce qui exclut la monarchie héréditaire);

2° La nation n'a que la jouissance de la souveraineté, et elle est obligée d'en déléguer l'exercice à des institutions représentatives qui sont le pouvoir législatif et le pouvoir exécutif (le corps législatif et le roi) car la Constitution française est représentative.

Cette construction juridique de la souveraineté nationale est extrêmement intéressante par son effort de conciliation entre le principe de la souveraineté de la nation qui est un pouvoir majoritaire avec le fait du gouvernement représentatif et, par conséquent, avec un pouvoir confié à une minorité de gouvernants qui sont, en principe, autonomes. Notons, en effet, que l'autonomie de ces représentants est affirmée, car le mandat impératif est nul et de nul effet (L. 30 nov. 1875, art. 13); et les électeurs qui ont nommé un représentant sont dans l'impossibilité de le révoquer juridiquement avant l'expiration de ses fonctions.

Examinons cependant, de plus près, à quelles conditions est obtenue cette conciliation de principes politiques hétérogènes (Dans le *Contrat social*, J.-J. Rousseau affirmait cette conciliation impossible et voyait dans le gouvernement représentatif une aliénation de la souveraineté; il est vrai qu'il était moins intransigeant dans ses *Considérations sur le gouvernement de la Pologne*). La conciliation est obtenue grâce à deux idées : la première est la distinction de la jouissance et de l'exercice de la souveraineté; la seconde est celle de la délégation de l'exercice de la souveraineté faite par la nation à des représentants.

a) La distinction de la jouissance et de l'exercice de la souveraineté. — Nous avons déjà rencontré cette distinction (*supra*, p. 18); elle se rattache à l'idée, historiquement exacte, que la souveraineté n'est que la propriété des droits régaliens de gouvernement, reconquis sur les seigneurs par le roi; du roi, cette propriété des droits régaliens est passée à la nation en 1789. La Révolution a été un déplacement de la propriété du pouvoir plutôt que du pouvoir lui-même, car, déjà, le roi ne gouvernait plus en personne, mais par des ministres, et le gouvernement des ministres a subsisté; ils sont devenus les ministres de la nation au lieu des ministres du roi.

b) La délégation de l'exercice de la souveraineté faite par la nation à des représentants. — C'est ici le point délicat, car la doctrine de la délégation mal comprise serait la négation du gouvernement représentatif. Il est nécessaire de distinguer deux opérations différentes de délégation : *a*) la délégation faite une fois pour toutes par la constitution aux institutions représentatives; *b*) la délégation électorale faite périodiquement par le corps électoral aux représentants du peuple, qui viennent participer à l'exercice des pouvoirs des institutions représentatives :

1° La délégation faite une fois pour toutes par la constitution aux institutions représentatives. — Rappelons ici la définition du régime représentatif que nous avons donnée (*supra*, p. 44) : c'est « un gouvernement d'institutions représentatives auquel viennent participer des représentants »; cela revient à dire que les premiers et véritables représentants de la nation sont des institutions, telles que la présidence de la République et les ministères, les Chambres législatives, le corps électoral. Ce sont ces institutions qui reçoivent l'exercice des pouvoirs de gouvernements, sous le nom d'*attributions*. Les attributions exécutives sont celles de la présidence de la République et non du président; les attributions délibérantes sont celles des Chambres législatives, comme corps constitués, et non pas celles des membres du Parlement; les attributions de suffrage sont celles du corps électoral, comme corps constitué, et non pas celles des électeurs individuels. Tout cela est signifié par l'art. 2, titre III, de la C. 3 sept. 1791 : « les représentants sont : le corps législatif et le roi ».

La doctrine de la délégation admet que les institutions représentatives sont investies de leurs attributions dans la constitution par la nation ou, du moins, par le pouvoir constituant. Il y a dans cette idée une part de fiction; il est bien clair que les lois constitutionnelles ne créent pas de toutes pièces les institutions gouvernementales ni les compétences de gouvernement; tout cela préexiste sous une forme ou sous une autre; c'est un capital historique transmis; la constitution ne peut que remanier les formes et modifier la répartition des compétences. Mais il y a cela de vrai que les institutions gouvernementales reçoivent de la constitution l'investiture juridique, de façon à n'agir désormais qu'au nom de la nation.

2º La délégation faite périodiquement par le corps électoral aux représentants du peuple qui viennent participer a l'exercice des pouvoirs des institutions représentatives. — Les institutions représentatives pourraient être peuplées de fonctionnaires. Il y en a effectivement un certain nombre; dans les ministères il y a de grands chefs de service et des employés de bureau qui détiennent la majeure partie de la compétence et par conséquent du pouvoir. Dans les chambres législatives le rôle du secrétaire général, qui possède à fond le règlement, n'est pas négligeable, etc. A de certaines époques la Chambre Haute était peuplée de fonctionnaires (Sénat impérial), etc...

Mais au-dessus de ces fonctionnaires de carrière, qui pourraient être tentés de se séparer de la nation, et pour empêcher que les attributions de la souveraineté qu'ils détiennent ne soient aliénées entre leurs mains, le principe de la souveraineté nationale exige qu'il y ait des représentants plus immédiats de la nation qui soient élus périodiquement par le corps électoral et dont les mandats soient fort brefs. Il exige que ces représentants élus, qui sont des hommes politiques, aient seuls le pouvoir de décision; ils n'ont peut être pas de compétence, mais ils ont du pouvoir de domination. Leurs décisions sont préparées par les fonctionnaires compétents; elles seront ensuite exécutées par d'autres fonctionnaires compétents; quant à la décision, qui se matérialise dans la signature, elle est prise sous la responsabilité de l'homme politique, représentant élu de la nation.

Ces hommes politiques élus, ces députés, ces sénateurs, le président de la République qu'ils élisent à leur tour, les ministres choisis par le président dans ce même personnel, jusqu'à quel point reçoivent-ils une délégation de souveraineté de la nation par l'intermédiaire du corps électoral? Un premier point certain est que le corps électoral ne leur délègue aucune compétence, car il n'en possède pas; un second point certain est que cependant l'élection leur confère un grand pouvoir.

Il provient de la confiance que leur a témoigné le corps électoral. Mais le suffrage de confiance est tout autre chose qu'une délégation de pouvoirs, et c'est en ce point que le concept juridique de la délégation et du mandat ne cadre pas avec la réalité des faits.

La vérité est que la nation délègue des hommes de confiance pour contrôler le personnel fonctionnaire des institutions gouvernementales. Et, en somme, cette combinaison s'est montrée viable.

B. *Théorie de la souveraineté individuelle.* — Il y a certainement, dans nos textes constitutionnels, une doctrine de la souveraineté individuelle parallèle à celle de la souveraineté nationale collective; on la trouverait déjà dans des textes révolutionnaires, mais elle s'étale dans la déclaration des droits votée par la Cham-

bre des représentants le 5 juillet 1815 à la fin des Cent jours :
« la souveraineté du peuple se compose de la réunion des droits de
tous les citoyens ». Il est faux que la souveraineté du peuple se
compose uniquement des droits de tous les citoyens; il existe bien
une souveraineté collective de la nation, que nous venons d'étudier,
et qui est déléguée aux institutions, mais il exact que les citoyens
ont, en outre, des droits individuels de souveraineté qui leur permettent de participer à l'exercice de la souveraineté collective déléguée aux institutions.

Voici comment se constitue cette souveraineté individuelle :

1° Les simples sujets de l'Etat, même non électeurs, c'est-à-dire
même ne participant pas au gouvernement, doivent déjà être considérés comme possédant une *souveraineté de sujétion;* en effet, ce
sont par définition des hommes libres, leurs libertés individuelles
constituent une limitation de la souveraineté de l'Etat; or, la souveraineté ne peut être limitée que par la souveraineté. D'autre part,
les sujets non électeurs peuvent avoir capacité pour certains droits
civiques, ils peuvent être témoins dans les actes, être admissibles
à certains emplois publics; ils sont à certains égards déjà des
citoyens; les constitutions révolutionnaires en avaient fait des
citoyens passifs; les femmes françaises sont encore dans cette situation. Enfin et surtout, les sujets libres de l'Etat ont toujours eu
le droit d'accorder ou de refuser leur assentiment aux actes du
gouvernement et leur confiance à ce gouvernement lui-même. Le
suffrage des sujets est resté longtemps inorganisé; il n'en existait
pas moins et se traduisait par le loyalisme ou, au contraire, par
des frondes et des séditions. C'est dire que la souveraineté de
sujétion a toujours contenu le droit de suffrage, bien qu'il n'ait
pas toujours été organisé;

2° Lorsque les sujets de l'Etat ont conquis le droit de suffrage
complet, que, de citoyens passifs, ils sont devenus citoyens actifs,
c'est-à-dire citoyens-électeurs et qu'ils peuvent ainsi participer au
gouvernement, leur souveraineté conserve sa racine individuelle.
C'est la même autonomie de l'individu qui continue de s'épanouir
dans la cité et, quand le suffrage universel s'établit, c'est bien
comme un droit inhérent à chaque individu, comme son droit propre à participer au gouvernement. En lui-même le droit de suffrage
est donc un *droit individuel et non pas une fonction.*

Mais comment le droit individuel de suffrage se concilie-t-il avec
le caractère collectif du corps électoral, institution du suffrage ? De
la façon la plus simple : le droit individuel de l'électeur est celui de
participer à l'opération du corps électoral; le corps électoral accom-
plit une fonction collective, le droit individuel de l'électeur est de
participer à cette fonction. Le suffrage est individuel, l'élection est
collective. Il en est de même à l'intérieur des assemblées délibé-

rantes : le droit du député est individuel, la délibération de la Chambre est collective.

II. — LA THEORIE DES CONSTITUTIONS ECRITES

V. *infra, Le droit de la constitution.*

III. — LE GOUVERNEMENT DIRECT DE L'ASSEMBLEE DU PEUPLE; LA VOLONTE GENERALE ET LA PRIMAUTE DE LA LOI; LE REFERENDUM, LE PLEBISCITE, LE GOUVERNEMENT SEMI-DIRECT

La grande pensée de Rousseau était le gouvernement direct par l'Assemblée du peuple. Les délibérations de cette Assemblée exprimaient la volonté générale et l'expression de cette volonté générale était la loi. On ne devait gouverner qu'à coups de lois ainsi faites. Sans doute, elles devaient, être mises à exécution, mais les agents d'exécution ne devaient être que des commis, quelque chose comme des huissiers administratifs. A cette condition, la souveraineté du peuple n'était pas aliénée. Cette conception théorique ne correspondait à aucune réalité historique. Les républiques antiques avaient bien possédé des Assemblées du peuple, mais elles avaient eu aussi des magistrats dont les pouvoirs de magistrature correspondaient à ce que nous appelons aujourd'hui le pouvoir exécutif, qui dirigeaient les opérations de l'Assemblée du peuple et exécutaient les lois sous leur propre responsabilité.

Au reste, l'idée du gouvernement par la loi est une absurdité, en ce sens qu'il est pratiquement impossible d'employer la procédure législative pour les mille mesures rapides qu'exige le gouvernement quotidien d'un peuple. Mais la formule *confection de la loi, exécution de la loi,* était séduisante par sa logique.

On sentit bien qu'on ne pouvait pas, dans les grands Etats modernes, revenir à la pratique des assemblées générales du peuple, ni supprimer les assemblées représentatives. Mais on pouvait faire trois choses :

1° On pouvait subordonner étroitement le pouvoir exécutif aux assemblées représentatives, puisque c'étaient celles-ci qui faisaient les lois et puisque on ne devait gouverner que par des lois. C'était une grave déformation du vrai gouvernement représentatif, dans lequel on gouverne au contraire par le pouvoir exécutif et où les lois ne sont que des limites pour l'action de ce pouvoir;

2° On pouvait encore rapprocher les assemblées représentatives de l'assemblée du peuple et, pour cela, à la dualité des assemblées du régime anglais, substituer l'assemblée représentative unique. Ce fut la trouvaille de la C. du 3 sept. 1791, reproduite dans toutes les constitutions révolutionnaires jusqu'en l'an III;

3° On pouvait enfin combiner les assemblées représentatives et l'assemblée du peuple, en modernisant la conception de celle-ci. Ce fut la solution du *referendum* qui se fit jour dès 1792, du moins pour le vote des lois constitutionnelles (Déc. 21 sept. 1792) : « La convention nationale déclare qu'il ne peut y avoir de constitution que celle qui est acceptée par le peuple. »

Dans cette combinaison qui est celle du *gouvernement semi-direct* ou *semi-représentatif*, non seulement il subsiste des assemblées représentatives au-dessus de l'assemblée du peuple, mais elles conservent la délibération de la loi, le *referendum* n'étant strictement qu'un vote, sans délibération formelle.

En France, à partir de l'an VIII, le principe de la consultation directe du peuple passa dans la tradition consulaire et impériale et le *referendum* constitutionnel se transforma en un *plébiscite* ou en un *appel au peuple*, c'est-à-dire, en une consultation du peuple non plus sur une loi, mais sur le maintien au pouvoir d'un homme ou d'une dynastie (Plébiscites de Napoléon Ier pour la transformation du consulat temporaire en consulat à vie en l'an X; pour l'établissement de l'Empire en l'an XII; plébiscites de Napoléon III en 1851 et en 1852 ainsi qu'en 1870). Ainsi lié à la tradition bonapartiste, le principe fut rejeté par les monarchies constitutionnelles de 1814 et 1830, par la République de 1848 et par la République actuelle, qui est strictement représentative.

Mais la combinaison du *referendum* s'est propagée dans un grand nombre de pays étrangers, soit pour les lois constitutionnelles, soit pour toute espèce de lois; elle s'allie avec les formes les plus diverses de régime représentatif, même avec le régime parlementaire, ainsi que nous le verrons plus loin. Elle apparaît de plus en plus comme le correctif démocratique de l'oligarchie représentative; on aperçoit dans l'avenir la solution du gouvernement semi-représentatif et semi-direct comme un compromis satisfaisant entre le pouvoir minoritaire du gouvernement représentatif et le pouvoir majoritaire du corps électoral.

§ 3. — Les principales variétés du gouvernement représentatif, telles qu'elles ont résulté de la rencontre du courant représentatif et du courant de démocratie directe.

Sommaire. — I. Le gouvernement parlementaire. — II. Le gouvernement présidentiel américain. — III. Le gouvernement conventionnel. — IV. Le gouvernement directorial de la Suisse.

Le gouvernement représentatif a résisté au choc de la démocratie directe, mais en s'adaptant. Non seulement il s'est compliqué en beaucoup de pays de cet élément de gouvernement direct qu'est le referendum, mais la structure même des institutions représentatives s'est trouvée modifiée par l'influence du principe de la souveraineté nationale et de la théorie des constitutions écrites. Il est résulté de ces accommodations plusieurs types différents de gouvernements représentatifs modernes que nous passerons en revue dans l'ordre suivant : 1° Le gouvernement parlementaire; 2° le gouvernement présidentiel américain; 3° le gouvernement conventionnel; 4° le gouvernement directorial du type suisse.

I. — LE GOUVERNEMENT PARLEMENTAIRE (1)

C'est à la fois la forme la plus évoluée du gouvernement représentatif et celle qui en a conservé avec le plus de pureté les caractères primitifs, notamment la tendance à la suprématie du Parlement. Forgé en Angleterre au cours du xviii° siècle, le régime parlementaire est passé en France en 1814 sous la Restauration et, après des vicissitudes, a fini par s'y acclimater; il était parti ensuite à la conquête de l'Europe, mais la guerre de 1914 et ses suites ne lui ont pas été favorables, et l'on ne peut plus guère citer que la Belgique, la Hollande, la Suède, la Norvège, le Danemark, la Tchécoslovaquie et l'Empire allemand où il fonctionne réellement et régulièrement. Hors d'Europe il occupe les pays suivants : Colombie, Equateur, Pérou, Chili, Argentine, Bolivie, Venezuela, Japon, Egypte.

Le gouvernement parlementaire n'est pas absolument pareil dans tous les pays. Voyons d'abord ses caractères essentiels qui se retrouvent partout; nous indiquerons ensuite les principales modalités.

On peut donner du gouvernement parlementaire la définition suivante :

C'est une forme de gouvernement, à base de régime représentatif et de séparation des pouvoirs souple, dans laquelle une collaboration continuelle est établie, entre le pouvoir exécutif et le Parlement, composé de deux Chambres, par l'intermédiaire d'un organe exécutif qui est le cabinet des ministres, lequel partage avec le chef de l'Etat la direction du gouvernement, mais ne peut gouverner qu'en s'assurant la confiance continue du Parlement, parce qu'il est politiquement responsable devant celui-ci.

Le pouvoir exécutif est partagé entre un Chef de l'Etat (monarque héréditaire ou président de la République élu) et des ministres nommés par le chef de l'Etat et responsables devant lui, mais responsables aussi et surtout devant le Parlement, ne pouvant gouverner, par conséquent, qu'avec la confiance du Parlement. Ces ministres forment, par leur réunion, un cabinet ou comité

____

(1) Bibliogr. — Redslob. *Le régime parlementaire.* Paris, Giard, 1924.

dans lequel sont arrêtées les décisions gouvernementales les plus importantes et il en résulte une solidarité entre les ministres qui rend tout le cabinet responsable pour toute décision importante. L'un des ministres assume le rôle de président du Conseil ou de premier ministre, c'est lui qui dirige la politique générale du cabinet et qui seul peut poser la question de confiance au nom du cabinet et engager ainsi la responsabilité solidaire de celui-ci.

La responsabilité politique des ministres devant le Parlement consiste en ce que, sur un vote de l'une des Chambres impliquant la défiance, le cabinet peut être amené à donner sa démission. Cette responsabilité purement politique et non criminelle s'est surajoutée en Angleterre, au cours du XVIIIe siècle, à la procédure criminelle de l'*impeachment*. C'est elle qui fonctionne couramment aujourd'hui; l'*impeachment* ne joue plus que rarement, lorsque les ministres sont traduits en Haute Cour de justice pour crime politique commis dans l'exercice de leurs fonctions.

Quant au pouvoir législatif, il est confié à deux Chambres, dont l'une au moins, la Chambre basse, est élue par le peuple et dont l'ensemble constitue le Parlement. Ce Parlement doit avoir des moyens de pression sur les organes exécutifs, tout au moins par le refus de vote du budget.

On voit que le gouvernement parlementaire se caractérise essentiellement par la responsabilité collective du cabinet devant le Parlement, par les liaisons et les collaborations que cette responsabilité entraîne forcément entre le pouvoir exécutif et le pouvoir législatif. Le rouage essentiel de ce gouvernemnt est donc le cabinet, aussi l'appelle-t-on *gouvernement de cabinet* tout autant que gouvernement parlementaire et, même, cette appellation serait préférable en ce qu'elle exprimerait mieux cette vérité que ce n'est pas le Parlement qui doit gouverner, mais le cabinet.

En Angleterre, le gouvernement parlementaire est resté fidèle au type représentatif, en ce sens que le Parlement (lequel contient d'ailleurs le roi) y est souverain; d'une part, bien que le suffrage soit devenu presque universel, le principe de la souveraineté nationale n'a jamais été proclamé; d'autre part, il n'y a point de constitution écrite par quoi le Parlement soit limité; enfin il n'y a aucun emploi du referendum.

En France, il n'y a pas non plus de referendum, mais le principe de la souveraineté nationale a été proclamé et il existe une constitution écrite; en fait elle limite fort peu le Parlement parce qu'elle est très brève, mais le principe de la limitation est posé; en revanche, nous verrons que, par une déformation provenant de la doctrine conventionnelle, le Parlement français a tendance à restreindre l'autonomie du gouvernement exécutif, et inclinerait volontiers vers la Chambre unique.

Dans tous les autres pays parlementaires, il existe des constitutions écrites et le principe de la souveraineté nationale est proclamé. De plus, l'emploi du referendum apparaît çà et là (Tchéco-Slovaquie, art. 48 de la Const.; Empire allemand, § 207 de la Const.; Prusse, pour la dissolution de la Chambre des députés; Esthonie, Lettonie, etc.); en Equateur, le président de la République est élu par le peuple.

Ainsi le gouvernement parlementaire lui-même se teinte de gouvernement direct, afin de faire contrepoids à l'oligarchie parlementaire; on commence à craindre que la toute-puissance du Parlement ne devienne un danger pour la liberté politique.

II. — LE GOUVERNEMENT PRÉSIDENTIEL AMÉRICAIN

Les constituants américains, à la fin du xviiie siècle, avaient très présent à l'esprit ce danger de la toute-puissance des Parlements, d'autant qu'ils avaient souffert de la politique du Parlement anglais. Aussi le régime qu'ils combinèrent, bien que du type représentatif, est-il singulièrement mâtiné d'emprunts faits à la démocratie directe, ainsi qu'il résultera des observations suivantes :

1° Comme il s'agit d'un Etat fédéral, il y a lieu de distinguer le régime des Etats fédérés et celui du super-Etat fédéral. Or, les Etats fédérés admettent un gouvernement semi-représentatif compliqué de referendum et même parfois d'initiative populaire, tandis que la constitution du super-Etat fédéral n'admet aucun emploi du referendum;

2° Le principe de la souveraineté nationale est proclamé et il y a une constitution écrite; afin que celle-ci limite efficacement le Parlement ou Congrès, un contrôle judiciaire de la constitutionnalité des lois est fortement organisé dans les Etats fédérés et dans l'Etat fédéral, si bien que les juges tiennent par là en échec les législatures et qu'on a pu dire des Etats-Unis qu'ils étaient sous le *gouvernement des juges* (V. *infra*);

3° Les organes représentatifs du gouvernement fédéral se composent d'un président de la République, chef du pouvoir exécutif, et d'un Congrès composé de deux Chambres délibérantes.

Le président de la République est élu directement par le peuple pour quatre ans (ce qui est plébiscitaire); les ministres ou secrétaires d'Etat sont choisis par lui et responsables devant lui seul; ils n'ont même pas l'entrée des Chambres; il n'y a donc ni gouvernement de cabinet, ni responsabilité ministérielle parlementaire.

Des deux Chambres qui constituent le Congrès, l'une la *Chambre des représentants*, est élue pour deux ans par le pays tout entier au prorata de la population des circonscriptions; l'autre, le *Sénat*, est composée de membres élus par les Etats de l'Union à raison de deux par chaque Etat, quelle que soit la population de celui-ci; ils sont élus pour six ans;

4° Il existe, entre le président investi du pouvoir exécutif et le Congrès investi du pouvoir législatif, une séparation des pouvoirs rigide qui interdit, en principe, toute collaboration à la même fonction, sauf, cependant, que le président a le droit d'opposer un veto suspensif à l'exécution d'une loi votée par le Congrès et qu'à l'inverse, le Sénat est chargé de ratifier les décisions du président en matière de traités internationaux et de nomination des fonctionnaires fédéraux.

Il y a donc quelques atténuations à la rigidité; d'autre part, si les secrétaires d'Etat n'ont pas l'entrée du Parlement; ils correspondent avec les comités des Chambres dans lesquels se prépare tout le travail législatif; enfin, les organisations électorales des grands partis politiques, qui sont des machines permanentes très puissantes et à la recherche de toute espèce d'influence, servent d'agents de liaison entre le pouvoir exécutif et le pouvoir législatif, suppléant ainsi à l'absence de cabinet;

5° Dans cette combinaison, la Chambre basse ou Chambre des représentants est plus abaissée que le Sénat, dont le rôle est relevé par les ratifications qu'il a à donner pour des actes exécutifs importants. C'est exactement l'inverse du régime parlementaire, où la Chambre basse prend plus d'importance que la Chambre haute, parce que son contrôle sur l'exécutif est plus actif.

Le gouvernement présidentiel américain s'est propagé au Mexique, à Cuba, à Panama, à Libéria. Il faut aussi remarquer que le gouvernement consulaire et impérial français de l'an VIII et de 1852 lui avait emprunté sa conception de l'exécutif.

III. — LE GOUVERNEMENT CONVENTIONNEL

Les deux formes précédentes du gouvernement représentatif respectent la distinction du pouvoir exécutif et du pouvoir législatif, ainsi que la dualité des Chambres.

La Révolution de 1789 devait créer une nouvelle forme à *assemblée législative unique*, très rapprochée de l'assemblée du peuple, et essayant de se subordonner entièrement le pouvoir exécutif et de le transformer en un simple agent d'exécution (pouvoir commis et non organe représentatif de la nation). L'assemblée unique avait été instituée par la Constitution du 3 sept. 1791 et, en effet, la Constituante, la Législative et la Convention furent des Assemblées uniques; on sait que la Convention, après la proclamation de la République, supprima tout Chef d'Etat et exerça la dictature. Cette expérience des années 1793 et 1794 fut d'ailleurs si décisive, au point de vue des dangers courus par la liberté lorsque les pouvoirs sont ainsi concentrés en une seule Assemblée, que la Convention elle-même, sur la fin de sa carrière, après la réaction thermidorienne, en votant la Constitution du 5 fructidor an III, rétablit et le chef d'Etat exécutif indépendant (sous le nom de Directoire) et la dualité des Chambres (Le Conseil des Anciens et les Cinq Cents).

Cette conception conventionnelle, due à l'influence des idées de Rousseau, reparut à la Révolution de 1848 et en 1870-71 (Assemblée Nationale). Elle pourrait s'autoriser du système des conventions élues pour procéder aux révisions totales des constitutions (V. *infra*). Mais c'est une erreur de croire qu'une organisation, bonne pour la solution d'une crise constitutionnelle, le serait par là même pour assurer un gouvernement normal. An contraire, en principe, ce qui est bon pour les temps de crise ne l'est point pour les temps normaux et inversement.

Le type du gouvernement à Assemblée unique n'a réussi à se propager que plus ou moins mélangé de parlementarisme et dans des pays de faible étendue; en Amérique : Salvador, Honduras, Panama; en Europe : Bulgarie, Yougoslavie, Grèce, Luxembourg, Finlande, Esthonie, Lithuanie et Lettonie, encore, dans les pays Baltes, le régime est équilibré par un certain emploi du *referendum*.

Les radicaux anglais ont réduit à presque rien le rôle de la Chambre des lords, détruisant presque la garantie de la dualité des Chambres (Réforme de 1910). Enfin, en Autriche et en Bavière, il n'y a qu'une façade de parlementarisme; la réalité est un régime conventionnel compliqué de referendum et d'initiative populaire.

IV. — LE GOUVERNEMENT DIRECTORIAL DE LA SUISSE

Le type de cette variété du gouvernement représentatif est actuellement dans la Constitution Suisse de 1848 révisée en 1874. Il a été emprunté à notre Constitution du 5 fructidor an III, mais fortement remanié.

Observons, d'abord, que la Suisse est un Etat fédéral qui compte 22 cantons fédérés. La plupart de ces cantons ont un gouvernement représentatif, mais quelques-uns ont conservé, depuis le moyen âge, un gouvernement direct du type municipal (Landsgemeinde). C'est le gouvernement fédéral qui est du type directorial, fortement mâtiné de *referendum*.

Le pouvoir exécutif est confié à un directoire qui porte le nom de *Conseil fédéral;* il est composé de sept membres élus pour trois ans par l'Assemblée fédérale; il choisit dans son sein un président annuel qui n'est pas immédiatement rééligible et qui est président de la Confédération helvétique en même temps que ministre des Affaires étrangères; tous les membres du directoire sont, d'ailleurs, en même temps ministres, de telle sorte que le Directoire se confond avec le Conseil des ministres (à la différence du Directoire français de l'an III); ce pouvoir exécutif simplifié et affaibli par la collégialité est véritablement un *pouvoir commis* et non pas un représentant autonome de l'Etat; on peut toujours appeler de ses décisions à l'Assemblée fédérale, mais la réformation de ses décisions n'entraîne pas sa démission (il n'y a donc pas régime parlementaire).

Le pouvoir délibérant est confié à une *Assemblée fédérale* composée de deux Chambres, le *Conseil national*, Chambre basse élue pour trois ans par toute la population suisse, et le *Conseil des Etats*, Chambre haute, composée de 44 députés des Etats, à raison de deux par canton; ces deux Chambres ont pouvoir égal et siègent en principe séparément, notamment pour faire les lois.

Ces deux Assemblées représentatives seraient maîtresses de tout le gouvernement s'il n'y avait pas le contrepoids très sérieux de l'Assemblée du peuple. Il n'y a pas actuellement au monde de pays où le *referendum* soit plus pratiqué qu'en Suisse; il a été introduit par la Constitution de 1848, pour les lois ordinaires aussi bien que pour les constitutionnelles, et mis à la disposition du peuple par un système de pétitionnement et d'initiative législative. Toute loi votée par les Assemblées fédérales peut être soumise à referendum si, dans les 90 jours de sa votation, une pétition signée de 30.000 électeurs le demande (ou bien huit cantons); quant à l'initiative législative, introduite en 1891, elle consiste en ce qu'une pétition signée de 50.000 électeurs et contenant un projet de loi rédigé par articles, oblige les Assemblées représentatives à délibérer cette loi dans un délai d'un an; ensuite, délibérée ou non, le peuple peut voter sur son adoption. Ce type de gouvernement a influé sur la constitution de l'Esthonie et de l'Autriche.

§ 4. — La liberté politique et l'organisation corporative de l'Etat [1].

Sommaire. — Le développement parallèle de la liberté politique et de l'organisation corporative de l'Etat; la théorie organiciste; A. Les organes de l'Etat sont, en réalité, les institutions représentatives ou pouvoirs publics; B. Les institutions représentatives, qui sont les véritables organes de l'Etat, sont composées elles-mêmes de plusieurs éléments; C. Les organes représentatifs se distinguent des simples agents et des pouvoirs commis par l'autonomie et l'initiative de la volonté, ainsi que par la responsabilité politique.

Il existe un lien certain entre la liberté politique et l'organisation corporative de l'Etat. Les constructions que le mouvement

____

(1) BIBLIOGR. — Michoud et Trotabas, *La théorie de la personnalité morale*, 2e édit., 1924., t. I, p. 128 et s.; Carré de Malberg, *Théorie de l'Etat*, t. II, p. 319, et s.; Duguit, *Traité de droit constitutionnel*, 2e édit., t. II, p. 404 et s.

constitutionnel édifie en vue de l'une servent à développer l'autre. La lente création du gouvernement représentatif avec ses équilibres d'organes et de pouvoirs a fourni à l'Etat un *corpus* avec tous les organes nécessaires et, par là-dessus, l'avènement de la souveraineté nationale et du régime électoral ont réalisé un équilibre final entre la totalité des organes de gouvernement et la totalité des membres du groupe gouverné. Cet équilibre, qui se retrouve dans toutes les corporations parfaites, a permis à la personnalité morale de l'Etat de se dégager, ce qui est chose faite depuis la Révolution de 1789.

Sans nous arrêter à rechercher les raisons profondes du mouvement parallèle vers la liberté politique et vers la personnalité morale de l'Etat, insistons seulement sur le parti que l'on en peut tirer pour la *théorie organiciste* des personnes morales.

La première thèse soutenue, au sujet de la situation des organes, fut celle de la *représentation légale* : les organes d'une personne morale corporative étaient ses représentants légaux, comme le tuteur est le représentant légal du mineur. Il en résultait une dualité de personnes juridiques et il y avait, entre la personne morale et ses représentants, des relations juridiques de commettant à préposé; la jurisprudence judiciaire appliquait encore naguère ces idées aux communes quand elle leur étendait les principes de la responsabilité du commettant pour les fautes commises par leurs organes. Cette théorie supposait la création légale des personnes morales, c'est-à-dire la doctrine de la fiction; il fallait, en effet, que la personne morale fût créée par la loi et considérée comme existant indépendamment de ses organes pour pouvoir être censée jouer le rôle de commettant vis-à-vis de ceux-ci. Aussi, la théorie de la représentation légale est-elle tombée dans le discrédit en même temps que celle de la fiction.

Elle a été remplacée par la *théorie organique*, élaborée par l'école allemande, mais dont le principe, ainsi qu'on l'a justement fait remarquer, est impliqué dans notre constitution du 3 septembre 1791. Cette théorie prend le contre-pied de la précédente en ce qu'elle suppose les organes existant avant la personne morale qui est en partie constituée par eux. Les organes veulent pour la personne, et celle-ci ne peut rien vouloir sans eux; il n'y a pas, en principe, de relations juridiques entre la personne et ses organes, ou, du moins, il n'y en a pas vis-à-vis de tous les organes à la fois. Au point de vue des responsabilités pécuniaires, vis-à-vis des tiers, la personne et son organe ne sont pas responsables à la fois, car, ou bien la personne morale n'est pas responsable du tout, ou bien, si elle l'est, sa responsabilité absorbe celle de l'organe.

Cette théorie est supérieure à la précédente, d'abord, en ce qu'elle admet la formation spontanée des personnes morales et échappe à la doctrine de la création légale; ensuite, en ce qu'elle est conforme à l'évolution historique; dans un groupement qui marche vers la personnification, dans l'Etat, par exemple, il est certain que l'organisation représentative précède, à titre de phénomène politique, l'apparition de la personnalité juridique. Il est très intéressant aussi de constater, en ce qui concerne les responsabilités pécuniaires vis-à-vis des tiers, que le droit administratif français, mû par des préoccupations politiques, a construit une théorie du non-cumul de la responsabilité de l'Etat et de la responsabilité personnelle de l'organe qui s'est trouvée conforme aux données organicistes.

Il importe cependant de présenter quelques observations :

A. Ce que la théorie organiciste appelle les organes de l'Etat, ce sont, en réalité, les institutions représentatives ou encore les pouvoirs publics. — C'est le moment de rappeler une fois de plus la définition du gouvernement représentatif, savoir : « un gouvernement d'institutions représentatives auquel viennent participer des représentants élus par la nation »; de rappeler aussi la Const. du 3 sept. 1791, tit. III, art. 2 : « la Constitution Française est représentative; les représentants sont *le corps législatif* et *le roi* » (le roi mis ici pour l'institution exécutive de la couronne).

Ces institutions représentatives sont fondées sur la séparation des pouvoirs et par conséquent :

1º Les institutions exécutives (présidence de la République et ministères) sont des organes représentatifs de l'Etat;

2º Les institutions délibérantes (Chambre des députés et Sénat) sont des organes représentatifs de l'Etat;

3º Les institutions du suffrage (corps électoral) sont elles-mêmes des organes représentatifs de l'Etat; en effet, le corps électoral, quoique très proche de la nation, ne se confond pas avec elle, par cela seul qu'il est organisé et qu'il existe pour l'électorat des conditions d'âge, de résidence, etc. Le corps électoral est un organe de l'Etat dont la fonction élective est très intéressante en ce qu'elle a pour but de fournir aux institutions délibérantes, et subséquemment aux exécutives, le personnel des hommes politiques (représentants de la nation) qui doivent animer ces institutions en stimulant et contrôlant les fonctionnaires qu'elles contiennent (grands fonctionnaires et bureaux des ministères stimulés par l'homme politique placé à la tête du département ministériel).

B. Les institutions représentatives, qui sont les véritables organes de l'Etat, sont composées elles-mêmes de plusieurs éléments. — 1º il y a l'*élément pouvoir;* c'est pourquoi on les appelle des *Pouvoirs Publics;* par exemple, dans l'institution exécutive, il y a le pouvoir exécutif, dans l'institution parlementaire, le pouvoir délibérant (V. *supra*, p. 53);

2° il y a l'*élément fonction*, la fonction gouvernementale, la fonction législative, etc. (V. *supra*, p. 52);

3° enfin, il y a l'*élément humain organisé;* c'est celui que la théorie organique a directement en vue et derrière lequel elle refoule les deux autres éléments; mais cette tactique est peu conforme à la réalité constitutionnelle, laquelle met au premier plan l'élément du pouvoir, non sans raison, parce que le pouvoir de l'organe est sûrement celui de l'Etat. Faire prédominer l'élément pouvoir, c'est s'assurer que l'organe voudra « au nom de l'Etat ».

L'élément humain des organes est puisé, soit dans le personnel politique des représentants de la nation, soit dans le personnel des fonctionnaires, mais celui-ci est toujours en sous-ordre; quelquefois, l'organe est composé d'un seul homme politique, tel le président de la République dans l'organe de la présidence; souvent, il est composé d'une assemblée, d'un collège, d'un corps constitué, tel l'organe délibérant composé de deux assemblées qui deviennent des corps constitués.

C. *Les organes représentatifs se distinguent des simples agents et des pouvoirs commis par l'autonomie et l'initiative de la volonté ainsi que par la responsabilité politique.* — La distinction des organes de l'Etat et des simples agents ou commis est une bien vieille question d'école; le principe de la distinction est certainement *l'autonomie de la volonté :* les organes de l'Etat sont ceux qui veulent au nom de l'Etat, avec autonomie, avec « un pouvoir arbitraire », disait Esmein.

Remarquons, comme premier critérium, que cette autonomie de la volonté s'apprécie essentiellement dans *l'initiative;* c'est parce que l'organe exécutif prend librement et fréquemment des initiatives au nom de l'Etat qu'il est un organe représentatif et non pas, comme on l'a prétendu trop souvent, un simple « pouvoir commis »; peu importe qu'ensuite il soit soumis au contrôle du parlement parce que le contrôle ne détruit pas l'initiative; de même, le Parlement est un organe représentatif parce qu'il prend librement l'initiative des lois, peu importe que la Chambre des députés puisse être dissoute par le pouvoir exécutif; dans les pays à initiative législative populaire, le corps électoral lui-même devient un organe représentatif achevé.

Un autre critérium pratique est cependant nécessaire pour distinguer les organes représentatifs politiques des fonctionnaires ou simples agents doués d'autonomie et d'initiative dans leurs fonctions administratives, tels, par exemple, les préfets. Ce critérium doit être tiré de la *responsabilité politique*. Il est à remarquer que si, en principe, les organes politiques n'ont pas de relation avec l'Etat lui-même, ils en ont entre eux; la loi Const. du 16 juillet 1875 est même une loi *sur les rapports des pouvoirs publics*. Parmi ces rapports, il y a des responsabilités politiques; les ministres, organes du pouvoir exécutif, sont responsables devant le Parlement; celui-ci, à son tour, est responsable devant le corps électoral; toutes ces responsabilités sont politiques et s'analysent en la perte du pouvoir. Le corps électoral, lui-même, serait responsable, devant le pays, de ses fautes politiques et de ses erreurs, par le moyen révolutionnaire d'un Coup d'Etat et cela s'est vu. Ainsi, tous les organes représentatifs sont responsables politiquement et, même, il convient d'affirmer que plus un pouvoir est politiquement responsable, plus il est un organe de l'Etat autonome et plein d'initiative, car la responsabilité politique est corrélative à l'autonomie. A ce compte, les organes du pouvoir exécutif, dont la responsabilité politique s'accentue constamment, deviennent de plus en plus des organes représentatifs et ils le sont plus que le Parlement lui-même, bien que, par le jeu du contrôle parlementaire, ils soient très subordonnés à celui-ci.

Au contraire, les fonctionnaires ou simples agents, même les plus puissants en fait, n'ont pas de responsabilité politique. Il en est ainsi des préfets et des chefs de service des bureaux des ministères. Quand on veut qu'un service ministériel, confié à un chef de service simple fonctionnaire, soit soumis à la responsabilité politique, on remplace le chef de service par un sous-secrétaire d'Etat, c'est-à-dire qu'on substitue, à un simple agent, un organe représentatif.

LIVRE II

LES LOIS CONSTITUTIONNELLES

CHAPITRE PREMIER

THEORIE GENERALE DU DROIT DE LA CONSTITUTION

---

§ 1. — Les coutumes et pratiques constitutionnelles. Les faussements de la constitution.

Sommaire. — **I.** La constitution au sens du fond et au sens de la forme. — **II.** Les différentes espèces de règles constitutionnelles au point de vue de leur forme. — **III.** Les pratiques constitutionnelles. — **IV.** Les faussements de la constitution.

I. — LA CONSTITUTION AU SENS DU FOND ET AU SENS DE LA FORME

Il faut bien distinguer les deux acceptions du mot constitution. Au sens du fond des choses, la constitution d'un pays, c'est l'ensemble des règles fondamentales relatives à son statut politique et social. Cela suppose la conception d'un statut de l'Etat (analogue aux statuts d'une société privée ou d'une corporation), statut qui commande ou lie, d'une certaine manière, la conduite du gouvernement quotidien, de même que les statuts d'une association privée commandent ou lient la conduite des administrateurs de celle-ci. Cette conception, se développant dans l'esprit public, avait conduit sous l'ancien régime à distinguer des *lois fondamentales du royaume*, qui liaient le roi régnant et elle a conduit, dans le nouveau régime, à distinguer la constitution de l'Etat et le gouvernement de l'Etat. L'objet de la constitution ainsi compris est, en général, double, il comprend : 1° les règles relatives à l'organisation sociale essentielle, c'est-à-dire aux libertés individuelles et aux fondations individuelles; 2° les règles relatives à l'organisation politique et au fonctionnement du gouvernement.

II. — LES DIFFERENTES ESPECES DE REGLES CONSTITUTIONNELLES AU POINT DE VUE DE LEUR FORME

L'objet du droit de la constitution étant ainsi déterminé, il faut envisager maintenant un autre aspect de la question, qui est celui de la forme spécifique des règles de ce droit; de ce point de vue, il y a des règles de trois espèces, savoir :

1° Les pratiques et coutumes de la constitution;

2° La légalité ordinaire comme élément de la constitution;

3° La superlégalité constitutionnelle, c'est-à-dire des lois spéciales, plus solennelles en la forme, que l'on appelle *constitutions écrites* ou *constitutions rigides* et qui sont considérées comme étant au-dessus des lois ordinaires.

D'ailleurs, ces différentes espèces de règles se trouvent en général cumulées dans une même constitution. Les constitutions *écrites* comme la nôtre, qui sont à base de superlégalité, possèdent aussi des *pratiques et coutumes constitutionnelles;* les constitutions à base de légalité ordinaire, comme celle de l'Angleterre, ne possèdent pas de superlégalité, mais, en revanche, elles ont des coutumes et pratiques de la constitution.

III. — LES PRATIQUES DE LA CONSTITUTION

Il faut entendre par là les usages et pratiques suivis dans le fonctionnement des divers rouages du gouvernement, dans la procédure des réunions des assemblées et des conseils ou dans le protocole des relations entre les pouvoirs publics.

Voici, par exemple, les règlements intérieurs des assemblées législatives (Moreau et Delpech, 2 vol., 1906; Roger Bonnard, 1 vol., 1926).

Ces règlements sont parmi les textes les plus importants du droit constitutionnel et parmi les moyens les plus efficaces de la bonne conduite des affaires. Les Anglais contemporains de la Révolution française ont noté que beaucoup de fautes commises par nos premières assemblées, la *Constituante*, la *Législative*, la *Convention*, provenaient de ce qu'elles n'avaient point un bon règlement.

Voici encore les pratiques suivies pour les délibérations du conseil des ministres et les usages suivis pour la mise en œuvre de la responsabilité ministérielle devant les Chambres, par exemple, la question de confiance ne doit-elle être posée que devant la Chambre des députés ou peut-elle l'être aussi devant le Sénat ? etc.

Ces règlements et ces pratiques n'ont pas valeur de règles légales, d'une part parce qu'ils ne sont pas délibérés en forme de loi, d'autre part parce qu'ils n'ont pas la généralité de la loi; ce ne sont que des coutumes particulières au monde gouvernemental. Il s'ensuit qu'elles ne sont pas applicables par le juge, lequel n'applique d'office que les règles qui sont censées consacrées par l'*usus communis* du pays tout entier. Même en Angleterre, pays coutumier, le juge n'applique que la coutume générale (*commom law*) et non pas les coutumes particulières.

Il convient d'ajouter que les matières réglées par les coutumes constitutionnelles sont de celles où l'honneur et l'amour-propre des pouvoirs publics et des hommes politiques sont tellement engagés qu'ils ne supporteraient pas qu'elles fussent soumises à un juge. Par exemple, on ne voit pas un juge tranchant un conflit entre la Chambre des députés et le cabinet. C'est la même limite du juge que l'on rencontre en droit international.

Les coutumes constitutionnelles, si elles ne sont pas sanctionnées par le juge, en revanche le sont très énergiquement par une contrainte privée qui se ramène au droit de légitime défense de chacun des partenaires du jeu politique, chacun défend ses propres prérogatives et sa propre chance par des menaces de représailles ou par la lutte politique brutale mise au service de son droit. C'est une réapparition de la justice privée.

IV. — LES FAUSSEMENTS DE LA CONSTITUTION

On appelle ainsi des modifications apportées au fonctionnement d'un régime politique par des *coutumes et pratiques*, qui sont en contradiction avec la constitution écrite. Chacun sait, par exemple, que le jeu de notre constitution de 1875, qui cependant ne remonte pas encore à un demi-siècle, a été considérablement faussé par les pratiques suivies, surtout en ce qui concerne les pouvoirs du président de la République dans ses rapports avec les Chambres; son droit de dissolution de la Chambre des députés, comme son droit de demander une nouvelle délibération d'une loi, bien que respectivement prévus par l'article 5 de la loi constitutionnelle du 25 février 1875 et par l'article 7 de la loi constitutionnelle du 16 juillet 1875, sont comme tombés en désuétude.

Ils ne le sont pas cependant : les dispositions d'une loi écrite ne peuvent être abrogées ni par le non-usage, ni par des usages contraires. Le droit de justice privée, auquel se ramènent les pratiques constitutionnelles, ne saurait prévaloir sur le droit légal.

§ 2. — La légalité ordinaire comme élément de la constitution. La constitution de l'Angleterre.

Si une constitution fondée uniquement sur des « coutumes et pratiques » peut paraître une garantie suffisante pour le personnel gouvernemental, elle ne l'est certainement pas pour l'ensemble des citoyens qui ne participent pas directement au jeu gouvernemental et, par conséquent, elle ne l'est pas pour la liberté politique.

Du point de vue de la liberté politique générale, un grand progrès sera réalisé lorsque les matières gouvernementales auront été réglées par des lois ordinaires ou même par des coutumes générales qui seront connues de tous et applicables par le juge.

La légalité ordinaire comme fondement de la constitution de l'Angleterre. — L'Angleterre n'a pas de « constitution écrite » au sens de la superlégalité constitutionnelle. Elle se contente d'admettre que toutes les matières constitutionnelles, c'est-à-dire toute l'organisation et toute l'activité gouvernementales, sont soumises à la loi ordinaire et au juge ordinaire, autant du moins qu'elles peuvent être soumises à un droit quelconque. C'est ce qu'on appelle « le règne de la loi ».

On peut donc dire que l'Angleterre a pour constitution *l'ensemble de sa légalité ordinaire*. Mais ici il faut faire deux observations :

1° La légalité anglaise se compose de deux éléments : a) les lois écrites votées par le Parlement (*statute law*); b) une coutume générale interprétée par le juge (*common law*) et qui contient, notamment, les principes des libertés individuelles. Cet élément de coutume générale, fort important au point de vue constitutionnel, a fait dire souvent que l'Angleterre avait une « constitution coutumière ». Ce n'est que la moitié de la vérité, parce que la coutume générale n'est que la moitié de la légalité anglaise;

2° Il existe en Angleterre des textes qui sont purement constitutionnels, par leur objet, parce qu'ils règlent des matières constitutionnelles. Les principaux de ces textes sont les suivants : la grande charte de 1215 de Jean Sans-Terre et ses confirmations; la *Petition of rights* de 1629 (Charles Ier Stuart); le *Bill of rights* du 13 février 1688 (Guillaume d'Orange); l'*Act of settlement* de 1700, relatif à la succession au trône; les traités d'union de l'Ecosse et de l'Irlande à l'Angleterre; les *acts* du Parlement, tant sur les droits individuels que sur l'organisation des pouvoirs publics.

Mais, au point de vue forme, ces textes n'ont pas plus de valeur que des lois ordinaires et ils pourraient être modifiés par des *acts* du Parlement. On conclut souvent de là que la constitution de l'Angleterre est « flexible » par opposition aux constitutions écrites des autres pays qui sont « rigides ». Cela n'est pas faux, mais c'est un point de vue sans intérêt. Il n'est point surprenant que la constitution anglaise soit flexible, puisqu'elle se confond avec l'ensemble de la légalité ordinaire qui peut toujours librement être modifiée par le Parlement.

Les observations suivantes présentent plus d'intérêt :

1° Le système anglais implique la souveraineté du Parlement plutôt que celle de la nation; il est, en effet, à remarquer que les constitutions écrites sont en même temps des *constitutions nationales*; la doctrine de la souveraineté nationale est liée à celle d'une constitution écrite plus ou moins rigide devant exprimer un statut particulier de l'Etat, qui soit au-dessus de tous les organes de celui-ci et, par conséquent, au-dessus du Parlement (Esmein et Nézard, *op. cit.*, 7ᵉ éd., t. I, p. 564 et s.). Le fait que le Parlement anglais possède toujours une souveraineté illimitée et, suivant le brocard connu, *peut tout faire, sauf changer une femme en homme*, prouve que nos voisins ne sont pas encore complètement arrivés à la souveraineté nationale;

2° Par voie de conséquence, le système anglais exclut la distinction entre le pouvoir législatif ordinaire et le pouvoir constituant.

3° Il exclut aussi la conception corporative de l'Etat, pratiquement admise dans tout le continent européen, où elle est d'ailleurs complétée par le régime administratif, et d'où il résulte que les organes et agents de l'Etat, incorporés en lui, sont couverts par le droit spécial de l'Etat et pratiquement soustraits aux prises de la loi ordinaire et du juge ordinaire (développement envahissant de la responsabilité administrative qui réduit à néant la responsabilité personnelle des fonctionnaires, V. mon *Précis de droit administratif*, 11ᵉ édit., p. 308 et s.).

Toutes ces conceptions sont aux antipodes des idées anglaises : bien loin que les organes gouvernementaux soient incorporés dans l'Etat anglais et couverts par un droit particulier à celui-ci, il est entendu que l'Etat est couvert par ses organes gouvernementaux qui en sont les *Trustees*, c'est-à-dire des sortes d'administrateurs fidéicommissaires. Les citoyens n'ont à connaître que ces organes gouvernementaux et administratifs, lesquels, sauf le roi, sont personnellement responsables et couvrent l'Etat de leur responsabilité personnelle. Ils n'ont pas, pour l'accomplissement de leur fonction publique, une situation autre que celle des simples citoyens pour l'exercice de leurs droits privés; ils exercent les droits gouvernementaux sous l'autorité de la loi ordinaire sans aucune prérogative spéciale et, lorsqu'ils ont à exiger de quelque citoyen une prestation quelconque, ils doivent s'adresser au juge ordinaire, de même que, inversement, le citoyen peut faire intervenir le juge ordinaire pour intimer au fonctionnaire d'avoir à accomplir son service (Cfr. Dicey, *Introduction à l'étude du droit constitutionnel*, chap. XII; de Pange, *Les théories politiques du moyen âge*, introduction de Maitland).

Observation générale. — La conception constitutionnelle anglaise est surtout *anticorporative*, et elle présente ce caractère parce que le principe de la souveraineté nationale n'a pas encore été placé à la base du droit public anglais, car c'est l'équilibre de cette souveraineté nationale et de l'organisation représentative qui parachève l'Etat-corporation.

Il ne s'agit d'ailleurs pas d'un progrès purement juridique à accomplir, mais d'un progrès dans les garanties de la liberté; la constitution nationale écrite et rigide permet de limiter le Parlement. Les Anglais s'hypnotisent sur le *règne de la loi*, mais ils ne voient pas que le *règne d'un Parlement souverain* pourrait être singulièrement dangereux pour leurs libertés, avec l'avènement au pouvoir de certains partis politiques. Les Anglo-Saxons de l'Amérique du Nord, qui ont bridé le Parlement par une constitution écrite ont été plus prudents.

§ 3. — Les constitutions nationales écrites et le pouvoir constituant.

Sommaire. — I. Raisons d'être des constitutions nationales écrites. — II. L'opération constituante et le pouvoir constituant. — III. Chartes constitutionnelles et lois constitutionnelles. — IV. La consistance des constitutions écrites; la légitimité constitutionnelle; les principes du droit public des Français.

I. — RAISONS D'ETRE DES CONSTITUTIONS ECRITES OU DE LA SUPERLEGALITE CONSTITUTIONNELLE

On appelle « constitutions nationales écrites » des lois constitutionnelles faites en une forme spéciale et par l'exercice d'un pouvoir législatif spécial dit « pouvoir constituant », qui statue d'une manière spéciale au nom de la Nation.

Les lois constitutionnelles spéciales constituent une « superlégalité » en ce qu'elles sont au-dessus des lois ordinaires, lesquelles ne peuvent point y déroger; elles présentent, en outre, un grand caractère de « rigidité » en ce qu'elles ne peuvent être modifiées que par des procédures spéciales de « révision ».

Le mouvement qui, à la fin du xviii° siècle, a amené en Amérique d'abord, dans les Etats de l'Europe continentale, ensuite, l'avènement d'une superlégalité constitutionnelle ou de constitutions écrites, peut être rattaché aux idées suivantes :

1° L'idée des *lois fondamentales du royaume* qui existait dans tous les Etats monarchiques;

2° L'idée d'un *statut corporatif de l'Etat*, amenée par la croyance que l'Etat est une sorte de corporation et aussi par la théorie du *contrat social;*

3° L'idée pratique que la souveraineté nationale, c'est-à-dire la suprématie du corps de l'Etat sur chacun de ses organes, ne sera réalisée que si le corps législatif, organe de la législation ordinaire, est lui-même limité et bridé par une superlégalité. Cette idée, spécialement américaine, mais très démocratique, montre que la souveraineté du Parlement est en contradiction avec la souveraineté nationale. Elle a été très vigoureusement organisée aux

Etats-Unis par le contrôle judiciaire de la constitutionnalité des lois.

II. — L'OPÉRATION CONSTITUANTE ET LE POUVOIR CONSTITUANT

L'établissement d'une constitution ou opération constituante est comparable à l'établissement des statuts dans la *fondation* d'une société ou association; elle comporte les éléments suivants :

1° *L'intention constituante*, qui doit être répandue dans toute la nation, ce qui conduit à penser qu'une opération constituante, même pour la simple révision de la constitution, ne doit avoir lieu qu'après une crise politique ressentie par l'opinion, d'où puisse avoir jailli une intention constituante;

2° *Un pouvoir constituant agissant au nom de la nation.* Ce pouvoir de *fondation*, attribut de la souveraineté nationale, doit être exercé par un organe touchant d'aussi près que possible à la nation. C'est pourquoi le véritable organe constituant est une « convention nationale » spécialement élue pour cet objet. On y ajoute fréquemment l'acceptation de la constitution par un *referendum*. C'est ainsi que, dans les Etats particuliers de l'Union américaine, sont encore faites les révisions totales des constitutions, et c'est ainsi qu'en tous pays doivent être faites les *révisions totales* entraînant ou risquant d'entraîner des changements dans la forme générale du gouvernement.

Au contraire, pour les révisions limitées, qui deviennent de plus en plus fréquentes, on admet que les organes législatifs ordinaires, légèrement transformés, ou délibérant en des formes spéciales, peuvent jouer le rôle d'organes constituants, avec ou sans *referendum*, pourvu qu'ils aient *l'intention constituante* (V. *infra*).

De toutes façons, l'organe constituant n'est qu'un organe législatif plus ou moins spécial qui ne doit pas s'emparer du gouvernement exécutif;

3° *Des procédures spéciales de délibération constituante.*

III. — CHARTES CONSTITUTIONNELLES ET LOIS CONSTITUTIONNELLES

A côté des constitutions écrites que les nations se donnent elles-mêmes, il a existé des chartes constitutionnelles d'origine royale (chartes françaises de 1814 et de 1830). Les chartes présentent les caractères suivants : les unes et les autres ont la même valeur de superlégalité. La « charte », la « monarchie selon la charte », la « violation de la charte » étaient invoquées sous la Restauration aussi souvent que le respect de la constitution est invoqué actuellement. Mais il y a aussi des différences :

1° Les chartes ne sont pas, comme les constitutions écrites, l'expression de la souveraineté nationale; la charte de 1814 avait été « octroyée » par Louis XVIII, en vertu de la propre souveraineté; celle de 1830 participait à la fois de la souveraineté du roi Louis-Philippe et de celle de la nation. Et cependant les chartes ont eu une valeur de superlégalité, « le respect de la charte » était invoqué à chaque instant sous la restauration (Chateaubriand, *La monarchie selon la charte*);

2° Les chartes ne prévoient pas elles-mêmes de procédure de révision et, par conséquent, équivalent à des constitutions souples pouvant être révisées par des accords entre pouvoirs publics.

La question de savoir si elles auraient pu être révisées fut discutée et sous la charte de 1814 et sous celle de 1830, et l'opinion la plus raisonnable paraît être que les deux chartes auraient pu être révisées par une entente entre le roi et les deux chambres : la charte de 1814, bien qu'octroyée par le roi, n'aurait pas pu être revisée par lui seul, parce qu'il ne pouvait être relevé de son serment que par le consentement des représentants du peuple; pour la charte de 1830, votée par les chambres et acceptée par le roi, malgré l'opinion dissidente de Tocqueville (*Démocratie en Amérique*, 1850, t. II, p. 308), on admet généralement qu'elle aurait pu également être revisée d'accord entre les chambres et le roi (V. J. Barthélemy, *L'introduction du régime parlementaire en France*, 1903, Esmein et Nézard, 7ᵉ édit., t. I, p. 574).

IV. — LA CONSISTANCE DE LA SUPERLEGALITE CONSTITUTIONNELLE

Il faut distinguer deux questions : la consistance du texte des constitutions écrites et la question de savoir si, outre ce texte, il n'y a pas d'autres éléments de la superlégalité, par exemple, des principes constitutionnels.

A. *La consistance des constitutions écrites*. — On peut distinguer un type européen et un type américain.

Les constitutions de type européen sont généralement assez courtes, les matières y sont distribuées dans un ordre logique; elles comprennent, avant tout, les règles de l'organisation politique et gouvernementale de l'Etat, et, accessoirement, les principes des droits individuels; toutes les matières qui ne paraissent pas statutaires et fondamentales sont renvoyées à des lois organiques ou à des règlements.

Les constitutions des Etats particuliers de l'Union américaine sont, au contraire, généralement longues et diffuses; elles s'éloiguent du type des statuts de personnes morales pour devenir des lois de première classe qui contiennent toutes les matières que l'on désire soustraire à l'action des lois ordinaires, dont on se défie énormément; elles contiennent donc des dispositions purement organiques et même des dispositions réglementaires.

Nous croyons qu'il faut préférer la constitution brève. D'une part, la constitution longue immobilise une trop grande quantité de règles juridiques et nécessite des révisions fréquentes; d'autre part, ces lois si détaillées ne laissent aucune place à la construction jurisprudentielle. Ce sont deux inconvénients. C'est grâce à sa brièveté, que la constitution fédérale américaine a donné lieu à des constructions jurisprudentielles si remarquables.

B. *La superlégalité constitutionnelle contient des principes dont la légitimité est supérieure au texte même de la constitution écrite et qui n'ont pas besoin d'y être exprimés.* — Au-dessus de tout corps de lois il y a des principes supérieurs qui proviennent de ce que le droit est un système organisé. Il y en a dans le corps du droit privé, les juges les appliquent quotidiennement, qu'ils soient ou non exprimés formellement dans des textes; ils constituent une *légitimité* parce qu'ils expriment ce qu'il y a de plus essentiel dans la loi. Il en doit être de même dans le corps du droit public et du droit constitutionnel.

Ainsi, le concept de la superlégalité constitutionnelle se complique d'une *légitimité*. Aux Etats-Unis d'Amérique, le contrôle de constitutionnalité des lois confié aux juges a fait émerger progressivement la conception de la légitimité absolue des principes individualistes du vieux *commom law* anglo-saxon.

En France aussi il existe de nombreux principes fondamentaux susceptibles de constituer une « légitimité constitutionnelle » placée au-dessus de la constitution écrite et *a fortiori* au-dessus des lois ordinaires. Sans parler de la forme républicaine du gouvernement pour laquelle il y a un texte (L. c. 25 févr. 1875, art. 8, *in fine*), il est beaucoup d'autres principes pour lesquels il n'est pas besoin de texte :

a) Les principes des libertés individuelles. — Tout d'abord, il convient de ranger dans cette légitimité constitutionnelle tous les principes de l'ordre individualiste et, au premier chef, ceux des libertés individuelles, contenus dans les « déclarations des droits » de l'époque révolutionnaire, que la constitution du 14 janvier 1852 confirme en bloc dans son article 1er : « La constitution reconnaît, confirme et garantit les grands principes proclamés en 1789 et qui sont la base du droit public des Français. » La constitution de 1875 n'a pas reproduit cette confirmation et ne contient aucune référence formelle à ces principes du droit public. Ce silence, qui a embarrassé les auteurs hypnotisés par la conception étroite de la constitution écrite, ne doit pas nous impressionner. Il n'est même pas besoin de supposer une référence implicite de la constitution de 1875. Ces principes de nos libertés publiques *sont de plein droit dans la légitimité constitutionnelle*.

Bien entendu, cela ne doit s'entendre que du principe de chacune des libertés et non pas des modalités de son organisation, mais cela est déjà fort important, car cela signifie qu'aucune liberté ne peut être complètement supprimée, soit directement, soit indirectement par le législateur ordinaire, par exemple, par l'établissement d'un monopole d'Etat (monopole de l'enseignement).

b) **Bien d'autres principes encore** peuvent être rangés dans la légitimité constitutionnelle : le principe de l'égalité et de la publicité de l'impôt, le principe de la séparation des pouvoirs entre l'autorité administrative et l'autorité judiciaire, celui de la hiérarchie administrative (V. *infra, Contrôle de constitutionnalité*).

§ 4. — La révision des contributions écrites.

Nous savons que les constitutions écrites sont *rigides* en ce sens qu'elles ne peuvent pas être modifiées par des lois ordinaires. Cependant, on ne pouvait avoir la prétention de les décréter immuables, parce que les situations politiques sont changeantes. On eût abouti, soit à des révolutions, soit tout au moins à des faussements de la constitution qui auraient dangereusement éloigné la pratique du texte constitutionnel: on a donc organisé des procédures spéciales de révision et, en principe, toute constitution écrite prévoit elle-même la procédure de sa revision. Nos premières constitutions révolutionnaires la prévoyaient soigneusement.

On distingue des « révisions totales ou illimitées », confiées généralement à des *conventions nationales* élues exprès et des « révisions particlles ou limitées ». Le principe de la stabilité du droit doit entraîner celui des révisions limitées que, dès le début, nos constitutions révolutionnaires se sont efforcées d'établir (L. 3 sept. 1791, t. VII; L. 24 juin 1793, art. 115 et s.; L. 5 fruct. an III, art. 336 et s.).

Le principe des révisions limitées entraîne à son tour deux conséquences : 1° il nécessite une déclaration qu'il y a lieu de réviser certains articles de la constitution, antérieure à l'opération même de la révision; 2° il suppose que l'organe de la révision limitée, qui ne sera pas une convention nationale, sera lié par cette déclaration antérieure et ne pourra élargir le programme de la révision. Cette dernière conséquence est contestée au nom de la prétendue souveraineté de l'organe de révision; mais il s'agit de savoir justement si un organe de révision limitée peut être considéré comme souverain, ce que nous ne pensons pas (Renvoi de la matière au chapitre où nous étudierons la constitution de 1875).

§ 5. — Le contrôle de constitutionnalité des lois ordinaires.

Comme cette conséquence de la superlégalité constitutionnelle intéresse tout particulièrement la garantie des libertés de la vie privée, nous en reportons l'examen détaillé à la deuxième partie de cet ouvrage consacrée *à la constitution sociale*.

CHAPITRE II

LES CONSTITUTIONS DE LA FRANCE

§ 1. — Vue d'ensemble du sujet.

I. — L'ETAT CONSTITUTIONNEL DE LA FRANCE AVANT 1789. LES LOIS FONDAMENTALES DU ROYAUME

Avant 1789, la France avait une constitution coutumière qui s'appelait « les lois fondamentales du royaume ». Ce n'était point le statut politique de la nation française, mais bien celui des institutions du gouvernement monarchique considérées comme constituant le *regnum*.

Les principales lois fondamentales étaient, d'une part, l'ensemble des règles sur *la légitimité* ou sur *la dévolution du pouvoir royal;* d'autre part, le principe de *l'inaliénabilité du domaine de la couronne* qui visait avant tout les constitutions d'apanages qui pouvaient démembrer la souveraineté du *royaume*. Il faut y ajouter les *libertés de l'Eglise gallicane* qui avaient pour but de protéger l'Etat contre les ingérences de la papauté.

A ces lois fondamentales, dégagées sous forme de principes, venaient s'ajouter des pratiques et coutumes provenant du fonctionnement des institutions gouvernementales, telles, par exemple, les pratiques et coutumes relatives à l'institution du conseil du roi, à celle des secrétaires d'Etat, etc.

Bien que purement coutumière, la règle de la légitimité pour la succession au trône était si bien devenue « fondamentale » que les deux conséquences suivantes en découlaient :

1° Les rois étaient appelés au trône, non pas en qualité d'héritiers, mais en vertu de la loi fondamentale et ils tenaient leurs pouvoirs de cette *lex regia*, de telle sorte qu'ils succédaient instantanément et, de là, les deux dictons « le roi ne meurt pas » ou bien « le roi est mort, vive le roi »;

2° Devaient être nuls et non avenus comme contraires à la loi fondamentale tous les actes par lesquels un roi vivant aurait décidé ou consenti une modification quelconque aux règles de la succession au trône. C'est ainsi que fut tenu pour non avenu, par Charles VII, le Traité de Troyes du 21 mai 1420, enregistré pourtant au Parlement de Paris et à l'Université, ratifié pourtant par les Etats généraux, par lequel le dauphin Charles, désavoué comme

bâtard, était déclaré indigne de succéder à la couronne, et celle-ci
devrait être, à la mort de Charles VI, transférée à Henri V d'Angleterre. C'est ainsi encore que les dispositions prises par
Louis XIII et le testament de Louis XIV furent cassés par le Parlement de Paris pour violation des règles fondamentales sur la
régence et sur la dévolution.

II. — L'ETAT CONSTITUTIONNEL DE LA FRANCE
DEPUIS 1789 [1]

La Révolution a fait tomber la conception d'un Royaume de
France domaine royal et lui a substitué celle d'une nation française souveraine, propriétaire de ses institutions gouvernementales,
et dont les gouvernants ne sont plus que les représentants.

Il y a eu désormais des constitutions nationales. D'une part,
elles ont été accompagnées de *déclarations des droits* destinées à
fonder juridiquement dans l'Etat les droits individuels des membres de la nation, d'autre part, elles ont été à base de souveraineté nationale et de gouvernement représentatif. De plus, elles
ont pris forme de constitutions écrites, c'est-à-dire de superlégalité
constitutionnelle.

Il y a eu une succession de constitutions écrites, dont beaucoup
ne se sont appliquées que pendant quelques années et certaines
pendant quelques mois seulement. Notre constitution de 1875 est
la dixième de celles qui se sont appliquées (en comptant l'acte
additionnel de 1814 et la constitution de l'empire libéral de 1870
qui n'ont été en vigueur que pendant quelques mois). D'autres
constitutions ont été votées et n'ont jamais été appliquées; d'autres
encore ont été élaborées et n'ont pas été votées.

Cette instabilité constitutionnelle de la France, qui tranche avec
la stabilité de certains autres pays (par exemple avec la longévité
de la constitution fédérale des Etats-Unis, amendée, mais inchan-
gée depuis 1787), s'explique par les remous d'une révolution violente et radicale qui, ayant renouvelé à la fois toutes les institutions, n'a pas pu du premier coup trouver l'équilibre véritable
des forces nouvelles qu'elle avait déchaînées, aux prises avec les
forces permanentes inhérentes à tout ordre politique.

Deux courants d'idées et de forces politiques ont été en lutte
depuis la Révolution, et chacun d'eux l'a emporté pour un temps.
Tous les deux sont des formes de la liberté politique, mais l'un
d'eux fait prédominer le pouvoir législatif et l'autre le pouvoir
exécutif, ce sont : 1° le courant du gouvernement conventionnel;

---

(1) BIBLIOGR. — *Les constitutions et les principales lois politiques de la
France depuis 1789*, de Duguit et Monnier.

2° le courant directorial, consulaire, impérial, présidentiel, qui, par réaction contre le gouvernement conventionnel, a eu la préoccupation de renforcer le pouvoir exécutif légué par l'ancienne monarchie, en l'appuyant directement sur le peuple par le moyen du plébiscite.

Par intervalles, ces deux courants se sont équilibrés en une combinaison plus stable, qui est le régime parlementaire ou gouvernement de cabinet, dans laquelle le pouvoir exécutif conserve la prééminence, mais est sévèrement contrôlé par le parlement.

Jusqu'à présent, les interactions de ces courants politiques ont provoqué la formation successive de deux cycles constitutionnels qui ont recommencé la même évolution dans l'ordre suivant : 1° une période de gouvernement conventionnel; 2° une période consulaire ou impériale de dictature exécutive combinée avec du plébiscite; 3° une période parlementaire.

<h3 align="center">§ 2. — Le premier cycle de l'histoire constitutionnelle
de 1789 à 1848.</h3>

Le premier cycle commence en 1789 et se termine avec le règne de Louis-Philippe, en 1848, après avoir duré soixante ans. Le gouvernement conventionnel y a rempli les six premières années de la Révolution, pendant lesquelles le gouvernement a été aux mains d'une assemblée unique, *Assemblée constituante* (juin 1789-octobre 1791), *Assemblée législative* (octobre 1791-septembre 1792), *Convention* (septembre 1792-octobre 1795). En l'an III, la réaction du pouvoir exécutif commence avec la constitution directoriale; elle s'accentue en l'an VIII (1799) avec la constitution consulaire, et la dictature de l'exécutif bat son plein sous le Premier Empire, jusqu'en 1814. La dictature impériale s'effondre à la suite des revers provoqués par ses propres excès, et la France, fatiguée de la double expérience qu'elle a faite du gouvernement conventionnel et de la dictature exécutive, se réfugie dans la monarchie constitutionnelle, c'est-à-dire, dans l'équilibre parlementaire des deux courants et des deux pouvoirs, qui va durer jusqu'en 1848, sous la Restauration d'abord, jusqu'en 1830, et sous la Monarchie de Juillet ensuite, de 1830 à 1848.

<h3>I. — PÉRIODE DU GOUVERNEMENT CONVENTIONNEL (1789-1795)
CONSTITUTION DU 3 SEPTEMBRE 1791</h3>

C'est la période révolutionnaire par excellence. Elle s'étend depuis le 27 juin 1789, date où commence réellement l'autorité de l'Assemblée constituante, jusqu'au 26 octobre 1795 (4 brumaire an IV), date où expirent les pouvoirs de la Convention. C'est bien le gouvernement des assemblées. Dès le début, tout en conservant la forme monarchique, la Constituante a la volonté .de subordonner le pouvoir exécutif royal au pouvoir législatif qu'elle représente; la Législative, au 10 août 1792, suspend Louis XVI de ses fonctions; la Convention, dès sa réunion, décrète l'abolition de la royauté et proclame la République une et indivisible (DD. 22 et 25 sept. 1792).

Une seule constitution a été appliquée pendant cette période, celle du 3 septembre 1791, longuement préparée pendant les années 1789, 1790, 1791, et qui est restée en vigueur jusqu'au vote de la constitution du 24 juin 1793; deux autres ont été élaborées : la *constitution girondine*, qui n'a pas été votée (premiers mois de 1793) et la *constitution montagnarde*, du 24 juin 1793, qui a été votée, mais non appliquée, ayant été immédiatement suspendue par la proclamation du gouvernement révolutionnaire (D. 10 oct. 1793) (Pour ces deux constitutions non appliquées, V. Duguit et Monnier, *op. cit.*).

La constitution du 3 septembre 1791 porte comme préambule la célèbre *Déclaration des droits de l'homme* votée dès 1789; elle contient, en outre, dans son titre I, une *garantie des droits*.

Le titre III, de beaucoup le plus considérable, est consacré à l'organisation des pouvoirs publics. Il commence par poser le principe de la souveraineté nationale et celui de l'organisation représentative du gouvernement; il y a deux représentants : le corps législatif et le roi (*Prœm.*, art. 2). Cet ordre d'énumération signifie, dès le début, la suprématie de l'assemblée. Encore, n'est-ce point sans contestation que la qualité de représentant de la nation est reconnue au roi chef du pouvoir exécutif. Rœderer énonce déjà la pure doctrine jacobine : « Le pouvoir législatif seul est représentatif, le pouvoir exécutif est *commis*... D'ailleurs, représentation nationale et hérédité sont deux idées contradictoires » (*Arch. parl.*, 1re série, XXIX, p. 323 et s.).

La séparation des pouvoirs entre le législatif et l'exécutif est absolue, selon le type américain. En conséquence, les ministres choisis et nommés par le roi ne sont responsables que devant lui; ils ne peuvent pas être membres du Parlement (Rejet de la proposition Mirabeau, 7 nov. 1789), ils n'ont pas l'entrée des chambres, donc pas de régime parlementaire.

Quant au pouvoir législatif, 1° il n'est composé que d'une chambre; 2° celle-ci est permanente, c'est-à-dire, qu'elle n'est pas assujettie à ne siéger que pendant des sessions prévues par la constitution; 3° elle ne peut pas être dissoute par le roi; 4° la législature sera de deux ans et le renouvellement du corps législatif se fera de plein droit; la convocation des assemblées électorales dépend de l'assemblée législative elle-même (chap. III, sect. III, art. 7) et d'ailleurs, en principe, elles se réunissent de plein droit (chap. I, sect. II, art. 1er).

C'étaient là autant d'hérésies politiques dont on est revenu, l'expérience constitutionnelle a établi : 1° qu'il faut deux chambres; 2° qu'elles ne doivent pas être permanentes, mais avoir des sessions; 3° que la Chambre basse doit pouvoir être dissoute par le pouvoir exécutif; 4° que les élections législatives ne doivent pas être sous la direction exclusive du pouvoir législatif.

La représentation de la nation par l'assemblée n'était pas établie comme aujourd'hui uniquement sur la base de la population; chaque département avait droit à un nombre de députés calculé en tenant compte à la fois de son territoire, de sa population et de son contingent dans la contribution directe (sect. I).

Il n'y avait, d'ailleurs, ni suffrage universel, ni suffrage direct. Un cens électoral (paiement d'une contribution directe de la valeur de trois journées de travail) était exigé; des assemblées primaires élisaient des électeurs (pour lesquels existaient de nouvelles conditions de cens), et ceux-ci, réunis au chef-lieu de département, élisaient les représentants au scrutin de liste.

Dans la confection de la loi, le roi avait un droit de *veto suspensif;* un décret de l'assemblée, non signé par le roi, n'avait force de loi que lorsqu'il lui avait été présenté par trois législatures successives. Les articles 7 et 8 énumèrent, d'ailleurs, des matières importantes pour lesquelles la sanction royale n'est pas nécessaire, notamment les lois sur l'établissement et la perception des contributions publiques.

Gouvernement révolutionnaire; dictature de l'Assemblée. — Depuis le D. du 10 octobre 1793 (19 vendém. an II) jusqu'à la mise en train de la constitution du 5 fructidor an III, c'est-à-dire pendant deux ans, toute constitution est suspendue et le gouvernement devient *révolutionnaire*, mais il est intéressant de relever que ce gouvernement révolutionnaire n'est autre que la dictature de la convention, c'est-à-dire *la dictature d'une assemblée* qui, par ses comités et par ses représentants en mission, s'empare de tout le gouvernement en supprimant toute séparation des pouvoirs. On voit ainsi que le fond de la conception révolutionnaire, quand on la pousse à bout, est la dictature d'une assemblée législative, tandis que le fond de la conception autoritaire est la dictature d'un organe exécutif. L'une de ces dictatures ne vaut pas mieux que l'autre, le tribunal révolutionnaire n'a rien à envier aux sbires des Napoléon; la dictature d'un pouvoir législatif a même quelque chose de plus effrayant, parce que des mesures générales portent plus loin dans l'oppression que des mesures particulières, il n'y a que la dictature législative qui ait mérité le nom de la *Terreur.*

II. — PÉRIODE DE RÉACTION ET DE DICTATURE EXÉCUTIVE (1795-1814). CONSTITUTION DU 5 FRUCTIDOR AN III ET DU 22 FRIMAIRE AN VIII ET S.-C. IMPÉRIAUX

Cette période se subdivise en deux, celle du Directoire et celle du Consulat et de l'Empire, la première étant une simple réaction de l'exécutif et la seconde une dictature de l'exécutif :

A. *La réaction exécutive du Directoire. Constitution du 5 fructidor an III.* — La Terreur avait pris fin le 9 thermidor an IV (27 juillet 1794), mais la majorité de la Convention, qui avait jeté bas Robespierre, avait à se défendre contre le reste des terroristes. Une année se passa en agitations; la Convention, assagie, renonça à l'idée d'appliquer la constitution montagnarde du 24 juin 1793, même amendée, et elle élabora la constitution directoriale du 5 fructidor an III (22 août 1795).

La Constitution du 5 fructidor an III touchait à autant de matières que celle du 3 septembre 1791 : il y avait une déclaration des droits. Elle ne comptait pas moins de 377 articles numérotés en une seule série (ce qui était une nouveauté). Ç'a été la plus longue de nos constitutions.

1° *Le pouvoir électif* a pris le premier rang dans l'ordre des développements. Alors que la constitution de 1791 traitait du corps électoral à la suite du corps législatif et comme un appendice à celui-ci, la constitution de l'an III le place avant le corps législatif, lequel demeure placé lui-même avant l'organe exécutif. Les idées ont marché vite, on est en plein dans la logique du principe de la souveraineté nationale sans songer que l'ordre gouvernemental est en sens inverse.

Le mécanisme général de 1791 est conservé, les conditions de cens, pour les électeurs primaires et secondaires, supprimées par l'assemblée législative (D. 10 et 11 août 1792), sont rétablies; des précautions sont prises pour que les assemblées primaires ou les assemblées électorales de département ne sortent plus de leur fonction; le commissaire du directoire exécutif près l'administration de chaque département est tenu, sous peine de destitution, d'exercer une stricte surveillance. C'est la première intervention du pouvoir exécutif dans les matières électorales.

2° *L'organisation du pouvoir législatif* est profondément modifiée par l'institution d'une seconde chambre : « Le corps législatif est composé d'un Conseil des Anciens et d'un Conseil des Cinq Cents. » Le Conseil des Anciens constitue la Chambre haute et est composé de 250 membres, c'est une sorte de Sénat électif; le Conseil des Cinq Cents constitue la Chambre basse; les deux conseils sont renouvelables tous les ans par tiers (art. 53); les projets de lois sont votés d'abord par les Cinq Cents et le Conseil des Anciens les approuve ou les rejette sans pouvoir les amender. De plus, pour maintenir le principe tutélaire de la séparation des pouvoirs, l'article 46 stipule que le corps législatif ne peut exercer, par lui-même ou par ses délégués, ni le pouvoir exécutif, ni le pouvoir judiciaire.

3° *Le pouvoir exécutif est délégué* à un directoire de cinq membres nommés par le corps législatif (art. 132). « Il est renouvelé partiellement par l'élection d'un nouveau membre chaque année (art. 137). Il ne peut délibérer s'il n'y a trois membres présents au moins (art. 142). Chaque membre du Directoire le préside à son tour durant trois mois seulement (art. 141). Tous ces détails sont calculés pour que, ni le Directoire, ni aucun de ses membres ne puisse prendre de l'autorité à raison de la durée de ses fonctions. — Au-dessous de ce Directoire, qui joue le rôle de chef d'Etat, il y a des ministres qu'il nomme et révoque, qui ne forment point un conseil (art. 152) et qui ne sont pas responsables politiquement devant le corps législatif. *Il n'y a donc point régime parlementaire, mais simple régime représentatif avec séparation des pouvoirs absolue.* Cependant le Corps législatif détermine les attributions et le nombre des ministres (art. 150).

— Le gouvernement du Directoire fonctionna pendant cinq ans, de la fin de l'an III à la fin de l'an VIII, mais dans de mauvaises conditions, au milieu du désordre, de la licence des mœurs, des agitations politiques et des coups de force. Dans cette période de transition et de liquidation de la Révolution jacobine, il arriva qu'au début le gouvernement tout entier, conseils législatifs et Directoire, était resté révolutionnaire, tandis que le pays, excédé de la Révolution, n'aspirait qu'au rétablissement de l'ordre.

Jusqu'aux élections de l'an V, les Conseils et le Directoire gouvernèrent d'accord contre le pays, mais, à partir de ces élections, la majorité des conseils devint plus modérée que le pouvoir exécutif. Ce fut le conflit déclaré entre les deux pouvoirs et une série de coups de force en sens contraire. Le 18 fructidor an V, le Directoire *fructidorisait* les Conseils, c'est-à-dire *épurait les Conseils*, arrêtait et déportait un certain nombre des membres. Après les élections de l'an VII qui renforcent la majorité modérée, les Conseils font le coup d'Etat du 20 prairial an VII, par lequel ils *épurent le Directoire*. La constitution de l'an III, ainsi deux fois violée, était complètement discréditée et le gouvernement se dissolvait.

B. *La dictature exécutive; le Consulat et l'Empire; la Constitution du 22 frimaire an VIII et les sénatus-consultes impériaux.* — Le 17 vendémiaire an VIII (9 octobre 1799), Bonaparte débarque à Fréjus, après avoir quitté l'armée d'Egypte; un mois après, le coup d'Etat du 18 brumaire, accompli avec la complicité de presque tous les gens en place, renverse le gouvernement du Directoire et organise un Consulat provisoire : Bonaparte, Sieyès, Roger Ducos, constituent la commission consulaire exécutive et doivent préparer une revision de la constitution avec deux commissions législatives représentant le Conseil des Anciens et les Cinq Cents (*Moniteur*, 21, 22, 23 brum. an VIII, p. 200, 202, 204, 208).

La Constitution de l'an VIII ne contient que 95 articles : elle n'est pas précédée d'une déclaration des droits.

Le pouvoir électif, le pouvoir législatif et le pouvoir exécutif étaient tous les trois profondément remaniés; de plus, une institution constitutionnelle, le Sénat conservateur, apparaissait pour la première fois.

1° *La modification du pouvoir électif*, qui équivalait en réalité à une confiscation du suffrage, était due à Sieyès : l'une de ses maximes était que *la confiance vient d'en bas et l'autorité vient d'en haut;* en conséquence, il n'accordait aux citoyens électeurs, strictement, que le droit de concourir à la formation de *listes de confiance* (art. 7), qui étaient en fait des *listes de notabilités*, et il appartenait à l'autorité, représentée en première ligne par le Sénat conservateur, en seconde ligne par le gouvernement, de choisir et élire, dans les listes, les législateurs, les tribuns, les consuls, les juges de cassation, les conseillers d'Etat, les ministres, les administrateurs locaux (art. 7 à 14, 20, 58). Ce système fut, d'ailleurs, aggravé par la suite; en l'an X, les listes de confiance sont supprimées et remplacées par la présentation directe d'un certain nombre de candidats entre lesquels le gouvernement choisit; ces présentations sont faites par les collèges électoraux dont les membres sont à vie, pour lesquels il y a des conditions de cens élevées et que le premier consul peut modifier par des fournées d'électeurs (S.-C. 16 therm. an X, tit. II et III). Les membres des corps constitués deviennent en fait inamovibles, du haut en bas de l'échelle, depuis les conseillers municipaux jusqu'aux législateurs. Cet étouffement du suffrage, joint à celui de la presse, explique qu'après quatorze ans de ce régime consulaire et impérial, lorsque les fumées de la gloire militaire furent dissipées et que les revers furent venus, un profond dissentiment se révéla entre le pays et son despotique maître, mais, en l'an VIII, le besoin d'ordre était tel qu'on accepta tout.

2° *Le pouvoir législatif ne fut pas moins abaissé que l'électif*, il fut rendu muet. Une assemblée représentative est un théâtre de discussion des affaires publiques, encore plus qu'un organe législatif. Le pouvoir législatif de l'an VIII ne fut strictement qu'une machine à faire les lois, car il n'y eut point de régime parlementaire et la délibération législative fut réduite au minimum. Il y a un *corps législatif* composé de 300 membres et un *Tribunat* composé de

100 membres. Le gouvernement a seul l'initiative des lois et il les fait préparer par son Conseil d'Etat; le Tribunal discute les projets de loi, il en vote, à titre de vœu, l'adoption ou le rejet; par trois orateurs pris dans son sein, les motifs du vœu qu'il a exprimé sur le projet de loi sont exposés et défendus devant le corps législatif. Le corps législatif vote au scrutin secret, et sans aucune discussion de la part de ses membres, sur les projets de loi débattus devant lui par les orateurs du Tribunat et du gouvernement. Ainsi, l'opération législative ressemble à une instance judiciaire, le projet de loi comparaît devant le corps législatif qui est muet comme un juge, défendu par les orateurs du gouvernement, combattu souvent par ceux du Tribunat, il est condamné ou acquitté. Aucune des deux assemblées n'a le droit d'amendement En revanche, le gouvernement n'a pas de *veto*, il doit promulguer dans les dix jours, sauf recours au Sénat pour cause d'inconstitutionnalité (art. 37). C'est par cette procédure rigide, mais rapide, que furent votés les codes napoléoniens.

3° *Toute la force gouvernementale se trouve concentrée dans le pouvoir exécutif*, qui va exercer une véritable dictature. Le gouvernement est confié à trois consuls nommés pour dix ans et indéfiniment rééligibles par le Sénat, mais il y a un premier Consul, qui est le citoyen Bonaparte et qui a tous les pouvoirs, et deux consuls secondaires, Cambacérès et Lebrun, qui n'ont que voix consultative. C'est donc, en réalité, la restauration d'un chef de l'Etat unique. Il va gouverner, assisté d'un Conseil d'Etat qui sera chargé de rédiger les projets de lois et les règlements et *de résoudre les difficultés (contentieuses) qui s'élèvent en matière administrative*, et de ministres, qui ne seront responsables que devant lui et qui, d'ailleurs, seront au-dessous du Conseil d'Etat. En même temps, la loi du 28 pluviôse an VIII, que l'on a appelée avec raison la *constitution administrative de la France*, supprime les directoires de département et de district, les remplace par des préfets et des sous-préfets, et rétablit ainsi, dans l'administration intérieure, l'unité de l'action exécutive en même temps que la hiérarchie.

Le premier consul, dictateur exclusif, s'appuie d'une curieuse façon sur le Sénat *conservateur* et *grand électeur*. C'est par ce rouage constitutionnel qu'il tient tous les autres, car, d'une part, c'est le Sénat qui élit, sur les listes de présentation, les membres des assemblées législatives et des grands fonctionnaires et, par conséquent, c'est de lui que dépendent le législatif et l'exécutif; d'autre part, le Sénat, conservateur de la Constitution, peut amender celle-ci par des sénatus-consultes; ainsi, par le Sénat, Bonaparte tient à la fois les hommes et les institutions.

Les sénateurs se recrutent eux-mêmes sur présentation (le Sénat choisit entre trois candidats qui, à partir de l'an X, seront présentés par le premier consul), mais les sénateurs sont inamovibles et à vie; ils sont 80 en l'an VIII; à partir de l'an X leur nombre peut être porté à 120; en l'an XII, l'empereur acquiert le droit de nommer directement des sénateurs et de nommer le président du Sénat; les princes français et les titulaires des grandes dignités de l'empire en sont membres de droit.

Cette dictature exécutive était mal équilibrée. Elle ne pouvait s'appuyer que sur le principe d'hérédité monarchique ou sur le peuple. Napoléon a bien essayé de constituer dans sa famille une hérédité monarchique, mais il n'en a pas eu le temps et, d'ailleurs, elle était trop en contradiction avec les idées révolutionnaires desquelles il continuait de s'inspirer. Il n'a pas su alors s'appuyer franchement sur le peuple; sans doute, il a fait plébisciter la Constitution de l'an VIII, la transformation du consulat temporaire en consulat à vie en l'an X et la transformation du Consulat en Empire en l'an XII; mais, comme le suffrage électoral était pratiquement supprimé, il ne s'est pas tenu constamment en contact avec le peuple.

La Constitution de l'an VIII, malgré les remaniements qu'elle a subis par le fait des sénatus-consultes, a formé l'armature du régime jusqu'à la fin (sauf la suppression du tribunat par S.-C. du 10 août 1807); nous ne faisons qu'énumérer ces sénatus-consultes :

1° Le S.-C. du 14 thermidor an X (2 août 1802), qui proclame Napoléon premier consul à vie, après consultation plébiscitaire du peuple et qui porte : « *Le peuple français nomme* et le Sénat proclame Napoléon Bonaparte premier consul à vie », ce qui est la première apparition de la pratique plébiscitaire;

2° Le S.-C. organique du 16 thermidor an X revisant toute la constitution en vue du consulat à vie;

3° Le S.-C. organique du 28 floréal an XII (18 mai 1804) revisant la constitution pour l'adapter au régime impérial et dont l'article 1er porte : « Le gouvernement de la République est confié à un empereur qui prend le titre d'empereur des Français. » Ce S.-C. est rendu sur le vœu du Tribunat et du Corps législatif et ratifié par une consultation populaire, en vertu de laquelle un S.-C. du 15 brumaire an XIII (6 nov. 1804) proclame l'hérédité de la dignité impériale.

III. — PERIODE DU REGIME PARLEMENTAIRE : LA PREMIERE RESTAURATION ; LES CENT JOURS ; LA SECONDE RESTAURATION ET LE GOUVERNEMENT DE JUILLET ; LA CHARTE DU 4 JUIN 1814 ; L'ACTE ADDITIONNEL DU 22 AVRIL 1815 ; LA CHARTE DU 14 AOUT 1830

A. La Restauration et les Cent Jours; la Charte du 4 juin 1814 et l'Acte additionnel. — L'année qui s'écoule entre le 1er avril

1814 et le 8 juillet 1815 est une des plus mouvementées de notre histoire politique. Elle contient la première Restauration, les Cent Jours et la seconde Restauration.

Le gouvernement provisoire, après la déchéance de Napoléon (D. du 3 avril 1814), annonce le rappel de la monarchie légitime et fait voter par le Sénat et le Corps législatif une constitution dite *constitution sénatoriale du 6 avril* 1814 que l'on se propose de faire accepter par le roi. Cet espoir est déçu. Napoléon ayant abdiqué à Fontainebleau le 11 avril, Louis XVIII n'accepte pas la constitution sénatoriale; dans la déclaration de Saint-Ouen du 2 mai 1814, il pose les bases de la restauration monarchique et il annonce la rédaction d'un acte constitutionnel qu'il *mettra sous les yeux* du Sénat et du Corps législatif. Cet acte devient la *chárte constitutionnelle du 4 juin* 1814 qui est simplement *communiquée* au Sénat et au Corps législatif.

La première application de la charte ne devait durer que neuf mois; le 1er mars 1815, Napoléon, qui avait été relégué dans l'île d'Elbe, débarque au golfe Juan; dès le 13 mars, de Lyon, il prononçait la dissolution de la Chambre des pairs et de la Chambre des députés et annonçait une nouvelle constitution. Celle-ci fut préparée par une commission, dont fit partie Benjamin Constant, et vit le jour le 22 avril 1815 sous la rubrique *Acte additionnel aux constitutions de l'empire;* soumise à ratification populaire, le résultat était proclamé le 1er juin; l'acte additionnel ne devait s'appliquer que jusqu'au 8 juillet; le 18 juin, Napoléon était définitivement vaincu à Waterloo par les alliés et la seconde invasion de la France commençait. Pendant que cette invasion se développait, Napoléon signe sa seconde abdication à l'Elysée le 22 juin et proclame son fils empereur; les Chambres (reconstituées en mai) acceptent Napoléon II et se mettent tranquillement à élaborer un nouveau *projet de constitution impériale,* qui est déposé le 29 juin. Mais, pendant ce temps, la Commission provisoire de gouvernement, nommée par les Chambres et présidée par Fouché, négocie secrètement le retour de Louis XVIII et celui-ci rentre, en effet, le 8 juillet 1815, en prononçant la dissolution des Chambres impériales, et la charte du 4 juin 1814 reprend vigueur.

Dans cette courte période, qui dépasse à peine une année, quatre textes constitutionnels avaient été élaborés : la *constitution sénatoriale du 6 avril 1814*, la *charte du 4 juin 1814*, l'*acte additionnel du 22 avril 1815* et le *projet de constitution impériale de juin 1815.* Nous analyserons seulement la charte constitutionnelle du 4 juin 1814.

Cependant, des observations communes à ces quatre textes s'imposent :

Tous ces textes sont l'œuvre d'un même personnel de notabilités et de gens en place qui, selon les événements, se rallient à la monarchie ou à l'empire, passent du Sénat impérial à la Chambre des pairs et inversement, le pays n'y a point de part directe.

2° *Toutefois, une part de l'œuvre de la Révolution est difinitivement acquise;* tous nos textes, même la charte du 4 juin 1814, reconnaissent l'impossibilité de revenir sur l'abolition des droits féodaux et la vente des biens nationaux; ils acceptent « les droits publics des Français » proclamés par la déclaration des droits de l'homme, l'organisation de la société civile par les codes napoloniens (seul le divorce sera supprimé par la loi du 8 mai 1816), l'organisation administrative de l'an VIII et l'organisation des cultes par le Concordat et les articles organiques.

3° *Enfin, nos quatre textes sont orientés vers un régime de liberté politique* qui, s'il n'est pas entièrement parlementaire, ne peut que le devenir à l'usage, aussi bien les trois textes impériaux que la charte monarchique, c'est-à-dire, que le Premier Empire, dictature autoritaire au début, est obligé d'évoluer vers l'empire libéral, et que la monarchie ne peut se restaurer que comme constitutionnelle et parlementaire.

La situation est telle, en effet, que la France ne peut trouver le repos et la paix que sous un régime politique mixte et équilibré. C'est le compromis nécessaire entre la dictature des assemblées révolutionnaires et la dictature exécutive de la période napoléonienne.

Ce régime transactionnel constitué en 1814 allait durer trentequatre ans (jusqu'en 1848) avec les légères modifications de 1830; ce fut, en effet, une époque de repos relatif et de reconstitution nationale. S'il ne dura pas plus longtemps, ce ne fut pas la faute de la monarchie parlementaire, mais celle des hommes qui ne la crurent pas compatible avec le suffrage universel et avec la démocratie.

La charte constitutionnelle du 4 juin 1814 [1]. — Dans l'analyse de ce document, il convient de distinguer sa forme de charte octroyée et son contenu.

D'abord, nous sommes en présence d'une *charte octroyée.* Nous savons déjà qu'il y a cette différence, entre la charte et la constitution écrite, que la constitution écrite est un statut de l'Etat établi avec la participation de la nation souveraine, tandis que la charte est un statut établi, concédé ou octroyé par le gouvernement sou-

---

(1) Cf. J. Barthélemy, *L'introduction du régime parlementaire en France sous Louis XVIII et Charles X,* 1904; L. Michon, *Le gouvernement parlementaire sous la Restauration,* 1905; Duvergier de Hauranne, *Histoire du gouvernement parlementaire en France;* Chateaubriant, *La monarchie selon la charte;* Esmein et Nézard, 7° édit., t. I, p. 227.

verain (V. *supra*, p. 79). La charte octroyée est donc la négation de la souveraineté nationale et l'affirmation de la souveraineté du roi. C'est en cela, surtout, que consiste la restauration de l'ancien régime qui a donné son nom à ce gouvernement. Aucune autre institution de l'ancien régime n'a été restaurée que la monarchie, et notamment les prérogatives de la noblesse féodale n'ont pas été rétablies (art. 71 de la charte). Le préambule ne nous laisse pas ignorer le déplacement de la souveraineté. Il nous rappelle que « l'autorité entière réside dans la personne du roi », que la constitution doit être à la fois « libre et monarchique», que « les droits et prérogatives de la couronne doivent être conservés », que « l'autorité suprême peut seule donner aux institutions qu'elle établit la force, la permanence et la majesté dont elle est revêtue ». A ces causes, conclut-il, « nous avons volontairement, et par le libre exercice de notre autorité royale, *accordé et accordons, fait concession et octroi* à nos sujets, tant pour nous que pour nos successeurs et à toujours, de la charte constitutionnelle qui suit ». Il y a lieu de rapprocher de cette déclaration l'article 74 de la charte. « Le roi et ses successeurs jureront, dans la solennité de leur sacre, d'observer fidèlement la présente charte constitutionnelle »; il s'agit donc d'une déclaration juridique qui lie le pouvoir royal.

Sous la rubrique *droit public des Français*, sont maintenus les principes révolutionnaires de la liberté individuelle et de l'égalité devant la loi; à noter la liberté et la protection de tous les cultes, le budget des cultes pour les seuls cultes chrétiens et la déclaration que la religion catholique est la religion de l'Etat (art. 5 à 7). A noter aussi l'abolition de la conscription militaire (art. 12).

1° *Les articles 13 à 23 sont consacrés aux formes du gouvernement du roi.* L'article 13 pose le principe de l'irresponsabilité du roi, irresponsabilité non seulement politique, mais criminelle, car la personne du roi est *inviolable et sacrée*, et de la responsabilité ministérielle. Au roi seul appartient la puissance exécutive. Il est le chef suprême de l'Etat, et l'article 14 énumère ses attributions exécutives, parmi lesquelles le droit de faire les règlements et ordonnances nécessaires pour l'exécution des lois *et la sûreté de l'Etat.* C'est sur cette finale de l'article 14 que seront appuyées les quatre ordonnances du 25 juillet 1830 qui provoqueront la Révolution dite *de Juillet.* — Les articles suivants sont consacrés à la *participation du roi à la puissance législative.* L'article 15 pose le principe que la puissance législative s'exerce collectivement par le roi, la Chambre des pairs et la Chambre des députés, ce qui signifie qu'en principe elle ne cesse point d'appartenir au roi. D'ailleurs, le roi retient trois droits essentiels : d'abord *l'initiative de la loi* (art. 16), les Chambres ont seulement la faculté de supplier le roi de proposer une loi sur tel ou tel objet (art. 19 à 21); ensuite, *le droit d'amendement,* aucun amendement ne peut être fait à une loi s'il n'a été proposé ou consenti par le roi (art. 46); enfin un *droit de sanction et de promulgation* qui lui permet un *veto* absolu. Les Chambres n'ont, en somme, que le droit de discuter et voter la loi, c'est-à-dire, le droit de délibération pur et simple.

2° Les articles 24 à 34 sont consacrés à la Chambre des pairs. Elle est une portion essentielle de la puissance législative (art. 24), c'est-à-dire qu'elle fait partie du Parlement et n'a rien de commun avec le Sénat impérial qui était un corps à la fois constituant et électoral, mais non pas une Chambre législative. — La Chambre des pairs n'est pas élective, les membres en sont nommés par le roi simplement à vie ou avec transmission héréditaire; les membres de la famille royale et les princes du sang sont pairs de droit, mais les princes ne peuvent prendre séance que de l'ordre du roi; aucun pair ne peut être arrêté que de l'autorité de la Chambre et jugé que par elle en matière criminelle. Toutes les délibérations de la Chambre des pairs sont secrètes. Elle peut être érigée en haute cour de justice pour juger les crimes de haute trahison et les attentats contre la sûreté de l'État.

Les articles 35 à 53 sont consacrés à *la chambre des députés des départements* et accessoirement *au suffrage électoral.* La Chambre est composée de députés élus par les départements; ils sont élus pour cinq ans et de manière que la Chambre soit renouvelée chaque année par cinquième (une loi du 9 juin 1824 établira le renouvellement intégral tous les sept ans). Aucun député ne peut être élu s'il n'est âgé de 40 ans et s'il ne paie une contribution directe de 1.000 francs. — Le système électoral est profondément modifié. D'abord, le pouvoir électoral revient au corps électoral (qui, d'après l'organisation impériale, n'avait qu'un droit de présentation); de plus, la distinction des assemblées primaires de canton et des collèges électoraux, qui subsistait depuis le début de la Révolution, est supprimée, il n'y a plus que des collèges électoraux de département ou d'arrondissement, le suffrage n'est plus à deux degrés, il devient direct, mais le corps électoral est très réduit parce que le suffrage est fortement censitaire, les électeurs doivent payer une contribution foncière de 300 francs et être âgés de 30 ans (Ce régime électoral devait encore être aggravé par la loi du 29 juin 1820 dite *loi du double vote.* (V. mon *Précis,* 2° éd., p. 311.)

Le président de la Chambre des députés est nommé par le roi sur une liste de cinq membres présentés par la Chambre. Les séances sont publiques en principe. La Chambre basse a un droit de priorité pour la discussion des propositions d'impôt. Le roi convoque chaque année les deux Chambres; il les proroge et peut dissoudre celle des députés, à la charge de convoquer la nouvelle Chambre dans les trois mois.

3° *Les articles 54 à 56 sont consacrés aux ministres.* L'article 54, rapproché de l'article 13, contient certains principes du gouvernement parlementaire; il déclare que les ministres peuvent être membres de la Chambre des pairs ou de la Chambre des députés; qu'ils ont leur entrée dans l'une ou l'autre Chambre et doivent être entendus quand ils le demandent; l'article 13 avait posé le principe que les ministres sont responsables, mais il s'agissait de la responsabilité pénale visée encore par les articles 55 et 56. En somme, les termes de la charte n'étaient pas formels en ce qui concerne la responsabilité politique : celle-ci s'organisa en fait conformément aux traditions anglaises bien connues des émigrés, grâce à l'influence personnelle de Louis XVIII et grâce à la *Chambre introuvable* de 1815 qui y vit un moyen d'augmenter son influence. A noter que la charte ne contient pas de disposition sur le contreseing ministériel, ce qui n'a pas empêché celui-ci d'être pratiqué.

B. *La monarchie de Juillet et la Charte du 14 août 1830.* — Le gouvernement de la Restauration avait duré seize années, dont les dix premières sous Louis XVIII et les six dernières sous Charles X. Il y avait eu des difficultés et des agitations, mais, avec de l'esprit politique, le régime eût pu s'enraciner malgré le peu de surface électorale du pays légal, car la satisfaction des élections régulières et des débats parlementaires commençait à se faire sentir. Louis XVIII avait de l'esprit politique, Charles X en manquait totalement et il fit du pouvoir personnel; la lutte s'engagea avec l'opinion publique, et aussi entre le gouvernement et la Chambre des députés. Le ministère Polignac, constitué au début de 1830, dissout la Chambre des députés, les élections de juin 1830 renvoient les opposants renforcés de 49 unités; alors, le ministère lance les quatre ordonnances du 25 juillet, fondées sur l'article 14 de la charte, qui autorise le roi à édicter des ordonnances *pour la sûreté de l'Etat.* De ces quatre ordonnances, la première suspend la liberté de la presse, la seconde dissout à nouveau la Chambre des députés, la troisième modifie le régime électoral et enlève aux patentés la qualité d'électeurs, la quatrième convoque les collèges électoraux pour le 13 septembre suivant. Il y avait violation de la charte en ce que d'un texte relatif à la sûreté, c'est-à-dire à la police, on avait fait sortir le droit de modifier une législation électorale. Immédiatement, un soulèvement des journalistes, des députés présents à Paris et du peuple de Paris s'organise. Le 29 juillet, un gouvernement provisoire est constitué et offre au duc d'Orléans la lieutenance générale du royaume; celui-ci accepte, le 31, par une proclamation adressée au peuple de Paris. Le 9 août les deux Chambres se réunissent en présence du duc d'Orléans, et celui-ci accepte solennellement les modifications à la charte de 1814 que les Chambres lui proposent dans une déclaration; il accepte également de prendre le titre de *roi des Français* et il jure d'observer fidèlement la charte revisée; celle-ci est publiée au *Bulletin des lois* le 14 août. Ainsi, en quinze jours, la Révolution de 1830 était faite, la dynastie était changée, la branche cadette des Bourbons avait supplanté la branche aînée.

La charte du 14 août 1830 présente un double caractère : d'une part, elle est une revision de celle du 4 juin 1814, et nous n'aurons à indiquer que les modifications qu'elle lui a fait subir; d'autre part, au lieu d'être octroyée par le roi, elle est le résultat d'une entente et d'un pacte entre les Chambres et le roi, et, même, dans ce pacte, ce sont les Chambres qui ont dicté leurs conditions et le roi les a acceptées : « Nous avons ordonné et ordonnons que la charte constitutionnelle de 1814, telle qu'elle a été amendée par les deux Chambres le 7 août et acceptée par nous le 9, sera de nouveau publiée dans les termes suivants. » Cette déclaration de Louis-Philippe, jointe au titre de *roi des Français* qu'il y prend, suffit à prouver que la souveraineté est revenue vers la nation et que la nouvelle monarchie n'est plus d'ancien régime. D'ailleurs, elle va entrer, bien plus que le gouvernement de la Restauration, dans la véritable voie constitutionnelle et parlementaire.

Les articles de la charte consacrés au *Droit public des Français* ne contiennent que deux modifications : la religion catholique cesse d'être la religion de l'Etat pour devenir celle de la majorité des Français (art. 6); comme garantie de la liberté de la presse, il est stipulé que la censure ne pourra jamais être rétablie (art. 7).

Les articles consacrés *aux formes du gouvernement du roi* contiennent les modifications suivantes : d'abord, le *pouvoir réglementaire* n'est plus reconnu au roi que pour l'exécution des lois *sans pouvoir jamais ni suspendre les lois elles-mêmes, ni dispenser de leur exécution* (art. 13). C'est la suppression de la clause de l'article 14 de la charte de 1814 relative aux ordonnances pour *la sûreté de l'Etat* et l'affirmation définitive de la subordination du règlement à la loi; de plus, l'initiative des lois passe aux deux Chambres concurremment avec le roi (art. 15); il n'est plus question du droit d'amendement, qui, déjà, sous la Restauration, avait été admis dans la pratique, l'article 46 de la Charte de 1814 disparaît; le roi conserve la sanction de la loi.

Les articles consacrés à *la Chambre des pairs* contiennent une modification importante en vertu d'une revision opérée par une loi du 29 décembre 1831 et prévue par l'article 68, § 2, de la charte; *la pairie n'est plus héréditaire*, la dotation est supprimée, le nombre des pairs reste illimité et la nomination appartient au roi, mais il ne peut choisir que dans une liste de notabilités établie par la loi.

Les articles consacrés à *la Chambre des pairs* contiennent les modifications suivantes : les députés sont élus pour cinq ans, ils ne sont éligibles qu'à l'âge de 30 ans et à la condition de payer

500 francs de contributions directes (L. 19 avril 1831, art. 59); les collèges électoraux sont maintenant des collèges d'arrondissement dont chacun élit un député, il y en aura 459; pour être électeur, il faut avoir 25 ans accomplis et payer 200 francs de contributions directes (L. 19 avril 1831, art. 1er).

Il n'y a pas de modification dans les articles consacrés aux *ministres;* d'ailleurs, le régime parlementaire est conservé et ne fait que se développer (une loi sur la responsabilité ministérielle était promise par l'art. 69, § 2, et ne fut jamais votée).

Parmi les dispositions relatives aux *droits particuliers garantis par l'Etat*, il convient de relever l'article 67 : « La France reprend ses couleurs; à l'avenir, il ne sera plus porté d'autre cocarde que la cocarde tricolore. »

Parmi les *dispositions particulières*, l'article 69 promettait un certain nombre de réformes dont plusieurs furent réalisées par la suite, l'application du jury aux délits de presse et aux délits politiques, des institutions départementales et communales fondées sur un système électif, la liberté de l'enseignement.

— Le gouvernement de Louis-Philippe allait durer dix-huit années, pendant lesquelles la France se reposa, se réorganisa, s'enrichit et s'habitua à la liberté politique, mais à la fin desquelles se produisit la culbute dans un précipice qui, lentement, s'était creusé sous ses pas. Il était arrivé ceci que le peuple, qui, pendant la Révolution, avait été intimement mêlé à la vie politique, grâce aux assemblées primaires, qui, sous le Consulat et l'Empire, avait eu, grâce aux plébiscites, l'illusion de jouer un rôle constituant, se trouvait écarté de tout depuis 1814. Le suffrage était formidablement censitaire, le pays légal extrêmement étroit; non seulement l'homme du peuple ne votait pas, mais l'intellectuel pas davantage, car on avait refusé *l'adjonction des capacités;* sans doute, il y avait les débats parlementaires, mais les journaux étaient chers, la presse à un sou commençait à peine. Le régime était purement bourgeois et les assemblées législatives tournaient à l'oligarchie parlementaire. Le peuple, aspirant à une participation plus directe au pouvoir par une extension du suffrage, renversa brutalement le régime. La révolution du 24 février 1848 fut provoquée par le rejet de la proposition Duvergier de Hauranne sur l'adjonction des capacités, et d'une façon immédiate, par l'interdiction du banquet du 12e arrondissement (campagne des banquets menée à la fois par la gauche dynastique et par le parti républicain).

§ 3. — Le deuxième cycle de l'histoire politique et constitutionnelle de la France, à partir de 1848.

Il faut se rendre compte que nous assistons bien là à un recommencement. La première évolution politique a été manquée parce que tout le peuple n'y a pas été associé jusqu'à la fin, l'État patricio-plébéien n'a pas observé les conditions du compromis; il a bien essayé de se stabiliser dans la liberté politique, mais en la voulant trop bourgeoise. Une seconde évolution va commencer dans laquelle, cette fois, le peuple ne sera pas tenu à l'écart, car le suffrage universel est proclamé dès le début et il demeurera inviolé. Bien entendu, l'évolution du second cycle passera par les mêmes phases que celle du premier; il y aura, d'abord, une poussée conventionnelle, avec un régime d'assemblée représentative unique; elle sera suivie d'une réaction énergique du pouvoir exécutif, qui s'appellera la dictature du Second Empire; enfin, le compromis entre les deux courants se réalisera de nouveau, à partir de 1870, avec l'empire libéral et la république parlementaire.

I. — PREMIERE PERIODE

Le régime conventionnel de l'assemblée représentative (mai 1848 à mai 1849). — La révolution de février 1848 fut bien un rebondissement de celle de 89, il y eut la même idéologie, le même caractère universel et international; des contre-coups s'en firent sentir en plusieurs pays, particulièrement en Prusse. Seulement, elle fut brève. Un gouvernement provisoire est constitué. Ledru-Rollin, Arago, Lamartine, Garnier-Pagès, Louis Blanc en font partie; la proclamation qu'ils adressent au peuple français indique bien les raisons profondes de la révolution et son caractère démocratique : « Cette fois, dit-elle, le peuple **généreux** ne sera pas trompé. Il a conquis un *gouvernement national et populaire...*, l'unité de la nation *formée désormais de toutes les classes qui la composent*, etc... » Comme symbole de ce gouvernement populaire, un décret du 5 mars 1848 institue le suffrage universel pour l'élection d'une assemblée nationale constituante. L'assemblée se réunit le 4 mai; elle proclame la *République démocratique;* elle nomme, à la place du gouvernement provisoire, une *commission exécutive* (Arago, Garnier-Pagès, Marie, Lamartine et Ledru-Rollin) (9 et 10 mai). C'était le retour aux traditions de la Convention, le pouvoir exécutif confié à un comité de l'assemblée. Mais on n'eut pas le temps de voir les résultats. Les sanglantes journées de juin, insurrection à caractère socialiste et communiste, obligèrent l'assemblée à organiser un nouveau gouvernement provisoire confié au général Cavaignac, et le 10 décembre 1848, en vertu de la constitution votée le 4 novembre, le prince Louis-Napoléon Bonaparte était élu directement par le peuple président de la République par 5.434.226 voix. L'assemblée constituante se séparait le 25 mai 1849, après avoir voté la loi électorale du 15 mars 1849 et assuré ainsi l'élection de l'assemblée législative qui devait lui succéder. La dictature de l'assemblée nationale constituante avait duré nominalement une année et en réalité quelques mois seulement.

II. — DEUXIEME PERIODE

A. *La réaction exécutive : la Constitution du 4 novembre 1848 et le gouvernement présidentiel.* — A partir de mai 1849 jusqu'à décembre 1851, fonctionne le gouvernement présidentiel organisé par la *constitution du 4 novembre* 1848; il comporte une assemblée législative unique et un Président de la République élu par le peuple, avec des ministres responsables devant la Chambre. Cette organisation, à la fois présidentielle et parlementaire, ne se montre pas viable et aboutit au coup d'Etat du 2 décembre 1851.

La Constitution du 4 novembre 1848 se compose d'un préambule et de 116 articles.

Le *préambule* renouvelle l'affirmation de la République démocratique. Le chapitre I rappelle que la souveraineté réside dans l'universalité des citoyens français.

Dans le chapitre des *droits des citoyens garantis par la constitution*, il faut remarquer : l'abolition de la peine de mort en matière politique (art. 5); la suppression de l'esclavage sur toute terre française (art. 6); la reconnaissance du droit d'association et de réunion (art. 8), de la liberté d'enseignement (art. 9); la suppression définitive de la confiscation des biens (art. 12).

Le chapitre des *pouvoirs publics* affirme que les pouvoirs publics ne peuvent pas être délégués héréditairement et que la séparation des pouvoirs est la première condition d'un gouvernement libre.

Le chapitre du *pouvoir législatif* organise l'Assemblée nationale unique sur les bases suivantes : nombre total des représentants, 750; l'élection a pour base la population; le suffrage est direct et universel, le scrutin secret; sont éligibles, sans conditions de domicile, tous les électeurs âgés de 25 ans. L'élection se fera par département et au scrutin de liste, mais on vote au chef-lieu de canton : l'assemblée est élue pour trois ans et se renouvelle intégralement; elle est permanente; elle détermine le lieu de ses séances et pourvoit à sa sûreté; les représentants sont rééligibles; ils sont inviolables et reçoivent une indemnité (cf. L. 15 mars 1849, art. 96); ils ne peuvent recevoir de mandat impératif (art. 35). Les séances de l'Assemblée sont publiques; elle a le pouvoir législatif et ses membres ont le droit d'initiative parlementaire (art. 39).

Le *pouvoir exécutif* est organisé de la façon suivante : le peuple français délègue le pouvoir exécutif à un citoyen qui reçoit le titre de Président de la République; il doit être né Français et n'avoir jamais perdu sa nationalité; il doit être âgé de 30 ans; il est élu pour quatre ans et n'est rééligible qu'après un intervalle de quatre années (art. 45). Le Président est nommé au scrutin secret et à la majorité absolue des votants par le suffrage direct de tous les électeurs des départements français et de l'Algérie. L'Assemblée nationale statue sur la validité de l'élection et proclame le Président; si aucun candidat n'a obtenu plus de la moitié des suffrages exprimés et au moins 2 millions de voix ou si le candidat élu est inéligible, l'Assemblée nationale élit le Président à la majorité absolue et au scrutin secret parmi les cinq candidats éligibles qui ont obtenu le plus de voix (art. 47); il y a un vice-président.

Parmi les attributions du président, qui sont celles d'un chef d'Etat, il faut relever les suivantes : il a l'initiative des lois concurremment avec l'Assemblée; il est obligé de promulguer les lois dans un certain délai, sauf le droit de demander une nouvelle délibération (art. 58); à défaut de promulgation de la loi par le Président de la République, il y serait pourvu par le président de l'Assemblée (art. 64 et 66); les actes du Président, autres que ceux par lesquels il nomme et révoque les ministres, sont contresignés par un ministre (art. 67); les ministres ont entrée dans le sein de l'Assemblée nationale (art. 69); le Président et les ministres sont responsables devant la Haute Cour de justice des crimes et délits commis dans l'exercice de leurs fonctions; toute mesure par laquelle le Président dissout l'Assemblée nationale est un crime de haute trahison; par ce seul fait, le Président est déchu de ses fonctions, le pouvoir exécutif passe de plein droit à l'Assemblée nationale; les juges de la Haute Cour se réunissent immédiatement (art. 68).

B. *La dictature exécutive du Second Empire : la Constitution du 14 janvier 1852 et les S.-C. impériaux.* — La constitution du 4 novembre 1848 avait joué la difficulté. Elle avait accouplé le régime présidentiel américain avec un rudiment de régime parlementaire. Ce n'est pas tout : au lieu d'un parlement composé de deux Chambres, elle n'avait institué qu'une seule Chambre; d'autre part, instituant un Président de la République élu par le peuple, elle n'avait pu barrer la route au prétendant bonapartiste en le rendant inéligible. Double faute. Le prétendant avait été élu Président à une majorité énorme et l'Assemblée législative, élue en mai 1849, avait une majorité monarchiste. Le coup d'Etat était inévitable, d'autant que les craintes de révolution sociale n'étaient point calmées. On se demandait seulement s'il serait monarchiste avec l'assemblée et Changarnier, ou bonapartiste avec le prince-président. C'est celui-ci qui prit les devants.

La crise éclata après une longue série de conflits entre le prince-président et l'assemblée. Le prétexte immédiat en fut une loi du 31 mai 1850, restrictive du suffrage universel en ce qu'elle exigeait des électeurs un domicile de trois ans; en novembre 1851, le gouvernement demanda l'abrogation de cette loi et la Chambre refusa.

Le prince-président saisit immédiatement l'excellente plate-forme que lui fournissait ce refus, et se posa en défenseur du suffrage universel. Dans la nuit du 1er au 2 décembre 1851 est lancé un décret convoquant le peuple pour un plébiscite, en même temps qu'une proclamation; le 2 décembre, un second décret précise la formule du vote : « Le peuple français veut le maintien de l'autorité de Louis-Napoléon Bonaparte et lui délègue les pouvoirs nécessaires pour faire une constitution sur les bases proposées dans sa proclamation du 2 décembre. » Le résultat du plébiscite, proclamé le 31 décembre, donne 7.439.219 oui et 640.757 non.

L'Assemblée législative et le Conseil d'Etat avaient été dissous par le premier décret du 2 décembre, en même temps que la loi du 31 mai 1850 avait été abrogée et le suffrage universel rétabli. Le prince reste Président de la République avec des pouvoirs dictatoriaux. Il cumule les pouvoirs exécutif et législatif avec le pouvoir constituant, les décrets-lois qu'il a rendus jusqu'à l'entrée en vigueur de la constitution du 14 janvier 1852, c'est-à dire jusqu'au 29 mars 1852, ont été considérés comme ayant force de loi (en vertu de l'art. 58 de la constitution).

La constitution du 14 janvier 1852 était encore républicaine, mais ce n'était qu'une mesure de transition; un S.-C. du 7 novembre 1852 rétablit l'Empire, un nouveau plébiscite approuve cette transformation par 7.824.189 oui contre 153.145 non, et un décret du 2 décembre 1852 homologue ces résultats. La constitution du 14 janvier 1852 est adaptée à l'Empire par un S.-C. du 25 décembre et un décret du 31 décembre 1852.

La Constitution du 14 janvier 1852 (58 articles) n'est qu'une réédition de la constitution de l'an VIII, avec cependant trois différences essentielles : au lieu de trois consuls nommés pour dix ans, il n'y en a plus qu'un qui prend le titre de Président de la République; le pouvoir législatif est simplifié, il n'y a plus qu'un corps législatif élu pour six ans et fonctionnant sous le contrôle d'un Sénat conservateur; le suffrage pour l'élection des députés reste universel et c'est le même suffrage universel qui nomme tous les dix ans le Président de la République; il est organisé par le décret du 2 février 1852. Il y avait suppression de la liberté de la presse et des débats parlementaires.

La constitution reconnaît, conforme et garantit les grands principes proclamés en 1789 et qui sont la base du Droit public des Français.

Louis-Napoléon s'était toujours posé en représentant du régime du Consulat; dans sa proclamation du 2 décembre 1851, il avait ainsi posé les bases de la constitution proposée à l'acceptation du peuple : 1° un chef responsable nommé pour dix ans; 2° des ministres dépendant du pouvoir exécutif seul; 3° un Conseil d'Etat formé des hommes les plus distingués préparant les lois et en soutenant la discussion devant le corps législatif; 4° un corps législatif discutant, sans publicité des débats, et votant les lois, nommé par le suffrage universel sans scrutin de liste qui fausse l'élection; 5° un sénat formé de toutes les illustrations du pays, pouvoir pondérateur, gardien du pacte fondamental et des libertés publiques; il aurait fallu ajouter l'*appel au peuple*, c'est-à-dire la faculté pour le chef de l'État, nommé par le peuple et responsable devant lui, de s'assurer qu'il possédait toujours la confiance du pays en se faisant plébisciter au moment choisi par lui (art. 5 de la constitution). Ce système était présenté, dans la proclamation du 14 janvier 1852 accompagnant la constitution, comme réalisant les conditions vitales du pouvoir dans une France « régénérée par la Révolution de 89 et organisée par l'empereur », et, en somme, comme pouvant seule concilier l'ordre et la démocratie.

III. — TROISIEME PERIODE

Le retour au régime parlementaire : 1° l'Empire libéral et la Constitution du 21 mai 1870. — Le régime de 1852 n'avait pas plus de vie intérieure que celui de l'an VIII. Sans doute, il y avait, en façade, le suffrage universel dans son double emploi du plébiscite et des élections législatives, mais cette façade était mensongère; le plébiscite était la carte forcée et, quant aux élections législatives, elles ne servaient qu'à constituer un corps législatif sans pouvoirs et sans action sur le gouvernement. En réalité, il y avait encore eu un escamotage fort habile du suffrage, d'autant que la candidature officielle et la pression administrative, déjà perfectionnées par les gouvernements précédents, étaient exercées avec une grande maîtrise par d'excellents préfets. Ce qui parut le plus intolérable au pays, ce fut l'annihilation du corps législatif et la suppression des débats parlementaires auxquels on était habitué depuis quarante ans. Le régime ne peut se maintenir entièrement, dans sa voie dictatoriale et autoritaire, que pendant six ou sept ans, et encore grâce à une grande activité administrative à l'intérieur et à la diversion de l'expédition de Crimée à l'extérieur. A partir de 1859, la dictature exécutive recule et l'on marche lentement vers la restauration du régime parlementaire; elle se fera en deux étapes, qui seront l'empire libéral et la République parlementaire.

A. *L'Empire libéral, de 1859 à 1870.* — Déjà, aux élections législatives du 21 juin 1857, six députés républicains avaient été élus (Cavaignac, Emile Ollivier, Darimon, Hénon, Goudchaux et Carnot). Une opposition grandissante ne cesse de demander le retour à la liberté des débats parlementaires et au contrôle du gouvernement par l'assemblée législative; malgré le servage de la presse, l'opinion publique commence de s'émouvoir, sans se laisser désarmer par des concessions du gouvernement (Décr. d'amnistie, 16 août 1859; D., 24 nov. 1860, donnant aux Chambres le vote de l'adresse et un certain droit d'amendement).

Aux élections du 31 mai 1863, quinze candidats de l'opposition sont élus et quinze autres contre les candidats officiels. Il y a maintenant une gauche antidynastique et une gauche dynastique; en 1866, dans la discussion de l'adresse, un amendement tendant à associer plus intimement la nation à la conduite des affaires réunit 63 voix et un autre amendement, tendant à un changement de régime, en réunit 17. Le gouvernement fait des tentatives de réforme partielle qui ne désarment point une opposition que les élections de juin 1869 ont encore augmentée. L'empereur est obligé de se séparer de Rouher, qui représentait l'empire autoritaire, et, le 2 janvier 1870, est constitué le ministère Emile Ollivier qui représente l'empire libéral et qui va faire voter par le Sénat la constitution du 21 mai 1870.

La Constitution du 21 mai 1870; la conception de l'Empire libéral. — Nous n'analyserons pas les dispositions de la constitution de mai de 1870 qui ne s'est, pour ainsi dire, point appliquée; deux mois après le plébiscite qui l'avait approuvée et qui avait donné 7.358.786 oui contre 1.571.939 non, la guerre de 1870 éclatait et le régime s'effondrait au 4 septembre, après le désastre de Sedan. Nous dégagerons seulement les grandes lignes de la conception de l'empire libéral, qui était celle d'Emile Ollivier.

Il y avait une doctrine constitutionnelle et une doctrine gouvernementale.

La doctrine constitutionnelle était que le pouvoir constituant appartient au peuple sur la proposition de l'empereur (art. 44); c'était l'élimination du rôle constitutionnel du Sénat, lequel devenait simplement une seconde Chambre législative (art. 30).

La doctrine gouvernementale était qu'avec un pouvoir exécutif plébiscité (et d'ailleurs héréditaire), on pouvait combiner le régime parlementaire, c'est-à-dire la responsabilité des ministres devant le Parlement (art. 19). Cette combinaison d'appel au peuple et de régime parlementaire a paru chimérique et a été généralement mal jugée par les contemporains. L'événement n'a pas permis de savoir ce qu'elle eût donné à l'user, mais on doit remarquer que l'Empire parlementaire ne diffère point radicalement de la monarchie parlementaire. Sans doute, le monarque parlementaire ne pratique pas l'appel au peuple, mais il se considère, lui aussi, comme responsable vis-à-vis du peuple. On a beaucoup insisté sur l'incompatibilité qu'il y aurait entre les deux responsabilités, celle du chef de l'Etat et celle des ministres, mais les deux responsabilités ne sont point du même ordre; celle des ministres existe devant le Parlement et peut être mise en jeu à chaque instant, elle est purement gouvernementale; celle du chef de l'Etat existait devant le peuple, elle ne pouvait être mise en jeu qu'au gré du chef de l'Etat lui-même. Si la dynastie était devenue héréditaire, il est probable que la pratique de l'appel au peuple eût disparu et, au bout de très peu d'années, le régime ne se fût distingué d'une monarchie constitutionnelle que par un esprit plus démocratique.

B. *La République parlementaire : la période intermédiaire, du 4 septembre 1870 aux lois de 1875; préparation et vote de la Constitution de 1875.* — La crise de 1870, qui a surpris la France en pleine évolution vers le parlementarisme, a provoqué une période intermédiaire de cinq années se décomposant en trois étapes: : *a*) la dictature du gouvernement provisoire; *b*) la dictature de l'Assemblée nationale, depuis le 12 février 1871 jusqu'à l'institution du Septennat par la loi du 20 novembre 1873; *c*) la préparation et le vote de la constitution de 1875, de novembre 1873 à novembre 1875.

***a)* Le Gouvernement provisoire du 4 septembre 1870 au 13 février 1872. —** A la nouvelle du désastre de Sedan, pendant que le corps législatif délibère, la République est proclamée et un gouvernement provisoire est constitué à l'hôtel de ville, dont le général Trochu, gouverneur de Paris, accepte la présidence; il est composé d'Arago, Jules Favre, Jules Ferry, Gambetta, Garnier-Pagès, Glais-Bizoin, Pelletan, Picard, Jules Simon, Rochefort, et prend le nom de *gouvernement de la Défense nationale;* la déchéance de la dynastie est prononcée, le corps législatif et le Sénat sont dissous. Après l'investissement de Paris, une délégation est envoyée à Bordeaux pour gouverner la province, avec Gambetta à sa tête. Le gouvernement du 4 septembre se considère lui-même comme provisoire jusqu'à la convocation d'une Assemblée nationale et, dès le 8 septembre, il lance une première convocation des électeurs, mais les événements militaires y font obstacle, et, après plusieurs tentatives inutiles, ce n'est qu'après l'armistice du 28 janvier 1871 qu'un décret du 29 convoque définitivement les électeurs pour le 8 février, afin de nommer l'Assemblée. Celle-ci se réunit à Bordeaux le 12 février 1871 et les pouvoirs du gouvernement provisoire prennent fin.

***b)* L'Assemblée nationale, du 12 février 1871 jusqu'à l'institution du Septennat par la loi du 20 novembre 1873. —** Le 17 février, l'Assemblée nationale nomme Thiers *chef du pouvoir exécutif de la République française, sous son autorité,* avec le concours des ministres qu'il aura choisis et qu'il présidera. Ce n'était point là un régime parlementaire; ce chef du pouvoir exécutif, qui est sous l'autorité de l'Assemblée et qui est en même temps président du conseil, n'est pas un chef de l'Etat, représentant indépendant de la nation, ce n'est qu'un pouvoir commis; il n'y a pas cette séparation de l'exécutif et du législatif qui est à la base du **régime**

parlementaire; il y a bien confusion des deux pouvoirs entre les mains de l'Assemblée qui exerce une véritable dictature. D'ailleurs, pour le moment, l'assemblée nationale, bien que se considérant comme souveraine et comme ayant le pouvoir constituant (préambule du D. du 17 fév.), désire ajourner toute œuvre constituante et pourvoir immédiatement aux nécessités du gouvernement et à la conduite des négociations (séance du 19 février, *pacte de Bordeaux*). Ce pacte était d'autant plus nécessaire que l'Assemblée était profondément divisée en ce qui concernait la forme du gouvernement; la majorité était monarchiste, mais elle comptait une droite légitimiste et un centre droit orléaniste; il y avait, en regard, une forte minorité de 250 républicains de toutes nuances.

Le 20 mars 1871, l'Assemblée nationale s'installe à Versailles, juste au moment où l'insurrection de la Commune vient d'éclater à Paris. Celle-ci est réprimée en mai et, dès ce moment, se pose la question d'organiser, au moins provisoirement, le pouvoir exécutif dont on sent la situation précaire.

Une série de *trois lois constitutionnelles provisoires* va rétablir graduellement la séparation des pouvoirs entre l'exécutif et le législatif, en même temps que le régime parlementaire.

1° LA PREMIÈRE LOI CONSTITUTIONNELLE PROVISOIRE EST LA LOI RIVET DU 31 AOÛT 1871. — Elle s'analyse en les dispositions essentielles suivantes : 1° le chef du pouvoir exécutif reçoit le titre de Président de la République française et prend ainsi figure de chef d'Etat; 2° ses pouvoirs dureront autant que ceux de l'Assemblée; 3° un conseil des ministres sera établi qui sera responsable devant l'Assemblée (un vice-président du conseil des ministres est institué et nommé par l'Assemblée, c'est Dufaure, D., 2 sept. 1871); 4° le Président de la République agira sous l'autorité de l'Assemblée et sera responsable devant elle.

C'était une première tentative de séparation du législatif et de l'exécutif et de rétablissement du régime parlementaire, mais elle aboutissait à une monstruosité, car la première règle de ce régime est que le conseil des ministres soit responsable devant le Parlement, mais que le chef de l'Etat ne le soit pas et même qu'il ne communique pas oralement avec lui. Cette règle était violée.

2° DEUXIÈME LOI CONSTITUTIONNELLE PROVISOIRE : LOI DU 13 MARS 1873, DITE LOI DES TRENTE. AYANT POUR OBJET DE RÉGLER LES ATTRIBUTIONS DES POUVOIRS PUBLICS ET LES CONDITIONS DE LA RESPONSABILITÉ MINISTÉRIELLE. — Cette loi s'efforce de rentrer dans la vérité du régime parlementaire, en canalisant les interventions orales du Président de la République au Parlement par une procédure qui pose le principe du message, et en limitant sa responsabilité personnelle, au cas où le conseil des ministres, par une délibération spéciale, aura déclaré que les questions sur lesquelles le gouvernement est interpellé *se rattachent à la politique générale*.

3° TROISIÈME LOI CONSTITUTIONNELLE PROVISOIRE : LOI DU 20 NOVEM
BRE 1873 SUR LE SEPTENNAT. — La situation n'avait pas cessé de
rester tendue entre Thiers et la majorité de l'Assemblée, de plus
en plus inquiète de voir qu'en fait la République se consolidait.
Le 24 mai 1873, à la suite d'une interpellation sur la politique
générale, dans la discussion de laquelle il était intervenu, Thiers
est mis personnellement en échec, il donne sa démission et est
immédiatement remplacé par le maréchal de Mac-Mahon. Pendant
les vacances de 1873, une tentative formelle est faite en faveur
d'une restauration monarchique, préparée par un compromis entre
la branche aînée et la branche cadette, mais la résistance du comte
de Chambord fait échouer l'entreprise. Les monarchistes se rejettent alors sur l'idée de la prorogation des pouvoirs du maréchal.

Le **20 novembre 1873** est votée une loi ainsi conçue : « Art. 1ᵉʳ.
Le pouvoir exécutif est confié pour sept ans au maréchal de Mac-
Mahon, duc de Magenta, à partir de la promulgation de la présente loi; ce pouvoir continuera à être exercé, avec le titre de
Président de la République et dans les conditions actuelles, jusqu'aux modifications qui pourraient y être apportées par les lois
constitutionnelles. — Art. 2. Dans les trois jours qui suivront la
promulgation de la présente loi, une commission de 30 membres
sera nommée en séance publique et au scrutin de liste pour l'examen des lois constitutionnelles. » Cette institution du Septennat,
en donnant un terme fixe aux pouvoirs du président et une durée
de fonctions indépendante de celle du mandat de l'Assemblée,
achevait de séparer le pouvoir exécutif du législatif.

**c) Préparation et vote de la constitution de 1875, de novem-
bre 1873 à novembre 1875.** — Depuis l'échec de la tentative de
restauration monarchique, il était politiquement certain qu'il allait
falloir organiser la République; la majorité monarchiste y mit la
plus mauvaise grâce qu'elle put, mais elle comptait dans ses rangs
un centre droit (groupe Target) qui allait se rapprocher peu à peu
du centre gauche et déplacer la majorité, dans la conviction qu'il
fallait aboutir. La loi du 20 novembre 1873 avait lié l'institution
du Septennat à la condition d'une élaboration de lois constitutionnelles. L'Assemblée avait certainement le pouvoir constituant,
vu les conditions où elle avait été élue. Ce pouvoir ne lui était
contesté par la gauche que dans la peur qu'elle ne fît la monarchie. La commission de 30 membres, prévue par la loi sur le Septennat, fut élue fin novembre et se mit à l'ouvrage; elle devait
travailler quinze fois avant d'obtenir un premier résultat.

La difficulté n'était plus de mettre fin à la période dictatoriale
de l'Assemblée, de rétablir une séparation des pouvoirs normale,
et un vrai régime parlementaire; tout le monde était à peu près
d'accord sur la nécessité de ces solutions. La difficulté était tou-

jours de faire accepter la République comme régime définitif; le jeu de la droite était d'esayer d'organiser un Septennat personnel au maréchal de Mac-Mahon, afin de perpétuer le provisoire (ce fut la querelle du Septennat *personnel* ou *impersonnel*). On sait comment les destins se prononcèrent, ce fut grâce à un amendement Wallon, incorporé à l'art. 2, L. 25 févr. 1875, et qui consista simplement à maintenir au chef de l'Etat la qualification *de Président de la République*, ce qui, indirectement, consacrait la République comme régime définitif; l'amendement Wallon fut voté, le 30 janvier 1875, à 1 voix de majorité, grâce au ralliement du groupe Target (353 voix contre 352). A partir de ce moment, la cause de la forme républicaine était gagnée, la majorité décidée à aboutir en ce sens ne fit qu'augmenter par la suite et il est vrai de dire, non seulement que la République fut fondée à 1 voix de majorité, mais encore qu'elle le fut par des monarchistes désabusés par l'échec de la tentative de restauration de l'automne de 1873.

Le 24 février 1875 est votée *la loi relative à l'organisation du Sénat* et le 25 février, *la loi relative à l'organisation des pouvoirs publics;* elles furent promulguées à la fois le 28 février 1875, car l'Assemblée considérait, avec raison, que la première réforme à faire était d'instituer une seconde Chambre. On crut d'abord que ces deux lois seraient suffisantes; mais elles avaient été votées si péniblement et au milieu de tant de discussions qu'elles présentaient des lacunes graves. Une troisième loi constitutionnelle sur *les rapports des pouvoirs publics* dut être votée le 16 juillet 1875.

L'Assemblée nationale vota encore *la loi organique sur les élections des sénateurs du 2 août* 1875 et *la loi organique sur les élections des députés du 30 novembre* 1875; puis une loi du 30 décembre 1875, article 5, décida : « Le Sénat et la Chambre des députés (les nouvelles Assemblées) se réuniront le mercredi 8 mars 1876; les pouvoirs de l'Assemblée nationale prendront fin le jour de cette réunion. » Ce qui fut fait.

§ 4. — Etude juridique de la Constitution de 1875.

Deux questions doivent appeler l'attention dans une étude juridique de la Constitution de 1875 : 1° le caractère de superlégalité que revêtent les trois lois des 24 février, 25 février et 16 juillet 1875 et la procédure de revision qui s'ensuit; 2° la question de savoir si la Constitution française ne contient pas d'autres éléments de superlégalité que les trois lois de 1875.

I. — LE CARACTERE DE SUPERLEGALITE DES TROIS LOIS DE 1875. LA PROCEDURE DE LEUR REVISION

Ni la loi du 25 février 1875 sur l'organisation des pouvoirs publics, ni celle du 24 février sur l'organisation du Sénat ne portent la rubrique de *loi constitutionnelle;* au contraire, on voit apparaître cette rubrique dans la loi du 16 juillet 1875 sur les rapports des pouvoirs publics. Il n'est, d'ailleurs, pas douteux que les trois lois ne soient également constitutionnelles.

Loi constitutionnelle signifie ici *constitution écrite* ou, plus clairement, *superlégalité constitutionnelle.* La loi du 25 février 1875 déduit, d'ailleurs, elle-même, une conséquence de ce fait, à savoir que les lois constitutionnelles ne pourront être modifiées que par une procédure de revision qu'elle organise (art. 8). (Une autre conséquence serait le contrôle de constitutionnalité des lois ordinaires, V. *infra, Contrôle de constitutionnalité*).

A. La revision constitutionnelle. — Il convient de distinguer la procédure de révision et la portée possible de la revision :

a) **Procédure de revision.** — (Article 8, loi constitutionnelle du 25 février 1875). :

L'organe de revision n'est pas une assemblée constituante spécialement élue, ce sont les assemblées législatives ordinaires, Sénat et Chambre des députés, lesquelles siègent tantôt séparément, tantôt réunies en Assemblée nationale de revision, selon qu'il s'agit de déclarer qu'il y a lieu à revision ou d'opérer la revision.

Cela nous avertit que notre Constitution de 1875 s'est ralliée au système moderne de la *revision limitée,* opérée par une institution permanente de revision.

La procédure de la revision se décompose en deux opérations, la déclaration qu'il y a lieu à revision et le vote de la revision :

1° La déclaration des Chambres qu'il y a lieu a revision ouvre la procédure. Elle est faite par chacune des Chambres délibérant séparément; elle est provoquée, soit par une demande du Président de la République transmise par un ministre, soit par l'initiative de membres des assemblées; la délibération sur cette résolution est prise dans chacune des Chambres *à la majorité absolue des voix,* calculée sur le nombre des suffrages exprimés et non sur le nombre des sièges et sans condition spéciale de *quorum,* par conséquent dans les conditions d'une délibération ordinaire. En fait, jusqu'à présent, les déclarations qu'il y a lieu à revision ont mentionné les articles qui devaient être revisés et ont ainsi ouvert des revisions limitées; nous examinerons plus loin la question de savoir si les Chambres pourraient aussi bien ouvrir une revision totale et en quel sens;

2° Le vote de la revision. — Les membres des deux Chambres se réunissent en Assemblée nationale pour procéder à la revision : ils y sont confondus, mais le bureau de l'Assemblée se compose, de droit, du président, des vice-présidents et des secrétaires du Sénat (L. c., 16 juill. 1875, art. 11, § 2). Cette assemblée de revision ne siège pas à Paris, mais à Versailles (L. organique, 22 juill.

1879, art. 3, § 2). Ses décisions sont prises à la majorité absolue des membres *composant l'Assemblée* (L. c., 25 févr. 1875, art. 8), ce qui signifie la majorité absolue *des sièges*. Cette règle exceptionnelle est amplement justifiée par l'importance des votes de revision; certaines Constitutions exigent une majorité des deux tiers.

On s'est demandé si les lois constitutionnelles, et par conséquent leurs dispositions revisées, devaient être promulguées par le Président de la République et dans quelles conditions. Comme il n'y a sur ce point aucun texte, il convient de trancher la question uniquement par les principes.

En conséquence nous admettrons :

1° Que les dispositions constitutionnelles doivent être promulguées, parce que la promulgation est un acte exécutif nécessaire pour rendre la loi exécutoire et que l'assemblée de revision n'est pas soustraite au principe de la séparation des pouvoirs;

2° Que le chef de l'Etat n'a pas le droit de demander une seconde délibération, parce que l'article 7 de la loi du 16 juillet 1875, qui admet cette faculté, ne s'applique qu'aux lois votées séparément par *les deux Chambres;*

3° Mais qu'en revanche, et pour la même raison, il n'est pas astreint à promulguer dans les délais préfixes du même article 7. En fait, les dispositions constitutionnelles ont toujours été promulguées. (Cfr. Esmein et Nézard, 7e éd., t. II, p. 508).

b) Portée possible de la revision et pouvoirs de l'assemblée de revision. — Le mécanisme de revision organisé par les lois de 1875 est parfaitement adapté aux revisions partielles; il le serait beaucoup moins aux revisions totales; le Sénat n'y consentirait probablement jamais, car il risquerait d'être supprimé par une revision totale opérée par une assemblée dans laquelle le nombre des députés est plus élevé que celui des sénateurs.

On peut même se demander si depuis la modification de l'article 8 de la loi constitutionnelle du 25 février 1875 par l'amendement du 14 août 1884, une revision totale serait légalement possible. Le § 3 de cet article 8, dans sa rédaction primitive, était ainsi conçu : « Les délibérations portant revision des lois constitutionnelles *en tout* ou en partie devront..., etc. », ce qui visait bien des revisions totales; mais la loi constitutionnelle du 14 août 1884 a ajouté ceci : « La forme républicaine du gouvernement ne peut faire l'objet d'une proposition de revision. » Cette seconde disposition est en contradiction avec la précédente, car une revision de la constitution, dans laquelle on ne peut pas mettre en discussion la forme du gouvernement, n'est pas totale. Il ne peut donc plus y avoir de revision totale.

Il ne servirait de rien d'objecter que la loi du 14 août 1884 empêcherait simplement les deux Chambres législatives, dans leurs déclarations séparées, de proposer la modification de la forme républicaine du gouvernement, mais qu'elle n'empêcherait pas l'assemblée de revision, une fois réunie, de statuer spontanément sur cette question, parce qu'elle est souveraine. Il est faux que l'assemblée de revision soit souveraine, elle est liée par les déclarations préalables des deux Chambres. Et, d'ailleurs, l'organe d'une révision totale est une *Convention nationale* élue spécialement, pour cet objet; la Constitution de 1875 n'a évidemment prévu que des revisions limitées.

B. *Les revisions constitutionnelles du 21 juin 1879, du 14 août 1884 et du 10 août 1926.* — Il n'y a eu jusqu'à présent que trois revisions des lois constitutionnelles de 1875, elles ont été partielles et l'assemblée de revision s'est considérée comme liée par les résolutions préalables des Chambres qui se sont manifestées sous forme de déclarations qu'il y avait lieu à reviser tel ou tel article.

1° La première loi de revision a été celle du 21 juin 1879 qui a abrogé l'article 9 de la loi du 25 février 1875 fixant à Versailles le siège du pouvoir exécutif et des deux Chambres; elle a été suivie de la loi organique du 22 juillet 1879 fixant à Paris le siège du pouvoir exécutif et des deux Chambres et laissant à Versailles celui de l'Assemblée nationale, lorsqu'elle se réunit soit pour la revision de la constitution, soit pour l'élection du président de la République.

2° La seconde loi de revision a été celle du 14 août 1884 qui a touché à des points plus nombreux :

a) Elle a modifié l'article 5, § 2, de la loi du 25 février 1875 en ce qui concerne la réélection de la Chambre des députés au cas de dissolution;

b) Elle a enlevé le caractère constitutionnel aux sept premiers articles de la loi du 24 février 1875 sur l'organisation du Sénat, ce qui a permis de régler cette matière par une simple loi organique (du 9 décembre 1884), de supprimer les sénateurs inamovibles et de modifier l'élection des délégués sénatoriaux;

c) Elle a supprimé le § 2 de l'article 1er de la loi du 16 juillet 1875 prescrivant des prières publiques lors de la rentrée des Chambres;

d) Elle a déclaré inéligibles à la présidence de la République les membres des familles ayant régné sur la France (art. 8, L. 25 fév. 1875, *in fine*);

e) Elle a déclaré intangible la forme républicaine du gouvernement (même art. 8).

3° La troisième loi de révision a été celle du 10 août 1926 rendant constitutionnelle l'organisation d'une *caisse d'amortissement de la dette publique*, nouvel article 9, ajouté à la loi constitutionnelle du 25 février 1875 (V. *supra*).

II. — LA CONSTITUTION DE 1875 CONTIENT-ELLE D'AUTRES ELEMENTS DE SUPERLEGALITE QUE LES TROIS LOIS DE FEVRIER ET JUILLET 1875 ?

Les trois lois constitutionnelles de 1875 sont extrêmement brèves, surtout depuis les revisions de 1879 et 1884. La loi du 25 février, sur l'organisation des pouvoirs publics, ne compte que neuf articles; de plus, l'article 4, relatif aux conseillers d'Etat, compte une disposition transitoire périmée. La loi du 24 février, relative à l'organisation du Sénat, ne compte plus que deux articles, les n°s 8 et 9; les sept premiers ont été déconstitutionalisés par la *revision* de 1884, les deux derniers n'avaient qu'une valeur transitoire. La loi du 16 juillet a conservé ses quatorze articles. $9 + 2 + 14 = 25$. **Notre constitution écrite se compose donc de vingt-cinq articles distribués en trois lois. Il est difficile d'être plus succinct.**

Cette constitution ne contient absolument que les règles essentielles de l'organisation des pouvoirs publics : le Président de la République, les ministres et la responsabilité ministérielle, le Conseil d'Etat, les deux Chambres, la Haute Cour de justice, les principales attributions de ces divers pouvoirs et les principales règles des rapports qu'ils soutiennent entre eux.

Bien entendu, cette constitution en vingt-cinq articles est complétée par une quantité de *lois organiques* et par des *pratiques constitutionnelles*, mais la question intéressante est celle de savoir si, réellement, notre superlégalité actuelle ne contient que les vingt-cinq articles des trois lois de 1875 et s'il n'y a que ces **dispositions qui soient hors des atteintes du législateur ordinaire.**

La question des libertés individuelles. — Nos constitutions antérieures contenaient, soit des *déclarations des droits*, soit des références aux déclarations des droits révolutionnaires, soit, tout au moins des dispositions sur la *garantie des droits individuels;* la plupart des constitutions étrangères en contiennent aussi. Nos lois de 1875 sont complètement muettes sur cette question, elles ne présentent aucune référence aux libertés individuelles, et, par conséquent, n'incorporent, par aucun texte, à la superlégalité, les règles **relatives à ces libertés.**

Sommes-nous donc dépourvus de toute garantie pour nos libertés contre les entreprises du législateur ? Nous examinerons la question *infra*, à propos de la *constitution sociale* et nous conclurons que, sans doute, les règles organiques des libertés individuelles ne sont pas intangibles pour le législateur, mais que le *principe de chacune des libertés reconnues*, est, quant à lui, intangible, en vertu de l'axiome que tous les principes constitutionnels font partie de la superlégalité, même s'ils ne sont pas exprimés formellement.

OBSERVATION.

Bien entendu, toutes les lois constitutionnelles provisoires votées par l'Assemblée nationale, celles du 31 août 1871 (loi Rivet), du 13 mars 1873 (loi des Trente), du 20 novembre 1873 (loi du Septennat), se trouvent avoir été abrogées par les lois de 1875 du fait que celles-ci statuent sur les mêmes matières.

Il pourrait y avoir plus de doutes en ce qui concerne la loi du 15 février 1872 relative au rôle éventuel des conseils généraux dans des circonstances exceptionnelles, dite *loi Trévencuc*.

Esmein et Nézard, 7ᵉ édit., t. II, p. 379, estiment cependant que la loi Tréveneuc est abrogée, et cela, pourrait-on dire, parce qu'elle n'est pas du tout dans l'esprit de la constitution de 1875. Esmein relève le fait qu'elle se réfère au système de l'assemblée unique et qu'elle ne cadre plus avec celui des deux Chambres; le fait aussi qu'elle donne aux conseils généraux et à l'assemblée de leurs délégués des pouvoirs démesurés. Nous nous rallions à cette opinion.

LIVRE III

L'ORGANISATION CONSTITUTIONNELLE DE LA FRANCE

PREMIÈRE PARTIE
LA CONSTITUTION POLITIQUE

CHAPITRE PRÉLIMINAIRE

I. — LA FORME RÉPUBLICAINE DE L'ETAT FRANÇAIS

La forme républicaine a fait son apparition en France à trois reprises : la première fois, par la déclaration du 25 septembre 1792 : « La convention nationale déclare que la République française est une et indivisible »; cette première République a duré près de douze années, jusqu'à l'organisation du premier Empire en l'an XII; la seconde fois, la République a été proclamée par la Révolution de février 1848, et cette seconde République a duré quatre années, jusqu'à l'organisation du second Empire en 1852; enfin, la troisième République a été proclamée le 4 septembre 1870 par le gouvernement de la Défense nationale et elle dure encore. Dans les intervalles, il y a toujours eu un parti républicain plus ou moins nombreux, de telle sorte que la question de la forme républicaine est posée depuis 1792 et que le pays a progressivement marché vers la réalisation.

Rappelons que l'article 8, § 3, de la loi constitutionnelle du 25 février 1875 (Révision du 14 août 1884) stipule « la forme républicaine du gouvernement ne peut faire l'objet d'une révision » et établit ainsi une légitimité républicaine.

1° La République, à la fois forme de gouvernement et forme d'Etat, se caractérise par la *suppression de toutes les fonctions gouvernementales héréditaires* et leur remplacement par des fonctions électives; plus de chef de l'Etat héréditaire, plus de chambre des pairs héréditaires, mais un Président de la République élu et un Sénat élu.

2° Ce n'est même pas assez dire, la forme républicaine exige que les gouvernants élus ne le soient pas à vie, mais seulement pour un temps; un consulat à vie n'est pas républicain, des sénateurs inamovibles, c'est-à-dire nommés à vie, ne sont pas dans la tradition républicaine (revision de la Constitution du 14 août 1884); le chef de l'Etat, les sénateurs, les députés, tous les gouvernants doivent être élus pour un nombre préfixe et limité d'années : pour quatre ans, pour sept ans, pour neuf ans, etc...

Il y a deux raisons de l'incompatibilité des fonctions à vie avec la forme républicaine; la première est qu'elles excluent la responsabilité politique du titulaire de la fonction; ce n'est pas être responsable que ne l'être qu'après sa mort (Cf. Esmein et Nézard, 7e édit., t. I, p. 36); la seconde est que la fonction à vie, pour le chef d'Etat tout au moins, expose celui-ci à de violentes tentations de rendre son pouvoir héréditaire et le pousse au coup d'Etat; ç'a été l'histoire du consulat à vie et du premier Empire.

II. — LA FORME PARLEMENTAIRE DU GOUVERNEMENT DE LA REPUBLIQUE FRANÇAISE

Que cette forme ait été imposée à la République par la Constitution de 1875, cela s'explique par les circonstances dans lesquelles cette Constitution a été rédigée. La majorité de l'Assemblée nationale était essentiellement parlementaire; elle a fait une république parlementaire parce qu'elle n'a pas pu faire une monarchie parlementaire (V. *supra*, p. 109). Le surprenant est que cette combinaison se soit révélée durable. En effet, le gouvernement parlementaire est d'origine aristocratique et bourgeoise et tend à la création d'une oligarchie parlementaire.

Il semblerait que la République, forme d'Etat où la souveraineté nationale devait être réalisée plus pleinement que dans les autres, appellerait logiquement soit des institutions de démocratie directe, soit, tout au moins, le régime représentatif et présidentiel américain.

De fait, il n'y a actuellement dans le monde aucune république aussi exclusivement parlementaire que la nôtre, sauf celle de Pologne. Dans toutes les autres, ou bien le régime parlementaire est remplacé par un régime présidentiel comme aux Etats-Unis, ou par un régime directorial comme en Suisse, ou bien le régime parlementaire est combiné avec le *referendum populaire* (Tchécoslovaquie, Empire allemand, Prusse, Esthonie, Lettonie). V. *supra*, p. 64.

La raison du caractère strictement parlementaire de la République française se trouve dans les traditions du parti républicain qui n'est pas démocrate, mais conventionnel au sens de la dictature d'une Assemblée représentative unique. Il faut noter, en effet, que le régime parlementaire républicain est en réalité faussé par de constants empiétements du Parlement sur les attributions du pouvoir exécutif : que la dualité des Chambres a été imposée aux républicains en 1875 par une majorité monarchiste et qu'ils la supportent encore péniblement.

C'est une question de savoir si la démocratie française, à mesure qu'elle fera son éducation politique, se contentera de ce parlementarisme *Conventionnel* qui n'en demeure pas moins un régime oligarchique, et si elle n'exigera pas une évolution vers des institutions de gouvernement direct qui puissent lui faire contrepoids. Ce pourrait être le *referendum* comme en Suisse, ou l'élection du président de la République par le peuple, selon la formule de la constitution américaine et aussi de la Constitution de 1848. Il suffirait, pour cela, que les chances des anciens partis dynastiques parussent définitivement abolies.

III. — LE SIEGE DES POUVOIRS PUBLICS

Le gouvernement de la République parlementaire comporte le jeu des trois pouvoirs publics que nous connaissons : le pouvoir exécutif, le pouvoir délibérant et le pouvoir de suffrages (V. *supra*, p. 52 et s.). Nous les étudierons successivement dans l'ordre indiqué; les règles spéciales du gouvernement parlementaire seront exposées dans le chapitre du *pouvoir exécutif*, à propos du cabinet *des ministres* qui, avec le président de la République, fait partie de l'organe bicéphale de ce pouvoir (V. *supra*, p. 62).

Le siège des pouvoirs publics. — En fait on étend le nom de « pouvoirs publics » aux organes des pouvoirs; c'est en ce sens qu'il peut être question du siège des pouvoirs publics, car les organes, ayant une existence matérielle, peuvent avoir un siège et ont même besoin d'en avoir un.

Le *pouvoir de suffrage* n'a pas de siège prévu par la Constitution, mais les lois électorales lui en donnent un. Le corps électoral est décentralisé en collèges électoraux, et, par conséquent, possède des sièges multiples, un dans chaque circonscription formant collège électoral, c'est-à-dire, dans laquelle tous les électeurs inscrits votent pour les mêmes mandats à conférer; ce n'est pas la circonscription de vote qu'il faut envisager ici, (qui est presque toujours la commune), mais la circonscription de collège électoral qui est le département ou l'arrondissement.

La loi constitutionnelle du 25 février 1875, art. 9, prévoyait le siège du *pouvoir exécutif* et celui du *pouvoir délibérant*, elle disait : « le siège du pouvoir exécutif et des deux Chambres est à Versailles ». Elle consacrait ainsi l'état de fait qui s'est établi lors de l'insurrection de la Commune, en 1871, et qui avait été maintenu depuis. Cette règle constitutionnelle fut observée jusqu'en 1879. Une revision du 21 juin 1879 la supprima en abrogeant l'article 9. A la suite de cette déconstitutionnalisation, une loi du 22 juillet

1879, *relative au siège du pouvoir exécutif et des Chambres à Paris*, décida que le siège de ces deux pouvoirs publics serait désormais dans la capitale.

Le Palais du Luxembourg et le Palais-Bourbon sont affectés : le premier au service du Sénat, le second à celui de la Chambre des députés; néanmoins, chacune des deux Chambres demeure maîtresse de désigner, *dans la ville de Paris*, le Palais qu'elle veut occuper. Il convient d'observer :

1° Que les deux Chambres réunies en assemblée nationale, soit pour l'élection du président de la République, soit pour la revision des lois constitutionnelles, siègent à Versailles, dans les locaux du Palais qui restent affectés;

2° Que le Sénat, au cas où il est appelé à se constituer en Haute Cour de justice, désigne la ville et le local où il entend tenir ses séances (L. 22 juill. 1879, art. 2 et 3).

Quant au siège du pouvoir exécutif à l'intérieur de Paris, il n'a pas été désigné par la loi du 22 juillet 1879, il peut donc être déterminé par simple décret; il est actuellement fixé au Palais de l'Elysée.

Précautions prises. — Les législateurs de 1879 n'ont pas méconnu les dangers que les émeutes politiques peuvent faire courir à la sécurité des assemblées législatives dans Paris, et, pour y parer, ils ont pris deux précautions :

1° Ils ont conféré aux présidents des deux assemblées le droit de réquisition de la force armée en les chargeant de veiller à la sûreté intérieure et extérieure de l'assemblée;

2° Ils ont interdit les pétitions portées directement par leurs auteurs à la barre de l'assemblée, afin d'empêcher le retour possible des désordres révolutionnaires (L. 22 juil. 1879, art. 5, 6 et 7).

Ils n'ont pas prévu les dangers d'invasion auxquels la situation géographique de Paris expose le gouvernement et les très fâcheux exodes auxquels elle l'a déjà plusieurs fois obligé. Ils n'ont pas tenu compte non plus de la force corruptrice de la vie de Paris.

Reconnaissons, en retour, que, dans un pays où la centralisation de la vie sociale est aussi fortement réalisée qu'elle l'est en France, à Paris, il est bien difficile de ne pas faire coïncider avec elle la centralisation gouvernementale, d'autant que si la centralisation sociale présente des inconvénients de corruption, elle présente aussi des ressources infinies en compétences et en possibilités d'information qu'un gouvernement doit être à même d'utiliser.

CHAPITRE PREMIER

LE POUVOIR EXECUTIF

SECTION PRELIMINAIRE

NATURE, FONCTIONS ET PRIMAUTE GOUVERNEMENTALE DU POUVOIR EXECUTIF

I. — NATURE PSYCHOLOGIQUE ET JURIDIQUE DU POUVOIR EXECUTIF

C'est un pouvoir de *décision exécutoire* qui passe d'office à l'exécution de ses propres décisions, par ses propres agents (services administratifs, force publique, force armée). La décision exécutoire est celle qui est parée pour passer à l'exécution; l'exécution d'office est celle qui n'a pas besoin d'autorisation de justice ou par laquelle on se fait justice soi-même. Le pouvoir exécutif se fait justice lui-même (en principe, et réserve faite des voies d'éxécution sur les personnes et sur les biens privés, lesquelles exigent jugement préalable de l'autorité judiciaire). Il convient d'ajouter qu'il a commencé par préparer soigneusement ses décisions dans des bureaux et dans des conseils consultatifs remplis de compétences et qu'*a fortiori* il existe des recours contentieux.

C'est par la décision exécutoire qu'est créé l'élément impératif du droit de l'Etat. Le droit, au sens de *jussus*, s'intercale entre l'ordre exécutoire et l'exécution, sous forme de commandement d'obéir. Dans l'Etat français, qui n'admet plus la coutume, aucune règle de droit n'est exécutoire que par l'ordre d'un pouvoir politique, et comme le pouvoir exécutif monopolise la formule exécutoire (même pour les lois qui doivent être promulguées par lui), il se trouve que le pouvoir exécutif intervient dans tout ce qui doit devenir exécutoire. (On remarquera que nous ne parlons pas ici du caractère *obligatoire* de la loi; il en sera traité à propos du pouvoir délibérant.)

II. — LES FONCTIONS DU POUVOIR EXECUTIF

Elles sont considérables. D'abord, il assure les fonctions gouvernementale et administrative; elles sont son domaine propre parce qu'elles sont le domaine de la décision exécutoire. Gouverner, c'est prendre des décisions pour la vie pratique de l'Etat en ce qu'elle a d'accidentel et de discontinu; administrer, c'est prendre des décisions pour la vie pratique de l'Etat en ce qu'elle a de continu, de régulier, et en ce qui fait partie des *services courants*. Quelquefois ce sont des décisions générales, des règlements, le plus souvent ce sont des décisions particulières, des *mesures*.

Il intervient ensuite dans la *fonction législative*, il participe à l'élaboration des lois, il les promulgue, il en assure l'application;

Enfin, il intervient dans la *fonction élective* pour convoquer les électeurs, pour diriger les opérations du corps électoral, pour rendre exécutoires ses verdicts, à tel point que les élections sont juridiquement des opérations administratives.

Quant à la question de savoir s'il assume aussi la *fonction judiciaire*. V. *infra, Constitution sociale*.

III. — LA PRIMAUTE DU POUVOIR EXECUTIF DANS LE PLAN GOUVERNEMENTAL

Pour estimer l'importance comparée des différents pouvoirs publics, il convient de distinguer deux plans ou perspectives, le plan du gouvernement et celui de la souveraineté nationale. Un même pouvoir peut être au premier plan comme pouvoir de gouvernement et au dernier comme expression de la souveraineté nationale. C'est justement le cas du pouvoir exécutif. Mais comme les nécessités de gouvernement intéressent le salut de l'Etat, tandis que le point de vue de la souveraineté nationale ne concerne que la liberté politique dans l'Etat, c'est du point de vue du gouvernement que nous établissons notre échelle comparative.

L'importance primordiale de la fonction gouvernementale qu'assure le pouvoir exécutif et qui est d'assurer la vie de l'Etat en ce qu'elle a de pratiquement réalisable; la souplesse de sa compétence juridique qui va du règlement général à la décision particulière, le monopole de la formule exécutoire qu'il détient; les forces dont il dispose (services administratifs, force publique et force armée); les faveurs et les places qu'il peut distribuer dans un pays à régime administratif font de lui le pouvoir gouvernemental par excellence. Le langage le constate : « arriver au pouvoir » pour un parti politique, c'est arriver au ministère pour y diriger les affaires exécutives.

Le gouvernement parlementaire, n'est pas une négation de cette primauté de l'exécutif. Sans doute, c'est la majorité parlementaire qui fournit les membres du cabinet des ministres, mais ce serait une erreur capitale de confondre le cabinet des ministres avec un comité des Chambres; les Chambres ne fournissent que le personnel; quant à l'institution du cabinet, elle est, en la forme, un organe exécutif, et c'est le cas de rappeler que *forma dat esse rei;* de plus, chaque fois, le cabinet est constitué par le chef du pouvoir exécutif qui choisit le président du conseil. Sans doute encore, le cabinet des ministres ne peut gouverner qu'avec la confiance du Parlement dont le contrôle est incessant, mais il conserve l'initiative et la responsabilité des mesures et c'est celui qui a l'initiative et la responsabilité qui détient le véritable pouvoir de gouvernement.

Il existe, il est vrai, une conception de *gouvernement conventionnel* qui n'est que trop dans une certaine tradition française et qui tend à subordonner pratiquement le pouvoir exécutif au pouvoir délibérant, au point de transférer à celui-ci l'initiative du gouvernement; mais cette conception est fausse; d'une part, on ne gouverne pas à coup de lois, parce que ce qui est le plus immédiatement nécessaire et réalisable pour la vie, ce ne sont pas des mesures générales, mais des mesures particulières; d'autre part, si une Assemblée délibérante nombreuse est apte à délibérer des mesures générales, elle ne l'est pas du tout à prendre des mesures particulières. D'ailleurs, toutes les fois qu'en France la conception conventionnelle a essayé de se réaliser, une réaction violente de dictature exécutive s'en est suivie (en l'an VIII, en 1851).

SECTION PREMIERE

L'ORGANISATION DU POUVOIR EXECUTIF

§ 1. — L'organisation de la présidence de la République et des ministres.

Article I. — *Dualité des organes exécutifs.*

Dans le gouvernement parlementaire, bien que les ministres soient nommés par le chef de l'Etat, on ne peut pas dire qu'ils ne fassent qu'un avec lui (comme dans le gouvernement présidentiel), parce qu'ils ne sont pas responsables uniquement devant lui, parce qu'ils sont responsables aussi et surtout devant le Parlement et qu'ainsi ils sont obligés de gouverner en partie selon les vues du Parlement. Il y a donc au sommet de l'organe exécutif, quand il s'est adapté au régime parlementaire, deux têtes : l'une est le Président de la République; on peut dire de l'autre, sommairement, que ce sont « les ministres ». Si l'on préfère cette expression, on dira qu'il y a *dualité des organes exécutifs*, l'un étant *l'organe présidentiel*, l'autre, *l'organe ministériel*, et cela rappellera le principe symétrique de la dualité des Chambres.

L'organe ministériel est d'ailleurs multiforme : tantôt il n'est représenté que par un ministre qui collabore seul avec le chef de l'Etat; tantôt il se présente sous la forme du *cabinet des ministres* qui délibère en commun des mesures et les adopte sous sa responsabilité collective. Le cabinet des ministres a un chef qui est le *président du conseil* ou *premier ministre*; c'est l'homme politique que le Président de la République a chargé de constituer le cabinet et de choisir ses collaborateurs; c'est lui qui dirige la politique générale du cabinet et qui pose la question de confiance quand il s'agit de mettre en jeu la responsabilité solidaire des ministres devant le Parlement.

Politiquement parlant, *le Président de la République et le président du conseil sont les deux têtes de l'organe exécutif* et cette dualité rappelle celle des consuls romains.

ARTICLE II. — *Règles d'organisation de la présidence de la République et du président.*

I. — L'INSTITUTION DE LA PRESIDENCE DE LA REPUBLIQUE

Une théorie juridique exacte doit distinguer la présidence de la République et le président. C'est la présidence de la République, institution permanente, qui est au premier degré le représentant de l'Etat pour le pouvoir exécutif; les attributions que la Constitution, dans sa lettre, confère au Président de la République ne lui appartiennent point en propre, mais sont en réalité conférées à l'institution de la présidence et exercées par le Président qui occupe le poste (Cfr. art. 7, L. c. 25 février 1875 : « en cas de vacance... », il s'agit de la vacance de la présidence et non point de la vacance du Président).

Composition de l'institution de la présidence. — Elle comporte un *Président de la République* élu pour sept ans et une organisation bureaucratique rudimentaire qui porte le nom de *maison militaire et maison civile du Président.* Il n'y a pas de vice-président.

Le vice-président est rendu inutile par le mode de nomination du Président qui est extrêmement rapide et permet des remplacements presque instantanés.

Il ne faut d'ailleurs pas oublier que l'article 7 de la loi du 25 février 1875 organise une suppléance du Président de la République, au cas de vacance du poste « par décès ou pour toute autre cause », ce qui équivaut à vacance par décès ou démission (L. 16 juill. 1875, art. 3); le conseil des ministres est alors *investi du pouvoir exécutif.*

II. — LE PRESIDENT DE LA REPUBLIQUE [1]

L'élection du président. — Le Président de la République est élu pour sept ans par le Sénat et la Chambre des députés réunis

---

[1] Liste des présidents de la République depuis 1870 : 1° *Thiers,* 17 février 1871; 2° *Mac-Mahon,* 24 mai 1873; 3° *Grévy,* 30 janvier 1879; *Grévy,* 28 décembre 1885; 4° *Carnot,* 3 décembre 1887; 5° *Casimir-Périer,* 27 juin 1894; 6° *Félix Faure,* 17 janvier 1895; 7° *Loubet,* 18 février 1899; 8° *Fallières,* 17 janvier 1906; 9° *Poincaré,* 17 janvier 1913; 10° *Deschanel,* 17 janvier 1920; 11° *Millerand,* 23 septembre 1920; 12° *Doumergue,* 13 juin 1924.

en Assemblée nationale à Versailles (L. const. 25 fév. 1875, art. 2).
Le bureau de l'assemblée est celui du Sénat (L. const. 16 juill. 1875,
art. 11, § 2).

Cette assemblée nationale est la même que celle qui assure la
revision de la constitution, mais, ici, elle ne fonctionne pas comme
assemblée législative constituante, mais comme *collège électoral*, et
cela entraîne des différences de procédure : d'abord, la réunion en
assemblée n'est pas précédée d'une délibération séparée des Chambres, qui serait sans objet; ensuite, l'assemblée, une fois réunie,
n'étant ici qu'un collège électoral, ne délibère pas, aucun discours
ne doit être prononcé, même sur les candidatures, il ne doit être
procédé qu'à des scrutins, ainsi qu'il est de règle dans toutes les
assemblées électorales.

L'élection a lieu *au scrutin secret*, à la majorité absolue, c'est-
à-dire à plus de la moitié des suffrages exprimés, et les scrutins
doivent être multipliés jusqu'à ce que cette majorité soit obtenue
par un candidat.

Des réunions plénières préparatoires. — Depuis l'élection du
17 janvier 1913, la pratique a introduit des réunions plénières préparatoires à l'élection. Ces réunions présentent plusieurs avantages : 1º elles permettent aux candidatures de se produire ouvertement; 2º elles permettent la discussion des candidatures, qui est
impossible à l'Assemblée nationale puisque celle-ci ne doit pas discuter; 3º en dégageant à l'avance la candidature qui a le plus de
chances, elles permettent aux indécis et aux hésitants de s'y rallier,
et ainsi, d'une part, il devient plus probable que l'élection aura lieu
dans une seule séance, bien qu'elle soit à la majorité absolue, d'autre part, il est probable aussi que l'élu aura une imposante majorité,
ce qui est désirable pour une élection à la présidence de la République; 4º de toutes façons, par leurs péripéties, elles éclaircissent
la situation.

Date de l'élection. — Il faut distinguer deux hypothèses : celle
d'une vacance subite par décès ou par démission et celle de l'expiration normale du terme de sept ans :

a) La *vacance subite par décès ou par démission* a été la première prévue par la loi du 25 février 1875, art. 7, et, en effet,
l'expérience prouve qu'elle est la plus fréquente. Dans cette hypothèse, dont les conséquences ont été précisées par la loi du 16 juillet
1875, art. 3, les Chambres se réunissent immédiatement et de plein
droit, c'est-à-dire, qu'il n'y a pas de convocation par décret; en
fait, l'Assemblée nationale est immédiatement convoquée par le
président du Sénat, et, comme il s'écoule quand même quelques
jours avant qu'elle ne se réunisse, dans l'intervalle, le conseil
des ministres est investi du pouvoir exécutif.

Comme le décès du Président et surtout sa démission pourraient se produire à un moment où la Chambre des députés serait dissoute, la loi du 16 juillet 1875, art. 3, prend la précaution de décider que les collèges électoraux seraient immédiatement convoqués et que le Sénat se réunirait de plein droit. Le Sénat se trouverait donc provisoirement investi du contrôle parlementaire en même temps que le conseil des ministres serait investi du pouvoir exécutif.

b) L'hypothèse de *l'expiration normale du terme de sept ans* a été prévue par l'article 3 de la loi du 16 juillet 1875. Un mois au moins avant le terme légal des pouvoirs du Président de la République, les Chambres devront être réunies en Assemblée nationale pour procéder à l'élection du nouveau Président (l'Assemblée nationale est alors convoquée par un décret). A défaut de convocation, cette réunion aurait lieu de plein droit le quinzième jour avant l'expiration de ces pouvoirs.

Dans cette hypothèse, le nouveau Président nommé reste un mois avant d'entrer en fonctions, l'ancien Président lui transmet les pouvoirs le dernier jour de sa présidence.

Eligibilité. — Les lois constitutionnelles ne contiennent qu'une seule disposition sur cette question, introduite à la revision du 14 août 1884 : « Les membres des familles ayant régné sur la France sont inéligibles à la présidence de la République. » (L. 25 févr. 1875, art. 8, § 3.) A part cette restriction, tout citoyen français est éligible sans condition spéciale. Le Président sortant est même rééligible (L. const. 25 févr. 1875, art. 2 *in fine*). Il y a eu l'exemple de la réélection de Grévy le 28 décembre 1885.

On admet en pratique, comme conséquence logique de la séparation des pouvoirs entre l'exécutif et le législatif et comme suite du mouvement de réaction contre la situation de Thiers pendant la période intermédiaire de 1871-1873 (C. *supra*, p. 108), que les fonctions de Président de la République sont *incompatibles* avec celles de membre du Parlement. Par conséquent, si un parlementaire est élu à la présidence, il doit donner sa démission de député ou sénateur.

Durée des fonctions. — L'institution du septennat de 1873 a fourni aux constituants de 1875 la durée de sept ans pour les fonctions du Président de la République (L. const. 25 févr. 1875, art. 2). Cette durée est sensiblement plus longue que celle adoptée dans la plupart des républiques modernes (par exemple, aux Etats-Unis, quatre ans). Chaque Président commence pour son compte une période de sept ans, alors même que son prédécesseur n'aurait pas terminé la sienne.

Le Président peut démisionner; sa démission n'a pas à être acceptée; dans la pratique, il l'adresse par lettre aux deux Chambres et celles-ci en donnent acte. Le Président ne peut pas être révoqué, il est seulement arrivé à J. Grévy, le 1er décembre 1887, d'être mis en demeure par les Chambres de donner sa démission et il la donna le lendemain. Il ne faut pas oublier non plus que le président peut être mis en accusation par la Chambre et jugé par le Sénat pour haute trahison; sa condamnation, si elle était prononcée, entraînerait nécessairement sa déchéance.

Résidence du président. — Le siège du pouvoir exécutif est à Paris (L. 22 juill. 1879, art. 1er). Dans Paris, la résidence du Président est au Palais national de l'Elysée; il a la jouissance de plusieurs autres palais nationaux et notamment du château de Rambouillet. La pratique admet d'ailleurs qu'il peut voyager, même hors de France, et accomplir les actes de sa fonction en tout lieu, comme s'il bénéficiait d'un privilège d'exterritorialité.

Dotation du président. — Elle est fixée par la loi annuelle du budget et se compose de trois éléments : une dotation qui, depuis la loi de finances du 30 décembre 1928, est fixée à 1.800.000 francs; des frais de maison portés à 900.000 francs, et des frais de déplacements et de représentations portés à 900.000 francs, au total, 3.600.000 francs.

III. — LA MAISON CIVILE ET MILITAIRE DU PRÉSIDENT DE LA RÉPUBLIQUE

Sous ce nom, sont organisés les services de bureau, indispensables à tout organe d'action pour l'étude et la préparation des affaires (examen des projets de décrets, des lois votées transmises pour promulgation, etc.); mais ces services de bureau ne sont pas confiés à des bureaucrates de carrière; la maison du Président de la République est constituée par chaque Président, un peu comme chaque ministre constitue son cabinet personnel. Il est regrettable, à certains égards, qu'on ne trouve à la présidence, pour assurer la tradition, même pas un secrétaire permanent.

La maison du Président de la République est dirigée par un secrétaire général responsable de l'ensemble des services; il fait partie de la maison civile, ce qui affirme la suprématie de l'élément civil sur l'élément militaire.

La maison civile comprend, en outre, un secrétaire général adjoint, un directeur de cabinet, un chef du secrétariat particulier et quatre attachés.

La maison militaire comprend un général de division chef de la maison militaire, un contre-amiral six officiers supérieurs (quatre lieutenants-colonels et deux commandants), appartenant respectivement à l'infanterie, à la cavalerie, à l'artillerie, au génie, à l'armée coloniale, à l'aviation, un officier du corps de santé militaire et un chef d'escadron de la Garde républicaine, commandant le Palais de l'Elysée.

Article III. — *Règles d'organisation des ministres et des ministères.*

Sommaire. — **I.** Les départements ministériels. — **II.** Les ministres et sous-secrétaires d'Etat. — **III.** Les bureaux des ministères. — **IV.** Le Conseil des ministres et le président du Conseil.

I. — LES DÉPARTEMENTS MINISTÉRIELS.

Les départements ministériels sont des groupements de services publics placés sous la direction d'un même ministre. Les services publics, qui comportent une organisation bureaucratique, sous la direction de chefs de service, et des agents d'exécution, constituent les véritables institutions administratives permanentes.

Au contraire, le groupement des services dans un même département ministériel peut varier. Il y a des groupements stables, par exemple le ministère de l'instruction publique contient depuis longtemps les trois services de l'enseignement supérieur, du secondaire et du primaire; mais à côté de cela le service des beaux-arts en a été souvent détaché.

Traditionnellement, il était admis qu'il appartenait au Pouvoir exécutif lui-même de régler par décret le nombre des départements ministériels et la répartition des services entre eux, sous réserve du vote des crédits nécessaires par le Parlement. Mais il s'est produit récemment une offensive parlementaire. Une loi du 13 avril 1900, art. 35, avait décidé que le nombre des *emplois de chefs de service* (directeurs généraux, directeurs, chefs de division, sous-directeurs, chefs de bureau) ne pourrait être augmenté que par une loi; assez brusquement une loi du 20 juin 1920, art. 8, est venue ajouter que « les *créations de ministères ou de sous secrétariats d'Etat,* de postes de secrétaires généraux ou de chefs de service dans les administrations centrales, sous quelque nom que ces créations soient présentées, *les transferts d'attribution d'un département ministériel à un autre, ne peuvent être décidés que par une loi et mis en vigueur qu'après le vote de la loi* ».

Cette disposition de loi est inconstitutionnelle, pour les raisons suivantes : 1° les nécessités de la politique, au moment de la constitution d'un nouveau cabinet ministériel, exigent fréquemment des remaniements dans le nombre des départements ministériels, aussi bien que des transferts d'attribution. Ce serait lier d'une façon intolérable la liberté du pouvoir exécutif dans la constitution des cabinets ministériels que de l'obliger à respecter la liste statutaire des départements ministériels ou la délégation statutaire des attributions; avec cette législation, la balance ne serait pas égale entre le pouvoir exécutif et le pouvoir législatif au point de vue de l'autonomie de leur organisation; le pouvoir législatif est maître de sa propre organisation qui est entièrement réglée par des lois ordinaires; le pouvoir exécutif ne serait aucunement maître de la sienne dans son rouage essentiel qui est le cabinet des ministres; 2° par une autre conséquence qui ne serait pas moins grave, les attributions attachées aux divers départements ministériels ne pourraient plus être considérées comme déléguées aux ministres par le Président de la République, car elles seraient déléguées statutairement par la loi.

En fait, l'ingéniosité de la pratique a trouvé le moyen de tourner la loi de 1920 tout en ménageant les susceptibilités du Parlement. Le futur président du Conseil pendant la période des négociations pour la constitution du nouveau ministère, s'entend avec les présidents des commissions des finances, s'il y a lieu de faire quelque création ou modification, et, une fois le ministère constitué les Chambres ratifient ces créations.

Le second ministère Poincaré, constitué en novembre 1928, est le 69e ministère de la troisième République pour une période de cinquante-trois ans, soit une durée moyenne de neuf mois par ministère, ce qui constitue une instabilité gouvernementale déplorable.

Voici quels sont, actuellement, les quatorze départements ministériels (1) :

     Affaires étrangères;
     Justice et vice-présidence du Conseil;
     Intérieur;
     Guerre;
     Pensions militaires;
     Marine;
     Finances;
     Colonies;
     Travaux publics;
     Instruction publique et Beaux-Arts;
     Travail, Hygiène et Prévoyance sociales;
     Agriculture;
     Commerce;
     Ministère de l'Air.

II. — LES MINISTRES ET SOUS-SECRETAIRES D'ETAT

On distingue les ministres *avec portefeuille*, qui ont un département ministériel, et les ministres *sans portefeuille* qui prennent part au conseil des ministres, mais qui n'ont pas le contreseing; il y a eu, sous les régimes monarchiques, les *ministres d'Etat* qui

----

(1) M. Poincaré, dans son second ministère, n'a pas pris de portefeuille.

étaient dans le conseil privé ou qui jouaient le rôle de premier ministre (V. D. 22 janv. 1852).

Nomination des ministres. — Les ministres sont *nommés* par le Président de la République. En pratique, il choisit le président du Conseil et celui-ci choisit les ministres; la nomination du président du conseil est contresignée par l'ancien président du Conseil qui a conservé l'expédition des affaires, et le nouveau président du Conseil contresigne les nominations des ministres. Esmein admet, d'ailleurs, que des ministres choisis par le Chef de l'Etat auraient parfaitement le droit de contresigner eux-mêmes leurs décrets de nomination en même temps que la révocation de leurs prédécesseurs (7e édit., t. II, p. 232, note 94).

Le droit du Président de la République de nommer les ministres s'appuie, ainsi que nous l'avons vu, sur l'article 3, § 4, de la loi du 25 février 1875 : « Il nomme à tous les emplois civils et militaires. » *Le droit de nommer entraînant en principe le droit de révoquer*, on admet que le Président de la République peut révoquer ses ministres. Pour une révocation en bloc, il y a l'exemple du ministère Jules Simon auquel le maréchal Mac-Mahon témoigna publiquement qu'il n'avait plus sa confiance et qui donna sa démission (16 mai 1877). La révocation d'un ministre isolé serait juridiquement possible avec le contreseing du président du Conseil, mais en fait, ici encore, on obtient la démission.

Situation des ministres. — Les ministres, nommés hiérarchiquement par le Président de la République et pouvant être révoqués par lui, sont des fonctionnaires. Sans doute, en fait, ce sont des hommes politiques, puisque le chef de l'Etat est obligé de les prendre dans la majorité parlementaire; sans doute, bien qu'ils soient nommés pour une durée illimitée, on sait qu'ils ne resteront en fonctions qu'un temps assez court. Ce sont cependant de véritables fonctionnaires touchant un véritable traitement et dont les services comptent pour une pension de retraite éventuelle (analogies avec les parlementaires *en mission temporaire* par exemple comme gouverneur d'une colonie).

Le traitement des ministres est fixé à 180.000 francs depuis 1928; chacun d'eux est logé dans le palais de son ministère.

Les sous-secrétaires d'Etat (1). — Les sous-secrétaires d'Etat peuvent être adjoints aux ministres pour renforcer le cabinet au point de vue politique, et ils constituent, en somme, des ministres de second plan. Ils sont placés à la tête d'une division importante d'un ministère que l'on préfère ne plus confier à un chef de service

---

(1) Clavières, *Les sous-secrétaires d'Etat;* J. Barthélemy, *Rev. de dr. publ.* 1905, p. 202.

irresponsable et qui, à la rigueur pourrait être détachée et former
un ministère à part. Ainsi les postes et télégraphes ont été, tour
à tour, simple direction de ministère, secrétariat d'Etat, ministère.

Les sous-secrétaires d'Etat ont été créés par l'ordonnance du
9 mai 1846; la loi du 30 novembre 1875, art. 8, les mentionne, mais
aucun texte ne définit leur situation légale; ils sont nommés par
décret; leur traitement est fixé à 75.000 francs.

Leurs attributions sont fixées par le décret qui les institue; le
chef de l'Etat peut leur déléguer le droit de décision dans certaines
affaires; ils peuvent donc être et sont, en principe, des autorités
administratives (Cons. d'Et., 2 déc. 1892, *Mogambury*, S., 94. 3. 97,
et ma note). En outre, la pratique leur a donné l'entrée au Conseil
des ministres et l'entrée aux Chambres, *mais ils n'ont pas le contreseing*, et ils sont obligés de faire contresigner les décrets afférents
à leurs services par le ministre dont ces services dépendaient auparavant.

Le cabinet du ministre. — Les ministres et aussi les sous-secrétaires d'Etat se constituent un cabinet indépendant des bureaux du
ministère. Ils nomment un chef de cabinet et des attachés au cabinet. Cet organe, qui est l'auxiliaire du ministre pour sa politique
personnelle et qui a sa confiance, centralise la correspondance et
s'occupe des affaires que le ministre désire suivre.

Les attachés au cabinet qui n'appartiennent pas d'avance à l'administration ont-ils qualité de fonctionnaires publics ? Dans le
sens de l'affirmative (Cour d'appel de Paris, 12 mai 1885, *Lutaud
c. Riggollot*); dans le sens de la négative (Cass., 31 juill. 1885,
Lutaud, et Cons. d'Et., 1er juin 1906, *Alcindor et autres*).

Enfin la loi du 13 juillet 1911 est venue apporter les dispositions
suivantes : Est nulle de plein droit toute nomination à une fonction publique ou toute promotion d'une personne attachée, sous
une dénomination quelconque, au cabinet d'un ministre ou d'un
sous-secrétaire d'Etat, si elle n'est pas insérée au *Journal officiel*
antérieurement à la démission du ministre ou du sous-secrétaire
d'Etat qui l'a contresignée (art. 141). Dans le délai de six mois à
dater de la promulgation de la présente loi, un décret portant règlement d'administration publique déterminera le nombre et la nature
des emplois à prévoir pour chaque cabinet de ministre et sous-secrétaire d'Etat. Les agents appartenant à une administration publique
et appelés à faire partie d'un cabinet de ministre ou de sous-secrétaire d'Etat ne peuvent recevoir d'avancement qu'en conformité des
règlements qui régissent l'administration à laquelle ils appartiennent (art. 142) (V., en effet, D. 13 fév. 1912. *Adde* Cons. d'Et.,
15 mars 1912, *Geubel de la Ruelle*).

III. — LES BUREAUX DES MINISTÈRES

Ce sont des agglomérations d'employés qui ont pour mission de préparer les éléments des décisions administratives des ministres et de l'administration proprement dite, dans ce qu'elle a d'officiel, de technique et de formel; ils possèdent la tradition et sont dépositaires des compétences.

Depuis la loi du 30 décembre 1882, art. 16, l'organisation centrale de chaque ministère est réglée par un décret rendu dans la forme des règlements d'administration publique, inséré au *Journal officiel* (l'art. 95, L. du 31 juill. 1920, règle toute l'organisation centrale du ministère des Colonies) (V. aussi L. 20 juin 1920, art. 8).

Chaque administration centrale de ministère se divise en services qui ont à leur tête des directions; ainsi, au ministère des Finances, il y a la direction des contributions directes, celle des contributions indirectes, celle de l'enregistrement, etc. Chaque direction comporte un certain nombre de bureaux groupés en divisions et comprend la hiérarchie suivante : directeur général, directeurs, chefs de division, chefs de bureau, sous-chefs, commis expéditionnaires; les directeurs généraux sont de très grands fonctionnaires, ils ont la réalité du pouvoir administratif, le ministre n'exerçant guère qu'un contrôle politique (V. Cons. d'Et., 11 juill. 1943, *Barberet*).

Cette organisation est trop hiérarchique et trop polycéphale. D'une part, les chefs de service pourraient, pour certaines affaires, être constitués en un comité qui prendrait des décisions subordonnées à l'approbation du ministre; d'autre part, au-dessus des directeurs généraux, il devrait y avoir, dans chaque ministère, un *secrétaire général* permanent qui coordonnerait tous les bureaux et traiterait toutes les affaires avec le ministre. Cette institution existe en Angleterre, où elle rend les plus grands services, sous le nom de sous-secrétaires permanents (L. Lowel, *le gouvernement de l'Angleterre*, t. I, p. 210 et s.).

IV. — LE CONSEIL DES MINISTRES ET LE PRÉSIDENT DU CONSEIL.

Ce rouage essentiel du gouvernement parlementaire est constitué par la réunion des ministres et même des sous-secrétaires d'Etat délibérant en commun sur les affaires gouvernementales. Pendant la guerre de 1914, il fut constitué, au sein du conseil des ministres, un comité plus restreint pour la direction politique de la guerre. Il prit le nom de *Comité de guerre* ou *Comité de la Défense nationale* (V. D. 12 sept. 1917; D. 24 nov. 1917). En Angleterre, ce fut le *War council.*

On distingue en France deux espèces de réunions des ministres : le *conseil des ministres*, qui est présidé par le président de la

République et où sont délibérées les affaires importantes, et le *conseil de cabinet*, qui est tenu hors de la présence du Président de la République et présidé par le président du conseil.

Le conseil des ministres n'est pas une assemblée délibérante dont les délibérations aient une autorité juridique par elles-mêmes. Sauf en des cas exceptionnels, il ne prend que des projets de résolution qui seront ensuite transformés en décisions juridiques, soit sous formes de décrets du chef de l'Etat, soit sous forme d'arrêtés ministériels. Cette circonstance explique qu'il n'y ait pas pour ses délibérations de procédure formelle, qu'il ne soit pas tenu de procès-verbaux des séances, et qu'il y soit rarement procédé à des votes. Le plus souvent il n'y est fait que des échanges d'observations suivis d'accords plus ou moins unanimes.

Par exception, le conseil des ministres serait investi du pouvoir exécutif et ses délibérations deviendraient des décrets dans les hypothèses suivantes : 1° Vacance de la présidence de la République alors que la Chambre est dissoute (L. 16 juill. 1875, art. 3); 2° même vacance, par décès ou démission (L. 25 fév. 1875, art. 7). De plus, il y a des décrets du chef de l'Etat qui doivent être pris en conseil des ministres, par exemple, les décrets de nomination et de révocation des conseillers d'Etat.

Le président du Conseil et la présidence du Conseil. — Nous savons déjà que le choix des ministres est fait par l'intermédiaire d'un premier ministre auquel le chef de l'Etat a confié la mission de constituer le cabinet. La responsabilité solidaire des membres du cabinet exige aussi, pour être mise en œuvre, qu'il y ait un premier ministre dont la fonction soit d'engager ou de ne pas engager cette responsabilité, de poser ou de ne pas poser la question de cabinet; d'autre part, quand un premier ministre assume le maniement de cette responsabilité collective, par là même il acquiert une autorité sur ses collègues, parce que chacun de ceux-ci ne doit pas engager la responsabilité collective sans son aveu (V. Sibert, *Le premier ministre en Angleterre*, thèse Paris, 1909). En France, le premier ministre a pris le nom de président du Conseil.

Il n'y a pas de vice-présidence du Conseil, mais il est de tradition que le ministre de la Justice, garde des Sceaux, en fasse par intérim les fonctions, ce pourquoi un décret est pris, et la question de confiance peut être posée par le président intérimaire (séance du 23 nov. 1921).

La présidence du Conseil. — A mesure que les présidents du Conseil se sont succédé, l'idée s'est dégagée que la présidence du Conseil était un poste nécessaire et elle a pris figure d'institution. On a voulu adjoindre à l'homme politique qui, lui, ne fait que passer, un personnage plus durable, soit un sous-secrétaire d'Etat, soit, mieux encore, un secrétaire administratif (proposition Louis Marin), et aussi des bureaux.

Les fonctions qui paraissent s'imposer pour l'organisme permanent, quel qu'il soit, qui sera définitivement créé, sont les suivantes : 1° Cet organisme devra être un office de renseignements outillé pour mettre entre les mains du président du Conseil, rapidement, les documentations variées que nécessitent les grandes affaires gouvernementales; 2° Il devra constituer aussi un office interministériel adapté à la solution des affaires nombreuses qui chevauchent sur les attributions de plusieurs ministères et dont, à cause de cela, lesdits ministères se désintéressent (Paul Dubois, *L'organisation des services de la présidence du Conseil, Rev. de dr. publ.*, 1919, D., 31 janv. 1920, fixant les atttributions du sous-secrétaire d'Etat à la présidence du Conseil. — Cf. Dupriez, *Les ministres dans les principaux pays d'Europe et d'Amérique,* t. II; Tambaro, *Il primo ministro del governo representativo;* Le Blanc, *Lettres sur la réforme gouvernementale,* 1918; proposition de loi Marin, 25 mai 1917; rapport Cornudet, 18 oct. 1921).

§ 2. — L'indivision des attributions exécutives entre le Président de la République et les ministres; le seing et le contreseing. Le partage des responsabilités [1].

ARTICLE I. — *Le seing et le contreseing.*

La légalité constitutionnelle place toutes les attributions exécutives sur la tête du Président de la République, en même temps elle oblige celui-ci à en déléguer l'exercice à des ministres (L. const. 25 févr. 1875, art. 3 et 6). Mais cette délégation ne dépouille pas le Président de tous ses pouvoirs, car il conserve la signature de tous les décrets, les ministres n'ayant que le contreseing de ces actes. Sans doute, par le contreseing, le ministre endosse la responsabilité de l'acte devant le Parlement et cela lui donne un grand pouvoir, mais cela ne détruit pas celui que la signature confère au Président. Il y a, en réalité, indivision des pouvoirs en tout ce qui concerne les matières à décret, et elles sont nombreuses.

Pratiquement, cette indivision rend possible une collaboration entre le Président et les ministres, car, si les ministres peuvent refuser le contreseing à un décret préparé sous l'inspiration du Président, en revanche, le Président peut refuser la signature d'un décret préparé par un de ses ministres. Sans doute, politiquement,

---

(1) BIBLIOGR. — H. Leyret, *Le Président de la République,* 1913; Sarraute, *La Présidence de la République (Rev. des Deux-Mondes,* 15 juill. 1922).

ce refus ne serait pas toujours possible ni habile, mais en fait quelquefois, en interposant un délai, il fait renoncer à des mesures inopportunes.

Cette interprétation des textes constitutionnels sur le seing et le contreseing qui permet au Président de la République de jouer un certain rôle actif est différente de celle qui fut admise pratiquement dans les cercles politiques, entre 1877 et 1913, et qui réduisait le Président à un rôle passif. Cette interprétation minimisante s'appuyait sur deux arguments : le fait de l'irresponsabilité du Président, qui paraît pratiquement condamner toute activité, et l'exemple anglais; mais ces deux arguments ne sont pas irréfutables :

1º L'irresponsabilité du Président de la République n'est pas aussi absolue qu'elle le paraît au premier abord; l'article 6, L. const. 25 févr. 1875, déclare « qu'il n'est responsable que dans le cas de haute trahison »; cela vise sa responsabilité devant le Parlement érigé en Haute Cour de justice, et c'est déjà un cas de responsabilité; mais, en outre, le Président de la République est moralement responsable devant le pays, car il est l'élu de celui-ci par l'intermédiaire du collège électoral de l'Assemblée nationale, et cette responsabilité morale du chef de l'Etat est suffisante pour justifier de sa part une certaine activité;

2º Quant à l'exemple anglais, il n'est pas invocable; d'une part, la tradition de non-participation du roi d'Angleterre au gouvernement, qui ne date que de l'avènement de la maison de Hanovre, au début du XVIIIᵉ siècle, n'est pas très probante; en ces derniers temps la reine Victoria et le roi Edouard VII ont pris une part active au gouvernement. D'autre part, nous avons une tradition française du gouvernement parlementaire qui remonte à la Restauration et à la Monarchie de juillet et qui est favorable au rôle actif du chef de l'Etat. Ajoutons qu'en pratique le Président de la République préside le Conseil des ministres et que cette pratique est consacrée indirectement par l'article 4, L. const. 25 févr. 1875 : « il nomme, *en conseil des ministres*, les conseillers d'Etat en service ordinaire ». Or, le roi d'Angleterre n'assiste pas au conseil des ministres. Le parlementarisme français s'est donc très délibérément écarté de la tradition anglaise du XVIIIᵉ siècle.

Détails sur le contreseing ministériel. — a) Double signification du contreseing. — Cette formalité a une signification de chancellerie et une signification constitutionnelle.

En tant que formalité de chancellerie, le contreseing remonte aux plus anciennes monarchies asiatiques; il est pour certifier l'authenticité du sceau du monarque et aussi pour attester que la décision a été prise bureaucratiquement et n'est pas une manifestation arbitraire de pouvoir personnel. En ce sens, le contreseing n'a pas cessé d'être pratiqué dans tous les États modernes, même sous les gouvernements qui n'admettent pas le régime parlementaire. Le principe est passé dans notre loi du 25 avril 1791 *sur l'organisation du ministère*, art. 24 : « Aucun ordre du roi, aucune délibération du Conseil ne pourront être exécutés s'ils ne sont contresignés par le ministre chargé de la division à laquelle appartiendra la nature de l'affaire »; de là, dans notre Constitution du 3 septembre 1791 (tit. III, chap. II, sect. IV, art. 4).

En tant que formalité ayant une portée constitutionnelle et entraînant la responsabilité du ministre devant le Parlement, l'évolution du contreseing s'est produite en Angleterre, d'abord, pour des actes particuliers, puis, par voie de généralisation, pour toute expression de la volonté royale et il est reproduit formellement dans notre loi constitutionnelle du 25 février 1875, art. 3 : « Chacun des actes du Président de la République doit être contresigné par un ministre. »

b) Quels actes du Président de la République doivent être contresignés ? — En France, la règle du contreseing ne vise que les *Actes*, c'est-à-dire, les manifestations de volonté du président qui se présentent sous une forme écrite et qui ont une valeur juridique; en fait, les décrets, les traités et les messages adressés par le Président aux Chambres. Les discours prononcés par le président dans les cérémonies officielles en sont affranchis. En principe, aussi, le Président peut avoir des entrevues, soit avec des souverains étrangers, soit avec des ambassadeurs, sans l'assistance de son ministre des Affaires étrangères; à plus forte raison peut-il s'entretenir avec tel ou tel haut fonctionnaire de l'administration, avec tel ou tel homme politique pour se renseigner sur la marche des affaires publiques. A ce point de vue, la règle est moins stricte qu'en Angleterre où la maxime est que « le roi ne peut jamais agir seul ». En France, on appliquerait volontiers la même distinction qu'on applique au ministère public : « La plume est serve, mais la parole est libre. »

Il ne faut d'ailleurs pas croire que le Président de la République soit lié par l'obligation du contreseing au point de ne pas pouvoir accomplir des actes parce que ses ministres actuels ne voudraient pas les contresigner. Certains auteurs abusent de ce genre d'argument pour expliquer la désuétude de certaines des prérogatives présidentielles; l'argument ne vaut rien parce que le Président peut, si la situation parlementaire s'y prête, changer de ministres et en trouver qui, après avoir contresigné leur propre décret de nomination, consentiront à contresigner l'acte voulu (Cf. *supra*, *Nomination des ministres*).

c) Par qui les actes du Président de la République peuvent-ils et doivent-ils être contresignés ? — D'abord, il n'y a que les ministres considérés individuellement qui aient le contreseing. D'une part, les sous-secrétaires d'Etat ne l'ont pas et sont obligés de faire contresigner leurs projets de décret par le ministre dont ils dépendent. Enfin, le contreseing n'est pas l'affaire du cabinet des ministres agissant collectivement.

Comme un décret du chef de l'Etat n'est jamais rendu que sur le rapport du ministre que l'affaire concerne, le contreseing est naturellement de la compétence du ministre qui a préparé le rapport et qui sera chargé de suivre l'exécution. Lorsqu'une même affaire intéresse deux ou plusieurs ministères, la décision est contresignée par tous les ministres qui seront chargés de l'exécution, chacun en ce qui le concerne (L. 25 mai 1791, art. 24; C. d'E., 22 janv. 1892, *Frères de Saint-Joseph*, S., 93. 3. 145, et ma note).

ARTICLE II. — ***Partage des responsabilités; irresponsabilité politique du Président de la République et responsabilité politique des ministres; responsabilité criminelle du Président de la République en cas de haute trahison et des ministres pour crimes commis dans l'exercice de leurs fonctions; responsabilité civile des ministres.***

Les responsabilités sont le principal ressort des rapports entre les pouvoirs publics : Il s'agit en ce moment des rapports entre le pouvoir exécutif et le pouvoir délibérant sous le régime parlementaire. Il y a trois espèces de responsabilités : la responsabilité politique ou parlementaire; la responsabilité criminelle; la responsabilité civile.

A. *La responsabilité politique ou parlementaire.* — Il s'agit de celle qui consiste en l'obligation de démissionner sur un vote de défiance du Parlement :

***a)* Responsabilité politique du Président de la République.** — Le Président de la République est exempt de cette espèce de responsabilité (L. const. 25 févr. 1875, art. 6), et c'est en ce sens que l'on dit qu'il est irresponsable. Jusqu'ici, d'ailleurs, il n'existait aucun précédent de démission forcée pour un motif politique. Mac-Mahon avait donné volontairement sa démission le 30 janvier 1879, longtemps après l'échec politique du *seize mai* (1877); Grévy, en 1887, avait été obligé de démissionner sur les sommations des Chambres, mais pour des motifs étrangers à la politique; il est très fâcheux que la situation politique créée par les élections du 11 mai 1924 ait amené le Président Millerand à se retirer devant un vote formel des deux Chambres, fait qui pourrait être interprété comme posant le précédent d'une responsabilité présidentielle devant le parlement, ce qui nous ferait retomber dans l'imbroglio du gouvernement de Thiers (1871-1873).

***b)* Responsabilité politique des ministres**. — « Les ministres » sont solidairement responsables devant les Chambres de la poli- » tique générale du gouvernement et individuellement de leurs actes » personnels. » (L. const. 25 févr. 1875, art. 6.) Il y a donc une responsabilité solidaire et une responsabilité individuelle. En pratique, la responsabilité solidaire existe non seulement dans les cas où la politique générale du cabinet est en cause, mais, en outre, lorsque le président du Conseil, ou tout autre ministre, avec l'assentiment du président du Conseil, à propos d'une question quelconque, décide d'engager formellement la responsabilité du cabinet tout entier.

La responsabilité ministérielle, dont la sanction est l'obligation de démissionner, est mise en jeu par la question de confiance, laquelle peut se poser de deux façons :

1° Le président du Conseil, ou l'un quelconque des ministres avec son aveu, prennent l'initiative de poser la question de confiance, devant l'une ou l'autre des Chambres, à propos du vote d'une loi dont le gouvernement désire l'adoption; la question de confiance devient, dans ce cas, un moyen de pression pour obtenir le vote de la loi, car c'est mettre la Chambre dans l'alternative d'adopter la loi ou de renverser le ministère; c'est, d'ailleurs, pour cette raison que les présidents du Conseil français en sont venus à poser la question de confiance aussi bien devant le Sénat que devant la Chambre des députés; les deux Chambres ayant des pouvoirs législatifs égaux, il fallait que le même moyen de pression pût être employé devant les deux par le gouvernement;

2° L'initiative d'un débat sur la confiance est prise par un membre du Parlement; ce débat s'engage sous forme d'interpellation, par une procédure que nous verrons plus tard et qui se termine par le vote d'un ordre du jour accepté ou refusé par le ministère, selon qu'il implique ou non la confiance; si un ordre du jour non accepté par le ministère est voté dans ces conditions, le cabinet doit donner sa démission.

C'est un problème discuté que celui de savoir si la question de confiance doit être engagée par interpellation seulement devant la Chambre des députés ou bien si elle peut l'être aussi devant le Sénat (Cf. Duguit, *Le Sénat et la responsabilité politique du ministère, Revue de droit public*, t. V, p. 431 et s.; F. Moreau, *Ibid.*, t. IX, p. 79 et s.; Esmein et Nézard, 7e éd., t. II, p. 234 et s.). En Angleterre, pratiquement, un cabinet ne tombe que sur un vote de la Chambre des communes. En France, l'article 6 de la loi constitutionnelle du 25 février 1875, dit : « Les ministres sont responsables *devant les Chambres* », mais sous la Restauration, où déjà on définissait la responsabilité ministérielle par la même formule, les ministres n'étaient pas responsables devant la Chambre des pairs.

Il est vrai que notre Sénat actuel a une origine élective comme la Chambre et des pouvoirs législatifs égaux. Il existe cependant une différence, c'est que la Chambre peut être dissoute et que le Sénat ne peut pas l'être. Si la dissolution de la Chambre est la contre-partie du pouvoir qu'elle a de renverser les ministères, cette contre-partie n'existe pas pour le Sénat. Comme le dit Esmein, un Sénat indissoluble qui pourrait renverser les ministères serait maître du gouvernement.

Théoriquement, l'opinion d'Esmein est très soutenable, mais pratiquement, elle est condamnée par les faits; d'une part, le cabinet peut avoir intérêt à poser la question de confiance devant le Sénat, aussi bien que devant la Chambre (pour faire aboutir un projet de loi), ce qui, depuis le précédent posé par Clemenceau, le 26 juin 1908, est devenu de pratique courante; d'autre part, si le cabinet est interpellé au Sénat et qu'il entende se dérober à la responsabilité et refuse de démissionner, après un vote de confiance, le Sénat peut refuser le vote des crédits budgétaires. Ce qu'il a menacé de faire en 1896 (Esmein et Nézard, t. II, p. 247 et s.).

Dans un gouvernement parlementaire équilibré, il existe une contre-partie de la responsabilité des ministres devant le Parlement qui est le droit qu'a le pouvoir exécutif de dissoudre la Chambre des députés. Il est ainsi des conflits entre l'exécutif et la Chambre qui peuvent être portés devant le corps électoral, et le droit de dissolution fait apparaître une responsabilité de la Chambre des députés. Cet équilibre n'existe même pas chez nous, où le droit de dissolution, est pratiquement aboli. Nous reviendrons plus loin sur le droit de dissolution.

B. *La responsabilité criminelle du Président de la République et des ministres.* — La responsabilité criminelle des hommes qui sont à la tête des organes exécutifs est encore une responsabilité politique; car, bien entendu, il ne s'agit pas ici de crimes de droit commun. C'est même la forme primitive de la responsabilité politique. Elle a apparu en Angleterre comme procédure criminelle de l'*impeachment* intentée par la Chambre des communes devant la Chambre des lords : la responsabilité politique non criminelle ne l'a partiellement supplantée que depuis le xviiᵉ siècle; notre charte de 1814 ne vise encore dans son texte (art. 55), que la responsabilité criminelle des ministres, bien qu'en fait la non criminelle ait été appliquée.

a) **Responsabilité criminelle du Président de la République dans le cas de haute trahison.** — L. const. 25 février 1875, art. 6; L. const. 16 juillet 1875, art. 12 : « le Président de la République n'est » responsable que dans le cas de haute trahison — le Président de » la République ne peut être mis en accusation que par la Chambre » des députés et ne peut être jugé que par le Sénat, érigé en Haute

» Cour de justice). » — Ainsi un cas unique de responsabilité et la compétence exclusive de la Haute Cour.

b) **Responsabilité criminelle des ministres pour crimes commis dans l'exercice de leurs fonctions.** — L. cons. 16 juillet 1875, art. 12 : « les ministres *peuvent* être mis en accusation par la Chambre » des députés pour crimes commis dans l'exercice de leurs fonc- » tions. En ce cas, ils sont jugés par le Sénat ». Ainsi pour les ministres, responsabilité pour toute espèce de crime politique commis dans l'exercice des fonctions, mais, en revanche, la compétence de la Haute Cour de justice devient facultative (V. *infra*, Haute Cour).

C. *La responsabilité civile des ministres.* — La question de la responsabilité civile des ministres, soit envers l'État, soit envers les particuliers, intéresse surtout le droit administratif. Dans un cas, cependant, elle intéresse le droit constitutionnel; c'est lorsqu'il s'agit de l'*action civile liée à l'action publique, en ce qui concerne les ministres* poursuivis en Haute Cour de justice pour crimes commis dans l'exercice de leurs fonctions, et surtout en ce qui concerne les ministres *poursuivis pour forfaiture pour avoir commis des dépassements de crédits* et n'avoir pas observé les règles du contrôle des dépenses engagées, cela pourrait bien devenir la procédure pratique pour la mise en œuvre de la responsabilité pécuniaire.

M. Bérenger, rapporteur au Sénat d'une proposition de loi relative à l'organisation du contrôle des dépenses engagées, s'est tenu dans la réalité des faits, lorsqu'il a dit dans la séance du 14 mars 1922 : « Les ministres qui y manqueraient seraient coupables de forfaiture et civilement responsables. Quant à la juridiction compétente pour les juger, ce sera la Haute Cour. »

On sait avec quelle ténacité le Parlement travaille à organiser et à rendre efficace le contrôle des dépenses engagées, seul moyen pratique d'établir un contrôle sur les ordonnateurs. Les lois du budget contiennent depuis quelques années une disposition *translatitia*, analogue aux articles interdisant le recouvrement de taxes non autorisées : « Il est interdit aux ministres de prendre des mesures nouvelles entraînant des augmentations de dépenses imputables sur les crédits ouverts et qui ne résulteraient pas de l'application de lois antérieures ou de la présente loi. Les ministres ordonnateurs et le ministre des Finances seront *personnellement responsables* des décisions prises à l'encontre de la disposition ci-dessus. »

C'est pour réaliser cette responsabilité personnelle qu'il y aurait poursuite devant la Haute Cour de justice pour forfaiture et accessoirement poursuite devant la juridiction civile pour l'action civile en dommages-intérêts.

Assurément, cette procédure serait trop lourde pour être mise en mouvement tous les jours, mais de quoi s'agit-il pratiquement ? De faire un exemple ou tout au plus quelques exemples, après quoi tous les ministres se le tiendraient pour dit.

Article III. — *Le Conseil d'Etat et son rôle gouvernemental.*

Le Conseil d'Etat est un grand corps à la fois gouvernemental, administratif et juridictionnel. Il se compose de conseillers d'Etat en service ordinaire, de conseillers en service extraordinaire, qui sont en même temps de grands chefs de service des ministères, de maîtres des requêtes et d'auditeurs. Comme corps gouvernemental, il représente la tradition des grandes affaires en même temps que les vues d'ensemble, en quoi son esprit est au-dessus de celui des bureaux.

Il prépare les projets de loi que le gouvernement lui soumet à cet effet. Il délibère les règlements d'administration publique qui sont pour l'exécution des lois; il émet des avis sur les affaires gouvernementales; les décrets ouvrant exceptionnellement des crédits additionnels lui sont soumis; ses membres sont constamment employés dans les innombrables commissions créées auprès des ministères, à tel point que toute affaire un peu exceptionnelle est préparée dans ces commissions de concert entre les bureaux et le Conseil d'Etat.

Le Conseil d'Etat est donc le grand conseil du pouvoir exécutif. À raison de son importance, son organisation et la nomination de ses principaux membres revêtent un caractère constitutionnel. Le Conseil d'Etat a été réorganisé par une loi de l'Assemblée nationale du 24 mai 1872. Cette loi avait attribué au pouvoir législatif la nomination des conseillers d'Etat en service ordinaire. C'était une erreur au point de vue de la séparation des pouvoirs, commise déjà d'ailleurs par la Constitution de 1848. Cette erreur fut réparée par l'article 4, L. cons. 25 févr. 1875, qui décide que les conseillers d'Etat en service ordinaire sont *nommés et révoqués par décret rendu en conseil des ministres.*

SECTION II

LES ATTRIBUTIONS DU POUVOIR EXECUTIF
(Président de la République et ministres).

§ 1. — Attributions exécutives relatives aux fonctions gouvernementale et administrative.

Sommaire. — I. Les attributions concernant les relations extérieures : A. La disposition de la force armée et le droit de conduire la guerre; B. Le droit de légation et la conduite des affaires diplomatiques; C. La négociation et la ratification des traités. — II. Les attributions concernant le gouvernement et l'administration à l'intérieur : A. La présidence des solennités nationales; B. La nomination aux emplois; C. La justice retenue, les dispenses; la grâce et l'amnistie; la grâce amnistiante; D. La police et la gestion administrative.

Les attributions exécutives sont énumérées presque toutes par la loi constitutionnelle du 25 février 1875, art. 3; elles sont attribuées au Président de la République, mais nous savons qu'elles sont en réalité indivises entre les ministres et lui (V. *supra*, p. 134). Elles sont relatives à trois objets : 1° l'accomplissement des fonctions gouvernementale et administrative; 2° la participation à la fonction législative et les rapports avec le pouvoir délibérant; 3° la participation à la fonction élective et les rapports avec le pouvoir de suffrage.

La fonction gouvernementale et administrative. La qualité de représentant de l'Etat assurée au pouvoir exécutif. — Le pouvoir exécutif est le représentant de l'Etat pour la fonction gouvernementale et exécutive. Ce n'est pas un simple *pouvoir commis*, mais un *représentant* qui agit, selon la formule d'Esmein, *avec un pouvoir arbitraire*, disons plus exactement *avec un pouvoir discrétionnaire*, ce qui suffit pour signifier *avec autonomie*.

Sans doute, le pouvoir exécutif doit assurer l'exécution des lois et, par conséquent, s'astreindre lui-même à l'obéissance aux lois; mais nous verrons, d'une part, que le pouvoir exécutif jouit d'un large pouvoir discrétionnaire dans sa mission d'assurer l'exécution des lois; d'autre part, que, dans les circonstances exceptionnelles et graves, par exemple en temps de guerre, son pouvoir réglementaire est agrandi (V. *infra, Les pleins pouvoirs*).

Il y a lieu de distinguer les affaires gouvernementales extérieures et les intérieures.

I. — LE POUVOIR EXÉCUTIF REPRÉSENTANT DE L'ETAT A L'EXTÉRIEUR; LES ATTRIBUTIONS DU PRÉSIDENT DE LA RÉPUBLIQUE ET DES MINISTRES CONCERNANT LES RELATIONS EXTÉRIEURES.

Le pouvoir exécutif est le représentant de l'Etat à l'extérieur; c'est *par leurs organes exécutifs* et non *par leurs Parlements* que les Etats, même les plus démocratiques, sont en relations les uns avec les autres. Il y a là une réalité du droit international public que le droit constitutionnel ne peut pas ignorer. Il s'ensuit que le pouvoir exécutif ne peut pas être un représentant autonome au dehors et un pouvoir commis au dedans.

Les attributions exécutives concernant les relations extérieures comprennent : 1° la disposition de la force armée et le droit de conduire la guerre; 2° le droit de légation et de conversation diplomatique; 3° la négociation et la ratification des traités internationaux.

A. *La disposition de la force armée et le droit de conduire la guerre* (L. const. 25 févr. 1875, art. 3, § 3). — Le chef de l'Etat dispose de la force armée en vue de la guerre et de la paix. Il en dispose comme chef du pouvoir civil, parce que c'est au pouvoir civil qu'il appartient de prendre la décision d'employer ou de ne pas employer la force armée, laquelle en soi n'est qu'un instrument, doué cependant d'une certaine autonomie dans ses opérations techniques.

En temps de paix et à l'intérieur, la réquisition de la force armée. soit pour assurer l'exécution de mesures de police, soit pour prêter main-forte à l'exécution des jugements. est répartie aux mains d'un certain nombre d'autorités exécutives; toutefois, le pouvoir central exerce un contrôle hiérarchique et il peut décider, sous sa responsabilité, de refuser l'emploi de la force armée (C. E., 30 nov. 1923, *Couitéas*, S., 23. 3, et ma note).

En ce qui concerne la guerre, il ne faut pas confondre le droit de *conduire la guerre* avec le droit de *déclarer la guerre*. Aux termes de la loi constitutionnelle du 16 juillet 1875, art. 9, « le » chef de l'État ne peut *déclarer la guerre* sans l'assentiment préa- » lable des deux Chambres ». Au contraire, aux termes de la loi constitutionnelle du 25 février 1875, art. 3, il « dispose de la force » armée », et, par conséquent, il peut *conduire la guerre* sans l'assentiment préalable des Chambres et sous réserve de leur droit de contrôle.

Le droit de *conduire la guerre* est, d'ailleurs. plus important que celui de déclarer la guerre. ainsi qu'il appert des observations suivantes :

1° Les expéditions coloniales ne sont pas considérées comme soumises à la déclaration de guerre, et le gouvernement peut les engager seul, sauf la question des crédits budgétaires;

2° Même entre puissances civilisées, la coutume de la déclaration de guerre préalable commence à être battue en brèche, et l'on peut être exposé à une attaque brusquée de l'ennemi à laquelle il faut bien que le gouvernement puisse opposer une défense immédiate;

3° Une guerre est toujours précédée d'une période de tension diplomatique au cours de laquelle le gouvernement a le droit de décréter *la mobilisation générale des armées de terre et de mer*, sans être obligé de demander l'assentiment préalable des Chambres, ainsi qu'il fut fait par le décret de mobilisation du 1er août 1914;

4° Une déclaration de guerre faite par le chef de l'État, sans l'assentiment préalable des Chambres, serait même considérée comme valable au point de vue international, et entraînerait toutes les conséquences d'une déclaration régulière;

5° Enfin ce que l'on appelle, en droit international. les mesures de rétorsion ou de contrainte, c'est-à-dire les représailles, les saisies, le blocus, ne comportent pas de déclaration de guerre et peuvent être engagées par le seul gouvernement (Cfr. Pillet, *Les lois actuelles de la guerre*, 2e édit., 1901, p. 66).

(Pour les difficultés constitutionnelles auxquelles donne lieu la conduite des opérations pendant la guerre, V. mon *Précis*).

B. *Le droit de légation et la conduite des affaires diplomatiques*. — La compétence du pouvoir exécutif en matière diplomatique se trouve consacrée par la loi constitutionnelle du 25 février 1875, art. 3. C'est le Président de la République qui *agrée* les envoyés diplomatiques des puissances étrangères et qui reçoit leurs *lettres de créance*; c'est lui, en revanche, qui *accrédite* les envoyés de la France auprès des puissances étrangères, et c'est en son nom que ces envoyés conduisent les négociations (Cfr. J. Barthélemy, *Démocratie et politique étrangère*).

Bien entendu, en fait, les négociations sont conduites par le ministère des Affaires étrangères, mais le Président de la République, qui est plus permanent que les ministres et qui est dépositaire des secrets diplomatiques, est en droit d'imposer ici tout particulièrement sa collaboration.

Esmein et Nézard (7e édit., t. II, p. 177), rappellent l'intervention de Grévy qui empêcha la guerre avec l'Allemagne dans l'affaire Schnœbelé; le rôle joué par Carnot et Félix Faure dans la conclusion et le resserrement de l'alliance franco-russe; l'intervention personnelle de M. Poincaré dans la conférence franco-anglaise de Doullens, en 1918, pour l'unité du commandement militaire des armées alliées.

C. *La négociation et la ratification des traités* (L. const. 16 juill. 1875, art. 8). — La négociation des traités, qui n'est qu'une variété de conversation diplomatique, appartient tout entière et sans conteste au pouvoir exécutif; la ratification lui appartient aussi en principe, et, sauf des exceptions prévues par les textes, ne nécessite pas l'assentiment préalable des Chambres.

C'est ainsi, par exemple, que les traités d'alliance, même d'alliance offensive et défensive, peuvent être conclus par le gouvernement seul, et que la communication aux Chambres peut en être très longtemps différée, ce qui n'est pas sans inconvénients.

Et voici maintenant les exceptions :

1° Les traités de paix, les traités de commerce, les traités qui engagent les finances de l'Etat, ceux qui sont relatifs à l'état des personnes et au droit de propriété des français à l'étranger, ne peuvent être ratifiés qu'après avoir été votés par les deux Chambres (art. 16, § 2);

2° Nulle cession, nul échange, nulle adjonction de territoire ne peut avoir lieu qu'en vertu d'une loi (art. 16, § 3);

Cette seconde exception ne se confond pas avec la première, car toute cession, tout échange, toute adjonction de territoire ne résulte pas nécessairement d'un traité de paix (exemple, l'annexion d'un territoire colonial). Il n'y a que l'annexion territoriale proprement dite, c'est-à-dire le passage sous la pleine souveraineté de l'Etat, qui nécessite une loi. Un protectorat peut être établi par le gouvernement seul, à moins que la convention de protectorat ne prenne le caractère d'un traité de paix.

II. — LE POUVOIR EXECUTIF REPRESENTANT DE L'ETAT A L'INTERIEUR. LES ATTRIBUTIONS EXECUTIVES CONCERNANT LE GOUVERNEMENT ET L'ADMINISTRATION A L'INTERIEUR.

Ces attributions concernent : A. La présidence des solennités nationales; B. La nomination aux emplois; C. Le droit de grâce et de dispense; D. La police générale de l'Etat et le pouvoir réglementaire; E. La gestion et les pouvoirs financiers.

A. *La présidence des solennités nationales* (L. const. 25 févr. 1875, art. 3, § 4). — Cette attribution est d'une grande importance pratique et d'une grande signification. Elle révèle la qualité de chef d'Etat du Président de la République et fait de celui-ci le représentant par excellence de l'Etat à l'intérieur. Elle correspond à l'élément de majesté qu'il y a dans l'autorité gouvernementale et, en même temps, au besoin de cérémonies et de solennités qu'il y a dans le peuple. Elle est apparentée au protocole usité dans les relations diplomatiques et aux préséances officielles réglées par le décret du 24 messidor an XII (refondu par les décrets des 16 juin 1907 et 8 juillet 1908).

B. *La nomination aux emplois* (L. const. 25 févr. 1875, art. 3, § 3). — Ce texte dit du Président de la République : « Il nomme à tous les emplois civils et militaires. » Cette attribution provoque les observations suivantes :

a) En principe, la nomination aux emplois entraîne pour le pouvoir exécutif le droit de créer l'emploi lui-même, dans la limite de ses pouvoirs budgétaires; c'est ainsi, par exemple, que les chaires de l'enseignement sont créées par décret (en ce qui concerne les postes de ministres, sous-secrétaires d'Etat, etc., V. *supra*, p. 128);

b) En principe aussi, le droit de nomination du fonctionnaire entraîne le droit de révocation et l'action disciplinaire, de même que le droit de création de l'emploi entraîne le droit de suppression;

c) La nomination des fonctionnaires civils et militaires par décret présidentiel contresigné par un ministre est la règle, mais deux exceptions doivent être signalées :

D'une part, des dispositions de loi assez nombreuses, antérieures à la Constitution de 1875, attribuent la nomination de certains fonctionnaires, soit aux ministres seuls, soit même à des autorités régionales, telles que le préfet, le recteur de l'Académie, etc. On doit en conclure que la règle de l'article 3 : « Il nomme à tous les » emplois », n'est qu'une disposition de principe et que, sans être inconstitutionnelles, de nouvelles dispositions de loi ordinaire pourraient encore attribuer la nomination de certains fonctionnaires à des autorités autres que le Président de la République.

D'autre part, ainsi que nous l'avons vu, *supra*, p. 141), les conseillers d'Etat en service ordinaire sont nommés et révoqués par *décret rendu en conseil des ministres*.

C. La grâce et l'amnistie; la grâce amnistiante. — C'est par des liens historiques entre l'exécutif et le judiciaire que nous aurons à examiner plus tard (*infra, Constitution sociale, pouvoir judiciaire*) que s'explique le **droit de dispense** du chef de l'Etat en matière de mariage (art. 145 et 164, C. civ.) et aussi le **droit de grâce** : « Il a le droit de faire grâce; les amnisties ne peuvent être accordées que par une loi » (art. 3, § 2, L. const. 25 févr. 1875).

La grâce est la remise, par le chef de l'Etat, de l'exécution des peines prononcées par les tribunaux répressifs; cette remise peut être totale ou partielle ou s'opérer par voie de commutation ou substitution d'une peine à une autre. La grâce est individuelle, en ce sens que tous les individus graciés par une même décision doivent être nommément désignés. Elle a pour effet de libérer le condamné de tout ou partie de la peine afflictive prononcée contre lui, mais la condamnation subsiste et continue de produire tous ses effets quant au casier judiciaire, quant à la récidive et quant aux incapacités juridiques attachées à la peine, en principe du moins.

L'amnistie efface rétroactivement la condamnation et l'incrimination même de l'acte à l'occasion duquel la condamnation est intervenue; elle éteint l'action publique et fait disparaître tous les effets de la condamnation si·elle a été prononcée; celle-ci est rayée du casier judiciaire (même du bulletin n° 1, L. 5 août 1899); elle ne compte plus pour la récidive; les incapacités qu'elle avait entraînées disparaissent de plein droit avec rétroactivité, sauf respect des droits acquis aux tiers, et, même, sauf disposition contraire de la loi, le montant des amendes et des frais de justice payés par le condamné devrait lui être restitué. L'amnistie est votée par une loi, comme une mesure générale, pour certaines catégories de délits ou même pour certaines catégories de condamnés (L. 24 oct. 1919, militaires délinquants qui s'étaient distingués pendant la guerre); par conséquent, elle n'est pas en soi une mesure individuelle. Elle a malheureusement trop souvent un caractère politique et électoral.

Grâce amnistiante. — A raison des abus scandaleux des lois périodiques d'amnistie procédant par voie de mesure générale et amnistiant pêle-mêle des égarés inoffensifs et de dangereux malfaiteurs, une combinaison pratique extrêmement intéressante tend à se produire, qui s'appelle la *grâce amnistiante;* elle laisse au législateur le soin de prononcer le principe de l'amnistie pour une certaine catégorie de délits ou pour une certaine catégorie de délinquants, et elle produit tous les effets de l'amnistie ordinaire, mais elle restitue au chef de l'Etat le choix et la désignation des condamnés amnistiés et, ainsi, elle devient individuelle (Cfr. Vidal et Magnol, *Droit criminel*, p. 745).

D et E. *La police et la gestion administrative*. — Cette catégorie d'attributions du pouvoir exécutif est d'une importance considérable, surtout dans un pays à régime administratif comme le nôtre; mais il serait impossible d'en donner ici une idée satisfaisante et force est de la renvoyer au cours de Droit administratif, dont elle constitue la matière. Nous retrouverons l'occasion, au paragraphe suivant, de parler du *pouvoir réglementaire* et *des pouvoirs budgétaires* de l'Exécutif qui intéressent les rapports avec le Parlement. Observons en terminant que la police et la gestion administrative, par les places et les emplois dont elles permettent de disposer, par les faveurs qu'elles permettent de distribuer, sont la plus grande source du pouvoir politique de l'Exécutif.

§ 2. — Attributions relatives à la participation de l'Exécutif à la fonction législative et à ses rapports avec le pouvoir délibérant.

Article I. — *La participation à la fonction législative.*

Sommaire. — I. L'initiative gouvernementale des lois. — II. La promulgation des lois. — III. La mission d'assurer l'application des lois; le pouvoir réglementaire.

I. — L'INITIATIVE GOUVERNEMENTALE DES LOIS ET L'INTERVENTION GOUVERNEMENTALE DANS LA DISCUSSION DES LOIS

L'article 3 de la loi constitutionnelle du 25 février 1875 dit, du Président de la République, qu'il a l'initiative des lois concurremment avec les membres des deux Chambres. Il n'est pas d'espèce de loi dont l'initiative soit réservée au gouvernement, même pas les lois entraînant des dépenses ou des ouvertures de crédit.

Il y a plus de deux cents ans qu'en Angleterre un *standing order* de 1713 a établi le principe que toute ouverture de crédit exige le consentement de la couronne. Cette règle est le seul moyen d'éviter le gaspillage des deniers publics par des lois de surenchère électorale.

Les seules précautions prises, chez nous, sont que les propositions de finances d'origine parlementaire ne peuvent naître qu'au sein de la Chambre des députés à l'exclusion du Sénat, et, d'autre part, que la commission chargée de l'examen d'un projet ou d'une proposition de loi, affectant les recettes ou les dépenses de l'Etat, doit demander l'avis de la Commission des finances sur l'imputation des crédits (R. Chambre des députés, art. 32).

Aucune précaution n'a été prise encore, non plus, par les règlements de la Chambre des députés et du Sénat, pour réserver aux projets de lois d'origine gouvernementale *un tour de faveur* par rapport aux propositions émanant de l'initiative parlementaire. Au contraire, des précautions ont été prises par le règlement de la Chambre des communes, en Angleterre, en utilisant le procédé du *Calendrier parlementaire*, c'est-à-dire que les propositions de lois d'origine **parlementaire ne peuvent être déposées et discutées qu'à certains jours et à certaines heures de la séance**, la majeure partie du temps étant réservée à l'examen des projets gouvernementaux (L. Lowell, *Le Gouvernement de l'Angleterre*, I, p. 378 et s.).

Le gouvernement intervient dans la discussion de toutes les lois, soit par les ministres, soit par des *commissaires du gouvernement* nommés par décret qui assistent le ministre pour la discussion d'un projet de loi déterminé, mais ne le remplacent pas, en ce sens que le ministre peut toujours être réclamé en personne par la Chambre (L. const. 16 juill. 1875, art. 6, § 2).

Les ministres peuvent intervenir, soit dans le travail de préparation de la loi au sein de la commission, soit dans la discussion publique devant l'Assemblée, mais ce n'est pas dans les mêmes conditions. Pour ce qui est du travail des commissions, il est de principe, en vertu d'un usage constant, qu'ils ne se rendent pas aux commissions sans y avoir été appelés et qu'ils se retirent après avoir été entendus et lorsque la délibération va s'ouvrir (Pierre, *Droit politique*, n° 639).

Au contraire, en séance publique, les ministres entrent à tout moment, parlent à tout moment et prennent part à la délibération (L. const. 16 juill. 1875, art. 6).

II. — LA PROMULGATION DES LOIS

La loi constitutionnelle du 25 février 1875, article 3, dit du Président de la République : « Il promulgue les lois lorsqu'elles ont été votées par les deux Chambres. »

A. Les formes et la signification de la promulgation des lois. — Au point de vue de la forme, il faut distinguer deux opérations :

1° *La promulgation*, qui a pour effet de rendre la loi *exécutoire* et de permettre à l'administration d'appuyer immédiatement dessus des règlements (C. E., 18 juill. 1913, *Syndicat national des chemins de fer*, S., 14. 3. 1, et ma note).

2° La *publication*, qui a pour effet d'en rendre possible l'exécution vis-à-vis des citoyens en la portant à leur connaissance.

La *promulgation* est opérée par un décret du chef de l'Etat qui enveloppe la loi d'une formule exécutoire. Aux termes du décret du 6 avril 1876, art. 1er, cette formule est la suivante : « Le Sénat et la Chambre des députés ont adopté, le Président de la République promulgue la loi dont la teneur suit (texte de la loi). La présente loi, délibérée et adoptée par le Sénat et la Chambre des députés, sera exécutée comme loi de l'Etat. » Ce décret donne à la loi sa date officielle (Pierre, *Droit politique*, n° 508).

La *publication* est réglée actuellement par le décret du 5 novembre 1870; elle a lieu par l'insertion au *Journal officiel*, et la loi est applicable à Paris un jour franc après celui de l'insertion au *Journal officiel* et, partout ailleurs, un jour franc après que ledit journal qui contient la loi est parvenu au chef-lieu de l'arrondissement. (En cas d'urgence, V. O., 18 janvier 1817).

La signification de la promulgation sera précisée par les observations suivantes :

1° La promulgation n'est en soi qu'un acte exécutif grâce auquel le pouvoir exécutif participe à la fonction législative;

2° Les Chambres qui délibèrent la loi, qui, par conséquent, en arrêtent le texte d'une façon définitive, et qui la rendent *obligatoire*, en ce sens qu'elles *s'obligent au nom de la nation* à l'obéissance à la loi, n'ont pas le pouvoir de déclarer la loi exécutoire, parce qu'elles ne connaissent pas elles-mêmes de l'exécution de leurs délibérations et parce que le pouvoir exécutif a le monopole des décisions exécutoires; c'est donc une affaire de séparation des pouvoirs;

3° Par la délibération des Chambres, le Président de la République est *obligé de promulguer*, c'est-à-dire de rendre la loi exécutoire dans un certain délai; par conséquent, la promulgation ne doit pas être confondue avec la *sanction de la loi* par le pouvoir exécutif qui a existé sous certains régimes, qui ne supposait pas l'obligation de promulguer, qui impliquait, au contraire, le droit de ne pas sanctionner et s'analysait, soit en un *veto* définitif, soit en un *veto* suspensif. Il n'y a pas ici de *veto*.

B. *Les délais de la promulgation et la prérogative du Président de la République de demander une nouvelle délibération.* — Pour les délais, il faut distinguer selon que l'urgence a été ou non déclarée. Si l'urgence de la promulgation n'a pas été déclarée, le délai est d'un mois à compter de la transmission au gouvernement de la loi définitivement adoptée. Si l'urgence a été déclarée par un vote exprès dans l'une et l'autre Chambres, le délai est de trois jours.

Dans les délais fixés pour la promulgation (par conséquent, aussi bien si l'urgence a été déclarée que si elle ne l'a pas été), le Président de la République peut, par un message motivé, *demander aux deux Chambres une nouvelle délibération*, qui ne peut être refusée.

Il n'a jamais été usé de cette prérogative parce qu'elle est mal organisée. La démarche du Président n'aurait eu quelque chance de succès que si, à cette nouvelle délibération, la constitution avait exigé une majorité plus forte pour que la loi fût votée, par exemple, une majorité des deux tiers des voix. Cette exigence existe dans toutes les constitutions étrangères qui ont adopté la même institution.

C. *Si la promulgation couvre les vices d'une loi mal faite?* — Au point de vue de la jurisprudence, il faut distinguer selon que les formes sont imposées ou impliquées par les lois constitutionnelles ou seulement par des lois ordinaires ou bien par les règlements des Chambres. Dans le premier cas (manquements au principe du vote par les deux Chambres, dans une session commune, sur un même projet régulièrement transmis, à la condition de la majorité dans les votes), on admet généralement que les juges ont le droit de refuser d'appliquer la loi (Laferrière, *Juridict. administ.*, 2° édit., II, p. 9; Jèze, *Principes de droit administratif*, 2° édit., p. 212). Dans le second cas, la Cour de cassation estime que le vice de forme est couvert par la promulgation; qu'au surplus, les Chambres, étant souveraines, peuvent modifier leur procédure (Cass. crim., 22 oct. 1903, *Rouaux*, *Rev. de dr. publ.*, 1904, p. 111).

D. *Si le pouvoir exécutif peut refuser la promulgation d'une loi mal faite?* — Oui, certainement, si elle est mal faite par suite de violation de formes constitutionnelles; non dans les autres cas (mêmes raisons que dessus).

III. — LA MISSION DU POUVOIR EXÉCUTIF D'ASSURER L'APPLI-
CATION DES LOIS; LE POUVOIR RÉGLEMENTAIRE; LES RAP-
PORTS DU RÈGLEMENT ET DE LA LOI.

A. *La mission d'assurer l'application des lois* (L. const. 25 févr. 1875, art. 3 : « il en surveille et en assure l'exécution »). — Il s'agit des mesures préventives destinées à assurer l'application des lois (action des services publics, règlements, circulaires). Elles sont de la compétence du pouvoir exécutif, à la différence des mesures répressives qui sont de la compétence de l'autorité judiciaire. Il suit aussi, de cette disposition constitutionnelle, qu'il n'appartient pas aux Chambres, qui ont adopté la loi, d'en assurer elles-mêmes l'exécution. C'est la séparation des pouvoirs fondamentale entre l'Exécutif et le Législatif.

De l'obligation qu'a l'Exécutif d'assurer l'application des lois. — Cette obligation existe certainement; la loi a été conçue, à l'époque révolutionnaire, comme une volonté législative qui devait continuer d'être vivifiée par la volonté exécutive. Toutefois on s'est rendu compte que des nécessités politiques pouvaient imposer au

gouvernement des atermoiements et des ménagements dans la mise
à exécution de certaines lois; on en est venu à admettre qu'il
jouissait, en cette matière, d'une certaine liberté d'appréciation, sous
sa responsabilité; c'est un des aspects de l'évolution qui a fini par
faire du pouvoir exécutif *un représentant autonome de la nation.*

Les moyens ne manquent pas au gouvernement lorsque, en fait,
il veut retarder l'exécution d'une loi ou la suspendre après un
certain temps.

D'abord, si la loi ne peut être exécutée qu'après que des règlements d'administration publique auront été faits pour la compléter,
il n'y a qu'à retarder la rédaction des règlements pour retarder
l'application de la loi.

Si des lois imposent des obligations à des administrations subordonnées, après une mise en demeure de l'autorité supérieure, il n'y
a qu'à retarder la mise en demeure. C'est ainsi que les prescriptions
du décret du 23 prairial an XI sur le transfert des cimetières hors
des agglomérations bâties ne sont pas encore exécutées dans toutes
les communes, parce que les préfets n'ont pas encore mis en demeure
de le faire toutes les administrations municipales.

S'il s'agit d'une surveillance de la police administrative ou de la
police judiciaire pour constater des contraventions à la loi, il n'y
a qu'à donner la consigne aux agents de la police de fermer les
yeux et de ne pas verbaliser.

Il y a ainsi beaucoup de lois de police qui tombent en sommeil
pendant de longs intervalles, puis se réveillent. (Cf. J. Barthélémy,
*De la liberté du gouvernement à l'égard des lois dont il est chargé
d'assurer l'application, Rev. de dr. publ.,* 1907, p. 275, note parlementaire contemporaine de son livre, *Le rôle du pouvoir exécutif
dans les républiques modernes,* qui a tant contribué à réhabiliter le
pouvoir exécutif. — Cfr. aussi, J. Cruet, *Etude juridique de l'arbitraire gouvernemental et administratif,* thèse Paris, 1906; *La vie du
droit et l'impuissance des lois,* Paris, Flammarion, 1908; Graux,
*Les lois et les règlements d'administration publique, Rev. pol. et
parl.,* 1899, t. XX, p. 460, 484.)

Mais cette liberté d'appréciation dans la mise à exécution de la
loi n'entraîne pas, pour le pouvoir exécutif, le droit de déclarer,
par décret, qu'il suspend l'exécution de telle ou telle loi. Cette
déclaration juridique tomberait sous la prohibition de la charte de
1830, art. 13 : « sans pouvoir jamais suspendre les lois elles-mêmes
ni dispenser de leur exécution ». Nous verrons cependant, au paragraphe suivant, l'exception des *pleins pouvoirs* en temps de guerre.

B. *Le pouvoir réglementaire.* — C'est le pouvoir qu'a l'Exécutif d'édicter des règlements pour assurer l'exécution des lois. Ce
pouvoir est reconnu par la Constitution comme spontané chez
toutes les autorités administratives chargées de la police géné-

rale et spécialement chez le Président de la République. (C. const., 25 févr. 1875, art. 3 : « il surveille et assure l'exécution des lois ». [Cf. Moreau, le *Règlement administratif*]. — Le pouvoir réglementaire n'est donc pas délégué par le pouvoir législatif; le principe même de la séparation des pouvoirs s'oppose à l'idée de délégation [Esmein, *Rev. polit. et parlem.*, 1894].)

L'histoire de la consécration du pouvoir réglementaire de l'Exécutif par nos constitutions modernes est bien présentée dans Esmein et Nézard (7ᵉ édit., t. II, p. 75 et s.), auxquels nous empruntons les détails suivants :

1° La Constitution de 1791 (tit. III, chap. IV, sect. ɪ, art. 6), adoptant la terminologie usitée en Angleterre, permettait au roi de faire des *proclamations* pour ordonner ou rappeler l'exécution des lois; cela pouvait être interprété comme un simple droit de publier à nouveau la loi, cependant, le roi fit de véritables règlements prescrivant des règles de détail pour l'exécution des lois;

2° C'est de la Constitution de l'an VIII que date vraiment la reconnaissance du pouvoir réglementaire, article 44 : « Le gouvernement propose des lois et fait les règlements nécessaires pour assurer leur exécution »;

3° C'est, en réalité, sous le gouvernement de Juillet que le pouvoir réglementaire prit son équilibre définitif, après l'aventure des ordonnances de Charles X qui amena la chute de la Restauration. Cet équilibre consiste en ce que le pouvoir réglementaire peut assurer l'exécution des lois *sans pouvoir jamais suspendre les lois elles-mêmes ni dispenser de leur exécution* (Charte 1830, art. 13; Cf. le *Bill of rights*, 13 févr. 1688, art. 1ᵉʳ, qui imposait au roi d'Angleterre la même restriction).

4° C'est de la Constitution de 1848, article 49, que date la formule succincte reproduite dans la Constitution de 1875, loi 25 févr., art. 3, et déjà dans la loi du 31 août 1871 : « il surveille et assure l'exécution des lois ».

C. *Les rapports du règlement et de la loi*. — Les règlements diffèrent des lois, en la forme, parce qu'ils sont des actes administratifs, et, au fond, parce qu'ils sont l'expression de la volonté gouvernementale au lieu d'être celle de la volonté nationale. Ces différences sont aujourd'hui admises pour tous les règlements, non seulement pour les règlements de police faits par les maires ou les préfets, mais pour les règlements faits par le chef de l'Etat, même pour ceux dits *règlements d'administration publique* qui sont faits sur l'invitation du législateur, pour compléter une loi, après délibération consultative de l'assemblée générale du Conseil d'Etat. Même ceux-là sont des actes administratifs, expression d'une volonté administrative, et, à ce titre, annulables sur recours pour excès de pouvoirs (C. d'E., 6 déc. 1907, *Chemin de fer de l'Est*, S., 08. 3. 1, et ma note; *id.*, 7 juill. 1914, *Decugis*).

Il s'ensuit que tous les règlements, même ceux d'administration publique, sont subordonnés aux lois de la manière suivante :

1° Il existe un domaine réservé à la loi: dans ce domaine l'intervention du pouvoir réglementaire est inadmissible, à moins qu'elle ne soit autorisée par une loi; encore peut-on discuter la constitutionnalité de cette autorisation, si ce n'est en temps de crise et dans de certaines limites (V. paragraphe suivant, les *décrets-lois*).

D'autre part, sur les matières dont la loi s'est déjà emparée, toute disposition réglementaire en contradiction, soit avec les termes d'une loi, soit avec l'esprit de la loi, soit avec une liberté définie consacrée par une loi, est frappée d'illégalité, si, d'ailleurs, elle n'a pas été prise en vertu d'une autre disposition de loi;

2° Les règlements entachés d'illégalité peuvent être, dès leur émission, l'objet d'un recours en annulation pour excès de pouvoir porté devant le Conseil d'Etat (mais ce recours est enfermé dans des délais assez brefs);

3° En outre, dans tout procès où l'application d'un règlement est invoquée, l'illégalité de celui-ci peut être soulevée; pour les règlements de police la question de l'illégalité sera tranchée, en principe, par le juge saisi du fond (art. 471, n° 15. C. pén.); pour les autres règlements, elle formera question préjudicielle et devra être portée au Conseil d'Etat par un recours en appréciation de validité (Confl., 16 juin 1923, *Septfonds*, S., 23. 3, et ma note).

ARTICLE II. — *Les rapports du pouvoir exécutif
avec le pouvoir délibérant.*

Sommaire. — **I.** Le règlement des sessions des Chambres; convocation, ajournement, clôture des sessions. — **II.** La dissolution de la Chambre des députés. — **III.** Les pouvoirs budgétaires de l'Exécutif; crédits additionnels; contrôle des dépenses engagées. — **IV.** Les messages présidentiels.

I. — LE REGLEMENT DES SESSIONS DES CHAMBRES; LEUR CONVOCATION, LEUR AJOURNEMENT, LA CLOTURE DES SESSIONS.

Les Chambres *ne siègent pas en permanence;* elles ont des sessions légales que le pouvoir exécutif a un certain droit de régler, mais pour lesquelles les Chambres ont aussi des garanties constitutionnelles.

La Constitution de 1875 distingue *deux espèces de sessions*, la session ordinaire de l'année et des sessions extraordinaires; il y faut ajouter les réunions exceptionnelles de plein droit.

La session ordinaire de l'année s'ouvre de plein droit : « Le Sénat et la Chambre des députés se réunissent chaque année le second mardi de janvier, à moins d'une convocation antérieure faite par le Président de la République, les deux Chambres doivent être réunies en session cinq mois au moins chaque année. » (L. const. 16 juill. 1875, art. 1er.)

Les sessions extraordinaires. — « Le Président de la République a le droit de convoquer extraordinairement les Chambres. Il devra les convoquer si la demande en est faite dans l'intervalle des sessions par la majorité absolue des membres composant chaque Chambre. » (L. const. 16 juill. 1875, art. 2.)

Les réunions exceptionnelles de plein droit. — « 1° En cas de décès ou de démission du Président de la République, les deux Chambres se réunissent immédiatement et de plein droit pour procéder à la nomination du successeur;

2° Dans le cas où la Chambre des députés serait dissoute au moment où la présidence de la République deviendrait vacante, les collèges électoraux seraient aussitôt convoqués et le Sénat se réunirait de plein droit. » (L. const. 16 juill. 1875, art. 3);

3° Lorsque, dans l'intervalle des sessions des Chambres, le Président de la République déclare l'état de siège par décret délibéré en conseil des ministres, *les Chambres se réunissent de plein droit deux jours après* (L. 3 avril 1878, art. 2).

La clôture des sessions. — Le Gouvernement prononce la clôture de toutes les sessions, réserve faite des cinq mois que doit durer la session ordinaire (L. const. 16 juill. 1875, art. 1er).

L'ajournement des Chambres. — « Le Président de la République peut ajourner les Chambres. Toutefois, l'ajournement ne peut excéder le terme d'un mois ni avoir lieu plus de deux fois dans la même session. » (L. const. 16 juill. 1875, art. 2.)

Le temps où les Chambres ont été ajournées ne compte pas pour remplir les cinq mois de la session ordinaire.

La mesure de l'ajournement des Chambres n'a de sens qu'au cours de la session ordinaire que le Président n'a le droit de clôturer qu'après qu'elle a duré cinq mois; elle n'a pas de sens pour les sessions extraordinaires que le président a toujours le droit de clôturer à tout moment. Il n'a été usé qu'une seule fois de cette prérogative présidentielle, au mois de mai 1877, où elle a été le prélude de la dissolution de la Chambre.

II. — LA DISSOLUTION DE LA CHAMBRE DES DÉPUTÉS

« Le Président de la République peut, sur l'avis conforme du Sénat, dissoudre la Chambre des députés avant l'expiration légale de son mandat. En ce cas, les *collèges électoraux sont réunis pour de nouvelles élections dans le délai de deux mois et la Chambre dans les dix jours qui suivront la clôture des opérations électorales.* » (L. const. 25 févr. 1875, art. 5, modifié par la Rév. constit. du 14 août 1884.)

Il n'a été fait qu'une seule expérience de la dissolution de la Chambre des députés au 16 mai 1877, et, depuis, cette prérogative du Président de la République est tombée en sommeil. Elle constitue, cependant, un élément essentiel de l'équilibre du régime parlementaire; la Chambre des députés peut renverser les ministères, ce pouvoir doit être doublé d'une responsabilité; or, la responsabilité de la Chambre n'existe réellement que si le Président du conseil peut se présenter devant elle, un jour de crise, avec un décret de dissolution dans sa poche, de façon à ce que la Chambre sache qu'elle risque d'être renvoyée devant ses électeurs. Alors chacun prend ses responsabilités. Chacun réfléchit, bien des crises ministérielles sont évitées et l'on obtient de la stabilité gouvernementale. On admire souvent la stabilité ministérielle de l'Angleterre sans se rendre compte qu'elle est due en grande partie à la menace de dissolution suspendue sur la Chambre des communes.

III. — LES POUVOIRS BUDGETAIRES DE L'EXECUTIF, LES CREDITS ADDITIONNELS, SUPPLEMENTAIRES OU EXTRAORDINAIRES; LE CONTROLE DES DEPENSES ENGAGEES.

A. *Les pouvoirs du gouvernement exécutif en ce qui concerne les crédits additionnels, supplémentaires ou extraordinaires.* — En principe, les crédits budgétaires sont ouverts par le Parlement dans le budget annuel; ce budget est voté au début de l'année comme un état de prévision et il arrive souvent que les prévisions soient insuffisantes; il faut donc très fréquemment, en cours d'année, demander au Parlement le vote de *crédits additionnels*.

Mais le Parlement n'est pas toujours en session, il fallait prévoir la nécessité de crédits additionnels pendant les intervalles des sessions et reconnaître au gouvernement le droit d'ouvrir lui-même ces crédits sous certaines conditions.

Cette question a été réglée par la loi du 14 décembre 1879. Plusieurs règles ont été posées :

1° En aucun cas, le pouvoir exécutif ne peut ouvrir par décret des crédits additionnels, quelle que soit l'urgence, lorsque la session parlementaire a été interrompue par une prorogation des Chambres prononcée par le Président de la République en vertu de ses pouvoirs constitutionnels, ou par la dissolution de la Chambre des députés (art. 4, L. 19 déc. 1879); cette disposition, dont la constitutionnalité pourrait être discutée, est une de celles qui aboutissent à rendre pratiquement impossible l'exercice du droit de prorogation et de dissolution;

2° Pendant l'intervalle des sessions, en cas de clôture régulière de celles-ci, des crédits additionnels *supplémentaires* ou *extraordinaires* peuvent être ouverts *par décrets délibérés en conseil des ministres et soumis au Conseil d'Etat;* ils doivent, en outre, indiquer les voies et moyens et être soumis à la ratification du Parlement dans la quinzaine qui suit la plus prochaine réunion de celui-ci.

Les crédits *supplémentaires* sont ceux destinés à assurer des services déjà prévus au budget; ils peuvent être alloués par décret lorsqu'ils ne tendent pas à augmenter des *crédits limitatifs;*

Les *crédits extraordinaires* sont ceux destinés à pourvoir à un besoin nouveau qui, cependant, n'est pas un *service nouveau;*

3° Au début de la guerre de 1914, la loi du 5 août a ajouté à l'article 5 de la loi du 14 décembre 1879 le paragraphe suivant : « Toutefois, en cas de mobilisation et jusqu'à la cessation des hostilités, les crédits supplémentaires et extraordinaires nécessaires à la défense nationale, *même s'ils correspondent à des services autres que ceux visés au premier alinéa du présent article ou s'ils sont destinés à la création d'un service nouveau,* pourront, en cas d'absence des Chambres, être ouverts provisoirement par des décrets rendus en Conseil d'Etat, après avoir été délibérés et approuvés en Conseil des ministres (et sauf ratification ultérieure du Parlement). Ce texte est voté une fois pour toutes. »

B. *Le contrôle des dépenses engagées.* — Les ministres sont les exécuteurs du budget de l'Etat, voté par les Chambres. Malgré le détail dans lequel sont prévus les crédits mis à leur disposition en vue des dépenses à engager, la loi du budget ne peut pas prévoir individuellement chacun des engagements de dépense. Sur ce point, le contrôle préventif du Parlement est fatalement incomplet par la voie budgétaire; mais il s'est efforcé de remédier à cette lacune en organisant un contrôle administratif approprié, c'est-à-dire, en forçant l'organe exécutif à se contrôler lui-même au moment de l'engagement de chaque dépense.

Ce contrôle des dépenses engagées a pour résultat de subordonner les divers ministères au ministère des Finances par l'intermédiaire *d'un corps du contrôle financier,* créé par l'article 150 de la loi de finances de 1911, dont les membres sont nommés par décret contresigné par le ministre des Finances (L. 12 août 1919, art. 37); le refus par le contrôleur de viser un ordonnancement peut entraîner un arbitrage du ministre des Finances (L. de 1911).

La loi annuelle du budget contient un article ainsi conçu (art. 214, L. 30 déc. 1928) :

« Il est interdit aux ministres de prendre des mesures nouvelles entraînant des augmentations de dépenses imputables sur les crédits ouverts par les articles 1er, 55 et 74 et qui ne résulteraient pas de à application des lois antérieures ou de dispositions de la présente loi.

» Les ministres ordonnateurs et le ministre des Finances seront personnellement responsables des décisions prises à l'encontre de la disposition ci-dessus. »

C. *L'interdiction de lever aucune contribution qui ne soit autorisée par les lois en vigueur.* — La loi actuelle de finances contient également la disposition suivante (art. 215, L. 30 déc. 1928) :

« Toutes contributions directes et indirectes autres que celles qui sont autorisées par les lois en vigueur et par la présente loi, à quelque titre ou sous quelque dénomination qu'elles se perçoivent, sont formellement interdites, à peine, contre les autorités qui les ordonneraient, contre les employés qui confectionneraient les rôles et tarifs et ceux qui en feraient le recouvrement, d'être poursuivis comme concussionnaires, sans préjudice de l'action en répétition pendant trois années contre tous receveurs, percepteurs ou individus qui en auraient fait la perception.

» Seront également punissables des peines prévues à l'égard des concussionnaires tous détenteurs de l'autorité publique qui, sous une forme quelconque et pour quelque motif que ce soit, auront, sans l'autorisation de la loi, accordé des exonérations ou franchises de droits, impôts et taxes publics, ou auront effectué gratuitement la délivrance de produits des établissements de l'Etat.

» Ceux qui auront bénéficié de ces faveurs seront poursuivis comme complices. »

IV. — LES MESSAGES PRÉSIDENTIELS

« Le Président de la République communique avec les Chambres par des messages qui sont lus à la tribune par un ministre. » (L. const. 16 juill. 1875, art. 6.) Par le fait de cette lecture, le cabinet accepte la responsabilité politique du message, lequel, d'ailleurs, pratiquement est contresigné.

La procédure du message signifie que le Président de la République ne communique pas oralement avec les Chambres; des interventions orales engageraient sa responsabilité parce qu'elles engageraient son amour-propre; au contraire, le message écrit n'engage pas l'amour-propre. Nous sommes en présence d'une règle qui est le corollaire de celle de l'irresponsabilité du Président de la République devant le Parlement.

Elle est due aux expériences faites sous le gouvernement de M. Thiers (V. *supra*, p. 107).

§ 3. — Attributions relatives à la participation de l'Exécutif, à la fonction électorale et à ses rapports avec le Pouvoir de suffrage.

I. — LA PARTICIPATION DU POUVOIR EXECUTIF A LA FONCTION ELECTORALE

En Angleterre, les élections générales à la Chambre des communes sont faites à la suite de *writs* délivrés par le roi à des personnages variés (schériffs des comtés ou *returning officers* dès bourgs [Anson, *Loi et pratique constitutionnelle de l'Angleterre*, p. 60]). En France aussi, depuis l'an VIII, toutes les élections se font sur la convocation du pouvoir exécutif, et le principe est constitutionnel (art. 5, L. const. 25 févr. 1875); est nulle toute élection faite sans convocation préalable (C. E., 16 déc. 1908, *Flèché et autres*, S., 09. 3. 65, et ma note).

Les lois électorales s'efforcent de canaliser l'initiative du gouvernement et de l'enfermer en de certains délais. Par exemple, en matière d'élections générales à la Chambre des députés, V. L. 16 juin 1885, art. 6 : « Sauf le cas de dissolution prévu et réglé par la constitution, les élections générales ont lieu dans les soixante jours qui précèdent l'expiration des pouvoirs de la Chambre des députés. » Pour les élections partielles, V. *infra*, *Pouvoir délibérant*.

II. — LES RAPPORTS DU POUVOIR EXECUTIF AVEC LE POUVOIR DE SUFFRAGE

Du fait que le pouvoir exécutif a la convocation des électeurs, la préparation des listes électorales et la direction de l'opération du scrutin, il entre en relations suivies avec le corps électoral et il peut user, vis-à-vis de lui, des influences multiples dont dispose l'administration. Dans une large mesure, les élections législatives dépendent des préfets; de telle sorte que, si le gouvernement dépend du Parlement par le contrôle, en revanche le Parlement dépend du gouvernement par la réélection.

De ces réactions réciproques résulte, dans les départements, la constitution de cadres où font alliance les trois pouvoirs, où le préfet s'entend avec des hommes politiques et des grands électeurs et ces cadres tripartites sont les maîtres de la politique générale du pays.

§ 4. — Le renforcement des pouvoirs de l'exécutif dans les moments de crise; l'état de siège; les pleins pouvoirs en temps de guerre; la jurisprudence sur la légitime défense de l'Etat; les décrets-lois.

De quelque type que soient les gouvernements constitutionnels ils se caractérisent tous par une certaine séparation des pouvoirs qui est favorable à la liberté, mais ce résultat n'a pu être obtenu qu'en affaiblissant le pouvoir politique. Cet équilibre délicat a été calculé en tablant sur l'état de paix considéré comme l'état normal des peuples civilisés, et il ne semble pas que, dans les débuts de l'âge constitutionnel moderne, à la fin du xviiie siècle, on ait songé que cet état de paix pouvait être troublé par des guerres ou des désordres intérieurs, ni qu'on ait envisagé les dangers que ces perturbations pouvaient faire courir à des Etats dont les gouvernements avaient été affaiblis.

On connaissait cependant le précédent des dictatures que la République romaine avait été obligée d'organiser, par intervalles, pour assurer son salut. L'expérience de la fragilité de la paix constitutionnelle ne devait pas tarder à se renouveler. Dès octobre 1793, la Convention se voyait obligée de suspendre la constitution et de concentrer en ses mains tous les pouvoirs, afin de faire face aux périls extérieurs et intérieurs, et la dictature exécutive de Napoléon succédait bientôt à celle de la Convention.

La Constitution du 4 novembre 1848, art. 106, accueillit l'idée de constitution de l'*état de siège* qui fut organisée par la loi du 9 août 1849 et qui reste dans notre droit à la disposition des gouvernements pour renforcer les pouvoirs de police de l'exécutif dans les temps de trouble. Les événements de 1914 ont rendu évidente la nécessité d'une autre institution destinée à renforcer le pouvoir réglementaire de l'Exécutif en temps de guerre et qui s'appelle *les pleins pouvoirs;* ils ont aussi provoqué le développement de toute jurisprudence sur la *légitime défense de l'Etat* qui n'est qu'une forme plus juridique et plus limitée de l'antique raison d'Etat.

I. — L'ETAT DE SIEGE (1)

C'est une institution légale préparée d'avance qui, en vue d'assurer l'ordre, organise un renforcement du pouvoir exécutif, en faisant passer de l'autorité civile à l'autorité militaire :

1° Une partie des pouvoirs de la police;

2° Une partie du pouvoir répressif sur la population civile.

Ce renforcement sera réalisé en cas de *péril imminent* résultant, soit d'une guerre étrangère, soit d'une insurrection à main armée, par des décisions gouvernementales *déclarant l'état de siège* qui seront suivies, lorsqu'il y aura lieu, de décisions *levant l'état de siège.*

---

(1) Bibliogr. — Th. Reinach, *L'état de siège*, thèse Paris, 1885; Vélut, *L'état de siège avant la loi du 9 août 1849*, thèse 1910; Carrel, *Organisation de l'état de siège d'après la loi du 3 avril 1878*, thèse Dijon, 1916; Paul Romain, *L'état de siège politique*, thèse Toulouse, 1918.

Cette institution, qui n'a été définitivement mise au point qu'en 1849, a des origines historiques complexes (Cf. Paul Romain. *op. cit.*). Bornons-nous à dire que l'on a pris comme point de départ le régime auquel est soumise la population civile d'une place de guerre réellement assiégée. Ce qui est suspendu partiellement, ce sont les garanties résultant, en temps normal, de la séparation entre le pouvoir civil et l'autorité militaire, en ce qui concerne la police et la juridiction.

Distinguons les effets de l'état de siège et sa procédure :

A. *Le régime de l'état de siège et ses effets* (L. 9 août 1849; L. 27 avril 1916). — Le régime se caractérise par trois séries de dispositions :

1° *L'autorité militaire se substitue à l'autorité civile dans l'exercice de la police administrative générale ordinaire;* elle prend des pouvoirs de cette police ce qu'il lui convient et laisse le reste à l'autorité civile qui collabore ainsi avec elle (art. 7, L. 1849); les arrêtés réglementaires de police pris par l'autorité militaire, dans ces conditions, sont sanctionnés, comme s'ils avaient été pris par l'autorité civile, par les amendes de l'article 471, n° 15, du Code pénal (Cass. crim., 20 avril 1916, *Malherbe;* 2 juin 1916, *Dessillon*);

2° *L'autorité militaire reçoit des pouvoirs de police exceptionnels et spéciaux* dont l'énumération est donnée par l'article 9 de la loi de 1849. Elle a le droit :

a) De faire des perquisitions de jour et de nuit dans le domicile des citoyens;

b) D'éloigner les repris de justice et les individus qui n'ont pas leur domicile dans les lieux soumis à l'état de siège;

c) D'ordonner la remise des armes et des munitions et de procéder à leur recherche et à leur enlèvement;

d) D'interdire les publications (la censure des journaux pendant la guerre n'a été qu'une conséquence de ce droit) et les réunions qu'elle juge de nature à exciter ou à entretenir le désordre.

Les arrêtés pris par l'autorité militaire, dans ces cas exceptionnels, peuvent prescrire eux-mêmes leur exécution d'office et *manu militari,* parce qu'il y a urgence, mais, dans ce cas, la Cour de cassation leur refuse la sanction de l'amende judiciaire (C. E. 6 août 1915, *Delmotte,* S., 16. 3. 9, et ma note; Cf. Cass. crim., 20 avril 1916, *Malherbe,* S., 17. 1. 26, note Roux);

3° *La compétence des conseils de guerre est étendue de façon différente, selon qu'il y a ou non péril imminent de guerre* (ce qui est le germe d'une distinction entre l'état de siège en temps de guerre et l'état de siège en temps de paix pour troubles purement politiques (L. 27 août 1916).

B. *Procédure de l'état de siège; établissement et levée* (L. 3 avril 1878). — **a)** Établissement de l'état de siège. — D'abord, la loi pose le principe que « l'état de siège ne peut être déclaré qu'en cas de péril imminent résultant d'une guerre étrangère ou d'une insurrection à main armée » (art. 1er). Il faut entendre cette disposition, non seulement au sens des périls que peuvent rendre imminents une guerre déjà déclarée ou une insurrection à main armée déjà commencée, mais même au sens du péril d'une guerre ou d'une insurrection imminentes (exemple des décrets du 2 août 1914), c'est-à-dire que l'état de siège peut être employé d'une façon préventive.

Cela posé, il faut distinguer trois hypothèses :

1° *Les Chambres sont en session :* « Une loi seule peut déclarer l'état de siège; cette loi désigne les communes, les arrondissements, les départements auxquels il s'applique. Elle fixe sa durée. » (Art. 1er);

2° *Les Chambres ne sont pas en session :* En ce cas « le Président de la République peut déclarer l'état de siège *de l'avis du conseil des ministres;* mais alors les Chambres se réunissent de plein droit deux jours après. » (Art. 2);

3° *La Chambre des députés est dissoute :* « En ce cas... et jusqu'à l'accomplissement entier des opérations électorales, l'état de siège ne pourra, même provisoirement, être déclaré par le Président de la République; néanmoins, s'il y avait guerre étrangère, le Président de la République, *de l'avis du conseil des ministres,* pourrait déclarer l'état de siège dans les territoires menacés par l'ennemi, à la condition de convoquer les collèges électoraux et de réunir les Chambres dans le plus bref délai possible. » (Art. 3). Cette disposition imprudente laisse le gouvernement désarmé au cas de troubles à l'intérieur.

b) Levée de l'état de siège. — Il faut distinguer les hypothèses : 1° dans le cas où l'état de siège a été déclaré par une loi, les Chambres étant en session, et où la durée en a été fixée par la loi, il est levé de plein droit à l'expiration de ce temps, à moins qu'une loi nouvelle n'en prolonge les effets (art. 1er);

2° Dans les deux autres cas (Chambres hors de session et Chambre des députés dissoute), les Chambres, dès qu'elles sont réunies, maintiennent ou lèvent l'état de siège. En cas de dissentiment entre elles, l'état de siège est levé de plein droit (art. 5).

II. — L'ÉTAT DE GUERRE ET LES PLEINS POUVOIRS

L'institution française de l'état de siège ne modifie pas les relations normales du pouvoir exécutif et du pouvoir législatif; elle n'est relative qu'aux relations entre deux branches du pouvoir exécutif, l'autorité militaire et l'autorité civile. De plus, même quand l'état de siège est établi à l'occasion d'une guerre extérieure, il n'a point pour objet direct de faciliter la conduite de la guerre, mais seulement d'assurer et maintenir le bon ordre.

L'état de guerre entraîne d'autres nécessités, aujourd'hui surtout où, avec le système de la nation armée et de la guerre de matériel, la mobilisation bouleverse la vie économique des pays engagés dans le conflit, et même des neutres. D'une part, la conduite politique de la guerre exige une concentration politique du gouvernement, c'est ainsi que pendant la guerre de 1914, un peu partout, au sein des cabinets, on a vu se constituer des *comités de guerre (War council* en Angleterre), en même temps que la conduite des opérations était concentrée aux mains d'un généralissime. D'autre part, une immense *réglementation provisoire de la guerre s'impose* pour parer, tant aux nécessités économiques urgentes, qu'à la suspension des relations ordinaires de la vie.

Il paraît impossible d'assurer cette réglementation rapide et provisoire par la procédure ordinaire de la législation parlementaire. Aussi, en 1914, dans la plupart des pays, des lois de circonstance ont-elles accordé au pouvoir exécutif des *pleins pouvoirs* pour cette réglementation. (En Angleterre, *Defense of the realm consolidation act*, du 25 novembre 1914, qui étend le pouvoir réglementaire du gouvernement; en Italie, V. L. 22 mai 1915 qui non seulement étend les pouvoirs de réglementation, mais confère au pouvoir exécutif des pouvoirs financiers considérables; aux Etats-Unis d'Amérique, L. 18 mai 1917 sur le recrutement, du 15 juin et du 22 juillet 1917 sur les réquisitions, du 10 août 1917 sur le ravitaillement; en Suisse, L. 3 août 1914 qui donne au Conseil fédéral des pouvoirs illimités, plus grands même que ceux de l'Assemblée fédérale, en ce sens que le referendum populaire a été suspendu, Cf. Jèze, *Rev. de dr. publ.*, 1917, p. 14, 209, 224, 405, 433, 553, 595; 1918, 5, 498; 1919, p. 209; Barthélémy, *Le droit public en temps de guerre, Rev. de dr. public*, 1915, p. 134, 310, 544; 1906, p. 73, 295, 552; *Le Gouvernement législateur*, dans *Rev. pol. et parl.*, 1917, p. 5; Rolland, *Les pouvoirs réglementaires du président de la République en temps de guerre et la loi du 10 février 1918, Rev. de dr. publ.*, 1918, p. 542).

On peut se poser la question de la constitutionnalité de ces lois de pleins pouvoirs. Elle n'est pas douteuse dans les pays comme l'Angleterre et l'Italie, où il n'y a pas de constitution rigide, elle pouvait l'être dans les pays à constitution rigide comme les Etats-Unis et la Suisse. Cependant, aux Etats-Unis, la Cour fédérale n'a pas considéré comme inconstitutionnelles les lois votées (arrêt 7 janv. 1918, *Rev. de dr. publ.*, 1918, p. 57). Peut-être, peut-on admettre que le pouvoir législatif a le droit de renoncer momentanément et, en des circonstances exceptionnelles, à ses prérogatives en faveur de l'exécutif, d'autant que la séparation entre le domaine du pouvoir législatif et celui du pouvoir réglementaire n'est pas tracée par la constitution (Cf. Rolland, *Chronique administrative*, *Rev. de dr. publ.*, 1918, p. 542; Esmein et Nézard, 7° édit., II, p. 92).

. En France, on n'a pas voulu de loi générale de pleins pouvoirs (Ch. députés, 15 déc. 1916), mais la force des choses a conduit à un développement du pouvoir réglementaire assez compliqué. Il y a eu en réalité trois systèmes suivis :

1° L'autorisation préalable pure et simple accordée par une loi, *mais seulement pour matières déterminées*, exemple : la loi du 5 août 1914, article 2, posant le principe des moratoires à accorder par décret;

2° L'autorisation préalable combinée avec la ratification postérieure, exemple : la loi du 10 février 1918, en matière de ravitaillement, conférant des pouvoirs de réglementation considérables au gouvernement, sauf ratification par les Chambres dans le délai d'un mois (L. de ratif., 15 janv., 3 févr., 13 mars 1920);

3° La validation après coup de décrets qui n'avaient point été autorisés d'avance, système des *bills d'indemnité*, exemple : les lois des 17 mars, 29 mars, 30 mars 1915; 28 septembre 1916, article 6; mais il s'est produit des à-coups, des décrets n'ont pas été validés qui auraient eu besoin de l'être; bref, l'expérience prouve la nécessité des lois générales de pleins pouvoirs.

Les décrets-lois pour réformes urgentes (L. 3 août 1926) [1]. — L'expérience a prouvé qu'en certains temps de crise politique des réformes urgentes ne peuvent pas être opérées par la voie parlementaire et qu'il devient nécessaire de les opérer par décret. Une loi autorise donc le pouvoir exécutif à prendre sur certaines matières des décrets qui, tant qu'ils ne seront pas ratifiés par voie législative vaudront et s'exécuteront comme décrets, vu que la matière sera devenue matière à décret. Si ces décrets sont ratifiés ils s'exécuteront alors comme des lois parce que la matière sera redevenue législative.

Les plus importants des décrets rendus en vertu de la loi du 3 août 1926 ont été ceux sur la *réduction du nombre des sous-préfectures* et *du nombre des tribunaux d'arrondissement*, sur le *remplacement des conseils départementaux de préfecture par des conseils régionaux*, sur *l'administration départementale et communale*.

Les anciens décrets-lois des temps de dictature. — En temps de crise politique et constitutionnelle ou de dictature on a pu voir des matières du domaine de la loi réglées par des décrets qui, par la suite, ont pris le nom de *décrets-lois*. Quelques-uns de ces décrets-

---

[1] BIBLIOGR. — Roger Bonnard, *Les décrets-lois Poincaré* (*Rev. de dr. publ.*, 1927).

lois ont été validés par une disposition constitutionnelle; c'est ainsi que tous les décrets rendus par le prince-président pendant la période dictatoriale comprise entre le 2 décembre 1851 et le 29 mars 1852 ont été validés par l'article 58 de la Convention du 14 janvier 1852. Les nombreux décrets-lois rendus par Napoléon Ier ont été considérés comme valables par la jurisprudence parce que le Sénat conservateur, qui aurait pu les annuler comme inconstitutionnels, ne l'avait pas fait. Ces décrets sont des lois véritables, soit parce qu'à l'époque où ils ont été rendus il n'y avait pas de pouvoir législatif organisé, soit parce que l'empiétement sur ce pouvoir législatif a été régularisé constitutionnellement.

Une autre espèce de décrets-lois se trouve créée par les lois de pleins pouvoirs votées pendant la guerre, ou encore aurait été créée, chez nous, par la loi du 8 février 1924, sur les décrets en vue des économies, si elle avait été appliquée. Dans ces hypothèses, les décrets sont rendus, non pas par délégation du parlement, car la délégation législative est impossible, mais sur *habilitation par le parlement*. Ils n'ont point, par eux-mêmes, valeur de loi, car l'organe législatif existe et ne peut pas se dessaisir du monopole qu'il a de faire les lois, mais provisoirement ils règlent des matières vouées à la loi. Ils sont, d'ailleurs, soumis à la ratification du parlement dans un délai fixé et, s'ils sont ratifiés, ils deviendront des lois (Cfr. L. Rolland, *Le projet du 17 janvier et la question des décrets-lois, Rev. du droit public*, 1924; Carré de Malberg, *Théorie de l'Etat*, t. I, p. 602, note 23).

III. — LA JURISPRUDENCE SUR LA LEGITIME DEFENSE DE L'ETAT

La jurisprudence du Conseil d'Etat a été amenée à invoquer la *légitime défense de l'Etat* dans le cas des *nécessités de guerre*, pour ne pas annuler des actes qui, s'ils avaient été pris en temps de paix, eussent été considérés comme illégaux.

Par exemple, des expulsions de Français, domiciliés et non repris de justice, soit dans les camps retranchés, soit dans la zone des armées (actes dépassant même les pouvoirs exceptionnels de la loi sur l'état de siège) (C. E. 2 juill. 1919, *Bouquet;* 9 janv. 1920, *Musart*, etc.).

Par exemple encore, le décret du 10 septembre 1914, suspendant, quant aux fonctionnaires civils, les garanties de l'article 65 de la loi du 22 avril 1905, décret non validé par la loi du 30 mars 1915 (par erreur), ce qui a donné lieu à C. E., 28 juin 1918, *Heyriès* (S., 22. 3. 41, et ma note).

Par exemple encore, le décret du 30 novembre 1917, interdisant la fabrication des pâtisseries, qui ne fut interdite par la loi que le 10 février 1918 (C. E., 14 mars 1920, *Syndicat patronal de la boulangerie de Paris*).

Le Conseil d'Etat s'est appuyé sur une interprétation large de l'article 3 L. const. 25 févr. 1875, texte fondamental du pouvoir réglementaire; mais cette interprétation large, qui admet une extension des pouvoirs de police et un pouvoir de suspendre l'application de certaines lois pour mieux assurer l'exécution de lois plus fondamentales, ne se soutient elle-même que si ces extensions de pouvoirs sont justifiées par la *légitime défense de l'Etat* dont les *nécessités de guerre* constituent un cas (Cf. Lefur, *Des représailles en temps de guerre*, 1919; *Guerre juste et juste paix*, 1920).

. Le Conseil d'Etat n'a, d'ailleurs, pas l'intention de limiter la justification tirée de la légitime défense de l'Etat au cas des nécessités de guerre, car il l'a appliquée depuis la guerre à un cas de nécessité de paix publique (refus de prêter main-forte *manu militari* à l'exécution d'un jugement ordonnant l'expulsion d'indigènes tunisiens d'un domaine contesté (C. E., 30 nov. 1923, *Couitéas*, S.. 24. 3, et ma note]).

CHAPITRE II

LE POUVOIR DELIBERANT

SECTION PREMIERE

NATURE, FONCTIONS, PLACE DANS L'ETAT DU POUVOIR DELIBERANT

I. — NATURE DU POUVOIR DELIBERANT

Nous disons « pouvoir délibérant » et non pas « pouvoir législatif », bien qu'il s'agisse, dans ce chapitre, des Chambres ou du Parlement, *parce que la délibération est le mode d'opération des organes de ce pouvoir.* Si l'on appelle couramment le Parlement *pouvoir législatif,* c'est que la législation est l'une de ses fonctions, mais il n'est pas bon de qualifier un pouvoir gouvernemental par l'une de ses fonctions, car elles sont multiples. Ce qui fait l'unité d'un pouvoir, ce n'est point telle ou telle de ses fonctions, c'est que, dans l'accomplissement de ses fonctions variées, il procède toujours par la même opération de la volonté qui, ici, est la délibération.

Si on avait besoin d'une preuve supplémentaire de l'exactitude de cette analyse, on la trouverait dans ce fait que les administrations locales, qui reproduisent au petit pied l'organisation de l'Etat, possèdent, elles aussi, un pouvoir délibérant et des organes qui portent ouvertement le nom *d'assemblées délibérantes* et dont les manifestations de volonté sont officiellement des *délibérations* (délibérations des conseils municipaux, des conseils généraux de département, des commissions départementales).

Qu'est-ce donc que la délibération et le pouvoir délibérant ? — Une délibération est une résolution collective, sur un objet de gouvernement ou d'administration, prise à la majorité des voix et après discussion publique, par une assemblée formant corps et constituée en une autorité publique. Le pouvoir délibérant est, pour une assemblée, le pouvoir de discuter et voter une résolution collective, qui n'est pas nécessairement exécutoire par elle-même, mais que, tout au moins, le pouvoir exécutif est obligé de rendre exécutoire et d'exécuter.

Notons que le pouvoir délibérant réside dans l'assemblée considérée comme corps constitué. Quant aux membres des assemblées,

Ils participent à l'exercice de ce pouvoir du corps constitué avec des droits propres, tels que le droit de prendre la parole, le droit de voter, etc.

Comme la délibération et une forme de la discussion dont est censée jaillir la lumière, les décisions prises par le pouvoir délibérant sont considérées comme présentant des qualités de fond supérieures à celles des décisions prises par le pouvoir exécutif; elles sont présumées plus conforme à la nature des choses et à la justice et, dès lors, la combinaison des deux espèces de décisions s'établit de la façon suivante : les décisions exécutives sont faites pour les résolutions urgentes et provisoires ou pour l'exécution des règles posées par le pouvoir délibérant; quant aux décisions délibérées, elles sont faites pour les résolutions définitives et les règles statutaires. Cette combinaison est celle-là même qui s'est établie dans le régime de la légalité entre la loi et le règlement. En matière d'administration aussi, les délibérations des assemblées sont considérées comme plus statutaires que les décisions de l'organe exécutif et comme posant les principes.

II. — LES FONCTIONS DU POUVOIR DELIBERANT

La fonction principale du pouvoir délibérant, dans l'Etat moderne, est de faire les lois; s'il s'agit de lois ordinaires, cela s'appelle la fonction législative; s'il s'agit de lois constitutionnelles, c'est la fonction constituante.

Une seconde fonction importante du pouvoir délibérant est de voter des subsides et des impôts pour les besoins de l'Etat. Cette fonction financière a même été historiquement l'occasion de la première apparition du pouvoir délibérant dans les Etats modernes (V. *supra*, p. 42).

Une troisième fonction non moins importante du pouvoir délibérant, dans le régime parlementaire, consiste dans le contrôle exercé sur le pouvoir exécutif par le jeu de la responsabilité ministérielle.

Enfin, quand le Parlement est transformé en Haute Cour de justice, il exerce une quatrième fonction qui est juridictionnelle.

III. — LA PLACE DU POUVOIR DELIBERANT DANS L'ETAT

Cette place est éminente dans le plan de la souveraineté nationale, à raison de ce que, dans le Parlement, les représentants du peuple sont les porte-parole de la volonté nationale; elle est secondaire dans le plan du gouvernement, parce que les assemblées délibérantes ne sont pas des organes adaptés à l'action gouvernementale quotidiennement réalisable. Au contraire, dans un plan purement juridique, la place du pouvoir délibérant serait éminente à raison de sa fonction de faire la loi.

La question se ramène donc à savoir si, pour juger du rang du pouvoir délibérant dans l'Etat, on doit se placer dans le plan juridique, dans le plan de la souveraineté ou dans le plan gouvernemental. Or, bien évidemment, c'est dans le plan gouvernemental, qui est celui de la vie pratique de l'Etat, car *primum vivere*. Le plan juridique n'est pas tout à fait celui de la vie; le plan de la souveraineté n'est pas non plus celui de la vie quotidienne, mais celui du contrôle de la vie.

Dans cette perspective, toute pratique, le pouvoir délibérant vient donc au second rang, après le pouvoir exécutif et avant le pouvoir de suffrage.

SECTION II

L'ORGANISATION DU POUVOIR DELIBERANT EN VUE DE SA FONCTION LEGISLATIVE ET PARLEMENTAIRE

§ 1. — La dualité des chambres.

I. — REGLE DE LA DUALITE DES CHAMBRES

La loi constitutionnelle du 25 février 1875, article 1er, déclare : « Le pouvoir législatif s'exerce par deux assemblées : la Chambre des députés et le Sénat »; l'article 3 de la même loi dit que le Président de la République promulgue les lois « lorsqu'elles ont été votées par les deux Chambres »; la loi constitutionnelle du 16 juillet 1875, art. 4, ajoute : « Toute assemblée de l'une des deux Chambres, qui serait tenue hors du temps de la session commune, est illicite et nulle de plein droit (sauf deux cas indiqués plus bas). »

Ainsi, il y a deux Chambres et elles sont liées l'une à l'autre, non seulement par la fonction de faire des lois ensemble, puisqu'une loi ne peut être promulguée que lorsqu'elle a été successivement votée par les deux Chambres en termes identiques, mais encore par l'obligation de la simultanéité des sessions.

La simultanéité des sessions. — Il faut bien comprendre la portée de la règle. Il s'agit des sessions et non pas des séances. Les deux Chambres ne sont pas tenues de siéger les mêmes jours. Elles sont simplement tenues l'une et l'autre ne ne pas siéger hors du temps de la session commune. Ce qui est commun c'est la session, c'est-à-dire, l'intervalle de temps pendant lequel il peut légalement être tenu des séances.

Il y a des exceptions à la règle. Ce sont des cas où le Sénat siège seul hors session. La loi constitutionnelle du 16 juillet 1875, art. 4, cite deux cas : 1° celui où la Chambre des députés se trouverait

dissoute au moment où la présidence de la République deviendrait
vacante, alors le Sénat se réunirait de plein droit (mais il ne
pourrait que contrôler le gouvernement sans faire acte de législateur); 2° celui où le Sénat est réuni comme Haute Cour de justice.
Il n'est point de cas où la Chambre ait à siéger seule hors session,
à moins que ce ne soit pour mettre en accusation le Président de
la République ou un ministre.

II. — RAISONS D'ETRE ET UTILITES DE LA DUALITE DES CHAMBRES

Le système de la dualité des Chambres s'est établi en Angleterre
pour des raisons accidentelles (V. *supra*, p. 45), mais le mérite
des Anglais a été de le conserver comme garantie de la liberté.

En effet, la dualité des Chambres est la condition nécessaire de
cette modération du pouvoir, sans laquelle il n'y a pas de gouvernement constitutionnel possible. Le pouvoir exécutif a été affaibli
et modéré par la dualité du chef de l'Etat et des ministres, le pouvoir délibérant doit être affaibli et modéré par la dualité du Sénat
et de la Chambre des députés. Le régime constitutionnel suppose des
pouvoirs devenus maniables; une Chambre unique n'est pas plus
maniable qu'un organe exécutif unique. Esmein considère la dualité
des Chambres comme un principe consacré par le droit constitutionnel comparé (*Op. cit.*, 7° édit., t. I, p. 131).

En outre, le système des deux Chambres peut être utilisé à des
fins secondaires intéressantes :

a) par exemple, dans les pays où subsiste un mélange d'aristocratie et de démocratie, l'une des Chambres, qui prend le nom de
Chambre Haute, peut être recrutée dans l'aristocratie, tandis que
l'autre, qui prend le nom de Chambre Basse, sera recrutée dans
le peuple; c'est ainsi que l'Angleterre a eu jusqu'ici une Chambre
des lords et une Chambre des communes; c'est ainsi qu'en France,
le gouvernement de la Restauration a eu une Chambre des pairs et
une Chambre des députés (la Chambre des pairs du gouvernement
de juillet représentait la haute bourgeoisie et non l'aristocratie);

b) par exemple encore, dans les pays fédéraux, l'une des Chambres représentera l'ensemble des Etats fédérés, tandis que l'autre
représentera l'Etat fédéral (Etats-Unis, Suisse, etc.).

III. — PARITE OU DIFFERENCE DANS LES ATTRIBUTIONS DES DEUX CHAMBRES, ET EQUILIBRE DE LEURS POUVOIRS, PRIVILEGE FINANCIER DE LA CHAMBRE

Notre Chambre des députés et notre Sénat ont des pouvoirs
égaux dans l'initiative et la confection des lois, avec cette seule
restriction que *les lois de finances doivent être, en premier lieu,*

présentées à la Chambre des députés et votées par elle, mais il reste bien entendu que le Sénat conserve le droit d'amender le texte voté par la Chambre (ce qui veut dire augmenter le crédit aussi bien que le réduire) et que les lois de finances, comme les autres lois, ne peuvent être que le résultat d'un accord entre les deux Chambres (L. const. 24 févr. 1875, art. 8).

Au point de vue du contrôle sur le gouvernement et du droit de renverser les ministères, la pratique accorde également les mêmes prérogatives aux deux Chambres (V. *supra*, p. 138).

Le Sénat est érigé en Haute Cour de justice, le cas échéant; il est vrai que, s'il s'agit de traduire le Président de la République ou un ministre, c'est la Chambre des députés qui accuse et qu'en qualité de juridiction d'instruction, elle participe ainsi elle-même à la juridiction de la Haute Cour.

En revanche, le Sénat possède un avantage sur la Chambre; il ne peut pas être dissous, tandis qu'elle peut l'être avec l'avis conforme du Sénat. Cet avantage compense celui que donne à la Chambre son origine électorale plus directe.

Tout compte fait, l'équilibre des pouvoirs est complet, et comme la revision de la constitution n'est pas possible sans le consentement préalable du Sénat au projet de revision (V. *supra*, p. 111), il y a des chances pour que notre Sénat, auquel on ne peut d'ailleurs reprocher aucune origine aristocratique, ne soit pas affaibli et abaissé comme l'a été en Angleterre la Chambre des lords par le *parliament act* de 1911, qui a réduit à un *veto* suspensif son rôle législatif. Cet équilibre des pouvoirs entre les deux Chambres se révèle comme l'un des ressorts les plus utiles de notre gouvernement.

§ 2. — L'organisation de la Chambre des députés et du Sénat.

ARTICLE I. — *L'organisation de la Chambre.*

Sommaire. — I. La composition de la Chambre. — II. Les divers modes de scrutin employés pour les élections à la Chambre. — III. La loi électorale du 21 juillet 1927.

I. — LA COMPOSITION DE LA CHAMBRE DES DEPUTES

Cette Assemblée est composée de membres élus pour quatre ans, au suffrage universel direct, par les collèges électoraux de la France métropolitaine et de quelques-unes de nos colonies. Elle est renouvelable intégralement tous les quatre ans (L. 30 nov. 1875, art. 15) et en principe au printemps (L. 22 juillet 1893). Celle élue au mois de mai 1928 sera renouvelable au mois de mai 1932, etc. Chaque législature expire le 31 mai de l'année du renouvellement et les élections doivent avoir lieu dans les soixante jours qui pré-

cèdent (L. 16 juin 1885, art. 6). La législature actuelle est la quatorzième de la IIIe République. Si une Chambre était dissoute, la
nouvelle Chambre élue commencerait une nouvelle législature de
quatre ans.

Le renouvellement intégral fait que la Chambre a moins de continuité que le Sénat, qui n'est soumis qu'au renouvellement partiel,
et qu'en revanche elle est plus sensible aux mouvements et aux
revirements de l'opinion. Tout compte fait, il paraît bon que les
deux Chambres n'aient pas le même procédé de renouvellement,
car ainsi les deux tendances fondamentales, celle à la stabilité et
celle à la mobilité, sont représentées et s'équilibrent. Il en est
comme pour l'Exécutif où la Constitution a voulu que le Président
de la République fût plus stable que le cabinet des ministres (Pour
plus amples développements, v. mon *Précis*, p. 479).

II. — LES DIFFERENTS MODES DE SCRUTIN EMPLOYES POUR LES ELECTIONS A LA CHAMBRE DES DEPUTES

Une fois admise la base du suffrage universel territorial direct
pour les élections à la Chambre des députés, bien des modalités restent encore à régler. Quelles seront les circonscriptions électorales ? Quelle sera la base de la représentation dans la circonscription, sera-ce le chiffre de la population ou le chiffre des électeurs ?
Le scrutin sera-t-il *uninominal*, les électeurs d'une même circonscription ne votant que pour un seul député, ou bien y aura-t-il
scrutin de liste, les électeurs d'une même circonscription votant
pour plusieurs députés ? Le scrutin sera-t-il *majoritaire*, c'est-à-
dire n'exprimera-t-il que l'opinion d'une majorité unique dans la
circonscription, ou bien sera-t-il un scrutin de *représentation
proportionnelle* exprimant les opinions de plusieurs majorités ?
Bien des systèmes ont été suivis dans le passé en réponse à ces diverses questions, et, sans doute, bien des systèmes seront suivis
encore dans l'avenir; les solutions varient de pays à pays, et, dans
le même pays, elles varient selon les époques; toutefois, on peut
dégager plusieurs types de scrutin :

A. *Le scrutin d'arrondissement.* — Il présente les caractères suivants : *a*) la circonscription en est assez petite, l'arrondissement en
France, le comté ou le bourg en Angleterre; *b*) il n'y est voté que
pour un seul député; *c*) le scrutin est majoritaire, en ce sens
que, dans une circonscription donnée, une majorité unique d'électeurs est représentée. Sans doute, si l'on envisage l'ensemble du
pays, comme tous les arrondissements n'ont pas la même opinion
politique, les opinions les plus variées peuvent obtenir des représentants; mais, dans chaque arrondissement, une seule opinion en
obtient, celle qui a la majorité; *d*) au reste, le scrutin d'arrondis-

sement est moins un scrutin d'opinion qu'un scrutin de confiance; les électeurs votent pour un homme qu'ils connaissent bien parce que la circonscription est petite;

B. *Le scrution de liste pur et simple.* — Il présente les caractères suivants : *a*) la circonscription est plus grande; en France, c'est le département; *b*) chaque électeur vote à la fois pour une liste de députés dont le nombre est en relation avec le chiffre de la population à représenter; *c*) le scrutin est majoritaire en ce sens que dans une circonscription donnée, seront élus tous les candidats qui auront obtenu la plus forte majorité à quelque liste qu'ils appartiennent, la concurrence restant établie entre les candidats, et non pas entre les listes, de telle sorte qu'il n'y a point de siège réservé à telle ou telle liste; *d*) Cependant, ce scrutin est déjà d'opinion plus que de confiance, les électeurs ne connaissent point personnellement tous les candidats des listes, mais c'est un scrutin d'opinion inorganisé.

C. *Le scrutin de liste avec représentation proportionnelle.* — Pendant bien longtemps, il n'y a eu que le scrutin d'arrondissement et le scrutin de liste pur et simple. En France, ils ont alterné bien des fois. Mais un perfectionnement du scrutin de liste devait surgir : c'est le scrutin de liste avec représentation proportionnelle.

A mesure que la plate-forme de l'élection, qui, primitivement, avait été la confiance, est devenue la représentation des opinions politiques, on s'est préoccupé de donner une représentation à toutes les opinions comptant dans la circonscription un nombre respectable de partisans. On voyait là une question de justice. Des systèmes variés ont été préconisés et même appliqués pour obtenir ce résultat [1], mais celui qui tend à l'emporter utilise l'existence même des listes; il admet que chaque électeur vote pour une liste considérée comme symbole de son opinion ou de son parti, en même temps qu'il vote pour les hommes qui sont sur cette liste, et il

---

(1) Les deux plus simples sont le *vote limité* et le *vote cumulatif*, qui, tous les deux, sont des modalités du scrutin de liste.

Dans le *vote limité*, étant donné qu'il y a un certain nombre de sièges à pourvoir dans une circonscription, chacun des électeurs ne pourra voter que pour un nombre de candidats inférieur à celui des sièges à pourvoir; par exemple, s'il y a trois sièges à pourvoir, il ne pourra voter que pour deux candidats : l'un emportera peut-être deux sièges, mais le troisième siège restera au second parti.

Dans le *vote cumulatif*, l'électeur dispose d'autant de voix qu'il y a de sièges à pourvoir, mais il peut utiliser à son gré ces voix en les portant sur des candidats différents ou en les concentrant sur le même candidat, par exemple, s'il dispose de 5 voix, il peut voter 5 fois pour le même candidat. Par ce procédé cumulatif, un parti bien discipliné peut, quoique peu nombreux, faire passer des candidats.

établit la concurrence entre les listes plutôt qu'entre les hommes, de telle sorte que des sièges soient attribués aux listes, d'où le nom de *système de la concurrence des listes*.

Dans un pareil système, la représentation est établie complètement sur la base des opinions et même sur celle des partis politiques organisés avec programme politique. On peut se demander ce que l'opération électorale conserve ici de majoritaire, car les sièges étant attribués aux listes, d'après la moyenne des voix qu'elles ont obtenues, les candidats élus ne seront pas toujours ceux qui, individuellement, auront obtenu le plus grand nombre de voix; quand tous les sièges attribués à la liste A auront été donnés aux candidats de cette liste les plus forts en voix, on passera aux sièges attribués à la liste B, et ils seront donnés à des candidats de la liste B, alors même qu'ils auraient obtenu moins de voix que les candidats non pourvus de la liste A. La distribution des sièges ne s'opère donc point selon les règles ordinaires du système majoritaire, qui voudrait que les sièges fussent attribués aux candidats les plus forts en voix de n'importe quelle liste. Elle s'opère cependant selon un principe majoritaire nouveau plus subtil que l'ancien.

En somme, l'ancien principe majoritaire suppose qu'on ne peut déterminer dans une même circonscription électorale qu'*une seule majorité;* le nouveau principe admet, au contraire, qu'on peut déterminer dans une même circonscription *plusieurs majorités*, dont chacune représentera une opinion groupant un nombre respectable de partisans. Ce nouveau principe demeure majoritaire en ce sens que les partis organisés l'emporteront sur les opinions qui n'auront pas pu se créer un parti et en ce sens aussi que les partis organisés les plus nombreux auront le plus de représentants. Il mérite bien le nom de *représentation proportionnelle*, parce que la représentation sera, en effet, proportionnelle à l'importance des diverses majorités; il vaut mieux renoncer à le qualifier de *représentation des minorités*, parce qu'en réalité les véritables minorités ne seront pas représentées; les minorités seront désormais les opinions qui ne grouperont qu'un nombre d'électeurs trop infime pour constituer un parti organisé.

D. *Les élections à la Chambre des députés d'après la loi du 12 juillet 1919 jusqu'en 1928* [1]. — Depuis longtemps, une campagne avait été menée dans le pays et au Parlement contre le scrutin d'arrondissement et en faveur du scrutin de liste avec représentation proportionnelle; elle n'avait pas abouti avant la

---

(1) Il faut combiner avec la loi du 12 juillet 1919 les lois du 30 novembre 1875, du 16 juin 1885, du 13 février 1889, du 22 juin 1893, du 30 mars 1902.

guerre de 1914 malgré le dépôt' de plusieurs propositions de lois (1). Elle aboutit après la guerre dans la loi du 12 juillet 1919 votée *in extremis* par la Chambre élue en 1914, bien que la majorité de celle-ci fût, par inclination, en faveur du scrutin d'arrondissement. Le Sénat, lui aussi, était mal disposé pour la réforme, et il l'avait déjà fait échouer plusieurs fois. Elle fut réalisée à cause de la secousse de la guerre, parce qu'on éprouvait le besoin d'un renouvellement, parce que certains députés craignaient de n'être pas réélus dans leurs arrondissements; à cause aussi d'un avantage pratique de la réforme, qui était de supprimer le second tour de scrutin, par conséquent de réduire sensiblement les fatigues et les frais de la réélection. Elle fut d'ailleurs très incomplète et très imparfaite. La loi du 12 juillet 1919, qui ne passa qu'avec une extrême difficulté et au prix de nombreuses transactions, n'établit qu'un système hybride, à moitié proportionnaliste et à moitié majoritaire; les *primes à la majorité* y restèrent nombreuses; il y avait aussi une quantité de questions mal réglées, de résultats inacceptables. On put dire qu'elle avait détruit le scrutin d'arrondissement, mais qu'elle n'avait pas édifié un véritable scrutin proportionnel. Aussi, dès le début, put-on prédire qu'elle n'aurait pas de durée. Les élections de 1924 démontrèrent que, par le jeu des primes à la majorité dans l'attribution des sièges restants, elle faussait complètement la physionomie du scrutin.

Par ailleurs, dans les pays qui ont appliqué la proportionnelle intégrale, les résultats n'ont pas été satisfaisants : on s'est aperçu que le système poussait à l'émiettement des partis politiques et ne permettait ensuite que des gouvernements de coalition fort difficiles à réaliser et d'un très médiocre rendement. Le principe de la proportionnelle, séduisant en théorie, résistait mal à la pratique. On s'en est vite détourné en France, et l'on est retourné au vieux principe du scrutin d'arrondissement, si longtemps pratiqué et qui a toujours été celui des Anglo-Saxons.

Ce mode de scrutin a été rétabli par la loi du 21 juillet 1927. Malheureusement, il l'a été avec le système des deux tours de scrutin. On avait voulu échapper à ce système, en 1919 et aux marchandages éhontés qu'il favorise entre les deux tours : on est retombé dans cet inconvénient. Si l'on avait cru y parer en réduisant à huit jours l'intervalle entre les *deux* scrutins, les élections des 22 et 29 avril 1928 ont dû montrer qu'on s'était trompé. Il faudrait imiter jusqu'au bout les Anglais : « Scrutin d'arrondissement avec un seul tour de scrutin ». Si l'on veut maquignonner l'élection, il faut le faire avant le premier tour, avant que les voix

---

(1) V. l'historique de cette campagne dans Esmein et Nézard, 7e édit., t. II, p. 300 et s.

n'aient pu se compter. Dans ces conditions, beaucoup de maquignons hésitent.

III. — LES ELECTIONS A LA CHAMBRE DES DEPUTES D'APRES LA LOI ELECTORALE DU 21 JUILLET 1927.

Nos explications suivront l'ordre suivant : A. Les circonscriptions électorales et le nombre des députés; B. La convocation des électeurs et la période électorale; C. La déclaration de candidature; D. Le scrutin; E. Les frais électoraux.

A. *Les circonscriptions électorales et le nombre des députés.* — Les députés sont élus par des circonscriptions de la France métropolitaine, de l'Algérie et de certaines vieilles colonies (Martinique, Guadeloupe, Réunion, Indes françaises). Le scrutin dit d'arrondissement a bien, en principe, pour base la circonscription de l'arrondissement administratif, mais, d'une part, le décret-loi du 10 septembre 1926, a supprimé beaucoup des anciens arrondissements, d'autre part, c'est un autre principe que l'élection a pour base la représentation des populations. Déjà, autrefois, il fallait sectionner les arrondissements trop populeux. Cette fois-ci, le Parlement s'est livré à un véritable découpage de circonscriptions, dont certaines conséquences ont paru arbitraires. De plus, alors que, depuis 1889, on ne tenait compte que de la population française, il a été décidé que l'on tiendrait compte de la population étrangère, qui, dans certaines régions, est très importante et qui paie des impôts, dont, par conséquent, les intérêts doivent être représentés.

Le résultat de ces nouveautés a été de porter à 612 le chiffre des circonscriptions et, en même temps, celui des députés. Le tableau des circonscriptions est annexé à la loi du 21 juillet 1927, et, bien entendu, ce tableau devra être remanié à chaque renouvellement général de la Chambre. La précédente législature ne comptait que 584 députés.

B. *Electeurs et éligibles.* — *La convocation des électeurs et la période électorale.* — Sont *électeurs* tous les citoyens français ayant la jouissance et l'exercice du droit de suffrage et inscrits sur une liste électorale. Sont éligibles tous les citoyens français âgés de 25 ans. Il y a des causes d'*inéligibilité* qui vicient l'élection. Il en est qui résultent de la perte de la jouissance du droit de suffrage. Il en est qui résultent d'autres faits enlevant seulement l'exercice du droit, telle l'inéligibilité absolue qui frappe les militaires en activité de service (L. 30 nov. 1875, art. 7), telle l'inéligibilité relative qui frappe certains fonctionnaires (L. 30 nov. 1875, art. 12). Il y a des causes d'*incompatibilité* qui empêchent l'élu de conserver son mandat si une certaine situation de fait est maintenue, la principale de ces causes est le cumul d'une fonction publique rétribuée sur les fonds de l'Etat avec le mandat de député (L. 30 nov. 1875, art. 8-12 [1].

a) Convocation des électeurs. — La convocation est faite par décret; la date pour laquelle elle doit être faite est fixée dans les différentes hypothèses :

1° En cas de renouvellement par expiration normale des pouvoirs de la Chambre, l'élection doit avoir lieu dans les soixante jours qui précèdent l'expiration des pouvoirs (L. 16 juin 1885, art. 6 [2].

2° En cas de renouvellement après dissolution, l'élection doit être faite dans les deux mois (L. const. 25 févr. 1875, art. 5, modifié par la révision du 14 août 1884);

3° En cas d'élection partielle par suite de décès, démission ou autrement, l'élection doit avoir lieu dans le délai de trois mois à partir du jour de la vacance (L. 21 juill. 1927, art. 6). Comme dans tous les cas, il faut laisser place pour une période électorale de vingt jours, le décret de convocation doit paraître vingt jours au moins avant l'expiration de ces différents délais.

b) Période électorale. Elle dure au moins vingt jours francs entre le décret de convocation et le jour du scrutin (D. organique 1852, art. 4) les événements qui doivent ou peuvent se produire au cours de la période électorale sont : des déclarations de candidatures, qui seront étudiées au numéro suivant; des envois de circulaires et de bulletins; des appositions d'affiches et des réunions électorales.

1° Les envois collectifs de circulaires et de bulletins sont réglés par la loi dans une pensée d'économie (L. 21 juill. 1927, art. 8 et s.) [3].

---

(1) Les détails sur l'électorat et sur l'éligibilité seront donnés au chapitre suivant consacré au *pouvoir de suffrage.*

(2) Les pouvoirs de la Chambre de la quatorzième législature, élue les 22 et 29 avril 1928, n'ayant commencé que le 1er juin 1928, expireront le 31 mai 1932.

(³) Cette organisation, inaugurée à titre exceptionnel par la loi du 20 octobre 1919, est entrée dans les mœurs.

LOI DU 21 JUILLET 1927
(J. off. 22 juillet 1927.)

. . . .

ART. 8. — Pour toutes les élections législatives, douze jours au moins avant le premier tour de scrutin, et trois jours avant le second, une commission composée des candidats en présence ou de leurs mandataires, à raison d'un mandataire par candidat, sera constituée au chef-lieu de chaque département, sous la présidence du président du tribunal civil ou d'un juge désigné par lui, assisté du receveur principal des postes ou de son délégué et du greffier en chef du tribunal, secrétaire.

Cette commission sera chargée d'assurer l'impression et la distribution

2° L'affichage électoral, l'affranchissement du timbre des affiches et circulaires, l'interdiction de distribution des bulletins de vote et circulaires (1).

3° *Au point de vue des réunions électorales*, il y a lieu de remarquer que depuis la loi du 28 mars 1907, qui a supprimé pour

---

de tous les bulletins de vote et des circulaires dont le texte ou les exemplaires lui seront remis par les candidats.

Elle aura son siège au palais de justice.

Art. 9. — Deux bulletins de vote de chaque candidat et, s'il y a lieu, une circulaire dont le format ne pourra excéder deux pages in-4° double ou quatre pages in-8° format coquille, ou toute autre communication exclusivement relative aux élections, seront envoyés à chaque électeur, sous une même enveloppe fermée, qui sera déposée à la poste et transportée en franchise.

Quiconque se servira de cette franchise pour adresser aux électeurs des documents étrangers à l'élection sera puni d'une amende de 500 à 5.000 francs.

Les bulletins de chaque candidat, en nombre au moins égal au nombre des électeurs, seront en outre envoyés dans chaque mairie pour être mis, le jour du scrutin, à la disposition des électeurs, dans tous les bureaux de vote.

La mairie en accusera immédiatement réception par lettre adressée au greffier du tribunal civil, secrétaire de la commission.

Des bulletins de vote, en nombre double du nombre des électeurs, devront être mis à la disposition des candidats qui en feront la demande à la commission.

Art. 10. — Les enveloppes seront mises à la disposition de la commission par l'administration préfectorale. Le préfet ou le ministre de l'Intérieur pourra se les procurer, même par voie de réquisition.

Art. 11. — La commission établira le coût total des frais résultant de l'application des articles ci-dessus et déterminera la part incombant à chaque candidat, laquelle part sera augmentée d'une somme de 100 francs à titre de rémunération au greffier en chef, secrétaire.

La contribution de chaque candidat devra être versée dans les vingt-quatre heures, entre les mains du greffier en chef, qui en donnera récépissé.

Art. 12. — Dès que le versement aura été effectué et douze jours au moins avant le jour du scrutin, le président du tribunal donnera l'autorisation d'imprimer des bulletins et, s'il y a lieu, des circulaires.

Art. 13. — Toute candidature déclarée postérieurement au délai imparti à l'article précédent et *antérieurement au délai de cinq jours* établi par la loi du 17 juillet 1889 bénéficiera d'un envoi en franchise comportant : deux bulletins de vote, une circulaire ou autre communication exclusivement relative aux élections.

Cet envoi devra être fait de la recette principale des postes du chef-lieu du département.

Art. 14. — La commission prévue à l'article 8 demeure en fonctions dans le cas d'un second tour et procède aux opérations qui lui sont dévolues au plus tard le troisième jour qui précède le scrutin de ballottage. Elle comprend alors les candidats au second tour ou leurs mandataires.

Les candidatures nouvelles ne pourront se produire que jusqu'au mercredi à minuit qui suit le premier tour.

(1) Emplacements réservés dans chaque commune avec surface égale pour chaque candidat; nombre d'emplacements corrélatif au chiffre des

toutes les réunions publiques la formalité de la déclaration préalable, les réunions électorales ne se distinguent plus, en fait, des réunions publiques ordinaires.

C. *La déclaration de candidature.* — La loi du 21 juillet 1927 a, peut-on dire, remis intégralement en vigueur la loi du 17 juillet 1889 sur les candidatures multiples dans les élections législatives en abrogeant les modifications que la loi du 12 juillet 1919 lui avait fait subir, et, d'ailleurs, en s'y référant par occasion dans ses articles 13 et 14.

Nous verrons, à propos du droit de suffrage, que, dans toute opération électorale, il devrait y avoir des déclarations de candidatures, parce que le suffrage s'analyse essentiellement en un assentiment fourni par l'électeur à une initiative prise par un représentant qui se propose à lui.

En Angleterre, la candidature est tellement devenue un fait juridique essentiel que, lorsque dans la circonscription électorale une seule déclaration de candidature a été enregistrée dans les délais légaux, il n'y a pas lieu de procéder au scrutin : l'élection se trouve réalisée par l'assentiment tacite des électeurs à cette candidature unique, assentiment tacite qui doit être présumé, puisque aucune autre candidature n'a été suscitée.

***a)* Formalités de la déclaration de candidature.** — Pour toutes les élections autres que celles à la Chambre des députés, la candidature n'est soumise à aucune formalité, c'est un pur fait. Elle peut être lancée par le candidat lui-même ou par un tiers.

***b)* Déclaration de candidature pour les élections législatives** (L. du 17 juill. 1889). — Exceptionnellement, pour les élections à la Chambre des députés, une déclaration de candidature est nécessaire :

1° C'est un acte écrit, signé ou visé par le candidat et dûment

------

électeurs, cinq au minimum pour les communes ayant 500 électeurs ou moins; tout affichage relatif à l'élection, même par affiches timbrées, est interdit en dehors de ces emplacements ou sur l'emplacement réservé aux autres candidats. Droit pour le préfet de substituer son action à celle du maire; pénalités (L. 20 mars 1914).

« Sont affranchies du timbre les affiches électorales d'un candidat contenant sa profession de foi, une circulaire signée de lui, ou seulement son nom. » (L. 11 mai 1868, art. 3, § 3.) Il n'en serait pas de même des affiches émanées d'un tiers qui voudrait soutenir la candidature. Les affiches tricolores sont interdites (L. 20 mars 1902, art. 44).

« Il est interdit, sous peine de confiscation des bulletins et autres documents distribués et d'une amende de 500 à 5.000 francs, de distribuer ou faire distribuer *le jour du scrutin* des bulletins, circulaires et autres documents. Dans chaque section de vote, les candidats pourront faire déposer des bulletins de vote sur une table préparée à cet effet par les soins du maire. » (L. 9 juin 1923.)

légalisé, déposé à la préfecture du département intéressé. Cependant, on a admis le télégramme en cas de force majeure (affaire *Le Myre de Villers*). Le dépôt doit être fait le cinquième jour au plus tard avant le jour du scrutin, il peut l'être dès le premier jour de la période électorale; il est délivré immédiatement un reçu provisoire et, dans les vingt-quatre heures, un récépissé définitif. Dans l'intervalle entre les deux récépissés il peut être fait acte de candidat (Montpellier, 8 mars 1890, *De Benoit*, S., 90. 2. 88; Cass., 29 mars 1890);

2° Nul ne peut être candidat dans plus d'une circonscription (L. 17 juill. 1889, art. 1). Toute déclaration de candidature faite en violation de cette règle est nulle et non avenue. Si plusieurs déclarations ont été faites, la première en date est seule valable. Si elles portent la même date, toutes sont nulles (art. 3);

3° Nul ne peut se porter candidat, s'il n'est *citoyen*, c'est-à-dire s'il n'a la jouissance du droit de suffrage [1];

4° Le résultat de l'absence de déclaration de candidature, soit que la déclaration n'ait pas été faite, soit qu'elle n'ait pas été reçue, ou qu'elle soit nulle par suite de la multiplicité, est la non-existence de l'élection, les bulletins n'entrent pas en compte dans le résultat du dépouillement (art. 5). De plus, les affiches placards, professions de foi, bulletins de vote, doivent être enlevés et saisis;

5° Enfin, sera puni d'une amende de 10.000 francs le candidat qui contreviendra aux dispositions de la présente loi, et d'une amende de 1.000 à 5.000 francs toute personne qui aura signé ou apposé des affiches, envoyé ou distribué des bulletins, circulaires ou professions de foi dans l'intérêt du candidat (art. 6).

D. *Le mécanisme du scrutin* (L. 21 juill. 1927, art. 3 à 5). — Il y a deux tours de scrutin, par conséquent, il faut distinguer entre le premier et le second tour.

***a)* Premier tour de scrutin.** — Nul n'est élu au premier tour de scrutin s'il n'a réuni :

1° La majorité absolue des suffrages exprimés, c'est-à-dire plus de la moitié des suffrages exprimés. Sont considérés comme n'étant pas exprimés : α) les *bulletins blancs* et ceux sur lesquels le candidat n'est pas désigné clairement; β) les *bulletins non valables*, dont la liste sera donnée *infra* à propos du droit de suffrage. Notons seulement ici que les bulletins au nom d'un candidat dont

---

(1) Cette solution est contestée, mais elle paraît résulter du texte de l'article 2, qui dit tout *citoyen*, etc. Elle résulte aussi, il faut bien le dire, des principes du droit. Du moment que la candidature devient un acte juridique, elle est soumise aux conditions de validité des actes juridiques.

la déclaration de candidature n'a pas été reçue n'entrent pas en compte dans le dépouillement (L. 17 juill. 1889, art. 5);

2° Un nombre de suffrages égal au quart du nombre des électeurs inscrits dans la circonscription (il s'agit, bien entendu, de suffrages valables).

b) **Second tour de scrutin.** — Il a lieu le dimanche qui suit le jour de la proclamation du résultat du premier tour. Comme cette proclamation doit être faite au plus tard le mercredi qui suit le premier tour, normalement, le second tour aura lieu huit jours après le premier.

Les déclarations de candidature faites en vue du premier tour valent pour le second. Mais, en outre, de nouvelles candidatures peuvent se produire, et la déclaration doit en être faite avant le mercredi à minuit, qui suit le premier tour (art. 14).

Au second tour, la majorité relative suffit pour être élu, c'est-à-dire que le candidat qui obtient plus de voix que les autres est élu. En cas d'égalité de suffrages, le plus âgé des candidats est élu.

c) **Pour les formalités du scrutin.** — Vote sous enveloppe, isoloir, etc. V. *infra, Droit de suffrage.*

d) **Recensement général des votes et proclamation du résultat.** — Cette opération se fait, pour toute circonscription électorale, au chef-lieu de département, en séance publique, au plus tard le mercredi qui suit le scrutin.

Il est opéré par une commission composée du président du tribunal civil, président, et des quatre membres du conseil général non candidats qui compteront la plus longue durée de fonctions; en cas de durée égale, le plus âgé se trouvera désigné; si le président du tribunal civil se trouve empêché, il est remplacé par le vice-président, et, à son défaut, par le juge le plus ancien. Les conseillers sont eux-mêmes, en cas d'empêchement, remplacés suivant l'ordre d'ancienneté. L'opération est constatée par un procès-verbal (art. 5).

E. *Elections complémentaires.* — En cas de vacance du siège par décès, démission ou autrement, l'élection devra *être faite* dans le délai de trois mois à dater du jour où la vacance se sera produite. Il n'est pas pourvu aux vacances survenues dans les six mois qui précèdent le renouvellement de la Chambre (art. 6 et 7). Par date du renouvellement, il faut entendre celle de l'expiration des pouvoirs.

Article II. — L'organisation du Sénat.

I. — COMPOSITION DU SENAT

En 1875, le chiffre des sénateurs avait été fixé à 300; il a été porté à 314 par la *loi du 17 octobre* 1919 sur le régime provisoire de l'Alsace et de la Lorraine réintégrées.

Depuis la revision constitutionnelle du 14 août 1884 et la loi du 9 déc. 1884, qui ont supprimé les 75 sénateurs inamovibles institués en 1875, tous les sénateurs sont élus au scrutin de liste, avec le département comme circonscription électorale. Ils sont élus au suffrage à plusieurs degrés. Ils sont, en effet, nommés par un collège restreint composé : 1° des députés, conseillers généraux et conseillers d'arrondissement du département, qui eux-mêmes sont déjà élus, ci deux degrés; 2° de délégués élus par les conseillers municipaux, lesquels sont eux-mêmes élus, ci trois degrés. Ce procédé de suffrage entraîne une *dualité des corps électoraux* qu'il convient de rapprocher de la *dualité des Chambres* et de celle des organes exécutifs.

Le Sénat ne se renouvelle pas en entier, mais par tiers, de trois en trois ans, de sorte que le mandat de chaque sénateur est de neuf ans. Les départements et les colonies représentés ont été répartis par ordre alphabétique en trois séries : série A, de l'Ain au Gard, inclusivement, plus Alger, la Guadeloupe et la Réunion; série B, de la Haute-Garonne à l'Oise, inclusivement, plus Constantine et la Martinique; série C, de l'Orne à l'Yonne, plus Oran et les Indes françaises; le roulement, modifié par la guerre, se présente actuellement ainsi : la série C a été renouvelée en janvier 1927; la série A le sera en janvier 1930; la série B en janvier 1933 (V. L. 18 octobre 1919).

Le Sénat doit toujours être au complet; si donc un sénateur disparaît par suite d'invalidation, décès, démission, il doit y avoir élection partielle; toutefois, si la vacance survient dans les six mois qui précèdent le renouvellement triennal, il n'y est pourvu qu'au moment du renouvellement.

II. — ELECTIONS AU SENAT

A. *Eligibles*. — Est éligible tout Français âgé de 40 ans au moins et jouissant de ses droits civils et politiques (L. 9 déc. 1884, art. 4). Aucune condition spéciale de domicile ou autre n'est exigée. Pas n'est besoin d'une déclaration de candidature. (Pour les *inéligibilités* et les *incompatibilités*, V. *infra*, Droit de suffrage.)

B. *Electeurs* (V. *supra*, n° 1). — Il y a lieu de distinguer l'élection des délégués sénatoriaux et celle des sénateurs.

a) Election des délégués sénatoriaux par les conseils municipaux (L. 2 août 1875 et 9 déc. 1884). — La date à laquelle doit avoir lieu l'élection des délégués est fixée par un décret du chef de l'Etat en même temps que la date de l'élection sénatoriale. Il doit y avoir un mois d'intervalle entre ces deux élections, et, d'autre part, le décret doit être rendu cinq semaines avant l'élection sénatoriale, il doit donc être rendu à peu près douze jours avant l'élection des délégués (L. 2 août 1875, art. 1er). L'heure de la réunion des conseils municipaux est fixée ensuite par arrêté préfectoral. Le maire notifie par écrit cet arrêté à chacun des conseillers, en indiquant le lieu de la réunion (Décr. 3 janv. 1876, art. 3).

C'est une véritable élection qui donne lieu à un contentieux.

Les conseils composés de 10 membres éliront 1 délégué; les conseils composés de 12 membres éliront 2 délégués; ceux de 19, 3; ceux de 21, 6; ceux de 23, 9; ceux de 27, 12; ceux de 30, 15; ceux de 32, 18; ceux de 34, 21; ceux de 36 et au-dessus éliront 24 délégués. Le Conseil municipal de Paris élira 30 délégués (L. 9 déc. 1884, art. 6). Les conseils qui ont 1, 2 ou 3 délégués nomment 1 suppléant, ceux qui ont 6 ou 9 délégués nomment 2 suppléants, ceux qui ont 12 ou 15 délégués nomment 3 suppléants, ceux qui ont 18 ou 21 délégués nomment 4 suppléants, le Conseil municipal de Paris nomme 8 suppléants. Les suppléants remplaceront les délégués en cas de refus ou d'empêchement, selon l'ordre fixé par le nombre des suffrages obtenus par chacun d'eux (art. 8).

b) **Election des sénateurs** (D. organique, 2 févr. 1852; L. 2 août 1875, modifiée par L. 9 déc. 1884).

1° Convocation du collège électoral, période électorale, réunions. — Nous avons vu que le collège électoral est convoqué par le même décret qui prescrit l'élection des délégués municipaux. La période électorale s'ouvre dès le décret de convocation, mais, par la force des choses elle ne prend de l'importance qu'à partir du jour de la nomination des délégués, parce qu'à partir de ce jour-là seulement il y a des électeurs en nombre suffisant pour tenir des réunions électorales. On sait que, par exception, ces réunions peuvent être tenues le jour même du scrutin (L. 30 juin 1881, art. 3).

Peuvent seuls assister à la réunion, les candidats ou leurs mandataires et les électeurs sénatoriaux. L'autorité municipale veillera à ce que nulle autre personne ne s'y introduise. Les délégués et suppléants justifieront de leur qualité par un certificat du maire de la commune, les candidats ou mandataires par un certificat du fonctionnaire qui aura reçu la déclaration de la réunion.

2° Scrutin. — Le préfet désigne le local dans lequel doit se réunir le collège électoral et il prend les mesures nécessaires pour que cette désignation soit connue des électeurs. Le collège électoral est présidé par le président du tribunal civil du lieu du vote, qui n'est pas nécessairement le chef-lieu du département ou de la colonie (Charleville, dans les Ardennes, au lieu de Mézières).

Nul n'est élu sénateur à l'un des premiers tours de scrutin s'il ne réunit : 1° la majorité absolue des suffrages exprimés; 2° un nombre de voix égal au quart des électeurs inscrits. Au troisième tour, la majorité relative suffit, et en cas d'égalité, le plus âgé est élu (art. 15).

Le premier scrutin est ouvert à 8 heures et fermé à midi, le second est ouvert à 14 heures et fermé à 17 heures, le troisième est ouvert à 19 heures et fermé à 22 heures.

Les résultats des scrutins sont recensés par le bureau et proclamés immédiatement par le président du collège électoral (art. 14). Pour la réception des votes et le dépouillement, règles ordinaires. De même pour les procès-verbaux, sur lesquels des protestations peuvent être imédiatement formulées.

3° INDEMNITÉ DES DÉLÉGUÉS ET OBLIGATION DU VOTE. (L. 30 déc. 1928, art. 98). — « L'article 17 de la loi du 2 août 1875 sur les élections des sénateurs est modifié ainsi qu'il suit :

« Les délégués qui auront pris part à tous les scrutins recevront, » sur les fonds de l'Etat, s'ils le requièrent et sur présentation de » leur lettre de convocation, visée par le président du collège élec- » toral, une indemnité pour frais de voyage et de séjour, dont les » bases, le tarif et le mode de paiement seront déterminés par un » règlement d'administration publique.

» Les dispositions du présent article sont applicables aux élec- » teurs dont le mandat n'est pas déjà l'objet d'une indemnité an- » nuelle. »

A l'inverse, les électeurs qui ne votent pas sont frappés d'une amende de 50 francs (art. 18).

§ 3. — Les règles communes d'organisation et de fonctionnement des deux Chambres.

Sommaire. — I. Les Chambres comme corps constitués. — II. Leurs règlements. — III. Les bureaux. — IV. Les commissions. — V. Les séances plénières et la procédure des délibérations : publicité des séances, comités secrets; dépôts des projets et propositions de lois; rapports de la commission; ordre du jour; délibération et vote des lois.

I. — LES CHAMBRES COMME CORPS CONSTITUES

Les Chambres sont dans deux états très différents, à l'état de simples assemblées, avec un bureau provisoire ou bureau d'âge, et à l'état de corps constitués avec un bureau définitif élu. Tous les ans, au moment de l'ouverture de la session ordinaire, il se produit une crise, les deux Chambres perdent la qualité de corps constitués et retombent à l'état de simples assemblées sous la direction d'un bureau d'âge, puis elles recouvrent la qualité de corps constitués par l'élection d'un bureau définitif. La Chambre des députés subit, en outre, cette même crise au moment de son renouvellement général tous les quatre ans; la nouvelle Chambre se réunit à l'état de simple assemblée sous la présidence d'un bureau d'âge et ce n'est qu'après la vérification des pouvoirs de plus de la moitié de ses membres qu'elle peut se constituer en élisant un bureau définitif.

Or, c'est seulement à l'état de corps constitué que les assemblées ont l'exercice du pouvoir délibérant; jusque-là elles ne peuvent ni entrer en relations avec le gouvernement, ni accepter une proposition de loi, ni délibérer.

Quand aux membres des Assemblées, ils ne font que participer au pouvoir délibérant du corps constitué, avec des droits propres de parole et de vote consacrés par le règlement.

II. — LES REGLEMENTS INTERIEURS DES CHAMBRES [1]

Ces règlements ne sont pas des lois, car chaque Chambre vote seule le sien; ils sont de la catégorie des *résolutions parlementaires*, simples pratiques, dont chaque Chambre assure l'exécution, vis-à-vis de ses membres, par ses propres moyens et qui ne sont pas de la compétence du juge (Cons. d'Et., 2 février 1914, *Turmel;* Trib. de la Seine, 24 févr. 1880; Cass., 30 janv. 1882, S., 83. 1. 111). Le règlement actuel de la Chambre des députés a été entièrement refondu le 4 février 1915; celui du Sénat n'a pas été refondu depuis le 10 juin 1876, mais tous les deux ont été modifiés par de nombreuses résolutions partielles. Outre que les règlements sont les ressorts de l'action disciplinaire du corps constitué sur ses membres, ils contiennent les règles et les procédures du travail parlementaire; ils sont des instruments efficaces des réformes qu'il y a à accomplir dans cet ordre d'idées et qu'ont déjà accomplies les Chambres anglaises (V. *supra, Initiative des lois, Calendrier parlementaire*).

Les règlements des Chambres sont ainsi des textes constitutionnels de la plus haute importance, bien que de la catégorie des *simples pratiques* (V. *supra*, p. 74).

III. — LES BUREAUX DES CHAMBRES

Il convient de distinguer les bureaux tirés au sort, dont la principale utilité est de procéder à la vérification des pouvoirs, et le bureau central provisoire ou définitif qui est l'organe de direction grâce auquel la Chambre est constituée.

A. *Les bureaux tirés au sort. La vérification des pouvoirs*. — Les bureaux tirés au sort sont l'organisation la plus rudimentaire

---

(1) BIBLIOGR. — Moreau et Delpech, *Les règlements des Assemblées législatives*, 2 vol.; Roger Bonnard, *Les règlements des Assemblées législatives en France*, 1926. Denis Farge, *La procédure des délibérations dans les Assemblées révolutionnaires*, 1929; Eugène Pierre, *Traité de droit politique et parlementaire;* Nézard, *Principes généraux du droit disciplinaire*, 1903.

des assemblées législatives; tant qu'elles n'ont que ces bureaux elles ne sont pas encore des corps constitués. La division en bureaux n'est qu'une segmentation de la grande assemblée en assemblées plus petites dans lesquelles les membres sont répartis par voie de tirage au sort; à la Chambre des députés il y a 11 bureaux, et au Sénat 9. Ces bureaux sont organisés, ils ont des présidents, des secrétaires, un local.

La vérification des pouvoirs. — Elle constitue une prérogative constitutionnelle des deux Chambres (L. const., 16 juillet 1875, art. 10), et elle est la principale attribution des bureaux tirés au sort. Elle consiste en ceci, qu'à l'intérieur de chaque chambre les membres apprécient réciproquement la validité de leurs élections. D'une part, toutes les élections doivent être vérifiées, même celles qui n'ont été l'objet d'aucune protestation; d'autre part, la vérification se fait, non point en la forme d'un procès, mais suivant une procédure parlementaire établie par le règlement intérieur de chaque Chambre. En fait, le système de la vérification des pouvoirs tend à se rapprocher de celui du contentieux, parce que les élections contestées sont seules examinées sérieusement.

La vérification des pouvoirs est donc un contentieux porté devant un tribunal politique, ce qui est évidemment mauvais.

(En Angleterre, au Japon, en Grèce (revision de 1911), en Tchécoslovaquie (Const. 29 févr. 1920, art. 8), en Allemagne (Const. 11 août 1919, art. 31), la vérification des pouvoirs a cédé la place à un contentieux porté devant une juridiction véritable.)

Les membres non encore validés prennent part aux délibérations et aux votes de l'assemblée à moins que leur admission n'ait été ajournée par un vote. Les députés invalidés doivent être remplacés dans le délai de trois mois.

B. *Le bureau central provisoire.* — Lorsque les deux assemblées législatives se réunissent pour la session de janvier, il y a lieu de renouveler leur bureau central; la séance où s'opère ce renouvellement par l'élection est présidée par un bureau central provisoire ou *bureau d'âge* composé d'un président d'âge qui est le plus âgé des membres présents à l'ouverture de la séance et des six plus jeunes jouant le rôle de secrétaires. Il en est de même à la Chambre des députés, après un renouvellement intégral, pour toutes les séances tenues, jusqu'à ce que, plus de la moitié des membres ayant été validés, on ait pu procéder à l'élection du bureau définitif. Sous le bureau provisoire, la Chambre n'est pas encore constituée.

C. *Le bureau central élu et définitif.* — Ce bureau est composé d'un président, quatre vice-présidents, huit secrétaires et trois questeurs, dans chaque asemblée. Il est élu tous les ans au début de la session de janvier et aussi à la Chambre des députés, après un renouvellement intégral. C'est l'organe de direction des Chambres pour tout le travail parlementaire; après son élection, chaque Chambre est constituée et les questeurs sont chargés des services intérieurs du corps constitué.

Les présidents des Chambres. — Les présidents du bureau central portent le nom de *président de la Chambre* ou du *Sénat*. Ce sont des personnes consulaires. En cas de crise ministérielle, le Président de la République les fait immédiatement appeler pour conférer avec eux, avant de mander aucun homme politique.

Les présidents des deux Chambres reçoivent une indemnité qui a été portée par la loi de finances de 1920 à 132.000 francs; ils sont logés dans les palais législatifs.

Les attributions du président sont esentiellement relatives à la direction des débats en séance plénière, cependant, il veille aussi aux travaux des commissions, il a la haute main sur les services législatifs, il veille à la sûreté de l'assemblée et il a, à cet effet, le droit de requérir la force armée. Il est secondé par un secrétariat administratif.

Le *speaker* de la Chambre des communes anglaises a des pouvoirs plus étendus que notre président de la Chambre des députés en ce qu'il peut prendre seul certaines décisions qui, en France, exigent le vote conforme de la Chambre; ainsi, ses décisions sur toutes les questions de règlement sont sans appel (Cf., Lowell, *Le gouvernement de l'Angleterre*, I, p. 314).

Toutefois, le président français a récemment conquis le droit d'appliquer le règlement sans un vote préalable de la Chambre (Séance du 10 juin 1927).

IV. — LES COMMISSIONS DES CHAMBRES

Les Chambres travaillent en commissions ou en assemblées plénières. Le travail en commissions est pour l'instruction préalable des projets de loi et des affaires. La procédure des commissions a donné lieu en France à deux organisations différentes :

1° La création de commissions éphémères, à raison d'une commission pour un projet ou une proposition de loi, qui se dissoudra une fois réglé le sort du projet; ce système a été celui suivi par les Chambres françaises pendant tout le XIVe siècle;

2° La constitution de grandes commissions permanentes qui seront organisées, soit pour toute la durée de la législature, soit pour une année, se partageant toutes les matières législatives et auxquelles seront renvoyés, pour étude préalable, tous les projets ou propositions de lois, selon la spécialité de chacune. Ce système, appliqué déjà depuis longtemps pour les Chambres anglaises et américaines, a été adopté récemment par les Chambres françaises, d'abord par la Chambre des députés, par des résolutions qui s'échelonnent de 1902 à 1920, ensuite par le Sénat en 1921.

Les Anglais pratiquent encore un comité de la Chambre entière (*Whole committee*).

A. *Commissions permanentes*. — Il y a actuellement 20 grandes commissions à la Chambre et 12 au Sénat. Il serait désirable que le nombre en fut égal dans les deux Chambres et égal aussi à celui des ministères et que les compétences fussent correspondantes; cela faciliterait la liaison entre les assemblées et le gouvernement (proposition Marin, séance du 27 déc. 1919). Voici les dénominations des commissions du Sénat qui se rapprochent mieux de cet idéal que celles de la Chambre des députés; 1° armée; 2° marine; 3° affaires étrangères, colonies et protectorats; 4° douanes et conventions commerciales; 5° chemins de fer, transports, outillage national; 6° agriculture; 7° enseignement; 8° hygiène, assistance, assurances et prévoyance sociales; 9° législation civile et criminelle; 10° administration générale départementale et communale; 11° commerce, industrie, travail et postes; 12° finances.

La commission des finances, tant au Sénat qu'à la Chambre des députés, est le résultat de la fusion de l'ancienne commission du budget qui était élue lors du dépôt du projet du budget par le gouvernement et de la commission de législation fiscale chargée d'examiner les projets fiscaux. La Chambre des députés, en opérant cette fusion, a fait de la commission des finances une commission toute pareille aux autres et élue en même temps; le Sénat a disjoint son élection afin de lui conserver certains caractères de la commission du budget.

Ces grandes commissions sont composées de 44 membres à la Chambre des députés et de 36 au Sénat. Elles sont élues pour un an, mais restent saisies des affaires en cours. L'élection est à base proportionnaliste d'après le nombre des membres de chaque groupe politique, compté au moment de l'élection. A cet effet, les groupes parlementaires doivent s'organiser, s'*apparenter*, si cela est nécessaire, et proposer chacun les commissaires qui leur reviennent; la Chambre, en réunion plénière, valide ces propositions au scrutin de liste (Règl. Ch. dép., art. 12-13; Règl. Sénat, art. 15 à 24).

Ces commissions sont organisées par la constitution d'un bureau élu; elles ont un local; un jour par semaine est réservé à leurs travaux.

Sauf décision spéciale de la Chambre, les commissions sont saisies de tous les projets ou propositions de loi ou de résolution rentrant dans leur compétence, ainsi que de toutes les pièces et documents relatifs à ces projets ou propositions.

Tout projet, toute proposition de loi ou de résolution ou tout amendement disjoint renvoyé à une commission doit être rapporté dans le délai maximum de quatre mois, non compris, les inter-sessions, à dater du jour du renvoi à la commission.

B. *Les commissions éphémères ou spéciales* ne sont pas complètement supprimées; les Chambres se sont réservé le droit d'en constituer exceptionnellement, soit par le procédé des bureaux tirés au sort, soit par un scrutin direct de l'assemblée plénière. (Règl. Ch. dép., art. 11, résol. du 27 janv. 1920; Règl. Sénat, art. 21.)

V. — LES SEANCES PLENIERES DES CHAMBRES
PROCEDURE DES DELIBERATIONS

Quelle que soit l'importance du travail en commission, le rôle essentiel des Chambres est de tenir des séances plénières et publiques consacrées aux délibérations et aux débats. Les débats parlementaires sont « le souffle de la vie publique » (W. Wilson, *Le gouvernement congressionnel*). L'expérience du Premier et du Second Empire prouve que ce souffle ne peut pas impunément être étouffé.

A propos des séances plénières, nous étudierons les matières suivantes : A. La publicité des séances; B. Le dépôt des projets et propositions de lois, des contre-projets et amendements; C. Le rapport de la commission; D. L'ordre du jour, la délibération, le droit de parole; E. Le vote (Pour les règles des *sessions*, pendant lesquelles se tiennent les séances, V. *p. 153 et 154).

A. *La publicité des séances; les comptes rendus; les comités secrets* (L. const., 16 juillet 1875, art. 5) : « Les séances du Sénat et de la Chambre des députés sont publiques ». — Il y a deux espèces de publicité :

1º L'admission du public aux séances dans les tribunes à ce destinées (Charte du 4 juin 1814, art. 53);

2º La publicité par la presse. Cette seconde publicité, qui est la plus importante, donne lieu à *l'admission des représentants de la presse aux séances* dans une tribune réservée et à des *communications officielles à la presse* ou comptes rendus qui sont au nombre de trois, *le sommaire, l'analytique, l'in extenso*, ce dernier publié au *Journal officiel*. Ces comptes rendus sont couverts par l'immunité parlementaire comme toutes les publications officielles des Chambres (L. 29 juillet 1881, art. 41, §§ 1 et 2).

Sur les *comités secrets*, que les Chambres peuvent constituer pour échapper à la publicité, V. L. const., 16 juillet 1875, art. 5; « chaque » Chambre peut se former en comité secret sur la demande d'un » certain nombre de ses membres fixé par le règlement (20 à la » Chambre et 5 au Sénat; décision prise sans débat). Elle décide » ensuite, à la majorité absolue, si la séance doit être reprise en » public sur le même sujet ». Il n'est dressé aucun procès-verbal de la séance secrète et il ne doit être publié aucun compte rendu dans la presse. (Sur l'abus des comités secrets pendant la guerre de 1914, V. Esmein et Nézard, 7e édit., t. II, p. 375.)

B. *Le dépôt des projets et propositions de lois, des contre-projets et des amendements.* — On appelle *projets de lois* ceux déposés sur le bureau des Chambres par le Gouvernement et *propositions de lois* celles d'initiative parlementaire. (L. const., 25 février 1875, art. 1er, et L. 24 février 1875, art. 8). L'initiative parlementaire a été exercée jusqu'ici d'une façon individuelle; tout membre du parlement peut déposer une proposition sous sa seule signature; elle doit être formulée par écrit en articles et précédée d'un exposé des motifs; les projets et propositions sont, en principe, renvoyés à la commission permanente compétente imprimés et distribués.

Les amendements, contre-projets et articles additionnels suivent les mêmes règles, mais la Chambre ne délibère sur aucun amendement si, après avoir été déposé, il n'est pas *appuyé* par quelqu'autre membre dans la discussion.

C. *Rapport de la commission.* — En principe, la discussion d'un projet ou d'une proposition de loi ne peut commencer qu'après le dépôt du rapport de la commission et même six jours après la distribution dudit rapport aux membres de la Chambre (dix jours pour le budget) (Règl. Ch. dép., art. 95). Mais tout projet ou proposition de loi ou de résolution ou tout amendement disjoint renvoyé à la commission doit être rapporté dans le délai maximum de quatre mois, non compris les intersessions, à dater du jour du renvoi à la commission.

D. *L'ordre du jour, la délibération, le droit de parole.* — A la Chambre des députés, l'ordre du jour, c'est-à-dire le programme des délibérations, est réglé toutes les semaines; au Sénat, il est réglé à la fin de chaque séance pour la séance suivante (art. 46, Règl.). Le Sénat est resté fidèle à l'ancien principe que les Chambres sont toujours maîtresses de leur ordre du jour; la Chambre tend à abandonner ce principe et à réaliser la fixité de l'ordre du jour, par la façon dont il est préparé dans une conférence des présidents des commissions et du président de la Chambre.

C'est un principe que les Chambres sont toujours en nombre pour décider de l'ordre du jour, c'est-à-dire qu'il n'y a pas de *quorum* (Pierre, *Droit politique*, nos 803 et 989).

Les délibérations. La question préalable. — A la Chambre des députés, les projets et propositions de loi ne sont plus soumis, en principe, qu'à *une seule délibération* ou lecture. Toutefois, avant le vote sur l'ensemble, la Chambre peut décider, sur la demande d'un membre, qu'il sera procédé à une seconde délibération; dans ce cas, les textes votés en première lecture sont renvoyés à la commission qui devra présenter un rapport (Règl. Ch. dép., art. 82).

Le Sénat, au contraire, a maintenu, sauf les cas d'urgence, deux délibérations séparées au moins par un intervalle de cinq jours (Règl. Sénat, art. 65).

La *question préalable*, tendant à faire déclarer qu'il n'y a pas lieu à délibérer, peut toujours être proposée; elle est mise aux voix avant la question principale (Règl. Ch. dép., art. 49); elle est employée pour écarter les propositions inconstitutionnelles ou simplement inopportunes; elle peut être employée à propos d'une interpellation.

La délibération d'un projet ou d'une proposition de loi se compose d'une *discussion générale* et d'une *discussion des articles*.

Il y a d'abord une *discussion générale* qui porte sur l'ensemble du projet ou de la proposition; quand elle est close, le président consulte la Chambre pour savoir si elle entend passer à la discussion des articles; si la décision est négative, le président déclare que le projet de loi n'est pas adopté; dans le cas contraire, la discussion continue; elle porte successivement sur chaque article et sur les amendements qui s'y rattachent; après le vote de tous les articles, il est procédé au vote sur l'ensemble (Règl. Ch. dép., art. 83).

De la parole, du tour de parole, de la limitation du nombre des orateurs et du temps de parole. — Il faut distinguer, pour le droit de parole, suivant qu'il s'agit ou non de la discussion d'une proposition.

En dehors du cas de discussion d'une proposition, les membres du Parlement ont droit à la parole pour répondre au gouvernement, pour un rappel au règlement, pour réclamer l'ordre du jour, pour poser la question préalable, pour un fait personnel, etc.

Au cas de discussion d'une proposition au Sénat, il n'y a ni limitation du nombre des orateurs, ni limitation du temps de parole. Au contraire, à la Chambre des députés, une résolution du 20 juillet 1926 a introduit ces deux espèces de limitation :

1° *Le droit de parole* est réservé aux membres du gouvernement et aux commissaires du gouvernement (ce qui est de droit), aux présidents et rapporteurs des commissions intéressées, aux auteurs des propositions (loi, résolution, demande d'interpellation), aux *orateurs mandatés par les groupes*, à raison d'un par 50 membres.

Le droit de parole est en outre limité à un orateur pour et un orateur contre pour les demandes de question préalable, d'ordre du jour, de priorité, de rappel au règlement, toutes les fois qu'il s'engage une discussion sur ces points.

La demande de clôture ne suppose qu'un seul orateur et ne donne pas lieu à discussion.

2° *Le temps de parole* n'est pas limité pour les membres du gouvernement ni pour les commissaires du gouvernement; il est limité à une heure pour les présidents et rapporteurs de commissions, pour l'auteur d'une demande d'interpellation, pour le premier signataire d'une proposition de loi ou de résolution et pour les orateurs mandatés par les groupes; la limite est d'une demi-heure pour l'auteur d'un amendement, de dix minutes pour une demande de discussion immédiate, de cinq minutes pour un fait personnel, etc., etc.

Aucun membre ne peut parler qu'après avoir demandé la parole au président et l'avoir obtenue; les secrétaires inscrivent les députés qui demandent la parole suivant l'ordre de leur demande.

De la clôture. — Lorsque au moins deux orateurs d'avis contraire ont pris part à la discussion, la clôture peut être demandée par tout membre de la Chambre ou proposée d'office par le président; un seul orateur peut parler sur la clôture; le président consulte la Chambre; la clôture prononcée, la parole n'est plus accordée que sur la position de la question ou pour une explication sommaire du vote qui ne peut pas dépasser une durée de cinq minutes; la parole n'est pas accordée une fois le vote commencé (art. 70) (Règl. Ch. dép., art. 41-48. Cf. Règl. Sénat, art. 33-44).

E. *De la priorité et de la votation.* — Le président met aux voix les propositions; la division est de droit lorsqu'elle est demandée (Règl. Ch. dép., art. 52). Les amendements sont mis aux voix avant la question principale (Règl. Ch. dép., art. 51).

Modes de votation. — On vote sur les questions soumises à délibération : 1° par mains levées et par assis et levés; ou 2° par scrutin public avec bulletin (art. 68); il n'y a scrutin secret que pour les nominations (art. 78).

Le vote *par mains levées*, introduit récemment à la Chambre des députés seulement, est de droit sur toutes les questions, sauf si le scrutin public est lui-même de droit ou est demandé; le vote par mains levées est constaté par les secrétaires et proclamé par le président. Si les secrétaires sont en désaccord, l'épreuve est renouvelée *par assis et levés*. Si le désaccord persiste, le vote *au scrutin public* est de droit (art. 69-70). Ainsi le vote *par assis et levés* n'intervient plus que comme suite au scrutin par mains levées.

2° Le vote *au scrutin public* a lieu de deux façons, *sur place* ou *à la tribune :*

Le *vote au scrutin public sur place* se fait en la forme suivante : chaque député dépose dans l'urne qui lui est présentée un bulletin de vote à son nom, *blanc*, s'il est pour l'adoption, *bleu*, s'il veut voter contre.

Le vote au scrutin public a lieu à la tribune et par appel nominal lorsque la demande en est faite, pour un scrutin déterminé, par écrit avec la signature de 50 membres dont la présence à la séance est constatée par appel nominal; il est opéré de la façon suivante : chaque député remet son bulletin à l'un des secrétaires qui le dépose dans une urne automatique placée sur la tribune et enregistrant les suffrages reçus à l'aide d'un numérateur mécanique; il est procédé à l'émargement des noms des votants au fur et à mesure du vote émis (art. 76).

Le quorum. — La présence de la majorité absolue du nombre légal des députés est nécessaire pour la validité des votes. Si, au moment du vote, la demande en est faite, le bureau constate le nombre des membres présents. Si le bureau juge qu'il y a doute sur la présence du *quorum*, il est procédé au scrutin à la tribune. Au cas d'impossibilité d'un vote par défaut de quorum, un second tour de scrutin sur le même objet est porté à l'ordre du jour de la séance suivante, et alors le vote est valable quel que soit le nombre des votants (art. 80).

Du vote par procuration. — C'est un fait bien connu qu'au *scrutin public sur place* les députés et sénateurs français votent les uns pour les autres, ce qui permet beaucoup d'absentéisme. Les bulletins au nom de chaque député étant enfermés dans une boîte à la place de celui-ci, il lui suffit de confier la clef de cette boîte à un collègue *boîtier* qui votera pour lui. Bien souvent, il n'y a que 50 députés en séance et les scrutins donnent 400 bulletins.

On s'est élevé contre cette pratique abusive, qui n'existe guère qu'en France. Si on voulait sérieusement la détruire, il n'y aurait qu'à supprimer le vote par bulletin sur place qui seul la rend possible.

De l'urgence. — Cette matière a beaucoup perdu de son importance à la Chambre des députés depuis qu'il n'y a plus, en principe, qu'une seule *lecture des lois*, car la procédure d'urgence avait surtout pour objet de supprimer la seconde lecture. Elle a encore cette utilité au Sénat où subsiste en principe l'obligation des deux lectures.

Toutefois, même à la Chambre des députés, il existe encore des déclarations d'urgence dans les cas suivants : 1° pour décider que la loi votée sera promulguée dans les trois jours aux termes de l'article 7, L. const. 16 juill. 1875 (art. 91); 2° pour décider qu'un projet adopté par elle sera transmis d'urgence au Sénat (art. 105).

Enfin, par une résolution du 17 janvier 1917, la Chambre a institué une *procédure exceptionnelle pour l'examen et le vote des projets de loi urgents qui intéressent la Défense nationale pendant la guerre.*

(Sur la transmission des projets et propositions de lois de l'une des Chambres à l'autre et au président de la République, V. mon Précis, p. 521).

§ 4. — Le contrôle du parlement sur le gouvernement exécutif.

Sommaire. — **I.** Les questions et interpellations. — **II.** Les enquêtes parlementaires. — **III.** Le contrôle des commissions permanentes. — **IV.** Le contrôle financier et budgétaire (1).

Le contrôle parlementaire sur le pouvoir exécutif, qui est de l'essence du gouvernement parlementaire et qui tend à mettre en jeu la responsabilité ministérielle, s'exerce grâce à plusieurs moyens :

I. — LES QUESTIONS ET INTERPELLATIONS

A. *La question* est pour un membre du Parlement un moyen de se renseigner directement auprès du ministre sur un objet de gouvernement ou d'administration. Il y a des questions orales et des questions écrites.

Les *questions orales* peuvent être adressées à un ministre, après acceptation préalable de celui-ci. Seul le député qui a posé la question a droit de répliquer sommairement; il n'y a donc point de débat général ni de vote d'ordre du jour (Règl. Ch. dép., art. 120).

D'après un nouveau règlement de la Chambre, deux questions peuvent être posées à la fin des deux séances de la semaine où il n'y a pas d'interpellation.

Les *questions écrites*, sommairement rédigées, sont remises au président de la Chambre; dans les huit jours qui suivent leur dépôt, elles doivent être imprimées avec les réponses faites par les ministres au *Journal officiel* (Règl. Ch. dép., art. 119).

B. *Les interpellations* sont le moyen normal de mettre en cause la responsabilité ministérielle à propos, soit d'un fait déterminé, soit de la politique générale du cabinet (art. 11 et s., Règl. Ch. dép.).

a) Procédure des interpellations. — Tout député qui veut adresser une interpellation à un membre du gouvernement en remet la demande écrite au président; cette demande explique sommairement l'objet de l'interpellation; le président en donne lecture à la Chambre; celle-ci, après avoir entendu un des membres du gouvernement, fixe, sans débats sur le fond, le jour où l'interpellation sera discutée.

---

(1) BIBLIOGR. — J. Barthélemy, *Introduction du régime parlem. sous Louis XVIII et Charles X.*

Les demandes d'interpellation retirées par ceux qui les ont faites peuvent être reprises par d'autres députés; aucune interpellation ne peut être jointe à la discussion du budget.

Les interpellations sur la politique intérieure ne peuvent être renvoyées à plus d'un mois; celles sur la politique extérieure pourront être renvoyées à plus d'un mois et même *sine die*.

Les interpellations ne peuvent, en principe, être discutées qu'à certains jours de la semaine (à la Chambre, le vendredi soir, résolution particulière du 16 janvier 1902); cependant, le ministre interpellé peut accepter la discussion immédiate d'une interpellation, et même il peut accepter qu'une simple question soit transformée en interpellation, ce qui constitue une déplorable pratique.

b) **Effets de l'interpellation.** — L'interpellation entraîne une discussion générale et se termine par le vote d'un ordre du jour impliquant la confiance ou la défiance vis-à-vis du gouvernement. Aucun ordre du jour motivé sur les interpellations ne peut être présenté s'il n'est rédigé par écrit et déposé sur le bureau du président; l'ordre du jour pur et simple, s'il est demandé, a toujours la priorité; aucune addition à un ordre du jour ne peut être mise aux voix si elle n'a été déposée et communiquée à la Chambre préalablement au vote de cet ordre du jour.

Nous avons traité (*supra*, p. 138), la question de savoir si le cabinet était obligé de démissionner à la suite d'une interpellation au Sénat sur un ordre du jour défavorable, aussi bien qu'à la Chambre des députés.

II. — LES ENQUÊTES PARLEMENTAIRES (1)

Ayant le droit de contrôler l'exécution des mesures gouvernementales, les Chambres ont le droit complémentaire de se renseigner sur la matérialité des faits. Ce droit s'exerce par la nomination d'une *commission d'enquête* composée de membres de l'assemblée qui a voté l'enquête (les Chambres exercent le droit d'enquête indépendamment l'une de l'autre, comme d'ailleurs elles exercent tous les moyens de contrôle), la commission est nommée selon le mode que détermine l'assemblée (Règl. Sénat, art. 21).

L'enquête parlementaire est une mesure grave de suspicion, et le gouvernement pose souvent la question de confiance pour l'éviter.

L'enquête se fait *sur pièces* dans les locaux parlementaires ou *sur place* avec transport sur les lieux, les commissions d'enquête peuvent entendre des témoignages; la question avait été longtemps

---

(1) BIBLIOGR. — Michon, *Les enquêtes parlementaires*, thèse Paris, 1890; Dupriez, *Rev. droit public*, 1906, p. 291.

agitée de savoir si ces témoignages pouvaient ou non être reçus en la forme judiciaire; ele a été tranchée affirmativement par la loi du 23 mars 1914 qui règle à l'avance la procédure à suivre pour que l'enquête prenne la forme judiciaire, mais qui ne s'applique, dans chaque cas déterminé, qu'en vertu d'une décision spéciale de l'assemblée.

On peut se demander si cette loi est constitutionnelle en tant qu'elle applique aux matières politiques des procédures telles que la déposition sous prestation de serment qui ne devraient pas être employées là où règnent les passions politiques.

Même quand l'enquête parlementaire revêt une forme judiciaire en ce qui concerne les témoignages, elle ne constitue pas un préjugé vis-à-vis de l'autorité judiciaire, au cas où celle-ci serait saisie des mêmes faits qualifiés de délictueux; il n'y a pas dérogation au principe de la séparation des pouvoirs. La Chambre ne recherche point la punition répressive des coupables, mais seulement la responsabilité politique du gouvernement.

Comme les Chambres n'ont point d'autorité hiérarchique sur les fonctionnaires, ceux-ci ne sont pas tenus de communiquer aux commissaires les pièces administratives ou judiciaires qu'ils ont en leur possession et ne doivent le faire que sur l'ordre du ministre, si celui-ci s'est mis à la disposition de la Chambre.

III. — LE CONTROLE DES COMMISSIONS PERMANENTES

Les moyens de contrôle tels que les interpellations et les enquêtes parlementaires présentent deux défauts : d'une part, ils sont purement répressifs, c'est-à-dire qu'ils n'interviennent qu'une fois le mal accompli; d'autre part, ils ont quelque chose de brutal, ils ont fait tomber bien des ministères que des procédés plus doux eussent permis de conserver, tout en les remettant dans la bonne voie.

L'institution des grandes commissions permanentes est venue fournir le procédé de contrôle à la fois préventif et ménager des crises ministérielles qui était depuis longtemps désiré. Les commissions sont en relations suivies avec les ministères; elles peuvent même exceptionnellement se réunir dans les locaux ministériels, elles sont permanentes et composées de commissaires généralement réélus plusieurs années de suite; elles travaillent toujours les mêmes matières; il n'est pas possible, dans ces conditions, qu'elles n'aient pas d'utiles avis à donner aux ministres. Il s'établit ainsi une collaboration des commissions et des ministères qui est le meilleur des contrôles préventifs. Sans doute, le contrôle change ici un peu de caractère, il devient une participation au gouvernement exécutif, et, certes, il ne faudrait pas qu'il s'exagérât, sans quoi on reviendrait, par ce détour, au gouvernement conventionnel.

Nous avons signalé *supra*, p. 129, l'heureuse pratique qui s'est établie pour la création de nouveaux départements ministériels, au moment de la constitution d'un nouveau cabinet et qui consiste en une entente entre le président du Conseil et la commission des finances.

IV. — LE CONTROLE FINANCIER ET BUDGETAIRE

Les pouvoirs financiers du Parlement constituent le plus puissant des moyens de contrôle et de sanction vis-à-vis du pouvoir exécutif; d'ailleurs, le vote de l'impôt est l'origine du régime représentatif. Il sera bon de distinguer le vote de l'impôt et du budget et le contrôle de l'exécution du budget.

A. *Le vote de l'impôt et du budget.* — Le principe est qu'aucun impôt ne peut être levé et perçu sans une autorisation du Parlement. Pratiquement, ce principe entraîne : 1° des lois permanentes, contenant établissement et assiette des impôts; 2° une loi annuelle d'autorisation de percevoir, pendant l'année, les droits et revenus publics.

Un autre principe est qu'aucun crédit budgétaire, en vue des dépenses publiques, ne peut être ouvert au profit du gouvernement que par une loi. Les crédits ordinaires sont ouverts dans la loi annuelle du budget; des *crédits extraordinaires ou supplémentaires* peuvent être ouverts par des lois spéciales; très exceptionnellement, le Pouvoir exécutif peut en ouvrir lui-même (V. *supra*, p. 155).

Enfin, l'autorisation pour le Trésor d'émettre et renouveler des valeurs à court terme est également donnée tous les ans par une loi de finances.

En fait, outre la loi annuelle du budget général, il intervient tous les ans, pour ces divers objets, plusieurs lois de finances.

Des douzièmes provisoires et du vote biennal du budget. — Le vote annuel d'un budget énorme constitue un travail écrasant pour le Parlement; d'autant que, pour des raisons politiques, celui-ci retarde ce travail jusqu'à la fin de l'année. Il arrive souvent que le budget de l'année qui vient n'est pas voté avant le 1er janvier, comme il devrait l'être; on vote alors des *douzièmes provisoires*, c'est-à-dire, des tranches mensuelles d'un budget qui reproduit celui de l'année précédente. Cette pratique est pleine d'inconvénients en ce qu'elle suspend beaucoup **d'affaires.**

Pour y remédier, on pourrait ne voter le budget général que tous les deux ans, pratique à laquelle la constitution de 1875 ne s'opposerait point (Esmein et Nézard, précité, t. II, p. 420). Un essai en ce sens a été fait par la loi du 30 juin 1923, art. 213. Elle a maintenu pour l'année 1924 le budget général voté tardivement pour 1923, sous les réserves suivantes : 1° les crédits relatifs aux dépenses extraordinaires, aux dépenses militaires du Maroc et des théâtres extérieurs d'opérations devaient être ouverts par une loi ultérieure (L. 29 déc. 1923); 2° de même, l'autorisation de percevoir pendant l'année 1923 les droits et revenus publics, ainsi que d'émettre et renouveler les valeurs du Trésor à court terme, devait être l'objet d'une loi ultérieure (L. 28 déc. 1923). De la sorte, toutes les lois de finances applicables à 1924 ont été votées avant janvier 1924 .

Du refus du budget. — En 1896, le Sénat, en difficulté avec le gouvernement, a esquissé un refus du budget (V. Esmein et Nézard, t. II, p. 247 et s.). A raison des complications de l'organisme financier moderne, un refus absolu prendrait un caractère révolutionnaire. De son côté, le gouvernement ne pourrait se passer de crédits réguliers sans un *bill d'indemnité ultérieur* du Parlement.

B. *Le contrôle de l'exécution du budget.* — Ce contrôle parlementaire est organisé de deux façons : 1° par le vote de la *loi des comptes*, qui intervient après la clôture de l'exercice financier et après l'examen de la Cour des comptes sur cet exercice (déclaration de conformité entre les écritures des comptables et celles des ordonnateurs : rapport annuel de la Cour); 2° comme la loi des comptes est toujours en retard, un contrôle plus immédiat est exercé par les *rapporteurs des commissions financières* des deux chambres auxquels des moyens d'investigation ont été donnés (L. 31 mars 1917, art. 12; L. 30 juin 1917, art. 7; L. 31 déc. 1918, art. 13). Enfin, rappelons *le contrôle des dépenses engagées* (V. *supra*, p. 156).

V. — LE CONTROLE DES DEPENSES MILITAIRES DU MAROC ET DES THEATRES EXTERIEURS D'OPERATIONS

Cette rubrique mérite d'être ouverte, car elle prouve que si le Parlement français ne vote pas tous les ans, comme celui d'Angleterre, l'autorisation d'avoir une armée, en revanche, il commence à se préoccuper spécialement des opérations extérieures auxquelles sont employées des forces armées.

§ 5. — La condition personnelle des membres des assemblées législatives; leurs droits et prérogatives; l'indemnité législative; l'immunité parlementaire; l'inviolabilité parlementaire, etc., etc.

I. — L'INDEMNITE PARLEMENTAIRE

Depuis la loi du 16 février 1872 les membres du Parlement ont reçu régulièrement une indemnité. Elle a été d'abord de 9.000 francs (chiffre fixé en 1849), puis de 15.000 (chiffre de la loi du 23 nov. 1906). Une indemnité mensuelle de 1.000 francs a été ajoutée par la loi du 21 mars 1920, ce qui a fait 27.000; ce chiffre a été porté à 45.000 par une loi du 3 août 1926, art. 30, et 15.000 francs d'indemnités mensuelles ont été ajoutées par la loi du 30 décembre 1928, art. 87, ce qui fait actuellement 60.000 francs, chiffre égal pour les députés et sénateurs.

L'indemnité législative, longtemps discutée, est maintenant de droit commun.

Le permis de circulation. — Les compagnies de chemins de fer consentent aux membres du Parlement le droit de circulation sur tous les réseaux, moyennant un très léger abonnement.

Ceux-ci ont également une *franchise postale* pour leur correspondance officielle (juill. 1924).

Les caisses de pensions de retraites parlementaires (Résol. de la Chambre du 23 déc. 1904, du Sénat du 28 janv. 1905; L. 9 janv. 1905), constituées dans chaque assemblée, alimentées par des versements des intéressés et par des libéralités, allouent, dans certaines conditions des pensions aux anciens membres du Parlement, à leurs veuves et aux orphelins mineurs.

La retraite des fonctionnaires députés est liquidée, par application de l'article 41 de la loi du 30 décembre 1913, à vingt-cinq ans de services.

II. — L'IRRESPONSABILITÉ PARLEMENTAIRE, IMMUNITE QUI COUVRE LE DEPUTE OU SENATEUR CONTRE TOUTES LES POURSUITES CIVILES OU PENALES QUI SERAIENT MOTIVEES SUR UN ACTE DE LA FONCTION PARLEMENTAIRE, DISCOURS, RAPPORT OU VOTE

(L. const. 16 juill. 1875, art. 13) : « Aucun membre de l'une ou de l'autre Chambre ne peut être poursuivi ou recherché (pour diffamation ou injure) à l'occasion des opinions ou votes émis par lui dans l'exercice de ses fonctions. » (L. 29 juill. 1881, sur la presse, art. 41, §§ 1 et 2) : « Ne donneront ouverture à aucune action les discours tenus dans le sein de l'une des deux Chambres, ainsi que les rapports ou toutes autres pièces imprimées par ordre de l'une des deux Chambres; ne donnera lieu à aucune action le compte rendu des séances publiques des deux Chambres fait de bonne foi dans les journaux. »

Cette immunité est dans l'intérêt de la liberté de la tribune, laquelle est dans l'intérêt du pays.

Mais, pour que le membre du Parlement soit couvert par l'immunité, il faut qu'il soit dans l'exercice de ses fonctions; en dehors de ce qui est strictement la fonction parlementaire (participation à la séance, aux travaux des commissions, aux missions parlementaires à l'extérieur), le député ou sénateur rentre dans le droit commun; qu'il parle dans une réunion publique, dans un conseil général ou dans un conseil municipal, ou qu'il écrive dans un journal, le député n'est plus qu'un simple citoyen soumis aux responsabilités ordinaires.

En revanche, la loi du 29 juillet 1881, art. 30, 31, protège les parlementaires contre la diffamation.

III. — L'INVIOLABILITE PARLEMENTAIRE; IMMUNITE CONTRE LES ACTIONS REPRESSIVES DEVANT LA COUR D'ASSISES ET DEVANT LE TRIBUNAL CORRECTIONNEL, INTRODUITES EN COURS DE SESSION CONTRE UN MEMBRE DU PARLEMENT POUR CRIME OU DELIT COMMIS EN DEHORS DE L'EXERCICE DE LA FONCTION PARLEMENTAIRE

(L. const. 16 juill. 1875, art. 14) : « Aucun membre de l'une ou de l'autre Chambre ne peut, pendant la durée de la session, être poursuivi ou arrêté, en matière criminelle ou correctionnelle, qu'avec l'autorisation de la Chambre dont il fait partie, sauf le cas de flagrant délit; la détention ou la poursuite d'un membre de l'une ou de l'autre Chambre est suspendue pendant la session, et pour toute sa durée si la Chambre le requiert. »

Cette immunité a pour but *la sauvegarde de la session* :

1° Elle soumet à autorisation préalable les poursuites et l'arrestation pendant la durée de la session, sauf le cas de flagrant délit;

2° Elle disparaît dans l'intervalle des sessions, l'autorisation n'est plus nécessaire;

3° Si la Chambre le requiert, la détention ou la poursuite commencées avant la session seront suspendues pendant toute la durée de celle-ci;

4° L'immunité ne protège pas le parlementaire contre les actions civiles au principal, ni contre les poursuites devant le tribunal de simple police.

Dans les cas où l'autorisation est nécessaire, elle n'est accordée par les Chambres que pour des motifs graves et pour des considérations extérieures d'opportunité qui ne préjugent rien sur le fond (Cfr. Barthélemy, rapport n° 2450; séance Ch. dép., 12 avril 1921).

IV. — OBLIGATIONS MILITAIRES DES MEMBRES DU PARLEMENT

On peut, au sujet de ces obligations, poser les trois règles suivantes : 1° nul ne peut être membre du Parlement s'il n'a satisfait définitivement aux prescriptions de la loi militaire concernant le service actif (L. 20 juill. 1895, art. 1er); 2° en temps de paix, les membres du Parlement ne peuvent faire aucun service militaire pendant les sessions, qu'après des décisions favorables de l'assemblée à laquelle ils appartiennent; s'ils font ainsi un service militaire, ils ne peuvent participer ni aux délibérations ni aux votes de l'assemblée; la convocation de l'*Assemblée nationale* suspend de plein droit leur service militaire pendant la durée de la session de cette assemblée (L. 20 juill. 1895, art. 2 et 3); 3° en cas de mobilisation, nul ne peut se prévaloir de la fonction ou de l'emploi qu'il occupe pour se soustraire aux obligations de la classe à laquelle il appartient (L. 21 mars 1905, art. 12). Seulement, le gouvernement a pris, sous sa responsabilité, le parti de ne pas appliquer cette disposition aux membres du Parlement pendant la guerre de 1914, de telle sorte que les intéressés ont agi suivant leur conscience.

SECTION III

LA HAUTE COUR DE JUSTICE

Sommaire. — **I.** La double compétence de la Haute Cour et son organisation. — **II.** La procédure. — **III.** Les pleins pouvoirs de la Haute Cour.

L'organisation des Chambres en Haute-Cour de Justice, avec les pleins pouvoirs que cette cour s'est attribuée, constitue une institution apparentée à celle de l'*état de siège* ou à celle des *pleins pouvoirs de l'Exécutif en temps de guerre;* c'est-à-dire, qu'il ne faut point juger une institution pareille avec la donnée des temps de paix normaux, calmes et tranquilles, mais qu'il faut se placer dans la donnée des temps anormaux de trouble et de crise politique, où se pose la question de la légitime défense de l'Etat. C'est une juridiction exceptionnelle et politique, tout ce que l'on voudra, mais cette juridiction, malgré ses inconvénients et ses dangers, est la seule qui puisse lutter contre des factions politiques. Elle est d'ailleurs, de droit commun constitutionnel.

I. — LA DOUBLE COMPÉTENCE DE LA HAUTE COUR ET SON ORGANISATION

(L. const. 24 févr. 1875, art. 9; L. cons. 16 juillet 1875, art. 12; L. 10 avril 1889; L. 5 janvier 1918; L. 6 janvier 1920.)

La Haute Cour de justice a deux compétences différentes : 1° une compétence *ratione personae*, quand il s'agit de juger le Président de la République pour crime de haute trahison ou des ministres pour crime commis dans l'exercice de leurs fonctions; 2° une compétence *ratione materiae*, quand il s'agit de juger des attentats contre la sûreté de l'Etat commis par n'importe quelle personne.

La compétence de la Haute Cour n'est exclusive que pour le Président de la Républiquee; elle n'est pas exclusive pour le cas des ministres ni pour celui des attentats contre la sûreté de l'Etat.

Ce qu'il faut remarquer, c'est que la double compétence de la Haute Cour entraîne des conséquences au point de vue de sa composition.

Dans l'hypothèse de la compétence *ratione personae*, la Haute Cour se compose en réalité de la Chambre des députés et du Sénat, car c'est la Chambre qui met en accusation, soit le Président, soit les ministres, et qui doit jouer le rôle de *chambre des mises en accusation* et le Sénat joue le rôle de cour de jugement.

Au contraire, dans l'hypothèse de la compétence *ratione materiae*, pour l'attentat commis contre la sûreté de l'Etat, la Chambre des députés ne joue aucun rôle, car c'est le gouvernement qui saisit le Sénat de l'accusation, et le Sénat joue à la fois le rôle de juge d'instruction et de cour de jugement.

La Chambre n'a pas d'organisation spéciale pour la mise en accusation. Le Sénat seul possède une organisation préparée d'avance; elle comporte un ministère public, une commission d'instruction et un greffe.

Le ministère public est composé d'un procureur général et de deux avocats généraux, mais ils sont désignés de façon différente suivant les compétences de la Cour. Dans le cas d'attentat contre la sûreté de l'Etat, le Président de la République les nomme au moment même de l'affaire; ils peuvent être pris soit parmi les membres de la Cour de cassation, soit parmi ceux des cours d'appel (Quesnay de Beaurepaire), et il peut y avoir plus de deux avocats généraux (L. 10 avril 1889, art. 3).

Dans le cas de poursuites contre le Président de la République ou contre un ministre, ils sont désignés chaque année, dans la seconde quinzaine de janvier, par la Cour de cassation, parmi ses membres inamovibles (L. 5 janv. 1918, art. 2).

La commission d'instruction est composée de neuf sénateurs nommés au scrutin de liste en séance publique et sans débat, chaque année, au début de la session ordinaire; elle choisit son président; il y a aussi cinq suppléants (L. 10 avril 1889, art. 7).

Le greffier est le secrétaire général de la présidence du Sénat, assisté de commis-greffiers assermentés nommés par le président du Sénat; les actes de la procédure sont signifiés par huissier (L. 10 avril 1889, art. 4).

Quant à l'assemblée d'audience publique et de jugement, elle se compose en principe de tous les sénateurs et elle est présidée par le bureau ordinaire (V. *infra*).

II. — LA PROCEDURE

a) La constitution du Sénat en Haute Cour. — Dans l'hypothèse de mise en accusation d'un ministre ou du Président de la République, le Sénat se *constitue lui-même* en Haute Cour, après que la Chambre a prononcé la mise en accusation. Il serait en effet politiquement impossible qu'il fût constitué par le gouvernement.

Dans l'hypothèse d'attentat contre la sûreté de l'Etat, le Sénat *est constitué en Haute Cour par un décret du chef de l'Etat rendu en conseil des ministres* (art. 12, L. 16 juill. 1875; L. 10 avril 1889, art. 1er), mais il peut décliner la compétence (mai 1923, Cachin).

Le Sénat est toujours maître de désigner le lieu où il tiendra ses séances et maître d'en changer (L. 21 juin 1879, art. 3).

b) L'instruction de l'affaire. — Dans le cas d'attentat contre la sûreté de l'Etat, l'instruction est normalement faite par la commission du Sénat. Dans le cas de mise en accusation d'un ministre ou du Président, elle devrait avoir été faite par la Chambre (ce qui n'est pas encore organisé). Mais le Sénat peut ordonner un supplément d'instruction (L. de 1918, art. 4) et il y est procédé par sa Commission d'instruction. A noter que la Chambre pourra déléguer des commissaires qui seront adjoints au procureur général (L. de 1918, art. 9).

c) Les débats et le jugement. — Les débats ont lieu en séance publique à moins que le Sénat ne prononce le huis clos (L. de 1889, art. 15). Tous les sénateurs font partie du tribunal, sauf des excuses et des récusations; les sénateurs composant la commission d'instruction peuvent être récusés. Au commencement de chaque audience, il est procédé à l'appel nominal. Les sénateurs qui n'auront pas répondu à tous ces appels ne pourront pas concourir au jugement (art. 16). Après l'audition des témoins, le réquisitoire du ministère public, les plaidoiries des défenseurs et les observations des accusés qui auront les derniers la parole, le président déclare les débats clos et la cour se retire dans la Chambre du conseil pour délibérer (art. 18). La discussion est ouverte en Chambre du conseil, après quoi l'on procède au vote. Le vote a lieu par appel nominal en suivant l'ordre alphabétique; le sort désigne la lettre par laquelle on commence, les sénateurs votent à *haute voix*, le *président le dernier*. Pour chaque accusé, il est voté d'abord sur la question de culpabilité. Si l'accusé est reconnu coupable, il lui est donné connaissance, en séance publique, de la décision de la Cour. Il a le droit de présenter des observations dans les termes de l'article 363 du Code d'instruction criminelle. La décision sur l'application de la peine a lieu dans la même forme. On vote en descendant l'échelle des peines jusqu'à ce qu'une peine ait réuni la majorité absolue (art. 20-22).

Les décisions ou arrêts du Sénat ne peuvent être rendus qu'avec le concours de la moitié plus un au moins de la totalité des sénateurs qui ont droit d'y prendre part. Ils ne sont susceptibles d'aucun recours (art. 25). L'arrêt définitif sera lu en audience publique par le président, il sera notifié sans délai par le greffier à l'accusé (art. 24).

III. — LES PLEINS POUVOIRS DE LA HAUTE COUR EN CE QUI CONCERNE LA DÉTERMINATION DE SA PROPRE COMPÉTENCE, LA QUALIFICATION DES CRIMES ET LA DÉTERMINATION DES PEINES

Dans les affaires dont elle a été saisie depuis 1875, la Haute Cour a eu à se prononcer sur trois graves questions :

1° Celle de savoir si l'expression « attentat contre la sûreté de l'Etat », de l'article 12 de la loi du 16 juillet 1875 et de l'article 9 de la loi du 24 février 1875, entraînait sa compétence pour les « *complots* contre la sûreté de l'Etat »; malgré certaines difficultés provenant des textes du Code pénal (revision de 1832, art. 86, 87 et 91), la Haute Cour, s'inspirant des précédents de la Restauration, s'est prononcée pour l'affirmative dans son arrêt du 14 août 1889, *Boulanger*, Conclusions Quesnay de Baurepaire (S., 90. 2. 245), et dans celui du 13 novembre 1899., *Déroulède*, S., 1901. 2. 1, note Esmein (Cf. Esmein et Nézard, 7e édit., t. II, p. 486);

2° Celle de savoir si la Cour a le droit de déterminer elle-même les éléments d'un crime autrement qu'ils ne sont déterminés, dans le Code pénal, par exemple, si elle a le droit de qualifier de *forfaiture* des actes qui ne figurent point dans le Code pénal comme exemples de ce crime (C. pén., art. 121, 126, 127, 183 et art. 166 combinés). La Haute Cour a affirmé son droit à cet égard dans l'affaire *Malvy* des 28 janvier, 6 août 1918 (S., 1920. 2. 33, note Chavegrin);

3° Celle de savoir si la Haute Cour a le droit d'appliquer à un crime prévu par le Code pénal une peine autre que celle qui est prévue pour ce crime par le Code pénal lui-même; la Haute Cour a, encore ici, affirmé son droit dans l'affaire Malvy précitée en appliquant au crime, qu'elle avait qualifié de *forfaiture*, la peine du *bannissement* que ne prévoit pas l'article 167 du Code pénal et en n'appliquant pas celle de la dégradation civique qu'au contraire ce texte prévoit.

Par les décisions que la Haute Cour a prises sur ces trois questions, et tout particulièrement sur les deux dernières, elle s'est affirmée *souveraine*, en ce sens qu'elle serait affranchie de l'obligation qui pèse sur les juridictions criminelles ordinaires d'observer la maxime *nulla pœna sine lege;* elle s'est substituée à la loi dans la détermination des crimes et des peines; elle a d'ailleurs affirmé elle-même son droit dans l'arrêt Malvy en ces termes : « Qu'il appartient donc à la Cour de justice, *usant du pouvoir souverain qu'elle tient de l'article 12 de la loi du 16 juillet 1875*, de qualifier les faits et de déterminer les peines. » (Cfr., dans le sens de l'approbation, Roux, *Revue polit. et parlem.*, 1918, t. 97, p. 266; en sens contraire : Duguit, *eod.*, t. 100, p. 137; Chavegrin, S., 1920. 2. 33; Carré de Malberg, *Théorie de l'Etat*, I, p. 789.)

Ajoutons qu'en mai 1923, *cas Cachin*, le Sénat, ayant été saisi par le gouvernement d'une affaire d'attentat contre la sûreté de l'Etat, a refusé de juger par une décision non motivée, de telle sorte qu'on ne sait si c'est parce que l'inculpation ne lui paraissait pas sérieuse ou si c'est parce qu'il estimait que les tribunaux de droit commun eussent dû être saisis.

CHAPITRE III

LE POUVOIR DE SUFFRAGE

SECTION PREMIERE

NATURE, FONCTIONS ET PLACE DANS L'ETAT DU POUVOIR DE SUFFRAGE

I. — NATURE DU POUVOIR DE SUFFRAGE

Le pouvoir de suffrage est à la fois pouvoir d'assentiment et pouvoir de clientèle, parce que le suffrage est à la fois acte d'assentiment et acte de confiance, et que la clientèle est l'organisation de la confiance.

A. *Le suffrage acte et pouvoir d'assentiment.* — Que le suffrage soit un acte d'assentiment, c'est ce que le mot lui-même indique : *donner son suffrage.* Cela est évident dans le *referendum* qui est l'un des deux emplois du suffrage : une loi a été délibérée par les assemblées représentatives du pays; elle est ensuite soumise au referendum du peuple; cela signifie que les électeurs vont donner ou refuser leur assentiment à cette loi. Mais, dans l'élection, qui est le second emploi du suffrage, l'acte d'assentiment est non moins évident, car toute élection suppose une candidature et un programme et, en votant, l'électeur donne ou refuse son assentiment au candidat et à son programme.

De ces actes d'assentiment que les électeurs sont invités à donner naît pour eux un pouvoir puisqu'ils peuvent les refuser. Ce pouvoir est considérable car les gouvernements sont dans l'obligation d'obtenir l'assentiment de leurs sujets ou du moins de la majorité d'entre eux. Surtout les gouvernements d'opinion. Ce pouvoir est un des éléments de ce que nous avons appelé la *souveraineté de sujétion* (V. *supra*, p. 59).

B. *Le suffrage acte de confiance et pouvoir de clientèle.* — L'assentiment de l'électeur n'est pas un acte purement intellectuel; il est déterminé le plus souvent par des sentiments de confiance ou de dévouement d'homme à homme ou par des intérêts de clientèle. Avec le scrutin d'arrondissement, l'électeur a confiance dans son député parce qu'il le connaît particulièrement; il est le client de ce député, son homme-lige, parce que le député, comme un patron des anciens temps, s'occupe de ses affaires particulières, lui fait obtenir des secours quand il a grêlé, fait exempter son fils du service militaire ou lui fait obtenir une bourse dans une école. Avec le scrutin de liste, la clientèle électorale change un peu de physionomie, le parti politique intervient, c'est au parti que l'électeur témoigne de la fidélité et c'est du parti qu'il attend des avantages.

Mais le parti politique n'est lui-même qu'une organisation de patrons et de clients. Un groupe d'hommes politiques a organisé une vaste entreprise de patronage qui recrute des clients dans toute la France; il y a des comités, des journaux, des électeurs influents et souvent des bailleurs de fonds. Un parti politique est bien autre chose qu'une opinion; on peut dire que l'opinion et le programme sont son élément le moins important; l'essentiel du parti, c'est une organisation de patronage et de clientèle pour les bénéfices du pouvoir. Aux Etats-Unis, où l'organisation des partis politiques a été poussée extrêmement loin, on a beaucoup de peine à préciser les différences de programme entre les deux grands partis : le républicain et le démocrate, et l'on est forcé de convenir que ce sont simplement des machines rivales pour la conquête et l'exploitation du pouvoir, possédant chacune sa clientèle.

II. — LES FONCTIONS DU POUVOIR DE SUFFRAGE

Le pouvoir de suffrage est employé, soit dans le gouvernement représentatif pour les élections, soit dans le gouvernement direct ou semi-direct pour le referendum. Nous donnerons ici quelques détails sur le referendum législatif (quant aux élections, V. *supra*, Chambre et Sénat) .

Du referendum législatif. — Il y en a deux principales espèces : le *referendum de consultation* dans lequel on consulte le peuple sur le principe d'une loi avant de la faire délibérer par les assemblées représentatives et le *referendum de ratification*, dans lequel le peuple est appelé à ratifier une loi après qu'elle a été délibérée par les assemblées représentatives.

Le *referendum de ratification*, qui est de beaucoup le plus employé, est *obligatoire* en vertu des dispositions constitutionnelles ou *facultatif;* dans le premier cas, le gouvernement est obligé de soumettre la loi au peuple dans les hypothèses prévues par la constitution; dans le second cas, c'est le peuple lui-même qui, dans un certain délai et par le moyen de pétitions revêtues d'un certain nombre de signatures, exige que telle ou telle loi, qui vient d'être votée par les assemblées représentatives, soit soumise à sa ratification.

Le referendum compliqué d'initiative populaire. — Cette combinaison consiste en ce que le peuple prend lui-même l'initiative d'une loi qui sera soumise aux assemblées délibérantes et ensuite au referendum. Une pétition est signée et accompagnée d'un projet de loi (en Suisse, il faut 50.000 signatures); dans un certain délai, ce projet doit avoir été délibéré par les assemblées représentatives (en Suisse, délai d'un an). Passé ce délai, ce projet, délibéré ou non, est soumis à l'acceptation du peuple.

Le *referendum* de ratification a aujourd'hui une large diffusion dans le monde constitutionnel (V. *supra*, p. 61). C'est la véritable institution démocratique; ses pays de prédilection sont la Suisse et les Etats particuliers de l'Union américaine.

III. — LA PLACE OCCUPEE DANS L'ETAT PAR LE POUVOIR DE SUFFRAGE

Le pouvoir de suffrage est à la fois une manifestation de la souveraineté nationale et un pouvoir qui participe au gouvernement. Comme manifestation de la souveraineté nationale, c'est un pouvoir de domination redoutable, celui qui a le plus de force dans l'Etat; comme pouvoir de gouvernement, c'est celui qui a le moins de compétence et, par conséquent, le moins de qualité. Comme pouvoir de souveraineté, c'est le premier; comme pouvoir de gouvernement, c'est le dernier.

Est-il même un véritable pouvoir de gouvernement ? C'est-à-dire intervient-il dans la vie politique avec un pouvoir de décision ? Dans les pays à *referendum*, et encore plus dans ceux où fonctionne *l'initiative populaire*, il n'est pas douteux qu'une part de la décision ne soit descendue dans le suffrage, puisqu'il participe directement à la confection de la loi. Sans doute, tous les pays ne sont pas aussi avancés que la Suisse dans l'évolution du pouvoir de suffrage, mais la véritable nature de ce pouvoir se révèle dans les pays où il a le plus évolué et c'est comme pouvoir de décision.

Même dans les pays restés fidèles au régime représentatif où le pouvoir de suffrage ne s'emploie que dans les élections, il n'est pas douteux que les majorités électorales ne déterminent des politiques et que les assemblées représentatives n'obéissent, dans une certaine mesure, à ce qu'elles appellent la *volonté nationale*, et ce qui est la décision des électeurs.

Il paraît singulier qu'un simple pouvoir d'assentiment puisse devenir un pouvoir de gouvernement. Cela n'est pourtant pas si surprenant. D'abord, remarquons que le pouvoir de suffrage n'est pas tout le gouvernement, mais seulement une part, et même que c'est essentiellement un pouvoir de contrôle pour le délibérant et l'exécutif. Ensuite, la réaction des sujets sur le gouvernement par leur bonne ou leur mauvaise volonté, leur loyalisme ou leur désaffection, leur confiance ou leur défiance, leur assentiment ou leur ressentiment, est une très vieille réalité avec laquelle les gouvernements ont toujours été obligés de composer : l'organisation moderne du suffrage ne fait que transformer ces transactions et ces compromis accidentels en une collaboration régulière.

SECTION II

L'ORGANISATION DU POUVOIR DU SUFFRAGE

§ 1. — Les bases de l'organisation du suffrage.

Sommaire. — **I.** Le suffrage territorial de l'habitant et la représentation des intérêts généraux. — **II.** Le caractère de droit individuel du suffrage; le suffrage universel; le suffrage des femmes. — **III.** La question du vote obligatoire. — **IV.** La dualité des corps électoraux.

I. — LE SUFFRAGE TERRITORIAL DE L'HABITANT ET LA REPRESENTATION DES INTERETS GENERAUX

A. — *La base territoriale du suffrage.* — Nous savons déjà que toute organisation de l'Etat est à base territoriale. Le pouvoir de l'Etat, ou Puissance publique, a une assiette territoriale; les lois de l'Etat s'appliquent territorialement; la communion ou communauté des sujets de l'Etat est celle des habitants d'un même territoire; les intérêts communs auxquels l'Etat doit veiller sont essentiellement ceux des habitants d'un territoire : défense du territoire, police du territoire, aménagement du territoire par des travaux publics, ou par des services publics qui facilitent la circulation sur le territoire (chemins, routes, postes, télégraphes, etc.) (V. *supra*, p. 15); c'est également dans le cadre territorial que s'est établie la liberté politique. Il n'est pas surprenant, dans ces conditions, que le pouvoir de suffrage, se développant dans l'Etat, ait évolué dans le cadre territorial; que le corps électoral soit constitué dans une circonscription, que les habitants de cette circonscription soient appelés à choisir ensemble des représentants des intérêts généraux de la circonscription, qui seront essentiellement des intérêts territoriaux communs à tous les habitants.

Cette base territoriale du suffrage est sans doute étroite et incomplète. N'envisager dans les hommes que leur qualité d'habitant, supposer que tous les habitants d'une circonscription ont des intérêts communs, faire abstraction de tous les intérêts qui ne sont pas territoriaux, par exemple des intérêts de famille et des intérêts professionnels, supposer même que tous les habitants d'une même circonscription ont la même mentalité; tout cela est sommaire et simplificateur à l'excès. Mais, d'autre part, il faut reconnaître que toute organisation politique, quelle qu'elle soit, est obligée de choisir une base d'opération qui n'absorbe pas toute la vie réelle, sans quoi il ne subsisterait aucune liberté; que, de ce point de vue, la base territoriale de l'organisation de l'Etat a fait ses preuves, qu'elle s'est révélée la plus favorable à la fois à la liberté et à l'égalité politiques. (V. *supra*, p. 12); que, dans ces conditions, le suffrage territorial est dans la logique du développement de l'Etat et surtout de l'Etat démocratique, car il est lié à l'histoire de la liberté politique.

B. — *Les autres bases possibles du suffrage. La base familiale et la base professionnelle.* — Le suffrage individualiste à base territoriale n'a pas été discuté tant que les mœurs ont suffisamment maintenu l'institution de la famille et aussi tant que les intérêts nationaux majeurs ont été les intérêts agricoles, très liés à l'intérêt général territorial. Mais le vingtième siècle a vu se prononcer une évolution dans les mœurs et dans les intérêts. D'une part, la famille a été battue en brèche, et il est devenu d'intérêt national de la défendre, à cause de la crise de dépopulation qui s'est produite; d'autre part, le prodigieux développement de l'industrie et du commerce a créé des intérêts nationaux d'un ordre nouveau qui ne rentrent pas dans le cadre territorial, mais dans le cadre syndical. Pour la défense des intérêts de la famille, comme pour celle des intérêts industriels et commerciaux, dans des pays où toute l'organisation politique repose sur le suffrage, on devait fatalement songer à constituer des cadres appropriés du suffrage et à établir celui-ci soit sur une base familiale soit sur une base professionnelle, soit, plutôt, sur une base à la fois familiale et professionnelle, car le recrutement de la profession est très lié à la population, et, par conséquent, à la prospérité de la famille.

En face du suffrage individualiste territorial, où le corps électoral contient pêle-mêle des individus de toutes les professions et met sur le même pied les célibataires et les pères de famille, se dresse donc un nouveau type de suffrage, dans lequel un même corps électoral ne contiendrait que des individus d'une même profession ou de professions apparentées et où les pères de famille, outre leur bulletin individuel, déposeraient dans l'urne autant de bulletins qu'ils ont d'enfants mineurs, tandis que le célibataire ne déposerait que son bulletin individuel. Il y aurait ainsi, dans le pays, plusieurs corps électoraux dont l'ensemble représenterait l'ensemble des professions. Ce nouveau type de suffrage, n'est encore organisé dans aucun pays : la Constitution allemande de Weimar du 11 août 1919, art. 165, contient une promesse d'organisation qui n'a pas encore été réalisée (Marcel Prélot, *La représentation professionnelle dans l'Allemagne contemporaine*, 1924). Mais il y a un fort mouvement d'opinion en sa faveur.

(Sur la représentation familiale, v. proposition de loi Roulleaux-Dugage, *J. off.*, *Doc. parl.*, Chambre, 1920, p. 92 et 3319. — Sur la représentation professionnelle, v. Proudhon, analyse de ses doctrines dans Esmein et Nézard, 7ᵉ éd., t. I, p. 50 et s.; Paul Boncour, *Le fédéralisme économique*, 1902; de la Tour du Pin de la Charce : *Vers un ordre social chrétien*, 2ᵉ édit., p. 473; Charles Benoist, *La crise de l'Etat moderne*, 1897; Duguit, *Traité de droit constitutionnel*, 2ᵉ édit., t. II, p. 596 et s.).

Pour se faire une idée raisonnable de ce mouvement d'opinion et des chances qu'il a d'aboutir, il convient de distinguer entre deux tendances différentes : 1° la représentation professionnelle en vue du seul règlement de la profession; 2° la représentation professionnelle en tant que réclamant le partage du pouvoir politique pour le gouvernement général de l'Etat :

1° LA REPRÉSENTATION PROFESSIONNELLE, EN VUE DU RÈGLEMENT DE LA PROFESSION, SANS PRÉTENTION AUCUNE AU PARTAGE DU POUVOIR POLITIQUE. — Il n'y a pas d'objection de principe à faire à un pareil emploi du suffrage qui ne serait qu'une forme nouvelle de la décentralisation. Qu'il soit créé des *chambres de métiers* analogues aux chambres de commerce, que les délégués à ces chambres de métiers soient élus par un suffrage syndical, c'est-à-dire, par un suffrage des syndiqués organisé à l'intérieur des syndicats; que les chambres de métiers soient chargées d'administrer les intérêts communs de la profession, qu'elles collaborent, dans une mesure à déterminer, avec la puisance publique en vue du règlement même de la profession, qu'elles soient consultées par le législateur sur les lois à faire dans ce but ou même qu'elles aient à accepter, par une sorte de referendum syndical, les lois faites, il n'y a rien là qui soit de nature à inquiéter les tenants les plus fidèles de l'Etat puissance territoriale, et il semble bien que cela doive suffire aux partisans convaincus des idées sociales, corporatives et syndicales. La meilleure preuve est que deux esprits aussi opposés que M. Paul Boncour et M. de la Tour du Pin s'en contentent.

Si les chambres de métiers paraissent trop morcelées et si l'on préfère l'organisation plus centralisée de ce que l'on a appelé *les Etats généraux* du commerce et de l'industrie, qu'il soit créé une assemblée de ce genre, mais qu'elle n'ait non plus que des pouvoirs de consultation ou de referendum pour le règlement de la profession.

2° LA REPRÉSENTATION PROFESSIONNELLE EN TANT QU'ON RÉCLAME POUR ELLE LE PARTAGE DU POUVOIR POLITIQUE EN VUE DU GOUVERNEMENT GÉNÉRAL DE L'ETAT. — Il ne s'agit plus ici d'un suffrage à base syndicale ou corporative; dans une circonscription territoriale aussi vaste que

possible, la région plutôt que le département, les électeurs seraient
répartis en un certain nombre de *catégories professionnelles* : agriculture, commerce, industrie, professions libérales, etc., chacune
de ces catégories constituerait un collège électoral disposant d'un
certain nombre de sièges; par exemple, dans une région constituant
le vingtième de la France et disposant au total de 20 sièges de députés, il y en aurait 8 pour l'agriculture, 4 pour le commerce, 6 pour
l'industrie, 2 pour les professions libérales. Ou bien ce système
remplacerait complètement le système actuel du suffrage purement
territorial pour toutes les élections politiques, pour la Chambre des
députés comme pour le Sénat; ou bien il ne le remplacerait que partiellement, et l'on pourrait avoir un Sénat élu par représentation
des intérêts avec une Chambre élue au suffrage territorial (Charles
Benoist, *op. cit.*).

Ce partage du pouvoir politique est inadmissible pour deux raisons péremptoires :

a) La fonction essentielle de l'Etat, aussi bien dans l'âge industriel que dans l'âge agricole, continue d'être la défense du groupement national, et cette défense militaire, qui est territoriale, continue à elle seule d'exiger toute l'organisation territoriale de l'Etat
et notamment l'organisation territoriale du suffrage individualiste,
car le service militaire obligatoire et égal pour tous entraîne le
droit de suffrage égal pour tous.

Sur ce point, les rêves humanitaires de paix universelle que devait réaliser l'ère industrielle, la croyance que l'administration des
choses se substituerait au gouvernement des hommes, etc., toutes
ces nuées économiques, syndicalistes, socialistes, collectivistes, communistes, ont été singulièrement disloquées par les événements
qui se sont succédé depuis 1914;

b) Une seconde fonction de l'Etat, également essentielle, **est de**
protéger, par les moyens politiques dont il dispose, l'ensemble **des**
citoyens, considérés comme consommateurs, contre les exigences
économiques des producteurs, et cela non seulement pour enrayer
la vie chère, mais pour sauvegarder la liberté politique et même
la liberté civile que la vie chère ne tarderait pas à détruire. L'organisation de l'Etat puissance publique à base territoriale est admira-
blement adaptée à cette fonction, car les citoyens électeurs, pris en
tant qu'habitants du territoire et sans aucune acception de leur
profession, sont pris en tant que consommateurs. L'Etat puissance
publique peut donc lutter avec un certain succès contre les exactions
des organisations professionnelles, syndicats, fédérations, trusts, cartels, etc. Au contraire, si les organisations professionnelles de producteurs obtenaient une participation directe au pouvoir politique,
si, par exemple, elles obtenaient le pouvoir de faire les lois, elles
les feraient à leur profit et les consommateurs seraient écrasés.

Les péripéties des lois sur les loyers depuis la guerre révèlent d'une façon bien intéressante l'action indirecte des syndicats de propriétaires; que serait-ce d'une action directe ?

On a bien senti la réalité de ce danger, car on a proposé d'introduire dans le futur parlement professionnel une représentation spéciale des consommateurs, par l'intermédiaire des coopératives (Semaine sociale de Strasbourg, Paris 1922, cours de M. Deslandres). Combien plus simple et plus sûr est-il de conserver la base territoriale actuelle du suffrage et de barrer la route à la représentation politique professionnelle. La meilleure coopérative de consommation est encore l'Etat lui-même.

II. — LE CARACTERE DE DROIT INDIVIDUEL DU SUFFRAGE TERRITORIAL; LE SUFFRAGE UNIVERSEL; LE SUFFRAGE DES FEMMES.

A. *Le suffrage territorial comme droit individuel; distinction du corps électoral et de l'électeur.* — C'est une question d'école classique que celle de savoir si le suffrage doit être considéré comme une fonction sociale ou comme un droit individuel. La solution doit être tirée d'une distinction entre le rôle du corps électoral et celui de l'électeur.

Le *corps électoral* est l'assemblée des électeurs d'un collège territorial; c'est le corps électoral qui prend les décisions par lesquelles s'exerce le pouvoir du suffrage; c'est le corps électoral qui fait les élections ou qui se prononce dans un referendum. Le seul fait que les opérations du suffrage se font à la majorité des voix implique que ces opérations ne peuvent être faites que par un corps ou une assemblée. Ce corps électoral exerce une fonction sociale; il est une institution représentative agissant pour le compte de la Nation, au même titre que les Assemblées parlementaires (cfr. Esmein, 8° édit., p. 300).

Mais, si le rôle du corps électoral est d'accomplir une fonction sociale, celui des électeurs est de participer aux opérations du corps électoral en vertu d'un droit individuel propre qui est une manifestation de leur souveraineté individuelle (V. *supra*, p. 58.)

Ainsi, il y a bien, dans l'institution du suffrage, à la fois une fonction sociale et un droit individuel, mais la fonction sociale est au corps électoral et le droit individuel de suffrage est à l'électeur.

B. *Le suffrage universel.* — Envisagé chez l'électeur, le suffrage est naturellement universel, c'est-à-dire apparaît comme devant appartenir à tout individu capable de formuler un assentiment, ou un acte de confiance; il est la conséquence de la souveraineté de sujétion qui est l'apanage de tous les sujets de l'Etat, par cela seul que les sujets sont des êtres libres (V. *supra*, p. 58).

Cette vérité a été reconnue dès le début des États, et elle n'a été méconnue, à certaines époques, que lorsqu'on a voulu substituer au suffrage inorganisé des premiers temps un suffrage organisé et qu'on s'est heurté à des difficultés matérielles de comptage des voix qui ont obligé de restreindre le nombre des votants, afin de pouvoir identifier ceux-ci et compter leurs voix. (Cfr., sur l'histoire des élections en Angleterre, Esmein et Nézard, 7e édit., I, p. 570).

Bien entendu, par la suite, derrière les difficultés de procédure, des doctrines de politique autoritaire se sont abritées; des doctrinaires ont édifié des théories de suffrage restreint ou de suffrage censitaire, des distinctions du pays réel et du pays légal; ils ont soutenu que l'électeur lui-même n'accomplissait qu'une fonction sociale et que, dès lors, la société avait le droit de restreindre le nombre des électeurs et de soumettre l'électorat à des conditions de fortune ou de capacité.

Mais le mouvement vers le suffrage universel droit individuel, qui avait repris à la Révolution de 1789, bien que la constitution de 1791 eût établi un léger cens électoral et un suffrage à deux degrés, ne devait plus s'arrêter. Contenu sous le premier Empire, sous la Restauration et le gouvernement de juillet, il triomphait définitivement en France avec la Révolution de 1848 (D. 5 mars 1848; Const. 4 nov. 1848, art. 24).

En Europe, et dans le reste du monde, le suffrage universel n'a pas cessé de progresser lentement depuis cette même date, et, depuis la crise de la guerre de 1914, il est établi à peu près partout, dans les nouveaux pays comme dans les anciens. Ce n'est pas que des différences ne subsistent encore à bien des points de vue, le suffrage n'a ni la même sincérité, ni la même efficacité dans tous les pays (âge de la majorité électorale, cens électoral faible ou absence complète de cens, conditions de capacité (savoir lire et écrire), incapacités plus ou moins étendues, suffrage à un seul degré ou à deux degrés, organisation plus ou moins parfaite des listes électorales et des procédés de scrutin, etc.), mais ces différences sont légères et le résultat, commun à tous les pays, est qu'un nombre infime d'hommes est privé du droit de suffrage.

Cf. sur l'histoire de ce développement, Esmein et Nézard, 7e édit., 1921, t. I, p. 371-401; J. Barthélémy, *L'organisation du suffrage et l'expérience belge*, 1912.

C. *Le suffrage des femmes*. — Le suffrage universel n'a été d'abord que celui des hommes, mais sa qualité de droit individuel devait logiquement le faire étendre aux femmes; ce traitement égal a pris la force d'une idée de justice. Les travaux pénibles que, dans notre ère industrielle, les femmes partagent avec les hommes, les services qu'elles ont rendu pendant la guerre de 1914 dans les pays belligérants, ont accéléré le mouvement. Les femmes sont actuellement électeurs et éligibles dans presque tous les pays : il y en a environs 140 millions qui votent. On a pu constater qu'elles exercent une action dans le sens de la moralisation de la vie sociale (répression de l'alcoolisme, de la pornographie, de la débauche et de la prostitution) et aussi dans le sens de la défense de la famille. Si, jusqu'ici, les trois grands pays latins résistent au courant, on peut y voir une répugnance de l'instinct latin à ce que les femmes se mêlent aux assemblées des hommes, non pas tant au moment du vote que dans les réunions des comités; une répugnance aussi à ce qu'elles soient impliquées dans la clientèle électorale des hommes politiques.

Les dernières conquêtes du suffrage féminin sont d'importance; ce sont :

1° Celle de l'Angleterre réalisée, en ce qui concerne l'électorat à la Chambre des communes, par le *Representation of the people act* du 6 février 1918, en ce qui concerne l'éligibilité à la même Chambre par la loi du 6 novembre 1918, par une loi de 1920 qui a supprimé « toute disqualification à raison du sexe » et par une décision de la commission des privilèges de la Chambre des lords du 3 mars 1922 qui a reconnu à la vicomtesse Rhonda le droit de siéger à la Chambre des lords; d'ailleurs, les femmes anglaises peuvent désormais exercer toutes les fonctions, même judiciaires;

2° Celle des Etats-Unis d'Amérique, en ce qui concerne les élections au Congrès fédéral; un dix-huitième amendement à la constitution fédérale ainsi conçu : « Le droit de vote ne sera refusé à personne pour raison de sexe » a été promulgué le 26 août 1920.

Le 20 mai 1919, notre Chambre des députés a voté la disposition suivante : « Les lois et dispositions réglementaires sur l'électorat et l'éligibilité à toutes les assemblées élues sont applicables à tous les citoyens français, sans distinction de sexe. » Le Sénat, invité à diverses reprises à discuter cette même disposition, notamment par une motion de M. Justin Godard, rapportée par M. Joseph Barthélémy, a, en effet, mis cette question à son ordre du jour en novembre 1922, et, le 21 novembre, il a rejeté le projet qui lui était soumis par 156 voix contre 134, soit à la faible majorité de 22 voix.

Dans un nouveau rapport sur une nouvelle proposition de loi de M. Justin Godard, postérieure au vote négatif du Sénat (mars 1923), M. J. Barthélémy résume ainsi les arguments; la femme doit voter : 1° parce que la logique démocratique l'exige; 2° parce qu'elle a des intérêts à défendre; 3° parce qu'elle a des services à rendre à la société; 4° parce que l'exercice des droits politiques lui sera utile à elle-même.

On trouvera des renseignements bibliographiques et statistiques sur la question dans Duguit, *Traité de droit constitutionnel*, 2e édit., t. II, 1923, p. 453 et s.; Deslandres, *Le suffrage des femmes, Le Correspondant*, oct. 1922; Berthélémy, *Pour le vote des*

femmes, Rev. pol. et parl., avril 1922; Esmein et Nézard, 8ᵉ édit.,
t. I; J. Barthélémy, rapport à la Chambre, *J. off., Doc. parl.,*
Chambre, 1920, p. 1393; *Id., Le vote des femmes*, Alcan, 1920, —
Cf. Turgeon, *Le féminisme français*, 1898, 2 vol.; H. Joly, *Le droit
féminin*, Bibliothèque de philosophie scientifique, 1921.

III. — LA QUESTION DU VOTE OBLIGATOIRE

De ce que le suffrage s'analyse chez l'électeur en un droit individuel, il ne s'ensuit pas qu'il ne soit pas doublé d'un devoir civique
pouvant être transformé en une obligation légale. La société politique, qui a organisé son gouvernement sur la base du suffrage, a
besoin que les électeurs votent en grand nombre pour que son gouvernement marche. Si les abstentions dépassent un certain chiffre,
elle a le droit, dans l'intérêt commun, de réprimer les abstentions.
Théoriquement, ces raisonnements sont justes; la seule objection est
dans la difficulté d'appliquer des sanctions aux abstentionnistes. Au
moment surtout où le nombre des électeurs va être doublé par
l'accession des femmes au suffrage, on se demande si on ne serait
pas débordé par le nombre des contraventions.

L'obligation du vote existe dès maintenant en un certain nombre de pays; en Belgique, depuis 1893, et cette expérience de trente
années est la plus convaincante; elle existe également en Espagne,
en Hongrie, en Hollande, en Tchécoslovaquie, en Argentine; cependant, les pays anglo-saxons y répugnent jusqu'ici, à raison de
leur individualisme extrême. En France, la question est sérieusement posée, et la commission du suffrage universel a élaboré un
projet (Chambre des députés, session de 1922, annexe au procès-
verbal de la séance du 7 juillet 1922, *J. off.*, n. 4738, rapport de
M. Joseph Barthélémy, sur les propositions de lois Roulleaux-
Dugage et Baréty).

IV. — LA DUALITE DES CORPS ELECTORAUX

A la dualité des organes exécutifs (présidence de la République et cabinet des ministres); à la dualité des Chambres (Chambre des députés et Sénat) correspond, dans notre organisation
politique, la dualité des corps électoraux (suffrage universel direct
pour les élections à la Chambre des députés; suffrage indirect pour
les élections au Sénat). Cette dualité ne va pas jusqu'à modifier la
base du suffrage qui reste dans les deux cas territoriale, mais elle
entraîne des modalités suffisantes, pour que l'esprit des deux corps
électoraux soit différent.

C'est une grande garantie de la liberté politique, car, pour ne
pas devenir oppressif, tout pouvoir doit être divisé, même le pouvoir de suffrage. Il faut seulement prévenir une objection tirée de

cette logique démocratique qui a servi à promouvoir le suffrage universel. On pourrait soutenir que, dans une démocratie, il ne doit y avoir que le suffrage universel direct et que tout suffrage indirect doit être proscrit. C'est le moment de se souvenir de la distinction entre le droit individuel de suffrage et l'organisation du corps électoral. Tout ce qui est suffrage des individus obéit aux principes du suffrage universel; mais tout ce qui est organisation du corps électoral obéit aux principes de l'organisation sociale. Dans les élections au Sénat, il y a tout à fait au début un emploi du suffrage universel, car ce sont les électeurs ordinaires qui nomment les électeurs sénatoriaux; après cela, la façon dont les électeurs sénatoriaux, députés, conseillers généraux, conseillers d'arrondissement, conseillers municipaux, sont organisés en un collège électoral pour le Sénat, soit eux-mêmes, soit en la personne de délégués sénatoriaux qu'ils ont eux-mêmes élus, tout cela est d'intérêt social. Et, du moment que le suffrage universel a été satisfait à la base, l'intérêt social peut l'être à son tour au sommet.

D'ailleurs, il est inexact d'employer, comme on le fait souvent, l'expression *suffrage restreint* pour nos élections au Sénat; elles sont seulement au *suffrage indirect;* la Révolution de 1789 n'avait pas conçu le suffrage autrement qu'à deux degrés, ce qui tendrait à prouver que le suffrage à plusieurs degrés n'est radicalement inconciliable ni avec le suffrage universel, ni avec la démocratie.

§ 2. — L'organisation du corps électoral.

ARTICLE I. — *Le droit de vote et la liste électorale.*

Dans notre organisation actuelle, qui est représentative, le droit de suffrage apparaît sous deux formes corrélatives, le droit de vote ou droit de nommer des représentants, le droit d'éligibilité ou droit d'être nommé représentant, le tout par le moyen de l'opération que l'on appelle élection. Il est indispensable d'étudier séparément le droit de vote et l'éligibilité.

I. — LA CAPACITE ELECTORALE AU POINT DE VUE DU DROIT DE VOTE

Elle appartient en principe à tout citoyen français majeur de 21 ans, mais elle n'appartient qu'*au citoyen français;* or, tout sujet de la France n'est pas sujet français et tout sujet français n'est pas citoyen. Le citoyen est le *sujet français du sexe masculin* (en principe, il n'y a pas lieu de distinguer, pour le droit de vote, selon que la qualité de Français est due à l'origine, au bénéfice de la loi ou à la naturalisation) (V. L. 7 avril 1915 sur les retraits de naturalisation).

Le droit de vote n'appartient, par conséquent, ni à l'étranger qui n'est pas sujet de la France, ni à l'indigène des colonies et de l'Algérie non naturalisé, qui est sujet de la France, mais qui n'est pas sujet français; ni à la femme française, qui a bien la qualité de sujet français, mais qui, jusqu'à présent, n'a pas celle de citoyen français (Cass., 5 mars 1885, *Barberousse;* 21 mars 1893, *Vincent*).

A. *Droits civiques des femmes françaises.* — La femme française a acquis graduellement des droits civiques et, par conséquent, elle a conquis partiellement la qualité de citoyen; elle a toujours eu le droit en même temps que l'obligation de payer l'impôt; elle a été admise aux fonctions de témoin dans les actes par la loi du 9 décembre 1897; elle est déclarée admissible à de nombreuses fonctions administratives, soit par des dispositions législatives, comme pour les fonctions de l'enseignement public, soit par simple voie réglementaire; un avis du Conseil d'Etat du 28 janvier 1898 lui ouvre l'entrée des commissions administratives des établissements charitables; la loi du 1er décembre 1900 l'admet à la profession d'avocat; celle du 20 avril 1924 à la profession de commissaire-priseur; elle ne peut pas être juré et elle ne peut réclamer comme un droit aucune participation aux divers services militaires.

La femme française a conquis, partiellement aussi, la participation aux élections administratives : conseils de prud'hommes, L. 27 mars 1907, art. 5; L. 30 mars 1920; conseils consultatifs du travail, L. 17 juill. 1908; chambres d'agriculture, L. 25 oct. 1919, art. 8 et 17 (là elles sont électeurs et éligibles); tribunaux de commerce, L. 19 févr. 1908 (là elles sont électeurs, mais non pas éligibles).

Les femmes françaises ne sont encore ni électeurs ni éligibles aux élections législatives, départementales et communales, malgré des textes votés à la Chambre des députés en 1919 et en 1920.

B. *Droits civiques des indigènes de l'Algérie et des colonies* (1): **a) Algérie.** — 1° Elections législatives. — Les indigènes israélites qui sont descendants de ceux résidant en Algérie lors de la conquête, en 1830, ont été naturalisés collectivement par le décret Crémieux du 24 octobre 1870 combiné avec le décret restrictif du 7 octobre 1871, ils jouissent donc du droit de suffrage; les autres indigènes israélites n'en jouissent pas (Cass., Ch. civ., 18 avril 1896), ni les indigènes musulmans, à moins d'être naturalisés individuellement (sur cette naturalisation, V. L. 4 févr. 1919).

---

(1) Bibliogr. — Villey, *Législation électorale comparée des principaux pays d'Europe*, Paris, 1900.

Lois organiques du droit de suffrage : L. 15 mai 1849; L. 31 mars 1850; Décr. 25 mars 1852; L. 17 juill. 1874; 30 nov. 1875; 5 avril 1884; 29 juill. 1913; 31 mars 1914.

(1) Cf. H. Solus, *Traité de la condition des indigènes*, 1927.

2° ELECTIONS LOCALES ALGÉRIENNES (L. 4 févr. 1919, art. 12). — Les indigènes musulmans algériens qui n'ont pas réclamé la qualité de citoyens français sont représentés dans toutes les assemblées délibérantes de l'Algérie (délégations financières, conseil supérieur de gouvernement, conseils généraux, conseils municipaux, commissions municipales, djemas de douars) par des membres élus, siégeant au même titre et avec les mêmes droits que les membres français, sous réserve des dispositions de l'article 11 de la loi organique du 2 août 1875.

Dans les assemblées où siègent en même temps des membres élus et des membres indigènes nommés par l'administration, ceux-ci ne peuvent pas être en nombre supérieur aux membres élus.

Les conseillers municipaux indigènes participent, même s'ils ne sont pas citoyens français, à l'élection des maires et adjoints.

Il est statué par des décrets spéciaux sur la composition du corps électoral indigène et sur le mode d'élection des représentants des indigènes dans chaque assemblée.

En outre, l'indigène musulman peut servir dans les armées de terre et de mer (S.-C. 1865, art. 1er, § 2, art. 2, § 2); il est admissible à certains emplois civils en Algérie, *eod.* (V. L. 4 févr. 1919, sur la naturalisation de l'indigène).

b) **Colonies.** — Il y a des colonies dont tous les habitants, même de couleur, ont le droit de cité française et par conséquent le droit de vote, telles sont la Martinique, la Guadeloupe, la Guyane, la Réunion, les indigènes de Sainte-Marie-de-Madagascar, ceux de Tahiti et dépendances, ceux des quatre communes de plein exercice du Sénégal (Saint-Louis, Dakar, Gorée et Rufisque). Dans l'Inde, les indigènes sont unanimement considérés comme citoyens, même les non-renonçants, ils jouissent donc des droits politiques. Seulement, au moins pour les élections locales, ils sont inscrits sur des listes différentes selon qu'ils sont renonçants ou non-renonçants à leur statut personnel (V. Décr. 10 sept. 1899) et ils élisent des mandataires séparés.

Il en est où ils ont un droit de cité indigène; ainsi, en Cochinchine, en ce qui concerne les fonctions municipales des villages annamites.

Enfin, il est des colonies où les indigènes n'ont aucun droit de cité même indigène.

II. — LES INCAPACITES ELECTORALES AU POINT DE VUE DU DROIT DE VOTE

Tous les citoyens français qui ont la jouissance du droit de vote en ont l'exercice à 21 ans (pour les femmes, la majorité électorale sera probablement de 25 ans); à ce moment, ils sont, ou plutôt ils peuvent être *électeurs*, à la condition d'être inscrits sur une liste électorale; seulement, il faut se préoccuper des incapacités dont ils peuvent être individuellement frappés.

L'incapacité électorale résulte, soit de la privation de la jouissance du droit de vote, soit de la privation de l'exercice de ce droit. L'effet de l'incapacité est le même dans les deux cas, il consiste en ce que le vote, qui d'ailleurs constitue un délit, peut être en certains cas défalqué des suffrages exprimés, ce qui, en modifiant la majorité, peut entraîner après coup l'annulation de l'élection.

A. Incapacité électorale résultant de la privation de la jouissance du droit de vote. — Il est des événements qui font perdre la jouissance du droit de vote; ce sont des sentences judiciaires : 1° toutes les condamnations criminelles et certaines condamnations correctionnelles; 2° certaines déclarations de faillite; 3° certaines destitutions d'emploi; en somme, des faits qui portent atteinte à l'honorabilité de l'individu. Les droits publics, quels qu'ils soient, ne doivent appartenir qu'à ceux qui ont un minimum de moralité, à plus forte raison le droit de suffrage qui est un pouvoir dans l'Etat. Le texte fondamental, en la matière, est le décret organique du 2 février 1852 modifié par un certain nombre de lois postérieures, notamment les lois du 24 janvier 1889, du 4 mars 1889, du 15 juillet 1889, du 10 mai 1898, du 23 mars 1908; par sa nature même, d'ailleurs, cette matière est exposée à des remaniements fréquents.

Observation. — Il est indispensable de tenir compte, en cette matière, des *lois d'amnistie*, qui, périodiquement, viennent restituer le droit électoral à une foule d'électeurs condamnés; les dernières en date sont celles du 24 octobre 1919, du 29 avril 1921, du 17 juillet 1922, du 21 octobre 1922, mais, heureusement, le nouveau principe de la grâce amnistiante qui individualise l'amnistie s'y fait jour (V. *supra*, 146).

a) Condamnations criminelles et correctionnelles. — L'énumération de ces condamnations se trouve dans un tableau inséré au *Bulletin du ministère de l'Intérieur*, 1885, p. 288, mais quelques observations générales sont nécessaires : 1° les condamnations criminelles, quelles qu'elles soient, emportent privation du droit de vote, qu'elles soient prononcées pour crime politique ou pour crime de droit commun, par un tribunal d'exception ou par une juridiction ordinaire; la privation est toujours perpétuelle; 2° il n'y a, au contraire, que certaines condamnations correctionnelles qui entraînent perte du droit; tantôt c'est à raison de la nature du délit, quelle que soit la peine, tantôt la gravité du délit se mesure à la peine; enfin, bien qu'en principe la privation soit perpétuelle, il est des cas où elle est temporaire et ne dure que cinq ans à partir de l'expiration de la peine; ce dernier système semble même avoir une tendance à se généraliser; 3° les complices sont frappés aussi bien que les auteurs; 4° les condamnations encourues à l'étranger ne l'enlèvent pas; 5° la réhabilitation et l'amnistie restituent le droit, en principe; 6° si le condamné ne subit pas la peine, la déchéance commence du jour où il a acquis la prescription ou a été gracié (Cass., 16 mai 1865).

b) **Déclaration de faillite.** — D'après l'article 15, n° 17, du décret du 2 février 1852, la déclaration de faillite entraînait perte du droit de vote d'une façon définitive et sans aucune distinction tirée des conditions de la faillite; la loi du 4 mars 1889 apporta une première atténuation en séparant de la faillite une procédure de *liquidation judiciaire* qui n'entraîne pas perte du droit de vote; la loi du 23 mars 1908 en a apporté une autre en distinguant la faillite de la banqueroute; la banqueroute, simple ou frauduleuse, continue seule à entraîner la perte définitive du droit de vote; quant aux simples faillis ou petits faillis, ils ne sont privés de l'inscription sur la liste électorale que pendant trois ans à partir de la déclaration de faillite.

c) **Destitution d'emploi** (art. 15, n° 8, modifié par la loi du 10 mai 1898). — Il ne faut pas confondre la destitution d'emploi avec la simple révocation des fonctionnaires; ce qui fait sa gravité, c'est qu'elle résulte d'un jugement. Perdent le droit de vote les notaires et officiers ministériels destitués par le Tribunal civil, lorsqu'une disposition formelle du jugement ou arrêt de destitution les aura déclarés déchus des droits de vote, d'élection et d'éligibilité; les greffiers destitués par le chef de l'Etat lorsque cette déchéance aura été expressément provoquée, en même temps que la destitution, par une décision judiciaire.

Mesure d'ordre. — Un casier judiciaire spécial est tenu à jour dans toutes les sous-préfectures pour les condamnations entraînant perte du droit de vote pour tous les individus nés dans l'arrondissement. Les maires, pour l'établissement de la liste électorale, peuvent demander communication de ce casier.

B. *Certains faits entraînent l'incapacité électorale par simple privation de l'exercice du droit de vote*, ce sont la minorité et l'interdiction.

La *majorité* est chez nous de 21 ans pour les élections politiquest et administratives, dans beaucoup de pays elle est de 24 à 25 ans, dans certains de 17. La *minorité* est bien une cause d'incapacité qui n'atteint que l'exercice du droit; si, en fait, un mineur a été inscrit sur une liste électorale, le bureau ne peut pas refuser de recevoir son vote et le juge de l'élection ne doit point retrancher son suffrage des voix obtenues par les candidats

élus (C. E., 1er juill. 1893, *Criquebœuf,* et 8 févr. 1896, *Masscu-
bes*). D'ailleurs, les condamnations encourues pendant la minorité
entraînent perte du droit de vote, c'est donc qu'il existait. Mêmes
réflexions à propos de l'*interdiction*. Le décret de 1852 l'a fait
figurer parmi les faits qui privent du droit, mais elle n'atteint
que l'exercice du droit. Ne devrait-on pas ajouter d'autres causes
d'incapacité ? 1° le fait d'être pourvu d'un conseil judiciaire;
déjà la loi du 10 août 1871 en fait une cause d'inéligibilité, de
même la loi du 5 avril 1884; 2° le fait d'être indigent assisté;
3° le fait de ne pas savoir lire ou écrire; 4° le fait d'être au
service d'autrui, cette cause d'incapacité qui a existé sous la
Révolution subsiste dans beaucoup de législations étrangères (Cf.
Villey, *op. cit.*, p. 19 et s.).

III. — DES CONDITIONS D'EXERCICE DU DROIT DE VOTE : L'INSCRIPTION SUR UNE LISTE ELECTORALE

Le droit de vote s'exerce dans les élections; il ne suffit pas
au citoyen pour voter d'avoir la capacité électorale, il lui faut
encore être *électeur*, c'est-à-dire, remplir les formalités et conditions exigées pour l'opération du vote. Il y a deux conditions :
la première est positive, il faut être inscrit sur la liste électorale de la commune où l'on vote; la seconde est négative, il
faut n'être pas soldat présent au corps, ni interné dans un asile
d'aliénés, car il y a impossibilité de fait à voter dans ces conditions.

**A. Inscription sur la liste électorale. — Législation de la
liste électorale** (Décr. 2 févr. 1852, L. 17 juill. 1874, 30 nov.
1875, 5 avril 1884, L. 29 juill. 1913, L. 31 mars 1914) (1-2). —
L'élection est une opération communale, en principe, du moins
dans la métropole. Les élections à la Chambre des députés, au
conseil général, au conseil d'arrondissement, se font par communes ou par sections électorales de communes. Cette opération
importante a besoin d'être conduite avec beaucoup de méthode.
Une des premières mesures d'ordre prises a été la liste électorale communale. La liste électorale est le *catalogue par ordre
alphabétique des électeurs d'une commune ou d'une section électorale de commune.* Elle sert : 1° au moment où elle est dressée
ou revisée, à faire, parmi les habitants de la commune, le triage
de ceux qui sont électeurs et de ceux qui, pour une cause quelconque, ne le sont pas. Il y a là une censure qui s'exerce facilement à l'intérieur de chaque commune par des relations de voisinage, et qui serait beaucoup plus difficile si la liste devait être

---

(1-2) BIBLIOGR. — Daure, *Manuel pratique de la revision des listes électorales,* 1898, et pour la législation comparée, Villey, *op. cit.*, p. 203 et s.
— Nous ne tenons pas compte de la législation spéciale de la guerre.

dressée pour une circonscription plus vaste; 2° au moment du scrutin, à constater l'identité de l'individu qui se présente pour voter, elle est, en effet, déposée sur le bureau et le nom de chaque votant y est émargé; 3° a déterminer le nombre des électeurs inscrits, ce qui est indispensable pour le calcul de la majorité au premier tour. Il faut, en effet, pour être élu, entre autres conditions, que le candidat réunisse les voix du quart des électeurs inscrits.

Il n'y a, à l'heure actuelle, depuis la loi du 5 avril 1884, qu'une seule liste électorale dans chaque commune ou section électorale de commune qui sert à toutes les élections politiques et administratives générales ou locales.

Il s'agit uniquement de la liste électorale pour les élections politiques et administratives, il y a des listes spéciales pour les élections des juges consulaires et des membres du conseil de prud'hommes; pour celles des délégués mineurs; pour celles des chambres d'agriculture, etc.

Cette liste est permanente, une fois dressée dans une commune ou une section électorale de commune. La liste est soumise à une révision annuelle. La liste révisée sert de base aux élections depuis le 31 mars d'une année jusqu'au 31 mars de l'année suivante.

Le principe de la liste permanente a été posé dans la loi du 2 juillet 1828; jusque-là, les listes étaient dressées à l'occasion de chaque élection, ce qui donnait lieu aux plus grands abus.

Il y a lieu d'étudier : 1° les conditions requises pour être inscrit sur la liste; 2° l'établissement et la revision annuelle de la liste :

1° CONDITIONS REQUISES POUR ÊTRE INSCRIT SUR LA LISTE ÉLECTORALE D'UNE COMMUNE. — Ces conditions sont : 1° d'avoir la capacité électorale, c'est un délit de réclamer son inscripiton en dissimulant une incapacité (art. 31, D. organique, 2 févr. 1852); 2° d'avoir avec la commune une *attache légale* résultant de l'un ou l'autre des faits suivants, qui se ramènent presque tous au fait de l'habitation (L. 5 avril 1884, art. 14); a) Domicile réel établi dans la commune avant le 31 mars; b) Résidence de six mois accomplie dans la commune avant le 31 mars; c) Résidence établie avant le 4 février des fonctionnaires publics de tous ordres lorsque cette résidence est obligatoire dans la commune; elle est censée établie du jour de la nomination avec dispense des six mois de résidence; d) Résidence établie dans la commune, avant le 31 mars, d'un contribuable inscrit au rôle de l'année pour l'une des contributions directes ou pour la prestation en nature, à la condition que cette inscription figure pour la cinquième fois sans interruption (L. 31 mars 1914, art. 2); e) Demande d'inscription faite par un contribuable non résident, lorsqu'il est inscrit au rôle de l'année dans la commune pour l'une des quatre contributions directes ou pour la prestation en nature, à la condition que cette inscription figure pour la cinquième fois sans interruption (*ibid.*); *f)* Les citoyens français établis à l'étranger et immatriculés au consulat de France conserveront le droit d'être inscrits, s'ils le demandent, sur la liste électorale de la commune où ils ont satisfait à la loi sur le recrutement de l'armée et rempli leurs obligations militaires (*ibid.*).

Tous ces faits, d'où résulte l'attache avec la commune, opèrent de plein droit et doivent entraîner l'inscription d'office, à l'exception de ceux indiqués sous les lettres *e* et *f* qui supposent une demande de l'intéressé.

Lorsque ces faits sont connus ou prévus avant le 4 février, l'inscription se fait normalement soit d'office, soit sur réclamation. Lorsque le fait se produit entre le 4 février et le 31 mars, l'électeur a encore le droit de se faire inscrire, l'article 14 est formel; bien que la commission municipale ait terminé l'examen des réclamations, il doit s'adresser à elle, car elle subsiste jusqu'au 31 mars; si elle refuse ou néglige de répondre, il peut faire appel devant le juge de paix. Le juge de paix est seulement juge d'appel des décisions de la commission, mais on admet que l'omission de statuer *même involontaire* de la commission équivaut à décision de rejet et autorise l'appel (Cass., 30 juin 1885, *Leonetti*, S., 86. 1. 318; 2 mai 1892, S., 83. 1. 206).

Des doubles inscriptions. — Il est facile de voir qu'un même électeur peut avoir une attache légale avec plusieurs communes. Il peut avoir son domicile dans l'une, une résidence de six mois dans une autre, payer des impôts directs dans une troisième; il a été pris des précautions pour empêcher les inscriptions sur plusieurs listes afin que chaque électeur ne puisse exercer son droit de vote que dans une seule commune pour une même élection.

La matière a été complètement renouvelée par la loi du 29 juillet 1913, art. 1er, complétée par la loi du 31 mars 1914, art. 1er. Jusque-là on avait surtout cherché à empêcher le fait du *double vote*, ces nouveaux textes cherchent à empêcher le fait de la *double inscription sur la liste*. Voici l'analyse de ces dispositions · 1° nul ne peut être inscrit sur plusieurs listes électorales; 2° toute personne qui aura *réclamé* ou *obtenu* une inscription sur deux ou plusieurs listes sera punie des peines prévues par l'article 36 du décret organique du 2 février 1852; 3° toute demande de changement d'inscription devra être accompagnée d'une demande en radiation de la liste du domicile électoral antérieur (toute fraude dans la délivrance ou la production d'un certificat d'inscription ou de radiation des listes électorales sera punie des peines portées à l'article 12 de la présente loi, amende de 100 à 500 francs, emprisonnement d'un mois à un an); 4° si, en fait, un citoyen est inscrit sur plusieurs listes électorales, le maire, ou, à son défaut, tout électeur porté sur l'une de ces listes, peut exiger devant la commission de revision des listes électorales, huit jours au moins avant leur clôture, que ce citoyen opte pour son maintien sur l'une seulement de ces listes; à défaut de son option dans les huit jours de la notification de la mise en demeure faite par lettre recommandée, il restera inscrit dans la commune où il réside depuis six mois et il sera rayé des autres listes. Les *réclamations* et *contestations* à ce sujet sont jugées et réglées par les commissions et juges de paix compétents pour opérer les revisions de la liste électorale sur laquelle figure l'électeur qui réclame l'option.

2° Etablissement et revision annuelle de la liste électorale. — L'établissement, pour la première fois, de la liste électorale dans une commune ou dans une section électorale de commune est un fait assez exceptionnel pour lequel on se reportera au texte (L. 8 juill. 1874, art. 1er). Au contraire, la revision annuelle est un fait d'importance capitale qui demande des développements. La revision de la liste électorale commence, dans chaque commune, le 1er janvier de chaque année et se termine le 31 mars. Elle suppose trois opérations : une opération administrative de revision accomplie par une commission; des réclamations formées par les intéressés contre cette opération et le jugement de ces réclamations; la clôture de la revision de la liste par la commission administrative.

a) **Opération administrative de revision.** — Une commission dite *administrative* est organisée dans chaque commune ou section électorale de commune; elle est composée de trois membres : le maire, un délégué du préfet, un délégué du conseil municipal (Pour Paris et Lyon, V. L. 7 juill. 1874, art. 1er).

Du 1er au 10 janvier, cette commission procède aux inscriptions et aux radiations d'office. Elle ajoute les électeurs qui ont acquis ou qui acquerront les conditions requises avant le 31 mars et retranche les décédés, les incapables, les indûment inscrits; l'électeur dont l'inscription a été discutée est averti sans frais par le maire et convoqué pour présenter ses observations. — Un tableau indiquant les inscriptions et les retranchements opérés est déposé le 15 janvier au secrétariat de la mairie et affiché le même jour, il est transmis au préfet (Décr. organique 1852, art. 2 et 3). — Un délai de vingt jours à partir de l'affichage du tableau est ouvert pour les réclamations, ce délai expire le 4 février.

Déféré du préfet. — Si le préfet estime que les formalités prescrites n'ont pas été observées dans les opérations antérieures au 15 janvier, il devra, dans les deux jours de la réception du tableau, *déférer* les opérations de la *commission administrative* au conseil de préfecture du département qui statuera dans les trois jours et fixera, s'il y a lieu, le délai dans lequel les opérations annulées devront être refaites (art. 4). Cette décision est contentieuse et appel peut être porté au Conseil d'Etat (Cons. d'Etat, 22 mai 1887, *Ville de Lyon*). Quant aux opérations postérieures au 15 janvier, leur régularité ne peut être discutée que devant le juge de paix (Cons. d'Etat, 3 mai 1912, *Saint-Pierre-de-l'Isle*).

b) **Réclamations.** — Elles peuvent être faites. soit par l'électeur intéressé, soit par des tiers électeurs (inscrits sur une liste électorale de la circonscription électorale) qui représentent ici la collectivité du corps électoral, soit par le préfet ou le sous-préfet (Décr. organique 1852, art. 19). Elles doivent être formées dans les vingt jours à compter de la publication des listes (D. R. 1852, art. 5; Décr. 13 janv. 1866; L. 7 juill. 1874, art. 2). — La demande en inscription ou en radiation n'est soumise à aucune forme particulière, il suffit d'une lettre missive adressée au maire. Celui-ci doit donner récépissé. S'il s'y refusait, le déclarant réitérerait sa demande par exploit d'huissier. ce qui suffirait à constater le refus, et ce refus, étant assimilé à une décision de rejet de la commission, donne droit à l'appel devant le juge de paix (Cass., 25 juin 1884, *Sahut et de Fulcrand*, 28 mai 1895. *Ciavatti*). L'électeur intéressé peut donner mandat à un tiers de faire la réclamation en son nom, et il n'est pas nécessaire que le mandataire soit lui-même électeur, ce peut être une femme ou un mineur.

Jugement des réclamations. — Le contentieux des réclamations est organisé d'une façon judiciaire, il appartient en premier ressort à une *commission municipale* et en appel au juge de paix avec possibilité de pourvoi à la Cour de cassation. Cela prouve que la réclamation est interprétée, non pas comme un moyen d'attaquer l'opération administrative de revision de la liste électorale — cette opération ne peut être attaquée que par le préfet et par le *déféré* au conseil de préfecture (V. p. précédente) — mais comme un moyen de faire valoir le droit individuel de suffrage. Ce contentieux des réclamations est, en outre, organisé de façon à être rapide et sans frais, les actes judiciaires sont dispensés du timbre et enregistrés gratis (Décr. organique 1852, art. 24).

De la commission municipale de jugement. — Elle est simplement la commission administrative transformée. Elle est composée : 1° des membres de la commission administrative qui a préparé la liste; 2° de deux autres délégués du conseil municipal. Cette commission se trouve donc composée de cinq membres, et de ce qu'elle est une juridication judiciaire, la Cour de cassation a conclu qu'elle ne peut statuer valablement que si elle est au complet de ces cinq membres, la loi n'en ayant pas autrement ordonné (Cass., 11 avril 1888, *Santigny*, S., 90. 1. 351; 13 avril 1899. *Carton*). La loi du 15 mars 1849, article 8, recommande de statuer dans un délai de cinq jours. Ni la procédure, ni la forme des décisions ne sont réglées par la loi, mais il faut, autant que possible, appliquer les règles de la procédure contentieuse; par suite, les décisions doivent être écrites en minute et motivées. Les décisions doivent être notifiées dans les trois jours aux parties intéressées, par écrit et à domicile par les soins de la municipalité (L. de 1874, art. 4, § 2).

De l'appel devant le juge de paix (Décr. organique 1852, art. 21; L. de 1874, art 4, § 2). — Appel peut être formé devant le juge de paix du canton, soit des décisions de la commission municipale, soit des omissions de statuer qui résultent du fait de l'administration et qui, dès lors, sont assimilables à une décision de rejet (Cass., 30 juin 1885, *Leonetti*, S., 86. 1. 318; 2 mai 1892, S., 93. 1. 206; Cass., 20 mai 1895).

L'appel doit être formé par les *parties en cause* dans le délai de cinq jours à partir de la notification, il est formé par simple déclaration au greffe. Le mot « déclaration » signifie que l'appelant doit comparaître en personne ou par un fondé de pouvoir spécial, une lettre missive serait insuffisante.

L'appel peut être formé, en outre, par les *parties intéressées*, alors même qu'ils n'auraient pas figuré devant la Commission de jugement. Ce sont : 1° l'électeur dont l'inscription ou la radiation sont poursuivies; 2° les tiers électeurs de la circonscription électorale (Cass., 2 mai 1892, S., 93. 1. 206). Pour ceux-là, le délai est de vingt jours à compter de la décision qu'ils entendent critiquer, qu'ils l'aient en fait connue ou non (Cass., 20 avril 1892, S., 93. 1. 206; Cass., 14 nov. 1892, S., 93. 1. 151, etc.) Même solution pour le préfet et le sous-préfet.

« Le juge de paix statuera dans les dix jours, sans frais ni formes de procédure, et sur simple avertissement donné trois jours à l'avance à toutes les parties intéressées. » (Décr. organique 1852 art. 22.) Il faut entendre ici par *parties intéressées*, d'une part, l'électeur dont l'inscription ou la radiation sont demandées, d'autre part, les *réclamants*.

Les questions d'état, les questions d'interprétation d'actes administratifs, les questions subordonnées au résultat de poursuites criminelles ou correctionnelles forment question préjudicielle et doivent être renvoyées par le juge de paix à l'autorité compétente.

Du pourvoi en cassation. — La décision du juge de paix est en dernier ressort, mais elle peut être déférée à la Cour de cassation. Le pourvoi n'est recevable que s'il est formé dans les dix jours de la notification de la décision ou du jour du jugement s'il n'y a pas eu de contradiction devant le juge de paix, il n'est pas suspensif. Il est formé par simple requête dénoncée aux défendeurs par lettre recommandée dans les dix jours qui suivent. Il est dispensé de l'intermédiaire d'un avocat à la Cour et jugé d'urgence sans frais ni consignation d'amende. Les pièces et mémoires fournis par les parties sont transmis sans frais par le greffier de la justice de paix au greffier de la Cour de cassation; la chambre des requêtes de la Cour de cassation statue définitivement sur le pourvoi (Décr. organique 2 févr. 1852, art. 23; L. 6 févr. 1914; L. 31 mars 1914, art. 7). Si la décision du juge de paix est cassée, l'affaire est renvoyée devant le juge d'un autre canton.

Peuvent former le pourvoi : 1° l'électeur intéressé. alors même qu'il n'aurait pas été partie devant le juge de paix, alors même qu'il n'aurait pas la qualité de réclamant; 2° le tiers électeur, le préfet et le sous-préfet, à la condition qu'ils aient été parties (Cass., 7 juill. 1902, *Latuleigne*). La tierce opposition, et la requête civile sont impossibles.

c) **Clôture des listes électorales.** — Le 31 mars de chaque année, la commission administrative opère toutes les rectifications résultant de la révision d'office de janvier et non modifiées par jugement, toutes les rectifications régulièrement ordonnées par jugement; elle opère de même d'office toutes les rectifications résultant de faits évidents produits depuis la révision d'office avant le 31 mars (c'est-à-dire les radiations provenant de décès ou de condamnations, les inscriptions des électeurs ayant établi leur domicile réel avant le 31 mars ou ayant accompli les six mois de résidence avant cette date ou des fonctionnaires à résidence obligatoire ayant réclamé avant le 4 février), et elle arrête la liste électorale de la commune (D. R. 1852, art. 7, L. 7 juill. 1874, art. 1er). Dans le cas où l'inscription ordonnée par la commission du jugement ne serait pas effectuée réellement avant le 31 mars, dans les vingt jours qui suivent le 31 on peut faire appel devant le juge de paix aux fins de rétablissement du nom (Cass., 16 août 1882, 94. 1. 437). Même faculté au cas d'omission d'inscription, d'un nom inscrit sur la liste de l'année précédente et non indiqué au tableau des radiations.

Permanence de la liste. Rectifications au cours de l'année. — « La liste électorale reste jusqu'au 31 mars de l'année suivante telle qu'elle a été arrêtée, sauf néanmoins les changement qui y auraient été tardivement ordonnés par décision du juge de paix et sauf aussi la radiation des noms des électeurs décédés ou privés des droits civils ou politiques par jugement ayant force de chose jugée. » (D. R. 1852, art. 8; L. 31 mars 1914, art. 8.) Le maire doit faire afficher le tableau des radiations et des changements avant toute élection.

Il ne commet pas un fait personnel en mentionnant la cause de la radiation, même si c'est une condamnation (Confl., 26 juin 1897, *Préfet de la Haute-Garonne*), mais si à cette mention il ajoute des faits de polémique, il commet un fait personnel (Confl., 4 déc. 1897, *Préfet de la Gironde*).

Conservation et communication des listes électorales. — « Les minutes des listes électorales sont réunies en un registre et conservées dans les archives de la commune. Tout électeur pourra en prendre communication et copie. » (L. 7 juill. 1874, art. 4, § 3.) Copie est déposée au secrétariat général de la préfecture.

Tableau récapitulatif des délais. Bulletin du ministère de l'Intérieur, 1885, p. 287. — Les délais imposés aux parties pour réclamation, appel, pourvoi en cassation sont seuls prescrits à peine de nullité; les délais imposés aux autorités et juridictions sont purement réglementaires. S'ils ne sont pas observés, ils entraînent des retards. Mais, dans tous les cas, la date de la clôture est immuable, sauf rectification pour les solutions retardées.

OPÉRATIONS	NOMBRE de jours.	TERME normal des délais.
Opération de rectification...............	10	10 janvier.
Préparation du tableau rectificatif......	4	14 —
Publication de ce tableau...............	1	15 —
Délai ouvert aux réclamations..........	20	4 février.
— pour décision des commissions municipales	5	9 —
— pour notification desdites..........	3	12 —
— appel devant le juge de paix......	5	17 —
— pour décision dudit...............	10	27 —
— pour notification du jugement du dit	3	2 mars ou 1er
— pour pourvoi en cassation........	10	12 mars ou 11
Clôture définitive	»	31 mars.

B. *Impossibilité de fait de voter.* — Les militaires et assimilés de tous grades et de toutes armes des armées de terre et de mer ne prennent part à aucun vote, même les réservistes, quand ils sont présents à leur corps, à leur poste ou dans l'exercice de leurs fonctions (L. 1er avril 1923, art. 9), tout permissionnaire de moins de 30 jours est présent au corps. (Les assimilés sont les non-combattants qui font cependant partie de l'armée, officiers d'administration et d'intendance, médecins, pharmaciens, etc.)

Ceux qui, au moment de l'élection, se trouvent en *résidence libre* en *non-activité* ou en *congé*, de plus de 30 jours, les officiers et assimilés qui sont en *disponibilité* ou dans le *cadre de réserve* peuvent voter dans la commune sur la liste de laquelle ils sont régulièrement inscrits. Le fait d'être soldat présent au corps n'empêche pas, en effet, d'être inscrit sur la liste; il empêche de voter, quoique inscrit.

Les individus actuellement détenus, même pour des condamnations n'entraînant pas perte du droit électoral, ne peuvent point voter; il en est de même des individus internés dans un asile d'aliénés, mais non interdits, et des accusés contumaces (D. R. 1852, art. 18).

Article II. — *Le droit d'éligibilité.*

I. — LA CAPACITE ELECTORALE AU POINT DE VUE DE L'ELIGIBILITE

Il y a lieu de se préoccuper, pour l'éligibilité, des trois mêmes questions que pour le droit de vote : de la jouissance du droit, de l'incapacité ou inéligibilité qui résulte de la perte de la jouissance ou de l'exercice du droit, et des conditions d'exercice du droit.

La jouissance du droit d'éligibilité appartient en principe à tous ceux qui ont le droit de vote, l'un emporte l'autre; quand on est *électeur*, on est *éligible;* cependant, il faut signaler le cas de l'étranger naturalisé qui acquiert immédiatement le droit de vote et n'acquiert le droit d'éligibilité aux Chambres que dix ans après le décret de naturalisation (L. 26 juin 1889, art. 3). A part cette restriction, le droit d'éligibilité appartient à tout individu mâle, Français d'origine, ou par le bénéfice de la loi ou par naturalisation; ni les étrangers ni les femmes françaises ne sont éligibles. Quant aux indigènes d'Algérie et des colonies, il sont éligibles dans la mesure où ils sont électeurs (V. plus haut, p. 217).

L'éligibilité n'est pas, comme l'électorat, sous la protection de l'autorité judiciaire; c'est le juge de l'élection, le juge administratif, par conséquent, qui est compétent pour les questions d'éligibilité; mais cela n'empêche point l'éligibilité d'être un droit au même titre que l'électorat.

II. — DE L'INCAPACITE OU INELIGIBILITE

L'inégibilité provient soit de la perte de la jouissance, soit de la perte de l'exercice du droit. Dans les deux cas, elle produit le même résultat : si la cause d'inéligibilité existe au moment de l'élection, celle-ci doit être *annulée;* si elle survient après l'élection, l'élu doit être *exclu* de l'assemblée dont il a été nommé membre (Décr. 2 févr. 1852, art. 28; L. 10 août 1871, art. 18; L. 5 avril 1884, art. 36). On comprendrait mal, en effet, que celui-ci continuât à siéger, qui, si l'élection était faite au moment même, serait inéligible. Lorsque l'exclusion est motivée par une condamnation entraînant perte de la jouissance du droit, on dit qu'il y a *indignité.*

A. *Inéligibilité par suite de privation de la jouissance du droit.* — Ceci se rencontre dans le cas de condamnation criminelle ou correctionnelle, déclaration de faillite ou liquidation judiciaire, destitution d'emploi. Il faut se reporter à ce qui a été dit du droit de vote (p. 218 et s.). En principe, tout jugement qui fait perdre le droit de vote fait perdre, et dans la même proportion, le droit d'éligibilité. Il faut ajouter seulement l'indication de certains cas où le droit d'éligibilité est perdu, alors que le droit de vote ne l'est pas : 1° Depuis la loi du 4 mars 1889, art. 21, les liquidés judiciaires sont déclarés inéligibles, alors qu'ils peuvent voter; 2° les membres des familles ayant régné en France ont été frappés d'inéligibilité, mais peuvent voter (V. L. 22 juin 1886); 3° les personnages condamnés pour actes de corruption dans les opérations électorales sont inéligibles pendant deux ans (L. 31 mars 1914, art. 9).

D'après la loi du 23 mars 1908, la réhabilitation des faillis simples leur restitue l'éligibilité. (En ce qui concerne l'amnistie, V. l'observation de la page 220).

B. *Inéligibilité par suite de privation de l'exercice du droit.* — Les causes d'inéligibilité sont ici les suivantes : minorité, interdiction, demi-interdiction, secours reçus de l'assistance publique, fait d'être domestique attaché à la personne, fait d'être investi d'une fonction publique : elles n'opèrent pas toutes pour toutes les élections, les principales sont la minorité, l'interdiction et la demi-interdiction, la fonction publique.

***a)* Minorité.** — Pour tous les mandats électoraux, la majorité est, en principe, fixée à 25 ans (Chambre des députés, conseil général, conseil d'arrondissement, conseil municipal). Exceptionnellement, pour le Sénat, elle est fixée à 40 ans. La majorité doit être acquise le jour de l'élection;

***b)* Interdiction.** — L'interdiction civile est certainement une cause d'inéligibilité pour toutes les élections (Arg. Décr. 2 févr. 1852, art. 15); *Demi-interdiction.* — Cette cause d'inéligibilité n'existe que pour le conseil général (L. 10 août 1871, art. 7) et pour le conseil municipal (L. 5 avril 1884, art. 32); elle n'existe ni pour la Chambre des députés et le Sénat, et c'est fâcheux;

***c)* Fonctions publiques.** — L'inéligibilité résultant de la fonction est, comme l'incompatibilité que nous rencontrerons plus loin, la marque d'une séparation que le régime d'Etat démocratique s'efforce de réaliser entre le personnel des fonctionnaires publics et celui des hommes politiques : il est désirable, en effet, pour le bien de l'Etat, que le personnel du service civil demeure éloigné de la politique qui est nécessairement mêlée à toutes les fonctions électives, comme le personnel militaire en est déjà éloigné.

Cela importe à la sincérité des élections et à l'accomplissement impartial des fonctions; qui dit élection dit parti politique et le fonctionnaire civil devrait être affranchi de l'esprit de parti pour se consacrer tout entier à sa fonction.

L'inéligibilité peut être de deux sortes : elle peut être *absolue*, c'est-à-dire rendre le fonctionnaire inéligible dans toutes les circonscriptions; elle peut être simplement *relative*, c'est-à-dire rendre le fonctionnaire inéligible seulement dans la circonscription où il exerce sa fonction :

1° INÉLIGIBILITÉ ABSOLUE RÉSULTANT DE LA FONCTION FRAPPANT LES FONCTIONNAIRES MILITAIRES. — Il n'y a qu'une inéligibilité absolue de cette espèce, c'est celle qui résulte de la qualité de *militaire* en *activité de service*. Elle existe actuellement pour toutes les élections : pour la Chambre des députés (L. 30 nov. 1875, art. 7); pour le Sénat (L. 9 déc. 1884, art. 5); pour le conseil municipal (L. 5 avril 1884, art. 31); pour le conseil général et celui d'arrondissement (L. 23 juill. 1891). Elle a pour but d'écarter la politique de l'armée, elle est corrélative à l'impossibilité de voter que nous avons vue plus haut; elle frappe les militaires en *activité de service*, à l'exception des maréchaux de France et des amiraux. Par conséquent, elle ne frappe ni ceux qui sont dans la réserve, ni ceux qui sont dans la territoriale. Elle ne frappe pas non plus les officiers placés dans la seconde section du cadre de l'état-major général, ni ceux qui ont cessé d'être employés activement tout en étant maintenus dans la première section pour avoir commandé en chef devant l'ennemi, ni les officiers renvoyés dans leurs foyers en attendant la liquidation à laquelle ils ont droit. Elle frappe les militaires en disponibilité ou en non-activité.

2° INÉLIGIBILITÉ RELATIVE RÉSULTANT DE LA FONCTION FRAPPANT LES FONCTIONNAIRES CIVILS. — Cette matière de l'inéligibilité relative se trouve disséminée dans des textes nombreux. Pour le Sénat, L. 2 août 1875, art. 24; pour la Chambre des députés, L. 30 nov. 1875, art. 12, modifiée par L. 30 mars 1902, art. 2; pour les conseils généraux, L. 10 août 1871, art. 8; pour les conseils d'arrondissement, L. 22 juin 1833, art. 5 et décr. 9 juill. 1848 combinés; pour les conseils municipaux, L. 5 avril 1884, art. 33. Du rapprochement de ces textes, il résulte des incohérences fâcheuses. Il n'est cependant pas impossible d'indiquer quelques lignes générales. Il faut partir de cette idée très simple qu'un fonctionnaire ne doit pas pouvoir être élu dans une circonscription, lorsque sa fonction lui donne une autorité sur les électeurs de cette circonscription. Seulement, on ne tient compte que des influences vraiment sérieuses.

Il y a aussi une différence à noter entre l'effet de la fonction quand il s'agit d'élections à la Chambre des députés ou au Sénat et son effet dans les élections départementales ou communales; dans le premier cas, l'éligibilité se prolonge pendant six mois au delà de la cessation de la fonction (L. 2 août 1875, art. 21; L. 30 nov. 1875, art. 12); dans le second cas, elle cesse avec la fonction. (V. mon *Précis constitutionnel*, 2e éd., p. 584, un tableau des principaux cas d'inéligibilité résultant de la fonction.)

III. — L'INCOMPATIBILITE

La théorie de l'incompatibilité est assez difficile à construire. l'incompatibilité constitue un empêchement juridique à l'élection ou plutôt *à la conservation du mandat après l'élection, si une certaine situation de fait est maintenue* et si l'intéressé ne tranche pas la difficulté par une *option entre deux situations incompatibles*.

Il y a grande parenté avec l'inéligibilité. C'est le même résultat pratique obtenu par un autre moyen juridique : 1° Cette parenté est tellement grande que le même fait est envisagé par la loi tantôt comme inéligibilité, tantôt comme incompatibilité; ainsi le fait d'être employé salarié de la commune est considéré comme une cause d'inéligibilité par la loi municipale, tandis que le fait d'être employé salarié du département n'est envisagé par la loi départementale que comme une cause d'incompatibilité; 2° D'autre part, la sanction de l'incompatibilité, lorsque l'option qu'elle impose n'a pas été effectuée dans le délai, est la nullité de l'élection, elle est donc la même que la sanction de l'inéligibilité, avec cette différence que l'obstacle s'apprécie, non pas au moment de l'élection, comme dans le cas de l'inéligibilité, mais au moment où expire le délai de l'option (C. Et., 25 févr. 1905, *Election de Luc-en Diois; eod., Election de la Baroche;* 3 mars 1905, *Election de Saint-Loubouer;* 27 janv. 1905, *Election de Gidy*).

En revanche, l'incompatibilité diffère de l'inéligibilité : 1° en ce qu'elle n'opère qu'après l'élection; 2° en ce que, au moment où elle opère, elle ne fait pas perdre de plein droit le mandat électoral, elle fait cesser une situation de fait fâcheuse, mais pas nécessairement par la perte du mandat; ainsi, dans le cas spécial où l'incompatibilité résulte d'une fonction publique, son effet est de mettre le fonctionnaire élu dans l'obligation d'opter, dans un certain délai, entre son mandat et sa fonction; 3° en ce que, ne touchant pas au fond du droit et à la capacité, l'incompatibilité peut être créée par un simple règlement, tandis qu'une inéligibilité ne pourrait être créée que par une loi (C. Et., 25 févr. 1905, *Elections d'Onnaing*).

Les incomptabilités sont de droit étroit (C. Et., 27 janv. 1913, *Laporte*).

Les causes d'incompatibilité sont les suivantes : cumul du mandat électif avec une fonction publique; cumul de plusieurs mandats électifs : relations de parenté ou d'alliance entre plusieurs coélus.

A. *Cumul du mandat électif avec une fonction publique.* — On a vu plus haut que la fonction publique est parfois une cause d'inéligibilité. Dans le cas où le fonctionnaire n'est pas inéligible, il peut se faire qu'une fois élu il ne puisse conserver à la fois sa fonction et son mandat, qu'il y ait incompatibilité. L'incompatibilité entre la fonction publique et le mandat électif paraît fondée sur le manque d'indépendance du fonctionnaire. Il est à remarquer, en effet : 1° que l'incompatibilité n'existe que dans le cas de fonction *salariée*, non point dans celui de fonction gratuite, le salaire augmente la dépendance (L. 30 nov. 1875, art. 8; L. 10 août 1871, art. 10); 2° que l'incompatibilité n'existe, en principe, qu'entre la fonction d'Etat et le mandat aux assemblées électives d'Etat, entre la fonction départementale et le mandat aux assemblées électives départementales (conseil général et d'arrondissement); parce qu'en effet la dépendance du fonctionnaire d'Etat n'existe point hors de l'Etat, ni celle du fonctionnaire départemental hors du département. Cependant, les préfets, sous-préfets, secrétaires généraux, conseillers de préfecture, commissaires de police, agents de police, étant des fonctionnaires de l'Etat particulièrement dépendants, leur fonction est incompatible même avec des mandats électifs départementaux et communaux; 3° que, par exception, certaines fonctions sont compatibles avec le mandat électif, parce qu'elles présentent des garanties spéciales d'indépendance (V. *infra*, art. 8 et 9, L. 30 nov. 1875).

Incompatibilités parlementaires (L. 30 déc. 1928, art. 88) :

1° Les articles 8 et 9 de la loi organique du 30 novembre 1875 sur l'élection des députés, rendus applicables à l'élection des sénateurs par la loi du 26 décembre 1887, sont modifiés ainsi qu'il suit :

« *L'exercice des fonctions publiques rétribuées sur les fonds de l'Etat et de toutes autres fonctions rémunérées à la nomination de l'Etat est incompatible avec le mandat de sénateur ou de député.*

» En conséquence, tout fonctionaire rentrant dans les catégories ci-dessus, élu sénateur ou député, sera remplacé dans ces fonctions si, dans les huit jours qui suivent la vérification des pouvoirs, il n'a pas fait connaître qu'il n'accepte pas le mandat de sénateur ou de député.

» Sont exceptés des dispositions qui précèdent :

» 1° Les ministres ou sous-secrétaires d'Etat;

» 2° Les professeurs titulaires de chaires qui sont données au concours ou sur la présentation des corps où la vacance s'est produite;

» 3° Les personnes chargées par le gouvernement de missions temporaires. Le cumul du mandat législatif et de la mission ne pourra excéder six mois. »

2° L'article 11 de la même loi est modifié ainsi qu'il suit :

« *Tout sénateur ou député nommé ou promu à une fonction publi-*

que rétribuée sur les fonds de l'Etat ou à une fonction quelconque salariée à la nomination de l'Etat, cesse d'appartenir au Sénat ou à la Chambre par le fait même de son acceptation. »

3° *Sont également incompatibles avec le mandat législatif les fonctions de directeur, administrateur, membre du conseil de surveillance, gérant ou représentant dans les sociétés, entreprises et établissements jouissant, à titre spécial, sous formes de garanties d'intérêts, de subventions ou autres équivalents d'avantages assurés par l'Etat.*

Sont assimilées aux fonctions ci-dessus celles qui s'exercent auprès de ces sociétés d'une façon permanente et moyennant une rémunération fixe, sous le titre de *conseil juridique ou technique.*

En conséquence, le sénateur ou député exerçant, au jour de son élection, l'une des fonctions ci-dessus visées devra, dans les huit jours qui suivront la vérification des pouvoirs, *justifier qu'il s'en est démis, faute de quoi il sera de plein droit déclaré démissionnaire.*

Il sera également déclaré d'office démissionnaire s'il accepte, au cours de son mandat, l'une desdites fonctions.

Toutefois, les membres du Parlement visés ci-dessus sont provisoirement autorisés à conserver les fonctions reconnues incompatibles qu'ils exercent actuellement jusqu'à la date à laquelle elles doivent venir normalement à expiration.

4° A dater de la promulgation de la présente loi, *il est interdit à tout sénateur ou député d'accepter, au cours de son mandat, un titre ou une fonction l'attachant, dans des conditions analogues à celles indiquées dans le § 3 à une société par actions* ayant exclusivement un objet financier et faisant publiquement appel à l'épargne et au crédit, sous peine d'être déclaré démissionnaire d'office.

Le sénateur ou député ainsi déclaré démissionnaire sera rééligible.

Toutefois la déchéance ne sera pas encourue au cas où les fonctions dont un membre du Parlement aura été investi après son élection se rattacheront aux entreprises auxquelles il participait avant son élection.

5° Les élections pour pourvoir à la vacance auront lieu dans les délais ordinaires prévus pour les cas de décès ou démission volontaire. Ces délais courront du jour de la déclaration de la démission d'office par le Sénat ou par la Chambre des députés.

6° Il est interdit à tout membre du gouvernement, à tout sénateur ou député, sous peine de déchéance de mandat législatif, *de faire ou de laisser figurer son nom suivi de l'indication de sa qualité ministérielle ou parlementaire sur tous documents quelconques destinés à la publicité et relatifs à une entreprise financière, industrielle ou commerciale.*

7° Seront punis d'une amende de 500 francs à 3.000 francs et de un à six mois d'emprisonnement ou de l'une de ces deux peines seulement, les fondateurs, les directeurs ou gérants de sociétés ou d'établissements à objet commercial, industriel ou financier qui auront fait ou laissé figurer le nom d'un membre du gouvernement, d'un sénateur ou d'un député, avec mention de sa qualité, sur tous prospectus, annonces, tracts, réclames ou documents quelconques publiés dans l'intérêt de l'entreprise qu'ils dirigent ou qu'ils se proposent de fonder.

En cas de récidive, les peines ci-dessus prévues pourront s'élever à 10.000 francs d'amende et un an d'emprisonnement.

L'article 463, C. pén., sera applicable.

8° Le membre du Sénat ou de la Chambre des députés tombant sous l'application des dispositions insérées aux paragraphes 3 et 4 du présent article pourra, avant tout avertissement, se démettre volontairement de sa fonction législative.

A défaut, le bureau de l'assemblée à laquelle il appartient l'avisera par lettre recommandée, en indiquant sommairement les motifs qui justifient l'application de l'un des paragraphes susvisés, que la question de sa déchéance ou de sa démission d'office sera portée à l'ordre du jour de la première séance du Sénat ou de la Chambre des députés qui suivra l'expiration du délai de huitaine après son avertissement.

Si, avant la séance ainsi fixée, l'intéressé ne fait parvenir aucune opposition formulée par écrit adressée au président de l'assemblée, celui-ci donnera acte de sa déchéance ou de sa démis ion d'office, sans débat.

Dans le cas contraire, l'opposant sera admis à fournir ses explications en séance publique, et l'assemblée prononcera immédiatement, après délibéré à huis clos ou renvoi devant une commission spéciale s'il y échet.

9° Les incompatibilités édictées au paragraphe 1 ne s'appliquent pas dans les départements du Haut-Rhin, du Bas-Rhin et de la Moselle aux ministres des cultes et aux délégués du gouvernement dans l'administration des cultes.

B. *Cumul des mandats électifs.* — Le cumul des mandats électifs *similaires* est impossible. Ainsi nul ne peut être à la fois sénateur et député. La raison est dans le principe constitutionnel de la dualité des Chambres, il n'y aurait pas en réalité deux Chambres si le personnel des membres était le même dans les deux. Nul ne peut être membre de plusieurs conseils généraux (L. 10 août 1871, art. 11); nul ne peut être membre de plusieurs conseils d'arrondissement (L. 22 juin 1833, art. 14); nul ne peut être membre de plusieurs conseils municipaux (L. de 1884, art. 35). Il y a un délai pour l'option. La raison est que les sessions de tous ces conseils de même ordre sont simultanées et que le conseiller n'aurait pas le don d'ubiquité.

Mais le cumul des mandats électifs *non similaires* est possible, sauf pour le conseil général et le conseil d'arrondissement (L. 22 juin 1883, art. 14); ainsi on peut être à la fois conseiller municipal, conseiller général et député ou sénateur. On a demandé fréquemment et inutilement que des incompatibilités fussent créées.

C. *Parenté ou alliance entre plusieurs coélus.* — Cette cause d'incompatibilité est spéciale aux conseils municipaux.

IV. — CONDITIONS D'EXERCICE DU DROIT D'ELIGIBILITE

Les conditions d'exercice du droit d'éligibilité s'apprécient, bien entendu, uniquement au moment de l'élection, leur absence entraîne la nullité de celle-ci.

Une condition commune à toutes les fonctions publiques, même électives, est d'avoir satisfait aux obligations de la loi du recrutement (L. 1er avril 1923, art. 7).

Pour le mandat de sénateur, il n'y a pas de condition particulière d'éligibilité. Par cela seul qu'on a la jouissance du droit de suffrage et qu'on n'est frappé d'aucune des incapacités que nous venons d'étudier, on est éligible. Pas n'est besoin, par exemple, d'être inscrit sur une liste électorale quelconque, ni d'avoir des attaches de domicile ou autres avec la circonscription. Le suffrage pour ces grandes élections va chercher son candidat où il lui plaît. Il en est de même, en principe, pour le mandat de député; cependant, ici, la loi du 17 juillet 1889 a introduit la *déclaration de candidature* (V. *supra*, p. 178).

Pour les élections locales, la législation est plus sévère, il y a quelques conditions d'éligibilité qui se ramènent à l'inscription sur une liste électorale et à une attache légale avec la circonscription.

DEUXIEME PARTIE

LA CONSTITUTION SOCIALE

OBSERVATIONS PRELIMINAIRES

Dans notre définition de l'Etat (*supra*, p. 5), nous avons affirmé l'existence d'une société civile nationale séparable, dans une certaine mesure, de la forme politique Etat. Cette société civile existe, en effet, d'une façon autonome et la meilleure preuve est qu'elle existait avant l'organisation de l'Etat. Au moyen âge, sous l'organisation féodale, il y avait une société civile réglée par des coutumes; un droit des gens mariés, un droit des successions, un droit de la propriété, un droit des contrats. L'Etat monarchique n'a mis la main sur ce droit coutumier de la société civile qu'à la fin du xve siècle, par l'ordonnance de Montils-les-Tours, qui a prescrit la rédaction officielle des coutumes; il n'a mis la main sur les relations du commerce terrestre et maritime que par les ordonnances de Louis XIV au xviie siècle (Cf., sur la société civile, Jellinek, *L'Etat moderne*, t. I, et de Pange, *Théories politiques du moyen âge*).

Cette société civile est organisée, non seulement pour s'assurer une vie spontanée, mais pour se protéger elle-même jusqu'à un certain point. Les marchands et les artisans du moyen âge se protégeaient par des corporations alors que l'Etat ne les protégeait pas suffisamment et, parce qu'ils estiment aujourd'hui encore la protection de l'Etat insuffisante, ils se protègent de nouveau eux-mêmes par des syndicats professionnels, des fédérations, des cartels et des trusts. La Révolution française, dans son ardeur à tout placer directement sous la main de l'Etat, avait voulu supprimer les corps spontanés de la société civile, corps de métier et établissements; à la centralisation politique et administrative, elle avait voulu ajouter la centralisation sociale; elle avait, dans ce but, supprimé la liberté d'association et celle de fondation. L'Etat restait directement en présence des individus isolés. Sur ce point, l'œuvre révolutionnaire a été abolie; la liberté syndicale et la liberté d'association ont été restituées; seule, la liberté de fondation ne l'a pas encore été entièrement, mais les corps intermédiaires se sont reconstitués.

D'autre part, il est un pouvoir antérieur à l'Etat qui est le pouvoir du juge. Actuellement, il n'y a pas d'Etat international, car la *Société des Nations* ne joue pas ce rôle, mais il y a déjà *une Cour permanente de justice internationale*, la Cour de La Haye, fondée en 1922. Ce qui se passe aujourd'hui en matière internationale s'est passé autrefois en matière nationale. Le premier besoin a été, celui d'un juge national compétent pour résoudre les conflits entre les tribus, les classes et les familles et arrêter ainsi les *vendettas*. Ce besoin a suscité le roi, qui a été le premier juge national et qui a longtemps gouverné en rendant la justice.

Le roi-juge est un personnage social plutôt qu'un personnage politique, et le pouvoir du juge, lui aussi, est plus social que politique. En réalité, ce pouvoir appartient à la nation et à la société civile plus qu'à l'Etat puissance politique.

Cela posé, nous possédons les éléments d'une *constitution sociale* qui ne se confond pas avec la constitution politique de l'Etat, ou, si l'on veut, qui se juxtapose à cette constitution politique.

La constitution sociale, qui se confond avec l'ordre individualiste, se compose de trois éléments :

1º *Les libertés individuelles*, qui sont à la base de la structure de la société civile (libertés de la famille et de la propriété, liberté des contrats, liberté du travail, etc.);

2º *Les institutions sociales spontanées*, qui sont pour le service et pour la protection des libertés civiles et de leurs activités (fondations, sociétés de commerce et de crédit, associations, syndicats professionnels, etc.).

Ces institutions sont elles-mêmes un élément de l'ordre individualiste, malgré leur caractère social, parce qu'elles sont le produit d'une liberté individuelle primordiale, *la liberté de fondation* plus ou moins mêlée à la *liberté d'association*.

3º *Le pouvoir du juge* qui est la suprême garantie des libertés civiles par la juste protection qu'il leur assure dans les conflits et autour duquel se groupent toutes les autres garanties.

C'est dans cet ordre que nous étudierons la constitution sociale.

CHAPITRE PREMIER

LES LIBERTES INDIVIDUELLES

SECTION PREMIERE
LES DECLARATIONS DES DROITS ET LA PORTEE
DES DROITS INDIVIDUELS

Sommaire. — I. Caractères généraux des déclarations des droits. — II. Leurs sources littéraires; texte de la déclaration de 1791. — III. Leur caractère juridique; déclarations des droits et garanties des droits; les lois organiques des libertés. — IV. Valeur juridique des droits individuels; limitation de la souveraineté commandante par ces droits et par la souveraineté de sujétion; caractère naturel des droits individuels; l'individualisme faillible.

1. — CARACTERES GENERAUX DES DECLARATIONS DES DROITS

Les libertés individuelles ont été proclamées, à l'époque révolutionnaire, dans des *déclarations des droits de l'homme et du citoyen* rédigées solennellement par le Pouvoir constituant et annexées aux constitutions. Ces documents présentent des différences sensibles avec les chartes anciennes, avec la *pétition des droits* de 1629 et le *bill des droits* de 1688 en Angleterre. Les chartes et les *bill des droits* stipulaient des garanties pour des droits déterminés et au profit d'individus déterminés, nobles ou bourgeois d'un royaume. Les déclarations des droits révolutionnaires présentent des caractères nouveaux : 1º Elles reconnaissent les droits individuels *au profit de tout individu* en sa seule qualité d'homme, quelles que soient sa nationalité et sa couleur; 2º Elles affirment le caractère de *droits naturels* des libertés individuelles; 3º Enfin, il faut bien le dire, par leur allure générale, ainsi que par l'absence des libertés d'association et de fondation, qui, seules, peuvent donner naissance à des corps spontanés, elles annoncent la conception d'un individualisme rigoureux et absolu laissant l'individu seul en face de l'Etat et faisant de la société une poussière d'individus.

II. — SOURCES LITTERAIRES DES DECLARATIONS DES DROITS

Elles apparurent, pour la première fois, en Amérique, dans les constitutions que se donnèrent certaines des colonies anglaises après leur émancipation; la première de toutes fut celle adoptée par la Convention de Virginie le 12 juin 1776, il y a cent cinquante-trois ans. Ces déclarations américaines furent tout de suite connues en

France. L'Assemblée constituante, après en avoir adopté le principe au commencement du mois d'août 1789, discuta et vota, du 18 au 27 du même mois, les 17 articles de la *Déclaration des droits de l'homme et du citoyen* qui servit de préambule à la Constitution de 1791. La Constitution de 1793 contint une déclaration en 35 articles, la Constitution de l'an III en eut une en 22 articles accompagnée d'une déclaration des devoirs de l'homme et du citoyen. Puis la tradition fut interrompue et, depuis, la Constitution de 1848 seule reproduisit une véritable déclaration des droits et aussi des devoirs. De toutes ces déclarations, celle de 1789-91 est la seule qui ait survécu dans la mémoire des hommes, parce que du premier coup elle réalisa le catéchisme politique, l'évangile des temps nouveaux. En voici le texte :

Déclaration des droits de l'homme et du citoyen. — *Les représentants du peuple français, constitués en Assemblée nationale, considérant que l'ignorance, l'oubli ou le mépris des droits de l'homme sont les seules causes des malheurs publics et de la corruption des gouvernements, ont résolu d'exposer, dans une déclaration solennelle, les droits naturels, inaliénables et sacrés de l'homme, afin que cette déclaration, constamment présente à tous les membres du corps social, leur rappelle sans cesse leurs droits et leurs devoirs; afin que les actes du pouvoir législatif et ceux du pouvoir exécutif, pouvant être à chaque instant comparés avec le but de toute institution politique, en soient plus respectés, afin que les réclamations des citoyens, fondées désormais sur des principes simples et incontestables, tournent toujours au maintien de la constitution et au bonheur de tous.*

En conséquence, l'Assemblée nationale reconnaît et déclare, en présence et sous les auspices de l'Etre suprême, les droits suivants de l'homme et du citoyen :

Art. 1er. — *Les hommes naissent et demeurent libres et égaux en droits. Les distinctions sociales ne peuvent être fondées que sur l'utilité commune.*

2. — *Le but de toute association politique est la conservation des droits naturels et imprescriptibles de l'homme. Ces droits sont la liberté, la propriété, la sûreté et la résistance à l'oppression.*

3. — *Le principe de toute souveraineté réside essentiellement dans la nation; nul corps, nul individu ne peut exercer d'autorité qui n'en émane expressément.*

4. — *La liberté consiste à pouvoir faire tout ce qui ne nuit pas à autrui : ainsi l'exercice des droits naturels de chaque homme n'a de bornes que celles qui assurent aux autres membres de la société la jouissance de ces mêmes droits. Ces bornes ne peuvent être déterminées que par la loi.*

5. — *La loi n'a le droit de défendre que les actions nuisibles à*

la société. Tout ce qui n'est pas défendu par une loi ne peut être empêché, et nul ne peut être contraint à faire ce qu'elle n'ordonne pas.

6. — La loi est l'expression de la volonté générale. Tous les citoyens ont droit de concourir personnellement, ou par représentants, à sa formation. Elle doit être la même pour tous, soit qu'elle protège, soit qu'elle punisse. Tous les citoyens étant égaux à ses yeux sont également admissibles à toutes dignités places et emplois publics, selon leur capacité, et sans autre distinction que celle de leurs vertus et de leurs talents.

7. — Nul homme ne peut être accusé, arrêté ni détenu que dans les cas déterminés par la loi, et selon les formes qu'elle a prescrites. Ceux qui sollicitent, expédient, exécutent ou font exécuter des ordres arbitraires doivent être punis; mais tout citoyen appelé ou saisi en vertu de la loi doit obéir à l'instant; il se rend coupable par la résistance.

8. — La loi ne doit établir que des peines strictement et évidemment nécessaires, et nul ne peut être puni qu'en vertu d'une loi établie et promulguée antérieurement au délit et légalement appliquée.

9. — Tout homme étant présumé innocent jusqu'à ce qu'il ait été déclaré coupable, s'il est jugé indispensable de l'arrêter, toute rigueur qui ne serait pas nécessaire pour s'assurer de sa personne doit être sévèrement réprimée par la loi.

10. — Nul ne doit être inquiété pour ses opinions, même religieuses, pourvu que leur manifestation ne trouble pas l'ordre public établi par la loi.

11. — La libre communication des pensées et des opinions est un des droits les plus précieux de l'homme; tout citoyen peut donc parler, écrire, imprimer librement, sauf à répondre de l'abus de cette liberté dans les cas déterminés par la loi.

12. — La garantie des droits de l'homme et du citoyen nécessite une force publique; cette force est donc instituée pour l'avantage de tous, et non pour l'utilité particulière de ceux auxquels elle est confiée.

13. — Pour l'entretien de la force publique et pour les dépenses d'administration, une contribution commune est indispensable; elle doit être également répartie entre tous les citoyens, en raison de leurs facultés.

14. — Tous les citoyens ont le droit de constater, par eux-mêmes ou par leurs représentants, la nécessité de la contribution publique, de la consentir librement, d'en suivre l'emploi et d'en déterminer la quotité, l'assiette, le recouvrement et la durée.

15. — La société a le droit de demander compte à tout agent public de son administration.

16. — *Toute société dans laquelle la garantie des droits n'est pas assurée, ni la séparation des pouvoirs déterminée, n'a point de constitution.*

17. — *La propriété étant un droit inviolable et sacré, nul ne peut en être privé, si ce n'est lorsque la nécessité publique, légalement constatée, l'exige évidemment, et sous la condition d'une juste et préalable indemnité.*

Les sources littéraires des déclarations des droits, et la liste de ces droits doivent être cherchées, d'une façon immédiate, dans la philosophie politique du xviiiᵉ siècle; toutes les écoles concordaient en ce point, et pendant la Révolution il y eut un nombre incroyable de projets de déclarations des droits dus à l'initiative privée. Si l'on recherche la source où toutes les écoles philosophiques du xviiiᵉ siècle avaient puisé, il n'est pas douteux non plus que ce ne soit à *l'école du droit de la nature et des gens* et à la doctrine du *contrat politique* particulièrement présentée et soutenue par le philosophe anglais Locke dans son *Traité sur le gouvernement civil* de 1690, dont les idées furent réduites en formules juridiques par le jurisconsulte anglais Blackstone au milieu du xviiiᵉ siècle. L'influence de Locke et de Blackstone fut très grande dans les colonies anglaises d'Amérique où elle peut être aisément suivie; les ouvrages de Blackstone contenaient déjà une liste des libertés individuelles et il est difficile de ne pas y voir l'origine immédiate des déclarations des droits de l'Etat de Virginie du 12 juin 1776.

En remontant plus haut encore, à la source commune des doctrines sur le droit naturel, et sur le contrat politique, on trouve les spéculations de la philosophie scolastique du moyen âge, car toutes les idées politiques ont été agitées dans ce prodigieux mouvement, et, finalement, l'on constate que l'idée des droits naturels de l'homme opposables à l'Etat et limitant la souveraineté de celui-ci, a été apportée par le christianisme lui-même (Cfr. de Pange, *Les théories politiques du moyen âge, introduction de Maitland;* Ch. Borgeaud, *Political, Science Quaterly Review*, 1892, p. 616; Jellinek, *Les déclarations des droits, trad. franç.*, 1902; Boutmy, *Annales de l'école libre des sciences politiques*, 1902; Ferneuil, *Les principes de 1789 et la sociologie*, 1899; Walch, *La déclaration des droits de l'homme de 1789*, thèse Paris, 1903; Doumergue, *Origine de la déclaration des droits, Revue de droit public*, 1907).

III. — VALEUR JURIDIQUE DES DECLARATIONS DES DROITS
    DECLARATION DES DROITS ET GARANTIE DES DROITS
    LES LOIS ORGANIQUES DES LIBERTES.

Les déclarations n'ont pas seulement une valeur morale, comme on le dit trop souvent; elles ont une valeur juridique. Sans doute elles ne suffisent pas à consacrer pratiquement les libertés qu'elles proclament, parce qu'elles n'en contiennent que le principe et qu'elles n'en assurent pas l'organisation de détail, sans laquelle toute application est impossible, mais la déclaration de principe qu'elles contiennent a une valeur; elle établit juridiquement le principe de la liberté proclamée et elle contient engagement de l'Etat : 1° à ne pas supprimer ce principe; 2° à faire les lois organiques nécessaires pour l'aménagement pratique de la liberté.

Ayant une valeur juridique, les déclarations des droits ont une valeur constitutionnelle. Sans doute, elles ne sont pas incorporées au texte même de la constitution, elles lui servent de préambule, mais cela signifie qu'elles contiennent des principes constitutionnels supérieurs à la constitution écrite. On a, en effet, appelé ceux-ci *les principes de 1789*, les *immortels principes*, les *principes du droit public des Français* (Const. 14 janv. 1852, art. 1er). Ces principes des diverses libertés survivent avec leur valeur constitutionnelle, en tant que principes, malgré le silence gardé par notre constitution actuelle de 1875; ils font partie de la *légitimité constitutionnelle* (V. *supra*, p. 81).

Déclarations des droits et garanties des droits. — Outre les déclarations des droits, les premières constitutions révolutionnaires contenaient dans leur texte une *garantie des droits;* c'était une clause par laquelle les libertés énumérées dans la déclaration étaient visées à nouveau et garanties *contre les entreprises du pouvoir législatif.* Const. 3 sept. 1791, tit. I, § 3 : « Le pouvoir législatif ne pourra faire aucunes lois qui portent atteinte et mettent obstacle à l'exercice des droits naturels et civils consignés dans le présent titre et garantis par la constitution. » C'était l'engagement de ne pas supprimer de liberté. En vertu de cet engagement, les Chambres devaient écarter par la question préalable, comme inconstitutionnelle, toute proposition de loi tendant à supprimer le principe d'une liberté (V. *supra*, et *infra*, *Contrôle de constitutionnalité des lois*).

Les lois organiques des libertés individuelles. — Il faut, avons-nous dit, que, pour devenir pratiquement applicable, une liberté individuelle soit organisée, c'est-à-dire, que les conditions et les limites dans lesquelles elle peut s'exercer soient déterminées par une loi organique. Cela tient à ce que les libertés d'un individu peuvent entrer en conflit avec celles d'un autre : « L'exercice des droits naturels de chaque homme n'a de bornes que celles qui assurent aux autres membres de la société la jouissance de ces mêmes droits. Ces bornes ne peuvent être déterminées que par la loi (*Décl.* 3 sept. 1791, art. 4).

La détermination d'un droit individuel (pour ceux qui ont figuré dans les déclarations des droits) s'est donc faite en deux temps : 1° proclamation de l'existence de principe du droit par la déclaration des droits; 2° détermination des limites du droit par une loi organique.

La loi organique est même plus importante que la déclaration des droits en ce sens :

1° Qu'un droit individuel pour lequel une loi organique n'a pas été faite ne peut pas être exercé d'une façon licite, alors même que le principe en serait inscrit dans une déclaration des droits ou dans une constitution; c'est ainsi, par exemple, que la liberté d'enseignement, qui ne figurait pas dans la déclaration de 1791, mais qui a été introduite par la Constitution du 5 fructidor an III, art. 300, puis promise à nouveau par la Charte de 1830, art. 69, n° 8, ne put cependant être exercée qu'après le vote des trois lois organiques relatives aux trois ordres d'enseignement qui s'échelonnèrent sur un espace de plusieurs années;

2° Qu'un droit individuel peut être introduit dans la législation par une loi organique sans avoir, au préalable, figuré dans une liste de déclaration des droits, d'autant que la liberté est de droit : « La liberté consiste à pouvoir faire tout ce qui ne nuit pas à autrui » (Décr. 1791, art. 4). C'est ainsi que les droits de la famille et la liberté des conventions ont été organisés par les lois civiles sans avoir jamais figuré dans une déclaration des droits.

Les nouvelles libertés ont des lois organiques spéciales, par exemple, la liberté de la presse (L. 29 juill. 1881), la liberté de réunion (L. 30 juin 1881 et L. 28 mars 1907), la liberté d'enseignement, la liberté d'association (L. 1er juill. 1901), la liberté de conscience et des cultes (L. 9 déc. 1905). Les libertés anciennes n'ont point de lois organiques spéciales et l'on peut dire que toutes les lois du droit privé contenues dans les Codes sont organiques de la propriété individuelle, des droits de famille, de la liberté des contrats, de la liberté du commerce et de l'industrie.

IV. — VALEUR JURIDIQUE DES DROITS INDIVIDUELS AU REGARD DE L'ETAT; LIMITATION DE LA SOUVERAINETE COMMANDANTE DE L'ETAT PAR LES DROITS INDIVIDUELS ET PAR LA SOUVERAINETE INDIVIDUELLE DE SUJETION.

Pratiquement, tout le monde admet que la souveraineté de l'Etat est limitée juridiquement par les droits individuels. Théoriquement, on est assez embarrassé pour expliquer cette limitation, parce que le propre de la souveraineté est de ne pouvoir être limitée juridiquement que par elle-même. L'explication est cependant possible si l'on veut bien convenir que l'unité de l'Etat est composite et que la souveraineté revêt plusieurs formes qui peuvent se limiter l'une l'autre. Déjà, le principe de la séparation des pouvoirs oblige d'admettre une divisibilité de la souveraineté de commandement et une limitation des pouvoirs de commandement l'un par l'autre (exécutif, législatif, de suffrage). Il faut admettre, en outre, la séparation de la souveraineté de commandement, et de la souveraineté de sujétion, toutes les deux à l'intérieur de l'Etat.

La souveraineté de sujétion, racine des droits individuels, mais qui peut fonctionner d'une façon collective, par le procédé majoritaire, limite la souveraineté de commandement, parce que l'Etat est, par définition, un gouvernement établi sur des hommes libres et qu'il faut bien que cet élément de la liberté des sujets se retrouve, combiné avec la liberté du pouvoir d'Etat, dans l'équilibre total de la souveraineté.

Le contenu de la souveraineté de sujétion, c'est la valeur de la conscience individuelle, la liberté souveraine avec laquelle cette conscience peut accorder ou refuser son assentiment aux actes du gouvernement ou sa confiance au gouvernement lui-même; c'est l'ensemble des libertés individuelles grâce auxquelles le sujet travaille au service de la société civile et, par là, collabore avec le gouvernement de l'Etat qui est le protecteur de cette société civile; c'est la puissance contributive du sujet aux charges et obligations de l'Etat lui-même, sa capacité de fournir l'impôt public et aussi le service militaire; c'est enfin la capacité de participer à la conduite du gouvernement de l'Etat et aux pouvoirs de la souveraineté commandante par l'organisation du pouvoir de suffrage; de telle sorte que la liberté politique, qui est le couronnement de la liberté civile, organise, dans l'édifice complexe de la souveraineté nationale, l'équilibre suprême de la souveraineté commandante et de la souveraineté de sujétion (Cfr. mon opuscule, *La souveraineté nationale*, 1912).

Ces vues doctrinales peuvent être corroborées par des vues historiques : les primitifs sujets de l'Etat sont des patriciens et des nobles, qui possèdent eux-mêmes des droits de commandement sur des sujets inférieurs; or, ce n'est pas sur la sujétion inférieure que se modèle finalement la sujétion des Etats démocratiques, c'est sur la sujétion supérieure des anciens patriciens et anciens nobles. C'est cette sujétion supérieure, dans laquelle il subsiste une part de la souveraineté, qui fait le citoyen.

Caractère « naturel » des droits individuels et de la souveraineté de sujétion; l'individualisme faillible. — Ce caractère est affirmé énergiquement par les *déclarations des droits* : « droits naturels, inaliénables et sacrés ». Il avait été affirmé aussi par toute l'école *du droit de la nature et des gens*, et le droit international public continue cette affirmation en ce qui concerne les droits fondamentaux des Etats, considérés comme des personnes morales autonomes. Si on compte parmi ces droits individuels naturels le principe de l'égalité de droit que le droit international a conservé, lui aussi, entre les Etats, on arrive à cette conséquence que, non seulement l'ordre individualiste de la Société est de droit naturel, au sens de la justice sociale, mais que le régime démocratique l'est aussi, qu'il l'est, en tout cas, plus que les régimes aristocratiques.

Il y a des considérations historiques à faire valoir en faveur de ce postulat. D'une part, les grandes civilisations classiques ont abouti à des périodes démocratiques qui paraissent bien en avoir été l'épanouissement au point de vue de la justice sociale; d'autre part, si l'on réfléchit aux origines de l'humanité, telles que les dessine la préhistoire, on est conduit à penser que les primitifs troupeaux humains ont joui d'une grande *liberté physique*. Cette liberté physique a été écrasée par la suite, sous le poids d'institutions sociales très dures, rendues nécessaires par l'obligation du travail, en vue de la subsistance (Cfr. Bagehot, *Lois scientifiques du développement des nations*, livre I; Fustel de Coulanges, *La cité antique*, livre III, ch. III, 9ᵉ édit., p. 148); puis elle a été récupérée et transformée en *liberté de droit* par des institutions sociales mieux aménagées et, notamment, par celles de l'Etat.

Ce rythme n'implique pas, comme le soutenait Rousseau, la perversité des institutions opposée à la bonté de l'homme, car les institutions sont ce que les hommes les font. Il implique, au contraire, dans l'homme un mélange de bien et de mal, qui fait que, souvent, il cède à ses penchants mauvais, mais que, souvent aussi, il y résiste; ou bien qu'il répare ses fautes. Cette alternance implique donc la conception d'un *individualisme faillible*, mais *sujet à des relèvements*, qui est celle de toutes les grandes croyances religieuses et morales de l'humanité.

SECTION II

CLASSIFICATION ET ENUMERATION DES LIBERTES INDIVIDUELLES

§ 1. — Principe et classification des libertés individuelles et principe de l'égalité.

I. — PRINCIPE ET CLASSIFICATION DES LIBERTES INDIVIDUELLES

Toute la déclaration des droits de l'homme de 1789-91 peut se résumer en son article premier : « les hommes naissent et demeurent libres et égaux en droits »; les principes de la liberté et de l'égalité résument donc tous les droits individuels.

La liberté individuelle consiste, d'après la *Déclaration des droits* articles 4 et 5, à pouvoir faire tout ce qui n'est pas défendu par la loi, à ne pouvoir être contraint de faire que ce que la loi ordonne. C'est donc la liberté *selon la loi*, pour le complet développement de la personnalité individuelle, avec cette précision que la liberté est spontanée, que la loi n'est que la limite de la liberté en même temps qu'elle en est la garantie. Les diverses libertés individuelles sont les divers pouvoirs dont l'individu jouit en vertu de sa liberté fondamentale. Ces pouvoirs sont, en eux-mêmes, fragmentaires parce qu'ils portent sur des objets variés ou limités (liberté du travail, liberté de la propriété, liberté de la presse, liberté de conscience, etc.), mais leur ensemble doit reconstituer l'unité du sujet libre.

On doit admettre que les libertés individuelles sont des droits véritables et non pas des faveurs concédées par l'Etat; on doit admettre même que le sujet humain a droit à ce que l'expression totale de sa liberté entière soit reconnue par l'Etat, et, par conséquent, à ce que le faisceau des libertés individuelles, en lesquelles s'analyse cette liberté synthétique, soit complètement consacré. S'il en est qui n'ont pas été reconnues par les *déclarations des droits* révolutionnaires, elles doivent l'être par la suite ainsi que l'a été, par exemple, la liberté d'association et ainsi que devra l'être la liberté de fondation).

A raison de leur nature civile, les libertés individuelles appartiennent, en principe, à tout être humain, à l'exclusion cependant des droits politiques.

Classification et énumération des libertés individuelles. — Il faut distinguer, d'une part, les libertés de la vie civile et, d'autre part, les droits civiques et politiques :

1° LES LIBERTÉS CIVILES. — Elles constituent elles-mêmes trois groupes : 1° celui des *libertés premières* ou du *statut de la liberté physique*, du *statut de famille*, du *statut du commerce juridique;* 2° celui des *libertés secondes* ou libertés spirituelles et *d'action sociale;* 3° celui des *libertés créatrices d'institutions sociales.*

Le groupe des *libertés premières*, qui sont les plus fondamentales pour la vie civile, comprend : 1° la liberté physique ou liberté individuelle proprement dite, ou liberté d'aller et venir, c'est-à-dire le fait de n'être ni esclave, ni attaché à la glèbe; 2° les libertés de la famille (justes noces, paternité, filiation, puissance paternelle et maritale); 3° la liberté de la propriété individuelle; 4° la liberté des conventions (art. 1134 C. civ.); 5° la liberté du travail et de l'industrie. En un mot, ce groupe comprend le *status libertatis*, le *conubium* et le *commercium*, qui étaient les éléments de la *civitas sine suffragio* du droit romain, qui remontaient d'ailleurs à une bien plus haute antiquité et qui sont demeurés les éléments essentiels de l'ordre individualiste. Il est à remarquer que ce premier groupe de libertés est assez matérialiste.

Au contraire, avec le groupe des *libertés secondes* ou *libertés spirituelles et d'action sociale*, on aborde des préoccupations plus spirituelles et plus sociales; il comprend : 1° la liberté de conscience et des cultes; 2° la liberté d'enseignement; 3° la liberté de la presse; 4° la liberté de réunion.

Enfin, avec le groupe des *libertés créatrices* d'institutions sociales, qui comprend la liberté de fondation et celle d'association, on aborde la catégorie des corps spontanés et des institutions.

Il est à remarquer que les libertés du second et du troisième groupes, ou bien ne sont pas encore complètement consacrées par l'Etat moderne, par exemple la liberté de fondation, ou bien ont été péniblement organisées, par exemple, la liberté d'association et la liberté d'enseignement, et que d'autres, sans être contestées ouvertement, sont trop souvent violées dans la pratique, par exemple la liberté de conscience des fonctionnaires.

Il est à remarquer aussi que les libertés du second et du troisième groupes concourent à la protection de celles du premier groupe, les unes par l'action sociale, et la propagande individuelle, les autres par l'activité des corps spontanés.

2° Les droits civiques et politiques. — On appelle *droits civiques* ceux qui permettent la participation à l'autorité publique, à la fonction publique, à la chose publique et non pas au pouvoir de domination politique, ce sont : l'aptitude aux fonctions publiques, places et emplois, le droit d'être juré et témoin dans les actes, le droit d'être soldat et celui de payer l'impôt. Ces droits civiques appartiennent à tout citoyen français, même non électeur, à moins qu'il n'en ait été privé par une condamnation.

Les droits politiques permettent la participation au pouvoir de domination politique, autrement dit à la souveraineté nationale, et n'appartiennent qu'au citoyen électeur; ce sont les diverses modalités du droit de suffrage : droit de vote dans les élections, droit d'éligibilité, droit de vote dans le *referendum* pour les pays où ce mode de suffrage est organisé.

La qualité de *citoyen* correspond à la jouissance des droits civiques et celle de *citoyen-électeur* à celle des droits politiques. (V. *supra*, p. 216, *droit de suffrage*.)

II. — LE PRINCIPE DE L'EGALITE DEVANT LA LOI

Ce qu'on appelle égalité civile est une égalité devant la loi ou une égalité de droit légaux (Décl., art. 1ᵉʳ). Ce n'est pas une égalité de fait dans les conditions matérielles de la vie. Le principe de l'ordre individualiste est que chacun fait sa vie à ses risques et périls; on se borne à donner à chaque individu les mêmes moyens juridiques d'action et à lever les obstacles juridiques qui, dans l'ancien régime, provenaient des privilèges de classe. On ne lui donne ni on ne peut lui donner les résultats matériels.

Ce n'est pas à dire que des moyens sociaux ne doivent pas être employés pour assurer le jeu de l'égalité devant les droits. C'est ainsi que pour assurer en fait l'accession à la propriété individuelle, la Révolution française a commencé par une révolution agraire, par la suppression de la propriété féodale, celle de la mainmorte, la nationalisation d'une quantité de biens et la vente de ces biens nationaux. Les pays du Nord et de l'Est de l'Europe qui sont arrivés à l'indépendance par la guerre de 1914 ont été obligés d'incorporer à leurs constitution politiques des lois agraires ayant le même but (Pologne Pays baltes, Tchéco-Slovaquie, Autriche, etc.). Il faut considérer aussi que le jeu de la liberté politique serait impossible sans une certaine réalisation de l'égalité dans la jouissance des libertés civiles, parce que le citoyen a besoin de quelques loisirs pour réfléchir à la chose publique.

Un certain nombre d'applications du principe de l'égalité ainsi compris doivent spécialement attirer notre attention :

1° L'égalité sociale ou la suppression de tous ordres, castes, distinctions fondées sur la naissance; à cette forme de l'égalité, qui est essentiellement le contre-pied du régime aristocratique, il faut rattacher la règle de l'égalité de vocation successorale des enfants dans la succession de leurs parents, posée par l'article 745 du Code civil, mais qui, maintenant, se révèle être une des causes de la dépopulation;

2° L'égalité devant les droits politiques et particulièrement devant le droit de suffrage;

3° L'égalité devant la justice, égalité de peine à égalité de délit;

4° L'égalité devant l'impôt consistant en ce que « toutes les contributions seront réparties entre tous les citoyens également en proportion de leurs facultés »;

5° L'égale admission aux places et aux emplois;

6° L'égalité devant le service militaire (L. 1ᵉʳ avril 1923, art. 2).

Ces diverses applications de l'idée d'égalité sont consacrées, sans acception de race ou de religion, au profit des catholiques, des protestants, des juifs et des hommes de couleur. Toutefois, le principe de l'égalité n'est ainsi établi, dans toute son étendue, que dans la métropole; aux colonies, il y a plus d'une exception au détriment des indigènes.

Caractère objectif de l'égalité devant la loi. — A la différence du principe de la liberté qui s'appuie sur des sentiments subjectifs, celui de l'égalité devant la loi est purement objectif. Ce n'est pas un sentiment, c'est *une idée*, qui s'appuie sur l'observation de certains faits : les similitudes physiques et morales entre les hommes; les similitudes de la destinée qui les attend tous en ce qui concerne la vie et la mort; le fait de l'unité de l'espèce.

Surtout cette idée est imposée aux hommes par un idéal de justice et par les pouvoirs qui se sont mis au service de cet idéal. C'est, d'abord, la loi chrétienne, qui a proclamé que tous les hommes sont frères et époux devant Dieu; c'est ensuite la loi temporelle et civile qui a établi que les hommes seraient égaux devant elle et devant l'Etat.

Il ne faut pas s'y tromper, en effet; si les hommes sont *égaux devant la loi*, c'est parce que la loi a établi elle-même et imposé cette égalité. *L'idée de l'égalité est incorporée à la loi*, à raison de son caractère de généralité et à la différence de la coutume qui est volontiers particulariste et différentielle.

L'établissement de l'égalité devant la loi suppose, d'ailleurs, la centralisation absolue, par la puissance publique de l'Etat, de tous les droits de supériorité que des individus ou des corps constitués particuliers exerçaient ou tendraient à exercer autour d'eux sur les autres individus. Des droits de supériorité aux mains de la Puissance publique et exercés par des institutions d'Etat ne sont pas contraires à l'égalité, tandis que des droits de supériorité qui appartiendraient à des particuliers ou à des institutions privées lui seraient contraires comme aristocratiques.

§ 2. — Les principales libertés du premier groupe : la liberté individuelle *(Status libertatis)*; les libertés de la famille; la liberté de la propriété privée individuelle.

Nous ne disposons pas de la place nécessaire pour fournir des développements sur toutes les libertés du premier groupe; nous serons forcés de laisser de côté la *liberté du travail, de l'industrie et du commerce* (dont il sera dit un mot, cependant, à propos de la *liberté syndicale, infra*) et la *liberté des contrats* qu'il est aujourd'hui si intéressant de confronter avec la législation du travail; ce point de vue sera signalé, *infra*, à propos de la lutte soutenue par les juges aux Etats-Unis pour défendre le vieux principe individualiste de la liberté des contrats contre les tendances interventionnistes des législatures (*Contrôle de constitutionnalité des lois*).

Nous ne parlerons ici et encore succinctement, que de la liberté individuelle au sens du *status libertatis*, des libertés de la famille et de la liberté de la propriété privée.

I. — LA LIBERTE INDIVIDUELLE ET LE « STATUS LIBERTATIS ».

C'est la liberté de la personne physique ou liberté d'aller et venir telle qu'elle résulte de la suppression de l'esclavage et du servage et, aussi, des garanties de la *sûreté individuelle* contre l'arbitraire du pouvoir judiciaire et du pouvoir administratif de l'Etat.

Abolition de l'esclavage et du servage. — Les derniers serfs ont été affranchis dans la nuit du 4 août; quant aux anciens esclaves provenant de la société antique il n'en restait plus depuis le XIIe siècle. Mais il y a un esclavage moderne. Dès le début de la Révolution il fut réprouvé dans la métropole (Décr. 28 sept.-16 oct. 1791): « Tout individu est libre aussitôt qu'il est entré en France », il fut supprimé aux colonies par la Convention (L. 16 pluv. an II), réabli par le premier Consul (L. 30 flor. an X) et ne fut définitivement aboli que par le décret du 27 avril 1848, dont il convient de rapprocher la Constitution du 4 novembre 1848, art. 6, et le sénatus-consulte du 3 mai 1854, art. 1er.

A citer encore : l'interdiction de toute servitude personnelle rappelant la féodalité (C. 24 juin 1793, Déclaration, art. 18; C. 5 fruct. an III, Déclaration, art. 15; art. 686 et 1780 C. civ.); la suppression des vœux religieux perpétuels, en tant qu'ils entraînaient obligation civile (L. 19 févr. 1790, art. 1er; C. 5 fruct. an III, art. 352).

Sûreté individuelle (V. *infra, Pouvoir du juge et garanties*).

II. — LES LIBERTES DE LA FAMILLE ET LE STATUT FAMILIAL.

Il y a une première liberté qui est celle de fonder une famille en contractant mariage; nul n'est privé de cette liberté, même les malades incurables ou contagieux. Il y a une seconde liberté qui est celle du *conubium;* il n'y a plus aucun obstacle légal interdisant le mariage entre personnes de castes inégales; la différence de nationalité n'est pas non plus un obstacle, ni la différence de couleur.

Il y a un statut de la famille légitime fondée par mariage légitime; en dehors de cette catégorie, l'union naturelle entre l'homme et la femme ne produit aucun effet civil; la filiation naturelle confère à l'enfant reconnu certains droits successoraux.

La famille légitime est fondée sur le mariage monogamique et sur la puissance maritale et paternelle; les enfants légitimes sont héritiers réservataires des biens de leurs ascendants, lesquels n'ont la liberté de tester que pour une quotité disponible, qui, selon les cas, varie d'un demi à un quart. Le droit d'aînesse est supprimé; le Code civil a établi la règle du partage égal des successions entre les enfants, sauf possibilité d'avantages dans la mesure de la quotité disponible ordinaire; nul n'est tenu de rester dans l'indivision. Ce statut de la famille est démocratique et de nature à empêcher la reconstitution des fortunes aristocratiques. On commence à l'accuser de pousser à la dénatalité par la préoccupation de faire un enfant unique, puisqu'on ne peut pas faire un aîné, afin de ne pas morceler les fortunes ni les domaines. On commence à redemander une plus large liberté de tester et une plus large faculté de rester dans l'indivision.

Si l'Etat français s'était borné à mettre le statut de la famille en harmonie avec le régime démocratique, il n'aurait fait qu'une œuvre logique, mais il a dépassé la mesure en travaillant à ruiner cette institution par le même esprit révolutionnaire de centralisation sociale qui l'avait porté à ruiner les corps et communautés et parce qu'il ne peut supporter la résistance d'aucun corps intermédiaire. Il a contribué à affaiblir la famille :

1° Par la législation du divorce qui a sapé l'idée de l'indissolubilité du mariage et introduit dans les ménages celle de l'instablité, la plus défavorable de toutes à la procréation de nombreux enfants (LL. 27 juill. 1884; 18 avril 1886, etc.);

2° Par la législation sur les enfants naturels, qui, sous couleur d'égalité individuelle ou par sensiblerie humanitaire, a trop rapproché les unions libres de l'union légitime et discrédité celle-ci;

3° Par la législation scolaire qui ne tient pas compte du fait que la liberté de conscience est une liberté familiale et que les pères de famille auraient droit à une éducation confessionnelle de leurs enfants à l'école primaire comme ils y ont droit dans les établissements d'enseignement secondaire;

4° Par la législation fiscale qui, ruinant l'héritage, détruit par là même le ressort de l'activité paternelle.

Il est cependant évident qu'une politique profamiliale est devenue nécessaire parce que la famille est, dans la constitution sociale, la cellule élémentaire, non seulement au point de vue de la natalité, mais au point de vue de la production économique; le travailleur n'étant incité au travail que par ses préoccupations de famille et n'étant soutenu dans son travail que par l'économie domestique. En luttant aveuglément contre l'autonomie de la famille, l'Etat moderne fait une politique suicidaire.

III. — LA LIBERTE DE LA PROPRIETE INDIVIDUELLE ET LE STATUT DE LA PROPRIETE.

Autant l'Etat moderne s'est montré insoucieux de l'importance de la famille pour la constitution sociale, autant il s'est montré plein de sollicitude pour l'institution de la propriété individuelle: l'article 17 de la *déclaration des droits* la proclame un *droit inviolable et sacré*; il pose le principe d'une juste et préalable indemnité au cas d'expropriation pour cause d'utilité publique; cette expropriation est entourée de formalités protectrices par des lois spéciales; bien que des lois nouvelles aient élargi les cas d'expropriation (expropriation par zone, L. 6 nov. 1918), ils restent, cependant, exceptionnels; vis-à-vis de l'administration, la propriété individuelle est très protégée par le principe que la police ne peut prescrire que des buts très généraux, comme l'assainissement d'un terrain, sans pouvoir prescrire de moyen spécial et en laissant, par conséquent, au propriétaire le choix des moyens (V. mon *Précis administratif*, 11ᵉ édit., p. 447 et s.). Dans ses rapports avec les particuliers, le propriétaire est également très protégé par le Code pénal, le Code civil, le Code de procédure.

Ces sollicitudes de l'Etat pour la propriété privée s'expliquent par des raisons politiques; l'Etat démocratique désire satisfaire la masse de ses électeurs.

Le citoyen envisagé par la Révolution française est évidemment le citoyen propriétaire et laboureur de la Rome antique. Il n'y a pas des terres pour tous; au moins doit-il y en avoir pour la majorité; la propriété doit être pleine et entière, donc facilement mobilisable, afin que la circulation des biens fasse un plus grand nombre d'heureux. En conséquence, on supprime les formes compliquées de la propriété féodale et lignagère qui sont un obstacle aux échanges, on confisque les grands domaines de mainmorte et ceux des émigrés; ils sont vendus comme biens nationaux et morcelés ensuite par le jeu du partage égal. La France démocratique est arrivée ainsi à posséder une majorité sérieuse de propriétaires dans sa population agricole. La propriété bâtie, dans les villes, est également disséminée en beaucoup de mains. Ainsi la *constitution sociale de la France est à base de propriété foncière morcelée et disséminée*. Cette situation est plus ou moins celle de tous les vieux pays de l'Europe, à l'exception de l'Angleterre, qui a résolu le problème de la dissémination du droit réel par un autre procédé, celui des baux à long terme consentis par les grands propriétaires.

Les pays neufs du Nord et de l'Est de l'Europe, qui sont arrivés à l'indépendance et à l'organisation étatique à la suite de la guerre de 1914 et qui étaient des pays de grandes propriété féodales, ont adopté le système français de la réforme agraire, multipliant, disséminant et mobilisant la propriété quiritaire; leurs constitutions politiques ont été, soit précédées, soit accompagnées de lois agraires dont quelques-unes sont d'une remarquable économie (Pologne, Esthonie, Lithuanie, Lettonie, Tchécoslovaquie, Autriche, etc.) (V. Ch. Crozat, *Constitutions de la Pologne, de l'Esthonie et de la Finlande*, Toulouse, 1924).

L'organisation de la propriété individuelle foncière n'est évidemment plus un élément suffisant de la constitution sociale des Etats démocratiques. Si la question sociale par excellence est celle de l'accession de tous à la propriété (V. *supra*, p. 248, ce qui est dit à propos de l'égalité), il faut évidemment trouver *de nouvelles formes et de nouveaux objets de propriété*, car la propriété foncière est en quantité trop limitée. Il y a déjà la propriété des valeurs mobilières, celle des fonds de commerce, celle des brevets d'invention, la propriété littéraire et artistique. Mais ces formes de propriété ne sont pas accessibles à la grande masse des salariés, ouvriers et employés.

Les seules formes de propriété qui puissent leur être offertes, sont soit celle *d'actions* dans les sociétés industrielles ou commèrciales pour lesquelles ils travaillent; soit celle résultant de la stabilité de leur emploi, telle qu'elle est dès maintenant assurée à certains fonctionnaires privilégiés.

L'actionnariat ouvrier est très en faveur aux Etats-Unis d'Amérique.

§ 3. — Les libertés du second groupe ou d'action sociale: liberté de conscience et des cultes; liberté d'enseignement; liberté de la presse; liberté de réunion.

I. — LA LIBERTE DE CONSCIENCE ET DES CULTES.
(L. 9 déc. 1905; L. 2 janv. 1907).

Il y a dans la loi fondamentale de 1905 trois principes essentiels:

1° Celui de la séparation des églises et de l'état. — Il a mis fin au régime du Concordat et est défini dans l'article 2 de la loi : « la République ne reconnaît, ne salarie, ni ne subventionne aucun culte », en conséquence de quoi, d'une part, le budget des cultes a été supprimé; d'autre part, le gouvernement a cessé de participer à la nomination des membres du clergé; nous avons déjà rencontré ce principe (*supra*, p. 13).

2° Le principe de la liberté de conscience et des cultes. — Article 1ᵉʳ de la loi : « la République assure la liberté de conscience; » elle garantit le libre exercice des cultes sous les seules restric- » tions édictées ci-après dans l'intérêt de l'ordre public. » Cette liberté de principe est fortifiée par la *liberté des associations à but religieux* (tit. IV), par la *liberté des réunions religieuses* (tit. V); par la *liberté des lieux de culte* (tit. VI); et même par la *liberté des manifestations extérieures du culte sur la voie publique* (V. *infra*); enfin, par la *liberté des funérailles* (L. 17 nov. 1887);

Pratiquement : *a*) nul ne peut être inquiété pour ses opinions, même religieuses (*Déclaration des droits de l'homme*, art. 10); nul n'est obligé de faire connaître sa confession religieuse; le recensement administratif quinquennal ne la mentionne plus depuis 1892;

b) nul ne peut être inquiété pour sa participation ou sa non-participation à un culte (L. 9 déc. 1905, art. 31);

c) les pères de famille ne sont pas obligés de faire donner à leurs enfants l'enseignement officiel (V. toutefois Sénat, séance du 1ᵉʳ déc. 1905, *J. off.*, Doc. parlem., p. 1649), la liberté de l'école libre déniée aux petits fonctionnaires sous le fallacieux prétexte que « cela ne fait pas partie de la liberté de conscience »;

d) on peut librement arborer des emblêmes religieux à l'extérieur de sa maison, même s'ils sont apparents de la rue (*J. off.*, Doc. parlem., Ch. dép., p. 2527 et 2529);

e) les´ cérémonies, processions et autres manifestations extérieures d'un culte sont placées sous le droit commun de toutes
les manifestations sur la voie publique et, selon la formule du
Conseil d'Etat, la police municipale, dans les mesures restrictives
qu'elle édicte, doit « concilier son pouvoir avec le respect de la
liberté des cultes garantie par l'article 1ᵉʳ de la loi du 9 décembre
1905, et l'article 5 de la loi du 2 janvier 1907 ».

3° LE PRINCIPE D'UNE CERTAINE ORGANISATION DES ÉTABLISSEMENTS
NÉCESSAIRES AUX CULTES. — Les événements qui ont marqué l'exécution de la loi du 9 déc. 1905, en ce qui concerne le culte catholique, ont montré que pour les établissements du culte, il convient, en
effet, de distinguer trois questions que nous allons passer en
revue rapidement parce que leurs détails relèvent surtout du
droit administratif :

a) **La légalité des réunions de fidèles** en vue des cérémonies
du culte; ces réunions sont absolument libres, sans déclaration
préalable (L. 28 mars 1907), et sans constitution de bureau (L.
2 janv. 1907, art. 4);

b) **L'occupation des anciens édifices du culte.** — Ces anciens édifices (Eglises, Temples, Synagogues) appartiennent, en principe,
aux communes, exceptionnellement à l'Etat ou aux départements.
Ils restent affectés au culte et ne pourraient être désaffectés que
par un décret (L. 2 janv. 1907, art. 5); ils sont, par continuation,
légitimement occupés par les ministres du culte et par les fidèles,
selon les règles de leur confession et sans qu'il soit nécessaire que
des associations cultuelles aient été constituées (sur les caractères
juridiques de ce droit de l'occupant, V. mon *Précis administratif*,
11ᵉ édit., p. 554);

c) **Les établissements nécessaires au recrutement des ministres du culte, aux frais du culte et aux biens ecclésiastiques**
(fabriques, séminaires, écoles ecclésiastiques, maisons de retraite,
etc.). — L'expérience a prouvé qu'ici on avait besoin d'une organisation légale, vu que la liberté de fondation n'existe pas et que le
droit commun des associations de la loi de 1901 est insuffisant. La
loi du 9 décembre 1905 avait créé une organisation, celle des « *associations cultuelles* destinées à subvenir aux frais, à l'entretien et à
l'exercice public du culte »; elle était à base consistoriale, c'est-à-
dire plaçait l'autorité dans l'assemblée des fidèles; les cultes protes-
tant et israélite s'en sont accommodés; le culte catholique ne le
pouvait parce qu'il place l'autorité dans la hiérarchie; l'encyclique
gravissimo officii du 10 août 1906 en interdit la formation aux
catholiques; en conséquence, les biens des fabriques, des séminaires
et autres établissements ecclésiastiques furent dévolus aux administrations laïques et, pour faire subsister ses séminaires, maisons de
retraites, etc., l'Eglise en fut réduite aux expédients du droit civil,
indirects, compliqués et coûteux.

A la suite de négociations poursuivies pendant l'année 1923, le Saint-Siège a accordé au clergé français l'autorisation de fonder des *associations diocésaines* dont la canonicité a été affirmée par l'encyclique *maximum gravissimum que*, du 18 janvier 1924, et dont la légalité avait été reconnue par deux consultations officielles de trois jurisconsultes (MM. Hébrard de Villeneuve, Berthelemy, Beudant), et par un avis du Conseil d'Etat, toutes sections réunies, du 13 déc. 1923.

Les *Diocésaines* sont des cultuelles formées pour subvenir seulement « aux frais et à l'entretien du culte » et non à l'exercice public du culte, qui reste entièrement sous l'autorité de la hiérarchie; elles n'ont donc qu'une compétence patrimoniale; leurs statuts sont, d'ailleurs, conçus de manière à donner la haute main à l'évêque, même pour cet objet; leur ressort est le diocèse; elles restent soumises à la réglementation des lois de 1905 et de 1907 et auront la capacité juridique des cultuelles.

Pour l'établissement de certaines œuvres catholiques on a également utilisé le droit commun de la législation des syndicats (Cfr., F. Renaud, *Les associations diocésaines;* Louis Rigaud, *Les associations diocésaines*, éditions Spes, 1924, avec tous les documents; chanoine L. Crouzil, *Associations cultuelles et associations diocésaines*, librairie Pichon (1924) .

II. — LA LIBERTE DE L'ENSEIGNEMENT [1]

Cette liberté est une protection pour la liberté de conscience, car le pouvoir politique, aspirant par définition à tous les monopoles, aspire à celui de l'enseignement, et il n'est pas douteux que tout enseignement suivi comporte un dressage de l'enfant qui peut agir en un sens opposé à celui des croyances confessionnelles de sa famille. Or la liberté de conscience est une liberté familiale (V. *supra*, p. 252).

Il s'agit de la *liberté de l'enseignement public*. Pour ce qui est de l'enseignement privé dans le cercle de la famille ou en petit comité, il a toujours été libre. La liberté d'enseigner publiquement ne figure pas dans les déclarations des droits, les hommes de la Révolution ont eu d'abord la pensée, réalisée par la création de l'Université impériale, de faire de l'enseignement un monopole pour l'Etat. La Constitution de fructidor an III introduisait bien la liberté d'enseignement dans son article 300. Mais cette liberté était, bientôt après, confisquée au profit de l'Université de France (Décr. 17 sept. 1808, art. 2). La Charte de 1830 promit à nouveau la liberté d'enseignement (art. 69, n° 8); à partir de ce moment, en effet, cette liberté fut graduellement accordée : à l'enseignement primaire par la loi du 28 juin 1833; à l'enseignement secondaire par la loi du 15 mars 1850; à l'enseignement supérieur par

---

(1) Bibliogr. — Grimaud, *Histoire de la liberté de l'enseignement*, 1898.

la loi du 12 juillet 1875, à l'enseignement technique par la loi du
25 juillet 1919.

Aujourd'hui donc, il y a liberté d'enseigner dans ces quatre bran-
'ches qui embrassent tout l'enseignement, c'est-à-dire droit sans
autorisation administrative, pourvu que l'on remplisse certaines conditions, mais il faut remarquer :

1° Que l'Etat s'est complètement réservé la collation des grades et
la détermination des programmes d'examen;

2° Qu'il existe un enseignement d'Etat fortement organisé aux
frais du budget général et qu'à la différence de certains Etats étrangers, qui ont admis la *proportionnelle scolaire*, aucune subvention
n'est allouée aux établissements d'enseignement libre.

a) **Enseignement primaire** (L. 30 oct. 1886). — 1° Le droit de
tenir une école appartient à tout Français âgé de 21 ans accomplis,
s'il est muni d'un brevet de capacité (art. 4 et 7 L. 30 oct. 1886;
Décr. 18 janv. 1887; 4 août 1905), pourvu qu'il ne soit dans aucun
des cas d'incapacité prévus par l'article 5, auxquels il faut ajouter
celui de membre non sécularisé d'une congrégation non autorisée
(L. 1er juill. 1901, art. 14) ou même autorisée (L. 7 juill. 1904). On
peut enseigner dans une école à partir de 18 ans pour les instituteurs, et de 17 ans pour les institutrices (art. 7, L. 30 oct. 1886);

2° Quiconque veut ouvrir une école primaire doit en faire la
déclaration au maire de la commune où il a l'intention de s'établir,
lui indiquer le local où il veut l'ouvrir et donner des renseignements sur sa personne. Le maire peut faire opposition dans les huit
jours au sujet du local. Même déclaration au préfet, au ministère
public et à l'inspecteur d'académie. Celui-ci a le droit de former,
soit d'office, soit sur la dénonciation du ministère public, opposition à l'ouverture de l'école dans l'intérêt des mœurs publiques
ou de l'hygiène. Cette opposition, qui doit être formée dans le
mois qui suit la déclaration, est jugée par le conseil départemental,
sauf appel reçu par l'inspecteur d'académie et jugé par le conseil
supérieur de l'instruction publique. A défaut d'opposition, l'école
peut être ouverte à l'expiration du mois sans autre formalité
(Décr. 18 févr. 1887, modifié par Décr. 10 déc. 1901);

3° Tout instituteur privé pourra, sur la plainte de l'inspecteur
d'académie, être traduit pour cause de faute grave dans l'exercice
de ses fonctions, d'inconduite ou d'immoralité, devant le conseil
départemental. Dans les cas prévus par l'article 40, l'école sera
fermée, et il appartient au tribunal correctionnel de prononcer la
fermeture (Cass., 30 mars 1901, *Martin*);

4° Les instituteurs primaires libres sont maîtres de leur enseignement, de leurs méthodes, des ouvrages qu'ils emploient, à l'exception de ceux qui seraient interdits par le conseil supérieur de
l'instruction publique (art. 5 L. 27 févr. 1880);

5° Ils sont soumis à une inspection qui porte sur la moralité, l'hygiène, la salubrité, et qui ne peut porter sur l'enseignement que pour vérifier s'il n'est pas contraire à la morale, à la constitution et aux lois. Pour le personnel d'inspection, V. art. 9, L. 30 oct. 1886. Pour les pensionnats primaires, les écoles maternelles, classes enfantines, cours d'adultes, V. également la loi.

Les *garderies d'enfants* peuvent être librement ouvertes, il n'y a aucune réglementation, et les maires ne peuvent en interdire l'ouverture (Cons. d'Etat, 2 févr. 1905, *Giraud*; 4 mai 1906, *Robert*).

b) **Enseignement secondaire** (L. 15 mars 1850). — 1° L'article 60 détermine les conditions auxquelles on peut ouvrir une institution. Il faut :

Etre Français, âgé de 25 ans, ne pas appartenir à une congrégation à titre de membre non sécularisé (art. 14 L. 1er juill. 1901; L. 7 juill. 1904), faire une déclaration au recteur de la circonscription et déposer les pièces suivantes : un certificat de stage constatant qu'on a rempli, pendant cinq ans au moins, les fonctions de professeur ou de surveillant dans un établissement d'enseignement secondaire public ou libre; le diplôme de bachelier ou un brevet de capacité délivré par un jury d'examen composé conformément à l'article 62, le plan du local et l'indication de l'objet de l'enseignement.

Ces déclarations doivent être communiquées par le recteur au préfet et au ministère public. Toutes ces conditions sont de rigueur; le ministre peut, cependant, dispenser des cinq années de stage sur la proposition du conseil académique et l'avis conforme du conseil supérieur de l'instruction publique.

Dans le mois qui suit la déclaration, le préfet et le ministère public ont le droit de former opposition devant le conseil académique; celui-ci prononce sur la mainlevée, sauf appel devant le conseil supérieur. Faute d'opposition, l'institution peut être ouverte immédiatement après l'expiration du délai, sans autre formalité;

2° L'enseignement secondaire libre est soumis à l'inspection, suivant règlements délibérés au conseil supérieur (art. 21 L. 15 mars 1850).

Cette inspection porte sur la moralité, l'hygiène et la salubrité; elle ne peut porter sur l'enseignement que pour vérifier s'il n'est pas contraire à la morale, la constitution et aux lois.

Observation. — Cette législation s'applique à l'enseignement secondaire spécial, aussi bien qu'à l'enseignement classique. L'enseignement secondaire libre des jeunes filles ne se distingue pas de l'enseignement primaire. L'Etat a organisé des lycées, mais n'a pas encore réglementé les pensionnats libres comme établissements secondaires.

c) **Enseignement supérieur** (LL. 12 juill. 1875, 18 mars 1880). — Tout Français âgé de 25 ans accomplis et les associations formées en vue de l'enseignement peuvent ouvrir des cours ou fonder des établissements, à condition d'en faire la déclaration préalable, sauf incapacité (V. art. 8. — *Adde* LL. 1ᵉʳ juill. 1901, art. 14, et 7 juill. 1904 pour les membres non sécularisés des congrégations religieuses) :

1° Pour un cours isolé, la déclaration est faite au recteur ou à l'inspecteur d'académie; elle doit précéder de dix jours l'ouverture du cours;

2° Quant aux établissements d'enseignement supérieur, la loi veut que la déclaration soit faite par trois administrateurs au moins. Si l'établissement compte des professeurs ayant le titre de docteur, en nombre égal à celui de la Faculté de l'Etat qui en a le moins, il peut prendre le titre de Faculté. Lorsque l'établissement avait trois Facultés au moins, la loi du 12 juillet 1875 lui donnait le droit de prendre le nom d'Université. La loi du 18 mars 1880 a retiré cette concession. La loi de 1875 avait concédé aussi aux Facultés libres le droit de concourir à la collation des grades : des membres de ces Facultés entraient dans la composition des jurys mixtes; ces jurys ont été supprimés (L. 18 mars 1880);

3° Les établissements doivent présenter certaines conditions d'installation garantissant le sérieux des études : amphithéâtres, laboratoires, cliniques d'hôpitaux, etc. (art. 6, L. de 1875);

4° Inspection des délégués du ministre de l'Instruction publique; la surveillance ne peut porter sur l'enseignement que pour vérifier s'il n'est pas contraire à la morale, à la constitution et aux lois;

5° Aucun établissement libre d'enseignement supérieur ne peut être reconnu d'utilité publique qu'en vertu d'une loi (L. 18 mars 1880, art. 7).

d) **Enseignement technique.** — V. L. 25 juill. 1919, art. 26 et s. Système de la déclaration avec possibilité d'opposition administrative.

III. — LA LIBERTÉ DE LA PRESSE
(L. 29 Juillet 1881) [1].

Il s'agit ici de la liberté de la manifestation publique de la pensée sous toutes ses formes. On peut en distinguer trois : 1° la manifestation par la parole, le discours, le cri, le chant; 2° la manifestation par l'écrit ou l'imprimé, le livre ou le journal, presse non périodique et presse périodique; 3° la manifestation par le théâtre et le cinéma.

La manifestation par le théâtre n'est pas libre; l'ouverture d'un théâtre est libre, mais la représentation d'une pièce est soumise à la censure, c'est-à-dire à l'autorisation préalable, le texte fondamental est le décret du 6 janvier 1864 ce texte n'est pas abrogé, bien que le crédit affecté à la commission d'examen ait été supprimé en 1906).

---

(1) Bibliogr. — G. Barbier, *Code expliqué de la presse;* Fabreguettes. *Traité des délits politiques et de presse,* 2ᵉ édit., 1901.

Le cinéma n'étant pas un théâtre, mais un « spectacle de curio·
sité » (Décr. 1864), l'ouverture de la salle reste subordonnée à
l'autorisation municipale; quant aux films cinématographiques, ils
ont été soumis à autorisation du ministre de l'Instruction publique
et des Beaux-Arts (Décr. 25 juill. 1919), ce qui n'empêche point que
la police municipale ne puisse interdire, pour des raisons locales, un
film ainsi autorisé.

*Mais toutes les autres manifestations publiques de la pensée sont
libres* (sauf les restrictions en cas d'état de siège, lequel peut entraîner un rétablissement provisoire de la censure préventive, (V.
supra, p. 160).

Ce sont là des libertés précieuses, surtout celle de la presse
périodique, qui est le complément indispensable de l'organisation
démocratique de l'Etat, elle est un mode d'élaboration de l'opinion
publique qui sert de correctif au suffrage. De plus, elle est un moyen
puissant de protection pour l'ensemble des libertés civiles par
la publicité qu'elle donne aux abus *et par les campagnes qu'elle fait
pour obtenir des réformes* Mais la presse n'est fidèle à sa mission
que si elle est libre. La loi n'a pu affranchir la presse que vis-à-vis
du gouvernement, et il resterait à l'affranchir vis-à-vis des puissances d'argent; il ne semble pas y avoir d'autre moyen que la fondation de journaux considérés comme des œuvres sociales et soutenus
par un groupe de partisans dévoués.

La liberté légale de la presse ne saurait, pas plus que les autres,
être absolue; elle se heurte à un certain nombre de nécessités sociales avec lesquelles il faut bien composer. Les questions les plus célè-
bres, celles qui ont été les plus difficiles à régler, sont celles de la
diffamation, de l'outrage à la morale et du délit d'opinion.

1° QUESTION DE LA DIFFAMATION. — Le besoin qu'a la presse de pouvoir dire toute la vérité sur la conduite individuelle des hommes se
heurte au besoin qu'a la société de passer l'éponge sur beauucoup
de fautes et de faiblesses et à ce qu'on pourrait appeler le besoin
de la *prescription*. Les lois de Serres en 1819 avaient déjà posé les
principes en cette matière; elle est réglée dans la loi du 29 juillet
1881, art. 29 à 35, par une distinction entre la diffamation contre
les particuliers et la diffamation contre tout personnage ayant joué
un rôle public, attaqué à raison d'un fait relatif à ses fonctions.

Dans le premier cas, la diffamation est punie sans que le journal
puisse même faire la preuve du fait allégué et l'affaire est de la
compétence du tribunal correctionnel.

Dans le second, le journal est admis à faire la preuve du fait allégué et il peut en résulter sa justification; de plus, l'affaire est de la
compétence de la cour d'assises.

Il convient aussi de rappeler les dispositions de l'article 41 établissant l'immunité pour la reproduction des débats parlementaires
et les débats judiciaires (V. *supra*, p. 188).

Le gouvernement a déposé au mois d'avril 1929 un projet de loi, modifiant l'article 6 de la loi de 1881 aux termes duquel l'action civile résultant d'un délit de diffamation peut dans tous les cas être introduite séparément de l'action publique. Cette modification a pour triple objet de réprimer plus énergiquement le chantage, de mettre un frein aux excès de certains journaux, usant systématiquement de l'injure et de la diffamation, d'organiser une procédure plus expéditive.

2° QUESTION DE L'OUTRAGE AUX BONNES MŒURS. — Le conflit s'élève entre le besoin qu'ont le journaliste et le littérateur de la sincérité dans l'information ou dans l'œuvre d'art et le besoin qu'a la société que la décence publique soit respectée; la question est réglée ici par le vague dans lequel la loi laisse le délit d'outrage aux bonnes mœurs; elle s'en remet au bon sens des juges et à l'opinion, sauf qu'elle pose le principe de la répression de l'obscénité dans toute publication autre que le livre et qu'elle punit les offres d'objets obscènes même non publiques (art. 28, LL. 29 juill. 1881, 2 août 1882, 16 mars 1898 et 7 avril 1908).

3° QUESTION DU DÉLIT D'OPINION. — Enfin, dans cette question, le conflit existe entre l'indépendance même de la pensée et les nécessités de la défense sociale contre la propagation des idées subversives.

Il a été réglé de la manière suivante :

A. *Il n'y a pas légalement de délit général d'opinion* (bien qu'au point de vue de la morale il y en ait), mais l'impossibilité de définir juridiquement ce délit et l'arbitraire laissé au juge le rendraient trop dangereux pour la liberté de la presse;

B. En revanche, il existe des *délits spéciaux d'opinion;* par exemple, ceux définis par les lois *sur les menées anarchistes* (12 déc. 1893 et 29 juill. 1894) dans les conditions suivantes :

α. *La provocation directe à commettre une action qualifiée crime ou délit,* lorsque *la provocation a été suivie d'effet,* fait poursuivre le publicateur de l'article comme complice du crime ou délit (art. 23);

β. Ceux qui, par les moyens énoncés, auront *directement* provoqué à commettre les crimes de *meurtre,* de *pillage* et *d'incendie,* auxquels il faut ajouter le vol et les crimes prévus par l'article 435 du Code pénal remanié, c'est-à-dire les attentats à la dynamite (L. 12 déc. 1893), ou l'un des crimes *contre la sûreté de l'Etat,* prévus par les articles 75 et suivants, jusques et y compris l'article 101 du Code pénal, seront punis, *dans le cas où cette provocation n'aurait pas été suivie d'effet,* d'un an à cinq ans d'emprisonnement et de 100 à 1.000 francs d'amende;

γ. Seront punis de la même peine ceux qui ont fait l'*apologie* des crimes de meurtre, pillage ou incendie ou du délit de vol, ou de l'un des crimes prévus par l'article 435 du Code pénal (L. 12 déc. 1893);

δ. Tous *cris* ou *chants séditieux* proférés dans les lieux ou réunions publics seront punis d'un emprisonnement de six jours à un mois et d'une amende de 16 à 500 francs, ou de l'une de ces deux peines seulement (art. 24);

ε. Toute provocation par l'un des moyens énoncés en l'article 2' adressée à des *militaires des armées de terre et de mer*, dans le but de les détourner de leurs devoirs militaires et de l'obéissance qu'ils doivent à leurs chefs dans tout ce qu'ils commandent pour l'exécution des lois et règlements militaires, sera punie d'un emprisonnement d'un an à cinq ans et d'une amende de 100 à 3000 francs (L. 12 déc. 1893).

Ces crimes et délits sont en principe déférés à la Cour d'assises, ce qui est une cause certaine de faiblesse dans la répression.

La réglementation de la presse. — 1° La librairie est entièrement libre;

2° L'imprimerie est libre, sauf l'obligation d'indiquer sur l'imprimé, le nom et l'adresse de l'imprimeur et sauf l'obligation du dépôt de deux exemplaires entre les mains de l'autorité administrative;

3° L'affichage est libre, sauf répression si l'affiche est délictueuse; l'affiche est même protégée;

4° Le colportage et la vente sur la voie publique sont libres, sauf droit pour la police préfectorale ou municipale de l'interdire en certains périmètres; le colportage de profession exige une déclaration à l'autorité administrative;

5° La fondation et la publication des *périodiques* (journaux, revues, etc.) sont libres, sauf des déclarations au parquet pour la fondation et des dépôts supplémentaires de chaque numéro au moment de la publication (2 exemplaires signés du gérant doivent être déposés au Parquet en sus des deux déposés administrativement); tout périodique doit avoir un gérant français, majeur et jouissant de ses droits civiques, qui est le publicateur responsable des délits de presse, lesquels sont créés par la publication;

6° Pour le droit de *rectification* qui appartient aux particuliers et aux autorités publiques lorsque leur conduite ou leurs écrits ont été inexactement appréciés dans un périodique, V. art. 12 et 13.

Pour apprécier ce régime de liberté, il sera bon de le confronter avec celui du décret du 17 février 1852 qui avait été le régime le plus perfectionné de servitude de la presse, en voici les éléments: 1° les professions d'imprimeur et de libraire n'étaient pas libres, il fallait autorisation du gouvernement; cela remontait au décret du 5 février 1810; 2° un impôt très lourd, le timbre de dimension, frappait le journal; cela remontait à la loi du 9 vendémiaire an VI; 3° une autorisation était nécessaire pour fonder le journal; 4° il fallait fournir un fort cautionnement; 5° les délits de presse étaient justiciables de la police correctionnelle et les auteurs étaient tenus de signer les articles; 6° le gouvernement pouvait, en certains cas, suspendre le journal par voie administrative; 7° il pouvait le supprimer par décret. Et encore ce régime ne comprenait-il pas la censure préalable des articles qui avait existé sous le Premier Empire.

Quant à la publication du livre, elle n'a jamais été, depuis la Révolution, astreinte à la censure préalable.

Histoire de la liberté de la presse. — La Déclaration des droits de l'homme s'exprime ainsi : « La libre communication des pensées et des opinions est un des droits les plus précieux de l'homme: tout citoyen peut donc parler, écrire, imprimer librement, sauf à répondre de l'abus de cette liberté dans les cas déterminés par la loi » (Const. 3-14 sept. 1791, Décl. art. 11. Cf. Const. 24 juin 1793, Décl. art. 7; Const. 5 fruct. an III, art. 353). Mais en fait, comme il n'avait pas été voté de loi organique, la liberté put être suspendue pendant la Terreur (Décr. 29 mars 1793), et sous le Directoire (Décr. 27 germ. an IV; L. 9 fruct. an VI). La Constitution de l'an VIII est muette sur la liberté de la presse, les décrets du 5 février 1810 et du 9 avril 1811 asservissent l'imprimerie, la librairie et les journaux. — Au début de la Restauration, après une période de réaction (O. 8 août 1816; LL. 11 déc. 1815, 30 nov. 1817), les lois de Serres des 17-26 mai et 9 juin 1819 établissent un régime libéral, mais la loi du 18 juillet 1821, celles des 17 et 25 mars 1822 reviennent à la réaction; nouvelles tentatives libérales dans la loi Martignac du 18 juillet 1828, réaction dans l'ordonnance du 25 juillet 1830. La Charte de 1830 restaure une quatrième fois la liberté, mais la loi du 9 septembre 1835, à la suite de l'attentat de Fieschi, la supprime après cinq ans (Sur la période qui s'écoule entre 1810 et 1839, cons. de Grattier, *Commentaire sur les lois de la presse*, 2 vol., 1839). En 1848, dans la même année, à quelques mois d'intervalle, elle est rétablie et détruite. Elle ne reparaît plus, après la période draconienne du décret du 17 février 1852, qu'à la fin du Second Empire par la loi du 11 mai 1868 Encore n'est-ce qu'une restauration partielle, et il faut arriver pour la voir complète, après plusieurs lois successives, à celle du 29 juillet 1881. En somme, jusqu'à cette date, en quatre-vingt-dix ans, treize ou quatorze années de liberté.

IV. — LA LIBERTÉ DE RÉUNION
(L. 30 JUIN 1881; L. 28 MARS 1907) [1].

On peut définir la réunion : un *groupement momentané* d'hommes dans le but de participer à une fête ou à une cérémonie ou d'entendre un discours ou de discuter une question.

---

(1) BIBLIOGR. — Constant, *Code des réunions publiques*.

Elle diffère du spectacle où le groupement du public est motivé par le désir de voir en commun quelque chose; elle diffère aussi de l'association qui suppose des hommes groupés d'une façon *permanente* pour *agir* en commun et fonder un corps. (Mais pendant longtemps réunion et association furent confondues et tombèrent également sous le coup des articles 291 et 292, C. pén., qui interdisaient les réunions de plus de 20 personnes.)

La réunion privée, où ne sont admises que les personnes munies d'une invitation personnelle et nominative, est et a toujours été libre; il n'y a à se préoccuper que de la réunion *publique*.

Commentaire de la loi du 30 juin 1881. — Les réunions publiques sont libres en ce sens qu'elles peuvent avoir lieu sans autorisation préalable (art. 1er), et même sans déclaration préalable depuis la loi du 28 mars 1907; mais il y a certaines règles à observer pour la tenue de la réunion (sauf pour les réunions en vue de l'exercice d'un culte qui sont dispensées de toute formalité, L. 2 janv. 1907, art. 4).

Tenue des réunions publiques. — Les articles 6, 8 et 9 posent les règles suivantes :

1° Les réunions ne peuvent être tenues sur la voie publique;

2° Elles ne peuvent se prolonger au delà de 11 heures du soir; cependant, dans les localités où la fermeture des établissements ouverts au public a lieu plus tard, elles pourront se prolonger jusqu'à l'heure fixée pour la fermeture de ces établissements. Il faut entendre ici par établissements publics les établissements ouverts au public, tels que théâtres, cafés, débits de boisson, etc.;

3° Chaque réunion doit avoir un bureau composé de trois personnes au moins (on y adjoint d'ordinaire un secrétaire). Le bureau est chargé de maintenir l'ordre, d'empêcher toute infraction aux lois, de conserver à la réunion le caractère qui lui a été donné par la déclaration, d'interdire tout discours contraire à l'ordre public et aux bonnes mœurs ou contenant provocation à un acte qualifié crime ou délit. A défaut de désignation par les signataires de la déclaration, les membres du bureau seront élus par l'assemblée; les membres du bureau, et jusqu'à sa formation, les signataires de la déclaration sont responsables des infractions aux articles 6, 7, 8 de la présente loi (art. 8);

4° Un fonctionnaire de l'ordre administratif ou judiciaire peut être délégué, à Paris par le préfet de police, et dans les départements, par le préfet, le sous-préfet ou le maire, pour assister à la réunion. Il choisit sa place. Il n'est rien innové aux dispositions de l'article 3, titre XI, de la loi des 16-24 août 1790, de l'article 9, titre I, de la loi des 19-22 juill. 1791 et des articles 9 et 15 de la loi du 18 juill. 1837. Le droit de dissolution ne devra être exercé par le représentant de l'autorité que s'il en est requis par le bureau, ou s'il se produit des collisions et voies de fait (art. 9). En cas d'état de siège, V. *supra*, p. 160.

Des clubs. — L'article 7 interdisait les clubs qui sont des associations destinées à tenir des réunions pour la discussion des affaires politiques; la loi du 1er juill. 1901, art. 21, a formellement abrogé cet article 7. Les clubs sont donc licites.

Des attroupements (L. 7 juin 1848). — *Les attroupements sont des réunions sur la voie publique de gens poursuivant un but.* La loi distingue les attroupements armés et les attroupements non armés. L'attroupement est armé : 1° quand plusieurs individus sont porteurs d'armes apparentes ou cachées; 2° quand un seul individu porteur d'armes apparentes n'est pas spontanément expulsé de l'attroupement.

Les attroupements armés sont interdits et doivent être dispersés par la force publique après deux sommations.

Les attroupements non armés peuvent être dispersés *s'ils mettent la tranquillité publique en danger;* on procède alors ainsi : exhortation, trois sommations, emploi de la force.

§ 4. — Des libertés créatrices d'institutions sociales.

Il s'agit des libertés d'association et de fondation. Comme il serait impossible de séparer leur étude de celle des institutions qu'elles servent à fonder, nous traitons les deux objets à la fois dans le chapitre suivant.

CHAPITRE II

LES INSTITUTIONS SOCIALES SPONTANEES ET LES LIBERTES PAR LESQUELLES ELLES SONT FONDEES

SECTION PREMIERE

LA LIBERTE DE FONDATION ET L'OPERATION DE FONDATION

Sommaire. — I. La liberté individuelle de fondation : la fondation par volonté isolée et la fondation par volonté commune dans les diverses formes d'association; les établissements et les universitates; le champ d'action de cette liberté; les fondations masquées. — II. L'opération de fondation et ses éléments : *a)* l'opération juridique de fondation simple ou complexe et sa procédure; la « communion » ou « vereinbarung » dans les fondations par volonté commune; *b)* les statuts; les ressources affectées; l'organisation de fait; *c)* la reconnaissance de la personnalité juridique.

I. — LA LIBERTE INDIVIDUELLE DE FONDATION: LA FONDATION PAR VOLONTE ISOLEE ET LA FONDATION PAR VOLONTE COMMUNE DANS LES DIVERSES FORMES D'ASSOCIATION; LES ETABLISSEMENTS ET LES UNIVERSITATES; LE CHAMP D'ACTION DE CETTE LIBERTE, LES FONDATIONS MASQUEES

Dans nos observations préliminaires (*supra*, p. 237), nous avons averti que l'ordre individualiste se suffit à lui-même dans une large mesure, en ce sens que certaines des libertés individuelles lui permettent de créer des institutions sociales ou corps spontanés qui sont pour le service et la protection des autres libertés. Ce qu'il y a de remarquable ici, c'est que l'individuel crée du social, malgré qu'il y ait dans le social quelque chose qui dépasse l'individuel. Ce quelque chose, nous l'avons montré (*supra*, p. 22), est *l'idée de l'œuvre à réaliser*, laquelle idée est partiellement objective, en ce qu'elle passe d'un esprit à un autre en conservant son indentité.

Mais, si l'idée à réaliser dépasse chaque volonté individuelle par le phénomène de *l'interpsychologie*, une volonté individuelle peut néanmoins assumer la tâche de fonder l'organisation sociale qui doit la réaliser. La plantation d'une idée féconde dans une organisation sociale appropriée est un geste aussi individuel que la

---

(1) Bibliogr. — Michoud, *La théorie de la personnalité morale*, t. I, 2ᵉ édit., 1924.

plantation d'un arbre dans un terrain préparé; le germe à planter préexiste, le milieu aussi, mais l'opération de plantation ou de fondation est individuelle et postule la liberté de fondation.

Il y a deux modalités de la fondation individuelle, celle *par volonté isolée* d'un seul individu et celle *par volonté commune* de plusieurs individus. De l'exercice de ces deux modalités de la liberté de fondation résultent deux catégories de corps constitués :

1° Les *établissements* (hôpitaux, hospices, etc.), qui sont issus, en principe, d'une fondation par volonté isolée; dans lesquels il ne subsiste point un goupe permanent de membres qui puissent être considérés comme continuant la fondation et où l'œuvre est soutenue principalement par les revenus d'un patrimoine affecté dès le début;

2° Les *universitates* ou *corporations*, qui sont issues d'une fondation par volonté commune impliquée dans la formation d'une société ou d'une association; là il subsiste un groupe permanent de membres continuant la fondation, unis entre eux par cette forme spéciale de consentement qui s'appelle la *communion d'action* et où l'œuvre est soutenue par l'obligation des membres à une contribution périodique (Cfr. Savigny, *Système*, t. II, p. 225; Vauthier, *Etude sur les personnes morales*, p. 262 et s.).

Le champ d'action de la liberté de fondation est plus étendu qu'on ne le croit généralement, parce qu'il y a beaucoup de *fondations masquées* par d'autres opérations auxquelles elles se mêlent. C'est ainsi que toutes les fois que d'un contrat, d'un pacte, d'un traité et surtout de la formation d'une société ou association, résulte la création d'un corps constitué, il convient d'admettre qu'une opération de fondation s'est mêlée à l'opération contractuelle.

La Société ordinaire du Code civil n'est qu'un pur contrat qui ne donne naissance à aucun corps constitué;

Si la *Société de commerce par actions* donne naissance à un corps constitué, c'est qu'il s'est glissé dans le contrat une opération de fondation, car le contrat par lui-même, envisagé comme échange de consentements, ne saurait engendrer que des obligations et aucun être moral.

Telle était l'opinion de Waldeck-Rousseau, lorsqu'il déposa son projet de loi sur *les associations*. Ce devaient être de pures sociétés contractuelles n'ayant aucune réalité corporative; mais ce projet, devenu la loi du 1er juillet 1901, fut transformé en ce qu'il se glissa une opération de fondation dans la déclaration qui fait acquérir la personnalité morale à l'association.

En matière internationale, des Etats sont créés par des traités (Etats fédéraux créés par traités intervenus entre les Etats membres; Etats créés par des traités de paix, par exemple, par le traité de Versailles de 1919). On objecte, en théorie, que des traités peuvent bien créer des obligations, mais non des Etats (Carré de Malberg,

Théorie de l'Etat, t. I, p. 133). On a raison sur ce point, mais, pratiquement, une opération de fondation peut se glisser dans un traité, et cela très juridiquement, parce qu'un Etat peut être fondé par d'autres Etats.

L'importance de la liberté de fondation ne doit donc pas être mesurée à celle des fondations isolées, mais aussi, à celle des fondations par volonté commune qui se présentent masquées sous des formes variées d'association. Autrement dit, la liberté d'association se complique de liberté de fondation toutes les fois que l'association forme corps.

II. — L'OPERATION DE FONDATION ET SES ELEMENTS

La fondation d'un corps comporte trois éléments : 1° l'opération juridique de fondation simple ou complexe; 2° les statuts, les ressources affectées, l'organisation de fait; 3° la reconnaissance de la personnalité juridique.

A. L'opération juridique de fondation simple ou complexe; la « communion d'action » dans les fondations par volonté commune : la procédure de l'opération. — Il y a d'abord une opération juridique à base de consentement ou de manifestation de volonté : déclaration de volonté unilatérale, s'il s'agit d'une fondation par volonté isolée; déclarations de volonté multiples faites « en communion d'action », s'il s'agit d'une fondation par volonté commune.

Ces manifestations de volonté impliquent une *intention de fonder*, comme la donation implique chez le donateur une intention de donner. Cet *animus condendi* s'applique à un objet qui est l'idée de l'entreprise ou de *l'œuvre à réaliser;* il a une cause qui est un espoir de lucre, s'il s'agit de la fondation d'une société de commerce, qui est l'espoir de rendre un service, s'il s'agit d'une fondation désintéressée comme celle d'une institution charitable, etc. Cet objet et cette cause peuvent être licites ou illicites, ce qui donne prise aux règles du droit.

Quand il s'agit d'une fondation par volonté commune, nous disons qu'il y a *déclarations de volonté multiples faites en communion d'action;* les Allemands disent qu'il y a *vereinbarung*, ce qui est même chose; il ne s'agit pas ici de consentements échangés comme dans les conventions, mais de consentements à une action commune qui forment un faisceau. Le point délicat est de savoir pour quelle raison ils forment un faisceau et ce point n'a encore été élucidé de façon satisfaisante, ni par les auteurs allemands, ni par les auteurs français, qui ont adopté cette nouvelle catégorie d'opération consensuelle (Cfr Duguit, *Traité constitutionnel*, t. I, p. 303 et s.).

A notre avis, le faisceau des consentements se forme et se maintient *dans l'action*, c'est-à-dire dans l'obligation assumée par les adhérents de soutenir l'œuvre ou l'entreprise. Dans les *Sociétés par actions*, cette vérité éclate puisque les actionnaires sont des adhérents qui se sont obligés à soutenir l'entreprise en lui constituant son capital et qui seront intéressés à la soutenir jusqu'au bout.

Il est à noter que l'opération juridique de fondation des corps constitués est en même temps la base juridique de leur existence, car celle-ci n'est qu'une *fondation continuée*. Ainsi, la base juridique de l'Etat n'est pas un contrat, c'est une « communion d'action » au sens qui vient d'être précisé, c'est-à-dire au sens de consentement commun (et, d'ailleurs, coutumier) aux actions nécessaires à la continuation de l'entreprise commune.

B. *Les statuts, les ressources affectées, l'organisation de fait.* — Une société de commerce par actions n'est fondée que lorsque les statuts ont été approuvés, que le quart du capital souscrit a été versé et, qu'en fait, la société a fonctionné par de multiples assemblées d'actionnaires. Toutes les associations possèdent des statuts, qui prévoient des cotisations et une organisation, et l'association n'existe que si cette organisation a fonctionné; pour obtenir du gouvernement la reconnaissance d'utilité publique d'un établissement fondé par volonté isolée, il faut démontrer que l'établissement a ses statuts, que des ressources suffisantes lui sont affectées, qu'il a une organisation et que celle-ci a fonctionné. Un Etat, même si sa fondation a été décidée par un traité international, n'est fondé définitivement qu'après le vote de sa constitution, la création de ses ressources par l'impôt et l'organisation de son gouvernement. (Ceci prouve que le vote de l'impôt, liberté si fondamentale dans l'Etat moderne, est la première manifestation historique du pouvoir constituant des sujets.)

C. *La reconnaissance de la personnalité juridique du corps constitué.* — Tout corps constitué ou *corpus* a droit à la personnalité juridique. Cette vérité, admise depuis les glossateurs, n'est cependant acceptée qu'à regret par l'Etat moderne qui redoute la constitution des patrimoines de mainmorte. D'une part, il y a encore des cas où la personnalité n'est pas accordée *de plano* : d'autre part, il existe un dosage de la personnalité, selon les catégories de corps, elle comporte plus ou moins de capacités : il y a la petite personnalité, la plus grande et la très grande.

Les sociétés de commerce par action ont de plein droit la *très grande personnalité juridique*; non seulement, elles peuvent recevoir des libéralités sans autorisation, mais leurs acquisitions mobilières ou immobilières ne sont aucunement limitées en quantité, ni ne sont soumises à aucune autorisation. Il en est de même des syndicats professionnels, depuis la loi du 12 mars 1920.

Les associations de la loi de 1901 n'ont pas la personnalité de plein droit, mais, par une simple déclaration, elles peuvent acquérir la *petite personnalité juridique*, qui ne comporte que la capacité d'acquérir des biens immobiliers limités et ne comporte pas la capacité de recevoir des libéralités.

La *reconnaissance d'utilité publique* gouvernementale concède à tous établissements et associations reconnus cette plus grande personnalité qui comporte la capacité de recevoir des libéralités, sauf autorisation gouvernementale.

Les établissements fondés par volonté isolée ne peuvent pas encore acquérir par eux-mêmes la personnalité, car la liberté de fondation isolée n'existe pas encore; ils doivent obtenir la reconnaissance d'utilité publique.

SECTION II

LA LIBERTE DE FONDATION PAR VOLONTE ISOLEE ET LES ETABLISSEMENTS

I. — LA LIBERTE INDIVIDUELLE DE FONDATION PAR VOLONTE ISOLEE

Elle n'existe pas actuellement en France d'une façon directe, tandis qu'elle existe chez les Anglo-Saxons, en Allemagne, en Hollande. Chez nous, un fondateur qui veut créer un établissement, même charitable, est obligé d'employer des procédés indirects. Il y a plusieurs de ces procédés dont aucun n'est satisfaisant :

a) La libéralité adressée à une institution déjà existante pour qu'elle se charge d'un nouveau service : exemple : les fondations de prix à l'Institut; ce procédé a l'inconvénient de soulever de nombreuses difficultés tirées du principe de la spécialité des établissements;

b) Le procédé qui consiste à créer l'œuvre en fait, par soi-même ou par un légataire universel, et à la faire déclarer d'utilité publique par le gouvernement; mais, depuis la loi du 1er juillet 1901, la reconnaissance d'utilité publique est accordée d'une façon de plus en plus parcimonieuse par le Conseil d'Etat;

c) Enfin, des procédés variés de droit civil permettant d'assurer la perpétuité du patrimoine affecté sans chercher la création d'un corps constitué, par exemple, par une substitution de légataires universels ou par des legs alternatifs, mais ces subterfuges sont compliqués, difficiles à organiser, pleins d'incertitude (Cfr. mon *Précis constitutionnel*, 2e éd., p. 697).

Tous ces procédés indirects sont pleins d'inconvénients et insuffisants.

Trois projets de loi ont été élaborés pour organiser la liberté de la fondation directe par volonté isolée : 1° Un projet discuté par la *Société d'études législatives* (Bull. de cette société, 1909, p. 433); 2° un *projet du gouvernement* soumis en 1919 au *Conseil supérieur de l'Assistance publique*, aussi libéral que celui de la Société d'études législatives, mais retiré quelques mois plus tard et remplacé par un autre beaucoup plus restrictif; 3° un projet discuté par l'*Académie de législation de Toulouse* (Bulletin de cette académie, 1920), le plus libéral des trois.

L'économie de ces projets est sensiblement la même dans les grandes lignes : la fondation pourrait être créée par toute personne, soit par acte entre vifs, soit par disposition testamentaire, mais, dans un certain délai, l'autorité administrative aurait à formuler, soit une autorisation, soit une opposition sur laquelle il serait statué par décret en Conseil d'Etat. La capacité de la fondation, comme personne morale, ne dépasserait pas celle des associations déclarées (c'est-à-dire qu'elle n'aurait pas la capacité de recevoir des libéralités et que celle de posséder des immeubles serait restreinte). Ensuite, les projets prévoient un contrôle des fondations qui, dans chaque département, serait confié à une commission mi-partie judiciaire, mi-partie administrative.

Ce contrôle est acceptable, à la condition qu'il y ait, dans chaque fondation, un organe autonome qu'il s'agira justement de contrôler.

Mais cet organe autonome d'administration, on ne le voit pas; visiblement, tout le monde songe à un simple organe bureaucratique, rétribué sur les revenus de la fondation. Cela est tout à fait insuffisant. L'organe bureaucratique il le faut, bien entendu, mais, à côté de lui, jouant le rôle de *conseil d'administration* ou de *conseil de perfectionnement, il faut un autre organe, à la fois plus désintéressé et plus ouvert, pris dans le groupe des amis de la fondation.* Comment constituer cet organe ? Non pas à l'élection, certes, puisque le groupe des amis n'est pas un collège défini, mais par le système de la cooptation qui est tout à fait adapté au type de la fondation. (Cfr. mon *Précis constitutionnel,* 2ᵉ éd., p. 700).

II. — LES FONDATIONS OU ETABLISSEMENTS
D'UTILITE PUBLIQUE

L'établisssement d'utilité publique et la reconnaissance d'utilité publique. — Comme la liberté de fondation individuelle par volonté isolée n'existe pas encore chez nous, et qu'une loi spéciale n'a pas encore réglé la condition des établissements ainsi créés, il s'ensuit qu'ils n'ont d'existence, à titre de corps constitué et de personnalité juridique, que lorsqu'ils ont été l'objet d'une reconnaissance d'utilité publique par l'autorité gouvernementale et qu'ils ont ainsi reçu la qualité d'établissements d'utilité publique; alors ils jouissent de la grande personnalité et ont la capacité de recevoir des libéralités.

A la vérité, la catégorie des établissements d'utilité publique contient des corps constitués à base d'association aussi bien que des établissements fondés par volonté isolée, mais il y a cette différence qu'aux premiers la reconnaissance d'utilité n'apporte qu'un développement de la personnalité, tandis qu'aux seconds, elle apporte actuellement, non seulement la personnalité juridique, mais l'existence de corps constitué.

Les établissements d'utilité publique se distinguent des établissements publics en ce que, malgré leur utilité publique déclarée, en fait, ils ne sont pas rattachés à l'Administration publique, tandis que les établissements publics sont des organes de l'Administration publique (Cass., 28 oct. 1885, S., 86. 1. 436).

En principe, la reconnaissance d'utilité publique d'un établissement résulte d'un décret, qui était autrefois rendu en assemblée générale du Conseil d'Etat (R. 2 août 1879, art. 7, § 4), qui maintenant peut être rendu simplement en section, à moins qu'il ne s'agisse d'un établissement ecclésiastique (R. 2 août 1879, modifié par R. 3 avr. 1886); mais les congrégations religieuses ne pourraient être reconnues que par une loi (L. 1er juill. 1901, art. 13), de même les établissements d'enseignement supérieur libre (L. 18 mars 1880, art. 7).

Condition générale des établissements d'utilité publique. — Cette condition est assez particulière : dans son fond, l'établissement d'utilité publique est une institution privée dont l'activité est désintéressée, en principe donc cette institution doit être libre; mais, d'autre part, puisque l'établissement a été l'objet d'une reconnaissance d'utilité publique, c'est que l'Administration, tout en ne le rattachant pas à ses services, désire se l'attacher; il y a donc à prévoir une sorte de juxtaposition de l'établissement d'utilité publique à l'Administration d'où il résultera pour lui à la fois des restrictions de capacité et des privilèges :

1° En ce qui concerne la capacité, la situation est celle-ci : les établissements d'utilité publique peuvent faire tous les actes de la vie civile qui ne leur sont pas interdits par leurs statuts, mais ils ne peuvent posséder ou acquérir d'autres immeubles que ceux nécessaires au but qu'ils se proposent, toutes leurs valeurs mobilières doivent être placées en titres nominatifs, ils peuvent recevoir des dons et legs dans les conditions prévues par l'art. 910 du Code civil et l'article 5 de la loi du 4 févr. 1901, c'est-à-dire avec autorisation administrative. Les immeubles compris dans un acte de donation ou dans une disposition testamentaire, qui ne seraient pas nécessaires au fonctionnement de l'établissement, sont aliénés dans les délais et la forme prescrits par le décret ou l'arrêté qui autorise l'acceptation de la libéralité; le prix en est versé à la caisse de l'établissement. — Ils ne peuvent accepter une donation mobilière ou immobilière avec réserve d'usufruit au profit du donateur (Cf. L. 1er juill. 1901, art. 11);

2° L'établissement peut être supprimé, c'est-à-dire que l'Etat qui avait reconnu la personnalité par la reconnaissance d'utilité publique, peut retirer cette reconnaissance par un acte de même nature. Il s'agit de régler la dévolution des biens. Le principe posé par la loi du 1er juillet 1901, art. 9, complétée par le règlement du 16 août 1901, art. 14, est que les statuts règlent cette dévolution, ou, à défaut de statuts, une assemblée générale des associés. — Solution libérale en contradiction avec l'ancien principe de l'attribution à l'Etat des biens vacants et sans maître (art. 439 et 713 C. civ).

SECTION III

LA LIBERTE DE FONDATION PAR VOLONTE COMMUNE IMPLIQUEE DANS LES DIVERSES FORMES DE LA LIBERTE D'ASSOCIATION.

§ 1. — La liberté syndicale : le syndicalisme; les syndicats professionnels.

I. — LA LIBERTE SYNDICALE ET LE SYNDICALISME

La liberté syndicale est la contre-partie de la liberté du travail; toutes les deux résultent logiquement de la suppression des anciens corps de métiers réalisée par la Révolution (L. 14-17 juin 1791, loi *Le Chapelier*). Sans doute, la liberté syndicale n'a pas été reconnue tout de suite; la liberté du travail a seule été proclamée d'abord, on entendait même rendre impossible la reconstitution des corps professionnels. Mais il fut bien vite évident que la liberté du travail absolue était impraticable; d'une part, elle dressait les ouvriers contre les patrons, d'autre part, la concurrence sans limites dressait patrons contre patrons, ouvriers contre ouvriers et avilissait les situations. Il n'y avait de possible qu'une réorganisation d'institutions sociales limitant la concurrence et groupant les intéressés; mais les temps n'étaient pas favorables à la réorganisation immédiate de corps de métiers unissant dans une même organisation les patrons et les ouvriers de la même profession.

Tout ce qui put être fait, c'est l'établissement de la liberté syndicale réclamée pendant longtemps, précédée de nombreuses organisations de fait, établie enfin par la loi du 21 mars 1884. Elle aboutit à l'organisation de syndicats non obligatoires (car la liberté de ne pas se syndiquer subsiste) et d'ailleurs à des syndicats antagonistes, composés les uns d'ouvriers, les autres de patrons de la même profession. Ce fut pendant trente ans la lutte des classes, rendue meurtrière par le droit de grève (reconnu implicitement par la loi du 25 mai 1864) et par le droit de coalition reconnu aussi du fait de la suppression de l'article 416 C. pén., par la loi du 21 mars 1884.

Le syndicalisme des ouvriers, employés, salariés, fonctionnaires devint révolutionnaire en ce sens qu'il afficha la prétention : 1° de supprimer l'Etat puissance publique, national et territorial, sa centralisation et sa hiérarchie, en même temps que son capitalisme et son patronat; 2° de reconstruire la société sur la seule base des professions organisées en syndicats de travailleurs, le syndicat exploitant la profession ou la fonction au profit de ses membres et une solidarité étant établie entre syndicats par le moyen des fédérations, confédérations, congrès (V. *supra*, p. 210).

Cette crise révolutionnaire s'est atténuée depuis la guerre de 1914, et elle ne saurait durer indéfiniment. On peut commencer d'espérer que l'Etat réussira à intégrer dans l'organisme national un syndicalisme rendu organique; nous appelons ainsi un syndicalisme qui, rompant avec la lutte de classes et l'internationalisme, l'anarchie et la révolution, admettra la nécessité d'une entente permanente entre syndicats ouvriers et patronaux, pour la défense de la profession, la nécessité d'une certaine hiérarchie dans la profession, enfin, la nécessité du cadre national pour la vie des peuples et, dans ce cadre, celle de la puissance publique de l'Etat pour la sauvegarde de la liberté de tous. Nous ne croyons pas qu'il faille viser la création de syndicats mixtes réalisant plus ou moins directement l'ancienne corporation. Puisque la liberté syndicale nous a donné des syndicats séparés de patrons et d'ouvriers, utilisons cette forme existante, mais efforçons-nous de substituer des relations pacifiques, des ententes et, si possible, de la collaboration, aux grèves et aux lock-out. Des terrains d'entente doivent être trouvés : le contrat collectif de travail en est un. Une période contractuelle de négociations, de transactions et de compromis est ainsi ouverte. Après s'être bien battus, après avoir constaté la limite de ses forces, après avoir couché chacun sur ses positions, on s'entendra sur le terrain commun de la profession parce que ce sera l'intérêt de tous.

Par la force des choses, de ces ententes contractuelles dériveront des organisations, qui rappelleront plus ou moins les anciens corps de métiers; quand le type de la corporation moderne se sera ainsi dégagé, que ce soit dans le cadre du syndicat ou dans celui de la fédération, il s'imposera, par la pratique d'abord, et ensuite par la loi. (Cfr. La Tour du Pin La Charce, *Vers un ordre social chrétien;* Cahiers des Etats Généraux, 11, rue Boissy-d'Anglas, Paris; Sur l'évolution des corporations fascistes, V. Gorgolini, *La Révolution Fasciste*, 1924).

II. — LES SYNDICATS PROFESSIONNELS
(L. 21 mars 1884; L. 12 mars 1920) [1].

Les syndicats professionnels sont des associations ayant pour but la défense des intérêts professionnels d'hommes que le travail rapproche les uns des autres, soit qu'ils aient la même profession, soit qu'ils aient des professions similaires ou connexes.

Ainsi, ce qui pousse les hommes au groupement, ici, ce n'est pas le voisinage sur un même territoire, c'est le fait que la division du travail les a placés dans le même compartiment professionnel.

Le besoin de groupements de ce genre est aussi ancien que la division du travail elle-même; la Révolution de 1789 (L. 17 juin 1791 *Le Chapelier*) avait bien pu les faire disparaître momentanément, au nom du faux dogme de l'individu isolé en présence de l'Etat, ils devaient se reformer dès que des modifications dans la situation économique en feraient de nouveau sentir la nécessité. La constitution de la grande industrie s'en chargea bientôt.

Dès 1808, les maîtres-charpentiers de Paris formaient une chambre syndicale qui, peu à peu, groupait toutes les industries du bâtiment; en 1859, se constituait l'*Union nationale du commerce et de l'industrie* qui servait de lien à une cinquantaine de chambres syndicales des industries autres que celles du bâtiment; l'idée de l'association syndicale ouvrière vint, semble-t-il, par imitation des *trade-unions* anglaises beaucoup plus anciennes; des chambres syndicales ouvrières et même des chambres syndicales mixtes de patrons et d'ouvriers se formèrent à partir de 1862. Elles vivaient sous le régime du bon plaisir administratif, tantôt tolérées, tantôt dissoutes; il fallait sortir de ce régime bâtard. C'est ce que fit la loi du 21 mars 1884.

A. Il y a syndicat professionnel aux deux conditions suivantes. — a) *Lorsque les syndiqués exercent la même profession ou des professions similaires*, comme celles de restaurateurs, hôteliers, limonadiers, ou des professions connexes concourant à la création de produits déterminés comme les industries du bâtiment;

b) *Lorsque le syndicat a pour objet l'étude et la défense des intérêts professionnels*, c'est-à-dire des intérêts économiques ou techniques du groupe, qui peuvent prendre le caractère d'intérêts industriels, commerciaux, agricoles, etc. (art. 2 et 3).

Les principales difficultés qui se sont élevées sont les suivantes:

____

(1) Bibliogr. — Bry et Perreau, *Législation industrielle;* Pic, *Législation industrielle.*

1° Quelles sont les professions qui justifient le syndicat professionnel. La Cour de cassation avait commencé par vouloir enfermer les syndicats dans les professions relatives à l'industrie, au commerce et à l'agriculture, ce qui excluait les professions libérales (Cass., 17 juin 1885). Cette jurisprudence est désormais condamnée par la loi du 12 mars 1920. Les professions libérales sont admises au bénéfice de la loi.

La grosse difficulté est celle du *syndicat de fonctionnaires*. La loi du 12 mars 1920 avait réservé la question à une loi spéciale qui fixerait le statut des fonctionnaires (art. 4). Ce projet de loi a été déposé par le gouvernement le 2 juin suivant : il dénie le droit syndical aux fonctionnaires, tout en le reconnaissant aux ouvriers de l'Etat. La jurisprudence actuelle condamne les syndicats de fonctionnaires. (C. Et., 13 janv. 1922, *Boisson;* 24 déc. 1926, *Fédération des services publics de France;* Cfr. Rolland, *Etat actuel de la question des groupements de fonctionnaires, Rev. droit public,* 1922, p. 270.)

Les fonctionnaires ne peuvent former que des *associations amicales* de la loi de 1901, et ces associations n'ont pas qualité pour prendre en justice la défense de la profession (Cass. Ch. réunies 15 juin 1923, *cardinal Luçon*), elles n'ont qualité que pour défendre la carrière;

2° Quels sont les membres participant à la profession ou étrangers à la profession. Un syndicat ne doit comprendre que des membres participant à la profession; mais les membres ayant participé autrefois à la profession, et ayant cessé d'y participer, peuvent cependant demeurer dans le syndicat. La loi du 12 mars 1920 l'admet, à la condition qu'on ait appartenu à la profession pendant un an.

B. *La très grande personnalité est reconnue aux syndicats.* — « Ils ont le droit d'ester en justice et d'acquérir, sans autorisation et sans limitation, à titre gratuit ou à titre onéreux, des biens meubles ou immeubles (ce qui dépasse la capacité de l'établissement d'utilité publique).

» Ils ont, devant toutes les juridictions, l'*action syndicale*, sorte d'action de partie civile relativement aux faits qui portent préjudice à l'intérêt collectif de la profession.

» Ils peuvent créer entre leurs membres des sociétés de secours mutuels et d'autres œuvres, subventionner des coopératives, faire des achats pour leurs membres, pourvu qu'ils ne réalisent pas de bénéfices; déposer des marques syndicales, fournir des avis contentieux, etc. » (Art. 5.)

» Ils peuvent se concerter librement et constituer des unions syndicales pour la défense des intérêts professionnels...; les unions jouissent de la même personnalité et des mêmes droits que les syndicats. » (Art. 6.)

C. *Le principe de la liberté du travail reste posé*, et il doit le rester tant que la profession n'est pas complètement organisée; le syndicat de lutte de classes ne peut pas être obligatoire : tout membre d'un syndicat peut se retirer à tout instant nonobstant toute clause contraire et sans cesser de faire partie de la société de secours mutuels du syndicat (art. 7). Cependant, s'il y a contrat collectif de travail (ce qui est un commencement d'organisation), la Cour de cassation admet que le patron peut valablement s'interdire l'emploi d'ouvriers non syndiqués, du moins si le contrat de travail a été conclu pour rétablir la paix sociale et si l'engagement est temporaire. (Cass., 24 oct. 1916, *Raquet*, S., 20. 1. 17.)

D. *Les immeubles et objets mobiliers nécessaires aux réunions des syndicats,* à leurs bibliothèques et à leurs cours d'instruction professionnelle seront insaisissables : il en sera de même des fonds de leurs caisses de secours mutuels et de retraites, dans les limites déterminées par l'article 12 de la loi du 1er avril 1898 sur les sociétés de secours mutuels (art. 5).

Cette insaisissabilité diminue, dans une large mesure, la portée pratique de la responsabilité des syndicats professionnels, mais elle en laisse subsister le principe.

E. *Les unions de syndicats ou fédérations sont possibles.* — Elles se forment d'ordinaire dans le sens horizontal entre syndicats de la même profession répartis sur le territoire de toute la France, mais elles peuvent aussi se former dans le sens vertical, c'est-à-dire en unissant des professions qui contribuent successivement à l'achèvement d'un même produit (par exemple fabricants de papier, imprimeurs, libraires, pour la Fédération du livre).

Il ne faut pas les confondre avec les *bourses du travail* qui groupent des syndicats appartenant à des professions diverses, mais établis dans les mêmes lieux, et qui sont essentiellement des locaux où les syndicats ouvriers peuvent se réunir et où se tient un marché du travail; comme certains services sont indispensables au fonctionnement des bourses du travail, celles-ci peuvent elles-mêmes recevoir la personnalité, mais alors à titre d'établissements publics (V. pour la Bourse du travail de Paris, Décr. 17 juill. 1900 et C. E., 23 déc. 1904, *Syndicat des femmes typographes*).

Quant à la *Confédération générale du travail*, qui est à la fois une union des fédérations et des bourses du travail, son existence est, en principe, conforme à la loi quand elle se renferme dans le rôle de tous les syndicats, qui est la défense des intérêts professionnels.

§ 2. — La liberté d'association; les associations de la loi de 1901 et les congrégations [1].

Sommaire. — **I.** Caractères généraux de la loi et de la liberté d'association. — **II.** Le contrat d'association et le droit d'association. — **III.** Les diverses espèces d'associations : non déclarées, déclarées, reconnues d'utilité publique, unions d'associations. — **IV.** La dévolution des biens des associations. — **V.** Les congrégations religieuses.

La matière de l'association est actuellement réglée par la loi du 1er juillet 1901 survenue après beaucoup de projets et de discussions; elle a fondé la liberté d'association qui n'existait auparavant que pour les associations de moins de vingt personnes (ancien art. 291 C. pén.) (V. rapp. Trouillot *J. off.*, doc. parl. juill. 1900, p. 1217).

I. — CARACTERES GENERAUX DE LA LOI ET DE LA LIBERTE D'ASSOCIATION
(L. 1er JUILL. 1901; R. 16 AOUT 1901.)

La loi du 1er juillet 1901 est générale par son objet, elle abroge nommément dans son article 21 quantité de textes antérieurs, particulièrement le célèbre article 291 du Code pénal qui avait constitué le droit commun des associations pendant un siècle (liberté au-dessous de 20 personnes, obligation de l'autorisation administrative au-dessus); elle abroge aussi confusément toutes les dispositions qui pourraient être contraires à son objet général. Mais elle n'abroge pas les lois relatives à des associations spéciales, lois sur les syndicats professionnels, sur les sociétés de secours mutuels, etc. — Les deux premiers titres de la loi sont consacrés aux associations, le troisième aux congrégations religieuses. L'esprit général de la loi sera caractérisé par les observations suivantes :

1° Toute son économie repose sur une distinction fondamentale entre l'association et la congrégation. Dans les pays catholiques et spécialement en France, la question des congrégations religieuses avait toujours été la pierre d'achoppement pour l'établissement de la liberté d'association. La tradition de notre droit public est de prendre des précautions contre le développement des congrégations et, si l'on avait organisé un régime commun aux associations et

---

(1) BIBLIOGR. — Waldeck-Rousseau, *Associations et congrégations*, Paris, 1901; Trouillot et Chapsal, *Du contrat d'association*, commentaire de la loi; Sirey, *Lois annotées*, 1902, p. 241 et s.; Eyquem, *Essai sur la capacité des associations*, 1903; Béjanin, *De la capacité des associations*, 1904; Grümbach, *Les associations*, 1904; Margat, *Revue trimestrielle de droit civil*, 1905; L. Crouzil, *La liberté d'association*, commentaire de la loi de 1901, 1906; de Vareilles-Sommières, *Le contrat d'association*; Clunet, *Les associations*, 1908; G. Pichat, *Le contrat d'association*, 1908; Pierre Lescot, *Période constitutive des personnes morales*, 1913; Marc Réglade, *Nature juridique de l'acte d'association*, 1920.

congrégations, les premières auraient souffert des restrictions imposées aux secondes. Il a donc paru qu'il valait mieux disjoindre les
causes. Il en est résulté la liberté presque complète des associations
et un régime très sévère pour les congrégations;

2° La loi contient l'affirmation incontestable de la liberté et par là
même du droit d'association (art. 2) le caractère individuel et civil
de ce droit est même consacré par ce fait que la dissolution des
associations contractées ou administrées d'une manière illégale est
de la compétence de l'autorité judiciaire et non pas de celle de
l'autorité administrative (V. art. 7), et cela est vrai aussi des
congrégations religieuses dans une certaine mesure, en ce sens qu'elles ne peuvent être déclarées illicites que par l'autorité judiciaire
(art. 16);

3° L'association est consacrée par la loi dans sa réalité complexe
de phénomène à la fois individuel et social. L'association est un
phénomène d'ordre individuel en ce qu'elle se réalise sous la
forme d'une convention à laquelle participent des individus en vertu
d'un droit individuel et en apportant des ressources individuelles.
Mais l'association est aussi un phénomène d'ordre social en ce que
dans le contrat se glisse une opération de fondation par volonté
commune, qui donne naissance à une institution corporative dont
l'existence de fait appelle la personnalité juridique. — La loi du
1ᵉʳ juillet 1901 prend bien pour point de départ *le contrat d'association* (rubrique, art. 1ᵉʳ, etc.), mais elle ne tarde pas à reconnaître
l'existence de l'institution qui résulte du contrat, en admettant l'acquisition de la personnalité par simple déclaration (art. 5) et en
consacrant la séparation du patrimoine social (art. 4 et 9). Cette
consécration de la réalité d'un phénomène corporatif dans l'association est d'autant plus remarquable qu'elle n'était pas du tout
dans les intentions du gouvernement lorsqu'il déposa le projet de
loi et qu'il était, au contraire, dans la pensée de celui-ci de maintenir l'association dans un cadre entièrement individualiste et contractuel (V. sur ce point la conception de Waldeck-Rousseau, ana-
lysée dans *Mon Précis constitutionnel*, 2ᵉ édit., p. 670).

4° L'association est régie, quant à sa validité, par les principes
généraux du droit applicables aux contrats et obligations (art. 1ᵉʳ).
La loi marque ainsi l'intention de faire de l'association une matière
de droit civil, mais on doit remarquer qu'elle ne la rapproche pas
d'une manière spéciale de la société civile réglée au Code civil,
art. 1382 et s.

II. — LE CONTRAT D'ASSOCIATION ET LE DROIT D'ASSOCIATION
(ART. 1ᵉʳ, 4 et 9.)

A raison de la conception primitive de la loi dont des traces ont
subsisté, le droit d'association doit être étudié par rapport au con-

trat d'association, car il est le droit de participer à ce contrat. L'article 1er définit l'association : « la convention par laquelle deux ou plusieurs personnes mettent en commun, d'une façon permanente, leurs connaissances ou leur activité dans un but autre que de partager des bénéfices ».

Cette définition a le double défaut d'être exclusivement contractuelle et de reposer sur un critérium négatif, mais les critiques dont elle pourrait être l'objet nous entraîneraient trop loin (V. *supra*, p. 267). Nous y relèverons les éléments suivants : le consentement des contractants, l'objet des apports, le but de l'association, sa durée.

Il y a un consentement des associés qui les oblige. Les coassociés pourraient demander des dommages-intérêts à un associé qui n'apporterait pas le concours effectif qu'il a promis.

En fait, l'adhésion aux statuts, dans la forme réglée par ceux-ci, constitue l'acte de consentement, en ce qui concerne chaque associé. Deux associés au minimum peuvent constituer une association, aucun maximum n'est indiqué par la loi et, par conséquent, les ligues les plus nombreuses sont licites. Les étrangers peuvent contracter des associations en France ou devenir membres d'associations françaises, sous les seules précautions de l'article 12.

Pour la capacité des mineurs et des femmes mariées, il faut appliquer les principes du droit civil, les fonctionnaires peuvent s'associer aussi, mais non pas constituer de syndicat professionnel (C. E., 16 juin 1911, *Empis*, S., 13. 3. 33; 13 janv. 1922, *Boisson*, S., 22. 3. 1);

2° L'objet de la convention est de mettre en commun *des connaissances* ou de *l'activité*, c'est-à-dire des prestations purement personnelles. Cet objet indiqué par l'article 1er n'exclut pas l'obligation de verser des cotisations, car les cotisations sont prévues par d'autres articles, notamment par l'article 4 et l'article 6, n° 1. S'il se trouve seul en vedette dans l'article 1er, c'est en partie comme un vestige du projet primitif du gouvernement, en partie aussi parce qu'en effet les prestations personnelles sont essentielles et les prestations pécuniaires secondaires, l'association étant avant tout un groupement de personnes;

3° Au sujet du but de l'association, la loi donne deux indications:

a) Il doit être *autre que de partager des bénéfices;* cela est pour distinguer l'association de la société civile ou commerciale qui, au contraire, a pour but le partage de bénéfices. Il est à remarquer que cela n'exclut de la catégorie des associations absolument que les sociétés civiles ou commerciales et que cela y maintient certaines associations qui, sans être complètement désintéressées, parce qu'il s'agit de défendre des intérêts pécuniaires, n'ont cependant point pour but le partage de bénéfices, par exemple, les sociétés de prévoyance, les coopératives mutuelles.

Les Allemands appellent *associations économiques* cette catégorie d'associations, leur nouveau Code civil les rapproche des sociétés civiles et commerciales et leur refuse, comme à celles-ci d'ailleurs, la personnalité de plein droit (art. 22);

b) Le but ne doit être *ni illicite ni contraire aux lois ou aux bonnes mœurs, ni de nature à porter atteinte à l'intégrité du territoire national ou à la forme républicaine du gouvernement* (art. 3).

Les expressions *illicite* et *contraire aux lois* visent les mêmes cas, elles sont l'explication l'une de l'autre. Elles visent d'abord les associations qui poursuivraient des buts condamnés par la loi elle-même, par exemple le jeu. Ensuite, des associations dont le but serait d'organiser la résistance à des lois existantes, par exemple une ligue des contribuables, si elle avait pour but d'organiser la résistance à la perception de l'impôt légalement établi. Mais il est bien entendu que des associations ou ligues peuvent se proposer pour but la réforme des lois et des institutions existantes, telle la ligue des contribuables fondée pour poursuivre la réalisation de réformes financières; telles mêmes des ligues ayant pour but la réforme de la législation sur la propriété.

C'est la distinction du domaine des idées et du domaine des actes et des faits, textuellement proposée par M. Waldeck-Rousseau dans la séance du 4 février 1901 à propos de l'amendement Perreau, *op. cit.*, p. 159 et s.

Les expressions *contraires aux bonnes mœurs* doivent être prises dans le même sens que dans les conventions du droit civil.

L'atteinte à l'intégrité du territoire national et à la forme républicaine du gouvernement vise les *menées séparatistes* et les *menées ou tentatives dynastiques.*

On a évité l'expression *atteinte à la Constitution* afin de ne pas rendre impossibles les associations fondées en vue de réaliser des réformes constitutionnelles, de même on a fait disparaître l'expression *contraire à l'ordre public*, malgré l'assurance de Waldeck-Rousseau qu'il s'agissait de l'ordre public au sens des lois civiles et non pas au sens de la police (Cf. Trouillot et Chapsal, p. 482).

Il ne faut pas envisager le but illicite seulement dans les statuts de l'association, mais dans la réalité de sa conduite, une association d'abord licite peut donc devenir illicite.

La sanction des buts illicites est la nullité de l'association, la dissolution prononcée par le tribunal civil et des peines correctionnelles pour les fondateurs, directeurs ou administrateurs, ainsi que pour les personnes qui auraient favorisé la réunion en consentant l'usage d'un local dont elles disposent, dans le cas où l'association dissoute serait maintenue ou reconstituée illégalement (art. 3, 7, §§ 1 et 8, §§ 2 et 3).

c) Les seuls buts interdits sont ceux de l'article 3; donc, en principe, il y a liberté des buts de l'association. Spécialement, les associations et ligues à buts politiques sont entièrement libres, même les clubs, l'article 21 de la loi a formellement abrogé l'article 7 de la loi du 30 juin 1881 qui prononçait l'interdiction de ceux-ci. Sont libres encore les associations à buts religieux, pourvu qu'elles ne constituent pas des congrégations. (*J. off.*, Sénat, p. 788, 1901; Trouillot et Chapsal, *op. cit.*, p. 494). Elles peuvent donc se former librement et même sans déclaration. Seulement, toutes les associations à buts religieux ont été, par une jurisprudence très contestable, soumises à la taxe d'accroissement et à l'impôt sur le revenu comme les congrégations (Cass., 4 févr. 1903, *Société civile de la rue de Crimée*, S., 1903. 1. 537; 1er déc. 1903, *Société civile de Marle*).

d) Non seulement il y a liberté du but indiqué dans les statuts, mais il y a liberté pour l'association de modifier ses buts en cours d'existence, sous la seule condition de faire une déclaration si l'association appartient déjà à la catégorie des associations déclarées; il n'y a même pas à faire une déclaration du changement si l'association n'appartient pas à cette catégorie. En effet, par une dernière hardiesse, la loi admet que les buts des associations puissent demeurer secrets; d'une part, elle a abrogé l'article 13 du décret du 28 juillet 1848 interdisant les sociétés secrètes; d'autre part, elle admet une catégorie d'associations non déclarées. La recherche des associations à buts illicites ne pourra en fait s'opérer que par des investigations de police judiciaire, et le ministère public devra fournir devant le tribunal la preuve du caractère illicite.

On ne saurait imaginer sur ce point législation plus libérale;

4° Au sujet de la *durée* de l'association, il convient de faire plusieurs observations :

a) L'article 1er qualifie l'association de « permanente »; cela la différencie d'abord de la réunion momentanée, sépare par conséquent la matière de l'association de celle de la réunion publique ou privée; mais cela révèle, en outre, le caractère corporatif de l'association qui est de dépasser en durée la vie de ses membres, de persister alors que les premiers adhérents disparaissent, pourvu qu'elle en recrute d'autres, et de n'être point de ces sociétés de personnes faites *intuitu personæ* dont l'existence est liée à celle d'associés déterminés;

b) En fait, il convient de distinguer deux espèces d'associations, celles faites pour un temps déterminé, et celles faites pour un temps indéterminé, l'article 4 règle la situation de l'associé dans les deux cas, par rapport au droit qu'il a de se retirer de l'association. Dans les associations à durée indéterminée, tout membre peut se retirer en *tout temps et nonobstant toute clause contraire*, sa démission n'entraîne point la dissolution de l'association, elle ne lui donne aucun droit au partage de l'actif (art. 9); elle ne lui donne non plus aucun droit à la répétition des cotisations par lui versées qui demeurent acquises à l'association.

Ces dispositions doivent être considérées comme *fondant la séparation des patrimoines* entre l'association et les associés.

III. — DES DIVERSES ESPECES D'ASSOCIATIONS

La loi du 1er juillet 1901 reconnaît trois sortes d'associations : les non déclarées, les déclarées et celles qui sont reconnues d'utilité publique. Il y faut ajouter les unions d'associations.

A. *Associations non déclarées*. — Il n'était pas dans le projet de la commission d'admettre une catégorie d'associations non déclarées. On voulait étendre à toutes les associations le régime de la loi du 21 mars 1884 sur les syndicats (déclaration et personnalité restreinte). Mais à la Chambre des députés, sur l'intervention de MM. Ribot et Groussier, cette catégorie fut introduite; on fit valoir les arguments suivants : 1° on allait imposer, avec la déclaration, la personnalité juridique à une foule d'associations qui préféreraient s'en passer et qui devaient demeurer libres de s'en passer; 2° la déclaration est une formalité compliquée qui entraverait beaucoup de petites associations; 3° enfin, cette catégorie d'associations non déclarées existait en Italie, en Angleterre (et on aurait pu ajouter aussi en Allemagne d'après le nouveau Code civil) (*J. off.*, Ch. dép., séances des 25 et 26 févr. 1901). On vota donc l'article 2 : « Les associations de personnes pourront se former librement sans autorisation ni déclaration préalable. »

Il y a ceci d'intéressant qu'en fait, ces associations resteront secrètes (V. p. précédente). Entre les parties, ces associations se formeront par le seul consentement, l'écrit ne sera qu'un moyen de preuve, aucune nécessité d'un acte solennel (Cfr. Trouillot et Chapsal, *op. cit.*, p. 494).

Défaut de capacité juridique de ces associations. — L'article 2, après avoir reconnu l'existence légale des associations non déclarées, ajoute : « mais elles ne jouiront de la capacité juridique que si elles se sont conformées aux dispositions de l'article 5 », c'est-à-dire que tant qu'elles ne seront pas *déclarées* elles ne jouiront *pas de la capacité juridique*.

La loi ne s'est pas bornée à refuser aux associations non déclarées la personnalité de droit, elle a voulu les empêcher d'acquérir une personnalité de fait en se constituant un patrimoine propre. A cet effet, elle a pris des précautions, ce qui crée une situation juridique pleine de difficultés, car, en réalité, les associés mettront des biens en commun, ils ne peuvent pas ne pas en mettre. Il y aura le montant des cotisations, un mobilier sommaire, un local, il y aura aussi des dettes sociales créées par les dépenses indispensables. Il eût fallu poser une règle quelconque et ne pas fermer les yeux à l'évidence comme on l'a fait. Il est malheureusement dans les traditions du législateur français, en bien des matières, de méconnaître la réalité des faits. Aussi les lois, à peine faites, sont-elles débordées, violées et et abandonnées par la jurisprudence elle-même. Mieux inspiré, le nouveau Code civil allemand, dans son article 54, applique les règles du contrat de société (V. Saleilles, *op. cit.*, *Rev. dr. publ.*, 1901, I, p. 428).

A défaut de règle légale sur la condition des biens mis en commun dans nos associations non déclarées, il appartient à l'interprète d'en chercher une; il devra se laisser guider par les principes suivants : 1° les institutions doivent être réglementées *potius ut valeant quam ut pereant;* du moment que les associations non déclarées ont une existence légale, cette existence doit être réglée dans toute sa réalité et, par conséquent, par rapport aux biens; 2° l'intention du législateur doit être respectée autant que possible et par suite, d'une part, la condition des associations non déclarées par rapport aux biens doit être moins avantageuse que celle des associations déclarées; 3° en aucun cas, les biens mis en commun ne devront être considérés comme reposant sur un être moral qui représenterait de près ou de loin l'association non déclarée.

A l'accumulation des biens entre les mains des associés, il n'y a que l'obstacle de l'article 17 (nullité juridique des actes), qui n'est pas insurmontable; on passera par mailles, et il se constituera un patrimoine commun qui sera par la force des choses une sorte de patrimoine *tenu en mains communes* administré *jure societatis*, c'est-à-dire au nom des associés et non pas au nom de la société, sous un régime analogue à celui organisé par les articles 1841 et suivants du Code civil et considérablement perfectionné par la jurisprudence.

L'idée mère sera celle du patrimoine *tenu en mains communes administré « jure societatis »*, c'est-à-dire que les biens affectés à l'œuvre sociale apaprtiendront à chacun des associés, mais avec séparation des patrimoines, afin qu'ils soient le gage des créanciers sociaux, à l'exclusion des créanciers personnels et avec obligation de rester dans l'indivision jusqu'à la dissolution de la société.

En somme, la situation des associations non déclarées sera inférieure à celle des associations déclarées en ce qu'elles n'auront pas les commodités de la capacité juridique, mais elles auront une individualité complète, y compris une masse de biens tenue en mains communes (Pour plus amples détails, v. mon *Précis constitutionnel*, 2ᵉ édit., p. 676 et s.).

B. *Associations déclarées.* — Il y a lieu de se préoccuper des formalités de la déclaration et de la capacité juridique;

a) Les formalités de la déclaration comprennent une *première déclaration* et des *déclarations de changement:*

La *première déclaration* est préalable à l'acquisition de la personnalité juridique; elle ne l'est pas nécessairement à la fondation de l'association et à son fonctionnement; une association peut avoir existé d'abord comme non déclarée et se soumettre ensuite à la déclaration (art. 2 et 5 de la loi, Trouillot et Chapsal, *op. cit.*, p. 499). Mais sa capacité juridique ne rétroagira point au jour de sa constitution (à la différence de ce qui se produit pour les sociétés anonymes ou pour les associations syndicales libres), elle datera du jour de la déclaration.

La déclaration sera faite sur papier libre, à la préfecture du département ou à la sous-préfecture de l'arrondissement où l'association aura son siège social (pour le département de la Seine, à la préfecture de police, Règl. 16 août, art. 4). — Elle fera connaître le titre et l'objet de l'association, le siège de ses établissements, les noms, professions et domiciles de ceux qui, à un titre quelconque, sont chargés de son administration ou de sa direction (2). Il en sera donné récépissé. — Deux exemplaires des statuts seront joints à la déclaration (art. 5).

Le règlement du 16 août 1901 a ajouté les dispositions suivantes : Art. 1er. — « Dans le délai d'un mois (à compter du récépissé), la déclaration est rendue publique par les soins des déclarants au moyen de l'insertion au *Journal officiel* d'un extrait contenant la date de la déclaration, le titre et l'objet de l'association, ainsi que l'indication de son siège social : l'extrait est reproduit par les soins du préfet au *Recueil des actes administratifs de la préfecture.* » — Art. 2. — « Toute personne a le droit de prendre communication sans déplacement, au secrétariat de la préfecture ou de la sous-préfecture, des statuts et déclarations, elle peut même s'en faire délivrer à ses frais expédition ou extrait. »

Déclaration des changements. — La déclaration primitive entraîne l'obligation de déclarer les changements ultérieurs, afin que les tiers ne soient point lésés par les conséquences de ceux-ci en se trompant sur la capacité des représentants de la personne morale.

La déclaration de changement doit être faite dans les trois mois de tout changement dans l'administration ou la direction, ainsi que de toute modification apportée aux statuts — il est délivré un récépissé dans les mêmes conditions que pour la déclaration primitive (V. art. 5, § 4, de la loi et art. 5 et 6, Règl. 16 août 1901).

L'article 5, § 6, de la loi, les articles 6 et 31 du règlement du 16 août prescrivent la tenue d'un registre au siège de l'association, coté et paraphé par le préfet, le sous-préfet ou leur délégué, où seront inscrits tous les changements — le registre n'est pas à la disposition des tiers, mais devra être présenté aux autorités administratives, sans déplacement.

Sanctions pénales. — V. art. 7, § 2, et art. 8, § 1.

b) **Capacité des associations déclarées.** — Art. 6. — « Toute association régulièrement déclarée peut, sans aucune autorisation spéciale, ester en justice, acquérir à titre onéreux, posséder et administrer, en dehors des subventions de l'Etat, des départements et des communes : 1° les cotisations de ses membres ou les sommes au moyen desquelles ces cotisations ont été rédimées, ces sommes ne pouvant être supérieures à 500 francs; 2° le local destiné à l'administration de l'association et à la réunion de ses membres (en pleine propriété); 3° les immeubles strictement nécessaires à l'accomplissement du but qu'elle se propose. »

L'intelligence de ces dispositions demande un certain nombre d'observations :

α. *Il y a intérêt à savoir si la capacité juridique, reconnue aux associations déclarées, l'est comme une qualité spontanée qui leur appartiendrait en propre,* ou bien si elle procède d'une concession du législateur; l'interprétation de l'article 6 en dépend, elle sera restrictive s'il s'agit d'une concession législative, elle sera extensive, s'il s'agit de la reconnaissance d'une qualité propre, la jurisprudence pourra compléter la liste des opérations permises, autoriser par exemple l'acquisition des meubles et des valeurs mobilières qui n'est pas expressément prévue et qui, cependant, est nécessaire à la vie des associations.

La loi fournit des éléments précieux pour la construction de la théorie de la spontanéité; en distinguant les associations en déclarées et non déclarées, en attachant la personnalité au fait de la déclaration et en considérant la déclaration comme volontaire (art. 5): « toute association qui *voudra obtenir la capacité juridique, etc.* » elle autorise à dire que l'association *réalise sa personnalité juridique par un acte de volonté des associés accompli conformément à la loi* et qui achève l'opération de la fondation. V. *supra*, p. 268;

β. *Bien que la capacité des associations déclarées puisse être élargie* par une interprétation libérale, si l'on part du principe de la personnalité spontanée, cependant il y a des restrictions qui s'imposent : notamment, elle ne comporte ni la faculté d'acquérir les immeubles qui ne seraient pas strictement nécessaires à l'accomplissement du but qu'elle se propose, ni la capacité d'être instituée pour des libéralités, même mobilières (art. 6 et 11 combinés).

L'article 17 vient sanctionner les restrictions apportées à cette capacité en prononçant la nullité de tous les actes qui auraient pour but de soustraire l'association aux dispositions de l'article 6. Il n'y a ni dissolution de l'association, ni poursuites contre les administrateurs.

γ. *La capacité juridique déterminée par l'article 6 n'est relative qu'à la gestion du patrimoine* et, en somme, à la liberté des moyens pécuniaires qu'une association peut appliquer à la réalisation de son but; *mais il y a une autre face de la capacité juridique qui est la liberté d'apporter des changements à ce but lui-même.* La loi la reconnaît dans l'article 5, par cela seul qu'elle astreint à une simple déclaration les changements dans les statuts, et qu'elle n'impose aucune condition d'unanimité ni de majorité spéciale pour ces modifications.

Cette situation permet de prévoir qu'il se constituera, à côté du patrimoine propre de l'association, un patrimoine commun appartenant aux associés et administré *jure societatis.* Les raisons qui nous ont fait considérer comme inévitable la constitution de ce patrimoine pour les associations non déclarées se représentent ici avec la même force.

C. *Les associations reconnues d'utilité publique.* — Les associations peuvent être reconnues d'utilité publique par des décrets rendus en la forme des règlements d'administration publique (art. 10). (Sur capacité, V. *supra*, p. 271).

D. *Les unions d'associations.* — La liberté d'association se trouvant fondée par notre loi sous la forme de liberté du contrat d'association et le contrat étant une forme éminemment souple, d'autre part, l'article 291 du Code pénal et la loi du 10 avril 1834 qui prohibaient les unions d'associations étant abrogés par l'article 21, il serait difficile de soutenir que les unions d'associations ne sont pas licites. Ce serait d'autant plus insoutenable que la loi admet formellement qu'une association puisse avoir plusieurs établissements (art. 5, § 2); or, entre une fédération d'associations et une association à plusieurs établissements, la différence est souvent mince.

La possibilité de l'union d'associations se fonde donc sur la liberté des conventions, et cela pour toutes les espèces d'associations, aussi bien pour les non déclarées que pour les déclarées, ou pour celles qui sont reconnues d'utilité publique.

Bien entendu, l'union d'associations ne jouira de la capacité juridique que si elle est déclarée, alors même qu'elle serait composée d'associations déclarées et, si l'on veut qu'elle ait la qualité d'établissement d'utilité publique, il faudra la faire reconnaître d'utilité publique. La seule question qui pourrait se poser serait celle de savoir si cette union d'associations pourrait valablement faire sa déclaration, alors que les associations qui la composeraient ne seraient pas elles-mêmes déclarées.

IV. — LA DÉVOLUTION DES BIENS DES ASSOCIATIONS

La question de la dévolution des biens de l'association au moment de sa dissolution est d'importance capitale et, de la solution admise, dépend l'avenir du mouvement corporatif. Si les biens sont attribués à l'Etat ou si, à l'inverse, ils sont repris à titre individuel par ceux qui les ont apportés comme des parts d'une masse indivise, il est clair que le développement des associations sera entravé, parce qu'il se produira des fuites continuelles et des liquidations périodiques du patrimoine corporatif. Si, au contraire, les associations dissoutes peuvent elles-mêmes disposer de leurs biens, il est à croire qu'elles les affecteront à d'autres œuvres similaires, et le patrimoine corporatif se maintiendra.

Cette dernière solution, la plus libérale et la plus avantageuse, a été formellement consacrée, en ce qui concerne les associations déclarées et les associations reconnues d'utilité publique, par l'article 9 de la loi et les articles 14 et 15 du règlement du 16 août 1901. La dévolution des biens sera réglée à l'avance par les statuts de l'association, à défaut par l'assemblée générale qui prononce la dissolution, à défaut par une assemblée générale spécialement convoquée à cet effet. — En aucun cas, il ne saurait être attribué aux associés, en dehors de la reprise de leur apport, une part quelconque des biens de l'association, car celle-ci n'avait pas pour but le partage des bénéfices (art. 15, Règl. 16 août).

La loi ne décidant rien en ce qui concerne le patrimoine commun qui existera dans les associations non déclarées, pas plus que pour le patrimoine commun qui se constituera par dépassement de la capacité des associations déclarées, ces patrimoines administrés *jure societatis* devront être partagés *jure societatis;* bien entendu, si tous les associés sont d'accord, il pourront prendre les moyens convenables pour en disposer au profit d'autres œuvres, mais, ici, la majorité ne liera pas la minorité.

V. — LES CONGREGATIONS RELIGIEUSES

Le régime des congrégations, entièrement renouvelé lui aussi, est déterminé par la loi du 1er juillet 1901; celle du 4 décembre 1902 et celle du 7 juillet 1904 (*Adde* Règl. 17 juin 1905).

Il y avait, avant cette législation récente, des congrégations autorisées enseignantes ou non enseignantes et des congrégations non autorisées dont l'existence de fait était tolérée et sur lesquelles étaient même perçus des impôts spéciaux. Depuis la législation nouvelle, il n'y a plus que des congrégations autorisées, et elles ne doivent plus avoir d'établissements enseignants.

A. *Il n'y a plus que des congrégations autorisées.* — Les congrégations non autorisées sont devenues *illicites;* celles qui existaient ont dû se dissoudre dans un délai déterminé, leurs biens ont été liquidés; celles qui se formeraient à l'avenir sans autorisation tomberaient sous le coup de sanctions analogues, et, de plus, les participants commettraient un délit.

La loi aggrave la situation des congrégations qui demandent l'autorisation en revenant rigoureusement à la législation de 1817, en exigeant l'autorisation par une loi, même pour les congrégations de femmes, en supprimant les dispositions de faveur de la loi de 1825 et du décret de 1852.

Enfin, elle aggrave la condition légale des congrégations autorisées en faisant peser sur elles l'éventualité de la dissolution par décret délibéré en conseil des ministres et en les assujettissant à une tutelle plus étroite.

1° DÉFINITION DE LA CONGRÉGATION. — Il importe d'autant plus de définir exactement la congrégation que le fait, pour un groupement nouveau, de se former en congrégation non autorisée, constituera désormais un délit. Il importe aussi de distinguer la congrégation religieuse, qui est illicite, de l'association à but religieux, qui est licite et libre.

La loi s'est refusée à donner la définition de la congrégation (V. S., *Lois annotées*, 1902, p. 265, note 74). Cette tâche reviendra donc à la jurisprudence. L'ancienne pratique administrative exigeait la réunion de quatre éléments : la vie en commun, les statuts religieux, les vœux et les novices (Vuillefroy, *Traité des cultes*, p. 171). C'était le système des signes extérieurs *du fait corporatif religieux*. La tendance actuelle serait plutôt de s'attacher au fait purement religieux de la *vie régulière* opposée à la vie *séculière* sans insister sur le fait corporatif. V. Sirey, *L. annot.*, 1902, p. 266, opinion de Waldeck-Rousseau, de Vallé, etc. Rapprocher la jurisprudence en matière de droit d'accroissement qui a une tendance à définir la congrégation par les congréganistes, ce qui revient à la définir par le genre de vie (V. Cass., 22 nov. 1899, S., 1900. 1. 241; 7 mars 1900, S., 1901. 1. 369; 9 mai 1900, S., 1901. 1. 465 et les notes de M. Wahl).

Pratiquement, cependant, la question se posera toujours sur le fait de la vie en commun et, par conséquent, de l'établissement.

Remarquons, d'ailleurs, que les affiliations qui ne supposent pas d'établissement avec vie commune ne sauraient être autorisées, car l'autorisation d'une congrégation se présente administrativement sous la forme de l'autorisation du premier établissement de celle-ci (v. *infra*); ne pouvant pas être autorisées, elles ne sauraient être illicites pour défaut d'autorisation.

2° DE LA NÉCESSITÉ DE L'AUTORISATION. — Il faut distinguer en cette matière l'*autorisation de la congrégation*, qui se produit en fait par l'autorisation du premier établissement de celle-ci, et l'*autorisation des nouveaux établissements* d'une congrégation déjà autorisée.

a) L'autorisation de la congrégation ne peut résulter que d'une loi qui déterminera les conditions de son fonctionnement (art. 13, § 1). — Les formalités et la procédure sont réglées par le décret du 16 août 1901, art. 16 et s. L'article 16, § 1, statue : « Les congrégations existantes au moment de la présente loi qui n'auraient pas été antérieurement autorisées ou reconnues devront, dans le délai de trois mois, justifier qu'elles ont fait les diligences nécessaires pour se conformer à ses prescriptions » — La question de savoir quelles sont les congrégations autorisées antérieurement doit être tranchée d'après la législation en vigueur au moment de l'autorisation : ainsi les congrégations de femmes autorisées par simple décret en vertu de l'article 2, § 2, de la loi du 24 mai 1825 ou en vertu du décret du 21 janvier 1832 le sont régulièrement; il en est de même de certaines congrégations d'hommes qui avaient été autorisées par décret avant la loi du 2 janvier 1817, en vertu du décret du 3 messidor an XII. (Quatre congrégations d'hommes étaient certainement dans cette situation : les *Lazaristes* (Décr. 7 prair. an XII; O. 3 févr. 1816); les *Prêtres des missions étrangères* (Décr. 2 germ. an XIII; O. 2 mars 1815); les *Prêtres de Saint-Sulpice* (L. 3 avril 1816); les *Frères des écoles chrétiennes* (Décr. 17 mars 1808, art. 109; O. 29 févr. 1817, etc.; ces derniers se trouvent supprimés par application de la loi du 7 juillet 1904 sur les congrégations enseignantes, mais de nouvelles demandes d'autorisation sont en instance pour des établissements destinés à la formation des missionnaires, et la Chambre des députés a voté, du 25 au 31 mars 1929, les projets d'autorisation pour neuf congrégations.)

La sanction du délit de congrégation non autorisée est prononcée par l'article 16 : « Toute congrégation *formée* sans autorisation sera déclarée illicite, ceux qui en auront fait partie seront punis des peines édictées à l'article 8, § 2 (amende de 16 à 5.000 fr. et emprisonnement de six jours à un an); — la peine applicable aux fondateurs ou administrateurs sera portée au double. » Bien entendu, la compétence est judiciaire. La congrégation formée sans autorisation peut, en outre, être dissoute par décret rendu en conseil des ministres, mais la loi n'organise pas la liquidation des biens.

b) Une congrégation autorisée ne pourra former aucun *nouvel établissement* qu'en vertu d'un décret rendu en Conseil d'Etat (art. 13, § 1, Cf. L. 24 mai 1872, art. 3). — Pour les congrégations antérieurement reconnues qui avaient fondé de nouveaux établissements sans les faire autoriser, il a été accordé un délai supplémentaire jusqu'au 15 janvier 1902 (Circ. Intérieur, 5 nov. 1904).

D'après la loi du 5 décembre 1902 qui a complété l'article 16 de la loi du 1er juillet 1901, il s'agit d'une obligation de police, c'est l'*ouverture de fait* de tout établissement qui doit être autorisée, et il n'est pas nécessaire que l'établissement appartienne à la congrégation, ni qu'il contienne plusieurs congréganistes; l'autorisation de police entraînera d'ailleurs la reconnaissance de la personnalité morale de l'établissement.

3º CONDITION DES CONGRÉGATIONS AUTORISÉES. — Il faut distinguer la capacité civile et la condition au point de vue de la police.

Les congrégations autorisées en vertu de la loi nouvelle ont la personnalité civile à titre d'établissements, il en sera de même de leurs nouveaux établissements qui seront autorisés (Cf. décr.

16 août 1901, art. 22). Cette capacité sera réglée par la loi d'autorisation (art. 13, n° 1, L. 1er juill. 1901).

Les congrégations sont assujetties à certaines obligations de police déterminées par l'article 15 de la loi et l'article 26 du règlement.

« La dissolution de la congrégation autorisée par une loi ou la fermeture de tout établissement pourront être prononcées par décret rendu en conseil des ministres » (art. 13, § 3, L. 1er juill. 1901), ce qui est une anomalie.

B. *Suppression des congrégations enseignantes autorisées* (L. 7 juill. 1904). — Devaient être fermées dans un délai minimum de dix ans tous les établissements de congrégations autorisées à titre de congrégations enseignantes, ainsi que ceux des congrégations autorisées en vue de plusieurs objets, mais qui, en fait, à la date du 1er janvier 1903, étaient vouées exclusivement à l'enseignement. Les établissements fermés sont liquidés. — Les congrégations mixtes conservent le bénéfice de l'autorisation pour les services étrangers à l'enseignement qui sont prévus par les statuts, et alors elles ne sont pas mises en liquidation. Il appartient au tribunal judiciaire auquel est demandée la nomination d'un liquidateur d'apprécier le caractère mixte de la congrégation, sauf renvoi au Conseil d'Etat pour l'interprétation des statuts douteux (Conflits, 4 févr. 1905, *Ursulines de Malet*, S., 1905. 3. 49 et la note).

CHAPITRE III

LE POUVOIR DU JUGE ET LES GARANTIES CONSTITUTIONNELLES DES LIBERTES INDIVIDUELLES ET DES INSTITUTIONS SOCIALES

SECTION PREMIERE

LE POUVOIR DU JUGE

§ 1. — Le dualisme de la constitution judiciaire de la société civile et de la constitution politico-administrative de l'Etat.

Le pouvoir du juge apparaît de plus en plus comme difficile à situer dans l'Etat moderne. Montesquieu avait rapproché le pouvoir judiciaire des pouvoirs exécutif et législatif, mais ces derniers sont devenus nettement politiques avec l'organisation de la liberté politique et, au contraire, le pouvoir judiciaire s'est séparé de plus en plus de la politique. D'autre part, la liste des pouvoirs politiques s'est enrichie d'un troisième figurant qui est le pouvoir de suffrage. La constellation : pouvoir exécutif, pouvoir législatif ou délibérant, pouvoir de suffrage, s'éloigne toujours davantage du juge. Cependant le pouvoir du juge a toujours été et reste primordial. Comment expliquer son isolement ou, au contraire, à quel élément fondamental le rattacher ?

C'est peut-être le moment de se rappeler une observation historique essentielle, à savoir que l'Etat puissance publique n'est que la superstructure d'une société nationale, laquelle possédait par avance une certaine organisation et peut avoir conservé, même sous le gouvernement de l'Etat, certains éléments de cette organisation.

Guidé par cette observation, on est amené à penser que le juge est un pouvoir national antérieur à la formation de l'Etat et, dès lors un *pouvoir social* plutôt que politique, alors qu'au contraire les pouvoirs d'Etat sont entièrement politiques. La place nous manque ici pour montrer avec tous les développements nécessaires que le juge est antérieur à l'Etat et notamment pour utiliser les renseignements que nous possédons sur les débuts des Etats antiques; nous présenterons seulement deux observations :

1° On est autorisé à établir une comparaison entre la situation des populations qui, à l'âge des tribus et des clans rattachés entre eux par des liens nationaux, ne possédaient pas encore la superstructure centralisatrice de l'Etat et la situation des Etats actuels qui font partie d'un ordre international dont les liens se resserrent de plus en plus, mais qui ne possèdent pas encore la superstructure centralisatrice d'un super-Etat. Sans doute on peut se demander si la *Société des Nations* ne deviendra pas un super-Etat, à tout le moins pour les pays d'Europe, mais elle ne l'est certainement pas encore. Tout au plus, sommes-nous dans la même période préétatique par où ont passé certainement les clans nationaux d'autrefois.

Or, et c'est là le fait important, s'il n'y a pas encore de pouvoir politique international, il y a déjà un juge international qui est *la Cour permanente de La Haye* organisée définitivement depuis 1922 et qui est pour le moment *un pouvoir purement social*. Si jamais un super-Etat s'organise, la justice internationale deviendra l'une de ses fonctions et sans doute sera-t-elle pendant longtemps la plus importante, mais elle restera toujours une fonction sociale plutôt qu'une fonction politique.

2° Dans la période d'organisation des Etats, la fonction de justice reste, en effet, primordiale; au moyen âge, les justices royales sont le grand moyen de gouvernement.

Enchevêtrement de la constitution judiciaire et de la constitution politico-administrative dans l'Etat moderne. — On peut remarquer que, jusqu'au xvie siècle, tous les Etats modernes de l'Europe ont eu une constitution judiciaire, et, par conséquent, plus sociale que politique. C'est, en effet, au xvie siècle qu'apparaissent simultanément trois facteurs nouveaux essentiellement politiques : 1° la centralisation politique; 2° la police exécutive et administrative; 3° la souveraineté avec son corollaire essentiel qui est le pouvoir législatif. Jusque-là il avait subsisté dans les Etats une très grande décentralisation politique; la police était restée judiciaire et, enfin, les rois n'avaient pas encore de pouvoir législatif, du moins en ce qui concernait la société civile et le droit privé, qui étaient alors sous l'empire du Droit romain ou des coutumes.

Dans cet état de choses, on peut dire que la constitution des Etats était plus judiciaire que politique, car le gouvernement intérieur de l'Etat lui-même s'obtenait par l'intermédiaire des juges, prévôts et baillis et, en principe par l'emploi de procédures judiciaires. C'est en ce sens que la Constitution fédérale des Etats-Unis d'Amérique est encore très judiciaire, vu que les relations juridiques entre l'Etat central et les Etats particuliers sont de nature judiciaire et confiées aux Cours de justice.

A partir du xvie siècle, dans les Etats de l'Europe continentale, avec la centralisation politique, avec la police exécutive et administrative, avec la souveraineté législative, l'Etat devient de plus en plus une organisation politique. En France, notamment, le nouveau pouvoir administratif des *intendants* entre en lutte avec le pouvoir judiciaire représenté par les parlements régionaux, et la Révolution française consacre la défaite et l'abaissement du pouvoir judiciaire en établissant le principe de la séparation entre l'administratif et le judiciaire et en instituant une juridiction des conflits pour protéger l'administrateur contre le juge.

Quand il s'agit de faire une constitution en 1789-91, on fit avant tout une constitution politique. On ne songea point à faire une constitution sociale où le pouvoir judiciaire aurait trouvé sa place naturelle. On se contenta d'une *déclaration des droits individuels* qui servit de préambule à la constitution politique. Pour comprendre ce qu'a de discutable cette manière d'envisager les choses, il faut regarder du côté des pays anglo-saxons et surtout du côté de l'Angleterre, qui n'a pas fait encore de constitution politique écrite et qui, en réalité, possède une constitution plus sociale et plus judiciaire que politique. Alors on se rend compte que, dans tous les Etats modernes, il subsiste un dualisme, qu'il y a deux constitutions enchevêtrées suivant des modalités propres à chaque pays : la constitution sociale et judiciaire qui est *d'ancien régime* et la constitution politique et administrative qui est du *nouveau régime*. Comment ces deux constitutions sont néanmoins amenées à l'unité qui est nécessaire dans l'Etat, c'est ce que nous verrons au numéro suivant.

§ 2. — La situation du juge dans les Etats à régime administratif et dans les Etats sans régime administratif.

Il semblerait naturel, étant donné la séparation qui existe actuellement entre les pouvoirs politiques et le juge, que celui-ci ne dépendît pas du pouvoir politique pour son institution et sa nomination; la solution logique serait qu'il dépendît directement du peuple et fut nommé à l'élection. Il n'en est rien; le droit commun constitutionnel est au contraire que les juges sont nommés par le gouvernement exécutif. Sans doute, en quelques pays, ils sont élus, du moins les juges inférieurs, mais ces exceptions confirment la règle en démontrant que l'élection est un mauvais procédé.

Il faut accepter la nomination du juge par le gouvernement politique; elle est pratiquée dans les pays anglo-saxons, au moins pour les juges des Cours supérieures, aussi bien que dans les pays du continent. C'est elle qui présente le plus de garanties à une condition, c'est qu'une fois nommé le juge soit inamovible, non seulement en ce sens qu'il ne pourra être révoqué que pour forfaiture, mais en ce sens qu'il n'y aura pas pour lui d'avancement hiérarchique et que, n'ayant rien à craindre du pouvoir, il n'aura non plus rien à lui demander. Ce faisant, il faut songer que la constitution judiciaire et la constitution politique doivent, d'une manière ou de l'autre, être ramenées à l'unité, parce que l'unité est nécessaire à l'Etat et que la nomination des juges par le gouvernement politique est encore le moyen le plus simple de réaliser cette unité.

A. *Le juge dans les pays de coutumes et sans régime administratif et spécialement en Angleterre*. — Dans ce pays il n'existe qu'une seule catégorie de juge : le juge judiciaire. Grâce à cette unité, rendons-nous compte du prestige dont jouit le juge dans l'Etat anglo-saxon et de la place éminente qu'il occupe dans la constitution. Elle sera définie par les deux propositions suivantes : « Il n'est pas un pouvoir politique, mais il est le grand pouvoir social et juridique qui, à lui seul, fait équilibre à l'ensemble des pouvoirs politiques. »

1º Le juge anglo-saxon n'est pas un pouvoir politique; il ne fait point partie du gouvernement de l'Etat (sauf l'exception de la Chambre des lords en Angleterre pour sa compétence spéciale), il ne participe pas aux décisions de la Puissance publique, il n'a de prise sur celles-ci que par le contentieux, alors, il peut être amené à les frapper d'invalidité, mais ce n'est pas lui qui les frappe, ce sont les principes juridiques. Il est vrai qu'aux Etats-Unis d'Amérique, on signale un *gouvernement des juges* à propos de certaines pratiques qui se sont greffées sur le contrôle contentieux de la constitutionnalité des lois, et grâce auxquelles les législatures des Etats demandent aux juges leur avis préalable sur la formule à employer dans une loi pour éviter la déclaration d'inconstitutionnalité (*advisory opinion*). Mais il serait facile de supprimer ces pratiques, qui mettent le législateur en tutelle, et de faire rentrer le juge dans son rôle purement contentieux. Bien entendu, en Angleterre où n'existe pas le contrôle de constitutionnalité, cet excès ne saurait se produire. Le juge peut aussi arbitrer des responsabilités. Ainsi, il est maître des invalidités juridiques et des responsabilités juridiques. Mais tout cela n'est pas du gouvernement politique; c'est de la justice.

2º Le juge anglo-saxon est le grand pouvoir social et juridique qui, à lui seul, fait équilibre aux pouvoirs politiques. D'abord, le juge anglo-saxon est un grand pouvoir social par cela seul qu'il rend au peuple tout entier le service de la justice. On sait que rendre la justice est le service social par excellence. La sécurité de la vie privée repose tant sur la justice criminelle que sur la justice civile. Le juge est l'arbitre de la vie privée et il intervient aussi dans la vie publique.

Pour remplir sa mission, le juge anglo-saxon est maître du droit; ce qu'il n'applique pas n'est pas du droit. D'abord, il est maître du *common law* coutumier, car c'est lui qui l'a fait, et il continue à le faire par sa jurisprudence. Vis-à-vis du *statute law*, sa maîtrise est presque aussi grande. Aux Etats-Unis d'Amérique, le contrôle de constitutionnalité lui fournit le moyen de maintenir constamment les lois votées par les législatures dans le cadre des vieux principes individualistes. En Angleterre, le juge n'a pas la ressource du contrôle de constitutionnalité, mais il se sert quand même largement des principes du *common law*, pour l'interprétation des lois nouvelles, et les fait ainsi rentrer dans la tradition.

Ajoutons que l'organisation judiciaire est comprise de façon à faire produire au pouvoir du juge son maximum d'effet. Dans ce but : 1° au sommet de la hiérarchie des tribunaux, il y.a non pas une cour de cassation, mais une ou plusieurs *cours suprêmes*, cumulant l'appel et la cassation, par conséquent, juges du fait et du droit; 2° les juges de ces cours suprêmes ne sortent point des tribunaux inférieurs par la voie de l'avancement hiérarchique, par conséquent, ils ne sont pas *fins de carrière*; 3° enfin, ils sont très largement rémunérés.

B. *La place du juge dans les pays de loi écrite et de régime administratif*. — Si nous voulons que la comparaison soit possible avec les pays de coutume et sans régime administratif, il y a trois questions à régler :

1° Qu'entendons-nous par le juge ?

2° Qu'est devenue la situation du juge vis-à-vis de la loi écrite ?

3° que signifie pour lui l'absence de coutume ?

1° Qu'entendons-nous par le juge dans les pays de loi écrite et de régime administratif ? — Si nous entendons uniquement le juge judiciaire ou juge de droit commun, sa situation paraît diminuée. Mais, si nous entendons tous les juges, et notamment le juge administratif aussi bien que le judiciaire, il n'en est plus de même. Il est arrivé, en effet, ceci : c'est que l'autorité administrative, séparée de l'autorité judiciaire à l'époque révolutionnaire, a enfanté à son tour une juridiction très vigoureuse. Nous avons deux cours suprêmes, qui sont chacune à la tête d'une hiérarchie de tribunaux : la Cour de cassation et le Conseil d'Etat. En Angleterre aussi il y a plusieurs cours suprêmes.

Quoi qu'il en soit, dans les développements suivants, nous entendrons par le juge aussi bien le juge administratif que le juge judiciaire.

2° Qu'est devenue la situation du juge vis-a-vis de la loi écrite ? — Notons que la loi écrite c'est tout le droit dans les pays de droit écrit, puisqu'il n'y a plus de coutumes. La situation du juge s'est beaucoup améliorée depuis un siècle : il s'est placé *au-dessus de la loi et au-dessous des principes*, c'est-à-dire que sa jurisprudence ne craint pas de plier la loi aux principes d'ordre et de justice dans la mesure où l'adaptation peut être obtenue par une interprétation raisonnablement constructive. Cela est vrai du Conseil d'Etat aussi bien que de la Cour de cassation, et, peut-être, le Conseil d'Etat, qui n'a pas affaire à des lois codifiées, peut-il se mouvoir avec plus de liberté autour des textes.

En somme, pouvoir de jurisprudence très convenablement développé, avec cette particularité que la juridiction administrative se montrerait plus hardie que la judiciaire.

3° QUE SIGNIFIE POUR LE JUGE DES PAYS DE DROIT ÉCRIT L'ABSENCE DE COUTUMES ? — Elle aurait, peut-être, eu beaucoup de signification il y a deux ou trois siècles, alors qu'en pays coutumier les juges pouvaient encore agir sur des coutumes malléables; mais on a l'impression qu'actuellement le *common law* anglo-saxon n'est pas beaucoup plus malléable qu'une loi écrite. Cela tient à la plus grande publicité qui tend à le fixer en le faisant connaître. Dès lors, il n'y a pas à regretter que nos juges ne puissent plus s'exercer par le maniement des coutumes à une plus grande hardiesse dans le maniement des lois écrites. Cet avantage serait devenu illusoire.

Par ailleurs, il convient de remarquer que le véritable bénéfice du *common law* anglo-saxon a été de fournir aux juges des principes juridiques supérieurs leur permettant d'interpréter les lois. Mais ces principes juridiques supérieurs, nous les possédons aussi, et ce sont les mêmes, puisque ce sont les principes individualistes tirés des grandes idées civilisatrices qui ont fait la civilisation sédentaire. Par conséquent, nous n'avons plus rien à demander aux coutumes.

La vérité est que le rôle du juge a été abaissé chez nous durant un siècle, après la Révolution, pendant que s'installait le régime administratif, mais que, maintenant, ce régime ayant lui-même enfanté un nouveau juge, le règne du juge peut se rétablir.

C. *L'équilibre de la légitimité et de la souveraineté; celui des pouvoirs de justice et des pouvoirs politiques.* — La perspective du règne de la loi, qui se traduit pratiquement par le règne du juge, perspective qui est constitutionnelle, puisqu'en Angleterre le règne de la loi est un élément avoué de la constitution (et que, dans les autres pays, il en est un élément non avoué), cette perspective, donc, conduit à penser que les équilibres constitutionnels ne sont pas purement politiques, et qu'il doit exister quelque part, très haut, un équilibre politico-juridique.

D'ailleurs, si le régime constitutionnel est un état de droit, cela doit paraître à quelque signe; à la notion de souveraineté, qui est du côté du pouvoir, il convient d'opposer quelque notion qui soit du côté du droit, par exemple, celle de légitimité.

On peut voir dans la *souveraineté politique* le *principe du pouvoir*, puisque c'est le pouvoir de disposer du pouvoir ou la *compétence de la compétence*, selon la définition de Laband.

La *légitimité*, de son côté, est *le principe du Droit*. Telle est du moins la notion que les Anglo-Saxons d'Amérique ont fait sortir de la pratique du contrôle de constitutionnalité des lois.

C'est l'ensemble des principes fondamentaux qui déterminent la validité juridique des actes. — On sait, en effet, que, dans la confrontation des actes et du droit, celui-ci se réduit, en dernière analyse, à des principes. Sans doute, il y a lieu de tenir compte de la lettre formelle des textes, mais il est rare que les lois soient violées dans leur lettre; elles sont plus souvent tournées dans leur esprit, c'est-à-dire dans les principes dont elles s'inspirent. La jurisprudence en matière d'excès de pouvoir prouve qu'il y a presque toujours *fausse application de la loi* plutôt que violation proprement dite; celle en matière d'illégalité des règlements prouve aussi que les dispositions réglementaires ont violé l'esprit de la loi plus souvent que la lettre; enfin, la jurisprudence en matière de contrôle de constitutionnalité des lois, aux Etats-Unis d'Amérique, où elle est abondante, établit également qu'il s'agit pratiquement de violation des principes fondamentaux impliqués dans la constitution.

Ces principes fondamentaux de la validité juridique peuvent être d'ordre purement technique. Mais les plus importants sont de fond. Ce sont les grands principes d'ordre social et de justice qui ont fait la civilisation sédentaire, et qui se trouvent ainsi placés au-dessus des constitutions elles-mêmes. Cette légitimité juridique est fortement individualiste, ainsi qu'il apparaît dans le contrôle de constitutionnalité des lois. Cela tient à ce que l'ordre social lui-même est individualiste et à ce que cet ordre social est plus important que l'ordre politique [1].

____

[1] Aux Etats-Unis d'Amérique, le contrôle de constitutionnalité des lois a fait émerger progressivement la conception de la légitimité absolue des principes individualistes recueillis dans le vieux *common law* anglo-saxon; non seulement ces principes se sont trouvés incorporés à la constitution écrite des Etats et, à ce titre, ont servi au contrôle des lois ordinaires des législatures, mais ils ont fini par être considérés comme planant au-dessus des constitutions des Etats et même au-dessus de la constitution fédérale et comme pouvant servir au contrôle de constitutionnalité des amendements constitutionnels eux-mêmes. Cette doctrine a été notamment soutenue à propos du XVIII° amendement à la constitution fédérale qui a établi la prohibition absolue des boissons alcooliques. Les juges n'ont pas osé appliquer la doctrine, mais on ne peut pas dire qu'ils y aient renoncé; la question est restée en suspens. Il faut donc envisager comme possible en Amérique la déclaration d'inconstitutionnalité d'un amendement à la constitution, c'est-à-dire l'inconstitutionnalité d'une revision de la constitution. Cette idée nous eût paru inconcevable il y a quelques années; nous devons cependant nous y habituer, car nous y marchons aussi par l'amendement à l'article 8 de la loi du 25 février 1875 voté lors de la revision du 14 août 1884 (Cf. E. Lambert, *Le gouvernement des juges aux Etats-Unis, op. cit.*, p. 109 et s.).

§ 3. — Les garanties que procure le juge contre le pouvoir exécutif de l'Etat.

Ces garanties se résument dans le principe que *toutes les sanctions du droit, toutes les mesures d'exécution forcée sur les personnes et sur les choses, bien qu'elles soient réalisées au nom du pouvoir exécutif de l'Etat, ne peuvent l'être que sous la condition de l'intervention d'un juge, laquelle, en principe, est préalable à l'exécution.* C'est-à-dire qu'en principe toute mesure d'exécution forcée résulte d'un jugement.

Il y a des exceptions : 1° Les actes authentiques passés par-devant notaire entraînent par eux-mêmes *exécution forcée* sans qu'il soit besoin de prendre un jugement, et cela parce que les notaires sont des officiers ministériels apparentés à l'autorité judiciaire; 2° les décisions exécutoires des autorités administratives sont exécutées par les services administratifs toutes les fois que l'exécution ne doit produire d'effet que dans la sphère administrative et sous la réserve de recours contentieux *a posteriori;* 3° certaines mesures de police particulièrement urgentes entraînant exécution sur les biens peuvent être exécutées *manu militari,* par exemple en cas d'état de siège, fermeture d'un débit de boissons, dans lesquelles sont tenues des réunions interdites (C. Et., 6 août 1925, *Delmotte et Senmartin,* S., 16. 3. 9, et la note).

Mais ces exceptions n'empêchent pas le principe de l'intervention préalable du juge d'avoir un immense champ d'application et de constituer une grande garantie des libertés individuelles. En matière répressive, par exemple, le principe signifie que les sujets de l'Etat ne sont pas soumis à la *coercitio* de la police, mais seulement au droit pénal qui comporte l'intervention d'un juge. Au dicton *nulla pœna sine lege,* il convient en effet d'ajouter cet autre : *nulla pœna sine judice.* Les fonctionnaires, qui sont des sujets spéciaux, ne possèdent pas tous cette garantie contre les punitions disciplinaires, il en est encore qui sont punis par la hiérarchie par mesure de police et ceux qui ont la garantie d'une juridiction disciplinaire, comme le Conseil supérieur de la magistrature pour les magistrats, apprécient singulièrement cette garantie d'indépendance.

§ 4. — Les garanties que procure le juge contre le pouvoir législatif de l'Etat. — Le contrôle de constitutionnalité des lois.

Sommaire. — I. La compétence du juge pour apprécier la constitutionnalité des lois. — II. Le contrôle juridictionnel de constitutionnalité dans les pays à administration judiciaire, spécialement aux Etats-Unis d'Amérique, le gouvernement des juges. — III. Le contrôle de constitutionnalité des lois dans les pays à régime administratif et spécialement en France.

Le juge constitue une garantie d'ordre très général contre les excès du pouvoir législatif par le seul fait que c'est lui qui est chargé d'assurer l'application forcée des lois; parce que celles-ci ne s'appliquent qu'au travers d'une jurisprudence qui, par la force des choses, entraîne plus d'une mise au point et plus d'une retouche. Mais il n'entre pas dans le plan de cet ouvrage de nous étendre sur les pouvoirs de la jurisprudense dans l'interprétation des lois. Nous allons concentrer nos explications sur le cas particulier du *contrôle de constitutionnalité des lois*, c'est-à-dire sur le pouvoir qui appartient naturellement au juge, dans les pays qui possèdent une constitution écrite, de refuser d'appliquer les dispositions d'une loi ordinaire qui serait en contradiction avec la lettre ou l'esprit de la constitution.

I. — LA COMPETENCE DU JUGE POUR APPRECIER LA CONSTITUTIONNALITE DES LOIS

La conséquence logique du caractère de superlégalité des constitutions écrites est que les lois ordinaires faites par le législateur ordinaire doivent respecter la constitution, non seulement dans sa lettre, mais dans son esprit, c'est-à-dire dans ses principes. Mais comment assurer pratiquement ce respect et cette subordination de la loi ordinaire ? Trois moyens, de valeur très inégale, peuvent être employés :

1° Dans les pays où les Parlements se considèrent pratiquement comme souverains, par exemple en France, on se contente de l'*autolimitation du parlement*, c'est-à-dire que, au moment de la mise en délibération d'une proposition de loi, il appartient au président de la Chambre de déclarer qu'il n'ouvrira pas la délibération parce que la proposition est inconstitutionnelle et il appartient à tout membre de la Chambre de demander la *question préalable* pour la même raison; de toute façon, la Chambre est appelée à décider si la proposition lui paraît ou non inconstitutionnelle.

Cette pratique trouve sa base légale dans les *garanties des droits* insérées dans les constitutions révolutionnaires (V. v° *garanties des droits*). Le système se complète par l'affirmation que, une fois une loi votée, aucune autorité ne peut plus en arrêter l'exécution sous prétexte d'inconstitutionnalité, ni le Président de la République ne peut refuser de la promulguer, ni le juge ne peut refuser de l'appliquer. Telle est la doctrine régnante, qui s'éloigne singulièrement des postulats de la souveraineté nationale et de la superlégalité de la constitution écrite;

2° Une autre solution a été souvent proposée en France : la création d'une *Haute Cour de justice* spéciale qui serait gardienne des libertés individuelles et qui frapperait d'inefficacité les lois portant atteinte à ces libertés garanties par la constitution (proposition de résolution J. Roche, 28 févr. 1903, *J. off.*, Chambre, Doc. parl., sess. ordin., 1903, p. 97; proposition de loi Charles

Benoist, 28 janv. 1903, *J. off.*, Chambre, Doc. parl., sess. ordin., 1903, p. 99).

Ce serait déjà une garantie plus efficace que celle reposant sur la seule bonne volonté du Parlement, mais l'idée n'est pas pratique en ce qu'elle se traduirait par des questions préjudicielles soulevées à l'occasion d'une instance et venant compliquer celle-ci. Et puis une Haute Cour de justice n'ayant compétence que pour le contrôle de constitutionnalité serait trop peu occupée pour subsister.

3° Une troisième solution a été adoptée par les Etats-Unis d'Amérique; elle consiste à admettre que tout juge d'un litige quelconque, devant lequel on invoque une loi applicable au litige, est compétent pour apprécier lui-même la constitutionnalité de cette loi et pour en refuser l'application s'il la juge inconstitutionnelle. Cette même solution a été adoptée dans les constitutions des républiques fédérales américaines inspirées de celle des Etats-Unis (Mexique, C. 12 févr. 1857, art. 101. — Cpr. Bermudez, *De la procédure d'amparo au Mexique*, thèse Paris, 1914; République Argentine (C. 25 sept. 1860, art. 101, Brésil, C. 24 févr. 1891, art. 59, § 1), et aussi dans les colonies anglaises dotées d'un gouvernement responsable où les constitutions prennent valeur de superlégalité parce qu'elles émanent en partie de la volonté du gouvernement de la métropole (Canada, Australie, Nouvelle-Zélande, Afrique du Sud et Terre-Neuve). — Cf. Esmein et Nézard, 7e édit., t. I, p. 591-592.

On remarquera que les pays anglo-saxons, dès qu'ils ont une constitution écrite, n'hésitent pas à admettre le contrôle juridictionnel de constitutionnalité des lois.

Ce troisième procédé, de beaucoup le plus efficace, a le mérite d'être le plus conforme au rôle du juge dans l'application des lois. Pour appliquer les lois, le juge est obligé de régler les conflits qui s'élèvent entre elles et il est compétent pour le faire; il règle déjà les conflits entre la loi nationale et la loi étrangère, entre la loi nouvelle et la loi ancienne, entre la loi et le règlement (art. 471, n° 15, C. pén.). Pourquoi ne serait-il pas compétent pour régler le conflit entre la loi ordinaire et la loi constitutionnelle et pourquoi n'aurait-il pas le pouvoir de refuser d'appliquer celle des deux qui succombe dans le conflit ? Pour qui a le sentiment du rôle du juge dans l'application des lois, tout cela va de soi. C'est, d'ailleurs, sous l'autorité de ces principes que le contrôle de constitutionnalité des lois a fait son entrée dans le droit fédéral américain, en 1803, grâce à l'opinion délivrée par le *chief-justice Marshall* dans le cas *Marbury-V. Madison* (car il est douteux que la constitution l'eût prévu). Le contrôle du juge sur la constitutionnalité des lois est donc de droit, et il faudrait, pour l'écarter, des dispositions constitutionnelles péremptoires (Cfr., en ce sens, consultation de jurisconsultes parisiens à propos de la Roumanie, *Rev. du Droit public*, 1912, p. 138 et p. 305).

Toutefois, le contrôle juridictionnel de constitutionnalité sera appelé à prendre plus d'importance dans les pays à administration judiciaire où le juge est resté très fort, que dans les pays à régime administratif où le juge a été affaibli.

II. — LE CONTROLE JURIDICTIONNEL DE CONSTITUTIONNALITE DANS LES PAYS A ADMINISTRATION JUDICIAIRE, SPECIALEMENT AUX ETATS-UNIS D'AMERIQUE. — LE GOUVERNEMENT DES JUGES [1].

A. *Des conditions dans lesquelles se produit le contrôle de constitutionnalité.* — *a*) Ce contrôle est organisé aussi bien dans les Etats particuliers de l'Union que dans l'Etat fédéral et il se présente, en réalité, sous deux formes : d'abord le *contrôle de constitutionnalité proprement dit* qui roule sur le conflit de la loi ordinaire et de la constitution envisagé à l'intérieur de chaque Etat; ensuite, ce qu'on peut appeler le contrôle *de fédéralisme;* celui-là consiste en une supervision des arrêts des cours d'Etat, en tant que celles-ci accomplissent ou n'accomplissent pas leur devoir d'arrêter les lois des Etats particuliers qui seraient en contradiction avec la constitution fédérale; ce contrôle de fédéralisme, confié à la Cour suprême fédérale, est, d'ailleurs, le seul moyen juridique qui existe pour maintenir la suprématie de la constitution fédérale (V. p. 35);

b) Le contrôle de la constitutionnalité des lois appartient aux juges ordinaires, soit dans les Etats particuliers, soit dans l'Etat fédéral, et peut se produire à l'occasion de tout litige dans lequel la loi incriminée d'inconstitutionnalité serait applicable; souvent, d'ailleurs, le litige est engagé uniquement pour faire juger la question de l'inconstitutionnalité de la loi. L'affaire ne vient devant la Cour suprême de chaque Etat, ou devant la Cour suprême fédérale, que lorsque la litigation principale vient elle-même devant ces cours, selon les règles ordinaires de la compétence;

c) Au point de vue de la portée du contrôle de constitutionnalité, il convient de distinguer deux modalités : 1° le *contrôle du conflit entre les textes;* 2° le *contrôle des tendances législatives* qui suppose le conflit entre l'esprit de la constitution, avec ses tendances individualistes, et l'esprit de la législation ordinaire qui sera, par exemple, à tendances sociales et interventionnistes. Ici, on apprécie au fond, l'œuvre du législateur ordinaire, on contrôle la justice et l'opportunité de la loi.

---

(1) Bibliogr. — Esmein et Nézard, 7° édit., t. I, p. 586 et s.; Larnaude. *Bulletin de la Société de législ. comparée,* 1902, p. 214; Lambert, *Le gouvernement des juges,* Paris, Giard, 1921; Mon *Précis constitutionnel,* 1923, p. 306 et s.

B. Des procédés employés par les juges dans le contrôle de constitutionnalité. — On peut les classer en trois catégories :

a) L'interprétation constructive de la loi. — Il s'agit de l'interprétation des lois votées par les législatures, poussée dans un sens tendancieux afin de les ramener aux principes constitutionnels et surtout aux vieux principes individualistes du *Common law;* cette interprétation ne tient aucun compte de la volonté du législateur et déforme la loi pour la plier à la légitimité constitutionnelle. C'est ainsi que la loi *Sherman* contre les *trusts,* par une habile construction, a été entièrement neutralisée et que, même, la jurisprudence a retourné contre les coalitions ouvrières l'arme formée contre les coalitions capitalistes;

b) La déclaration d'inconstitutionnalité de la loi. — Lorsque la loi contraire aux principes constitutionnels ne peut vraiment pas y être ramenée par une interprétation constructive, le juge se décide à déclarer son inconstitutionnalité. Notons, d'abord, les effets de cette déclaration. Bien que faite dans un cas donné, elle ne reste pas enfermée dans la relativité de la chose jugée, la loi est bel et bien frappée totalement d'inefficacité; quand la Cour suprême a prononcé l'inconstitutionnalité d'une loi, cette affirmation lie, non seulement les juridictions subordonnées, mais la Cour elle-même pour l'avenir; de plus, les pouvoirs d'équité des cours américaines les autorisent à adresser des injonctions, non seulement aux particuliers, mais aux fonctionnaires publics et, par ce moyen, elles empêchent l'application extrajudiciaire de la loi (Lambert, p. 36).

Pour employer une expression consacrée dans la théorie de notre recours pour excès de pouvoir, il y a quatre ouvertures à l'inconstitutionnalité de la loi : 1° la *due process clause* dont le sens élastique est que : doit être condamnée toute procédure ou organisation légale qui n'est pas conforme aux principes légitimes de la constitution, qui sont ceux du *common law;* 2° la *deprivation of liberty* étendue à toute entrave au libre exercice de l'activité économique; 3° la *deprivation of property* entendue aussi dans son sens le plus compréhensif; 4° l'*impairing the obligation of contracts,* c'est-à-dire, l'intervention législative dans le jeu des contrats pour en modifier les effets;

c) Les advisory opinions, qui sont des avis officieux demandés aux cours de justice par le législateur lui-même sur les chances d'enregistrement définitif de la loi qu'il prépare; ou encore les *jugements déclaratoires,* procédure préventive où le demandeur éventuel requiert du juge une décision sur ses droits d'après la législation suspecte, par une sorte d'arbitrage judiciaire avant toute litigation.

C. L'étendue du contrôle de constitutionnalité : la légitimité. — Le contrôle a servi aux juges à maintenir les législatures dans leur domaine limité par les constitutions et par les principes individualistes qui animent celles-ci.

C'est surtout contre la législation du travail et contre les idées d'intervention de l'Etat dans le contrat de travail, que les cours judiciaires engagèrent la lutte, à partir de 1880, sous couleur de sauvegarder le vieux principe de la liberté des contrats. Il faut lire dans l'ouvrage de Lambert, pages 69 et suivantes, l'histoire homérique des batailles entre les législatures et les Cours suprêmes à ce sujet.

Mais le contrôle de constitutionnalité ne s'est pas borné aux lois des législatures. Il s'est étendu jusqu'aux *amendements à la constitution*. Le juge américain se place nettement au-dessus de la loi constitutionnelle et la juge, parce que, pour lui, il y a, au-dessus d'elle, un ensemble de principes supérieurs qui sont de droit naturel et qui forment une *légitimité constitutionnelle* à laquelle la constitution écrite elle-même doit se conformer. La constitution primitive est censée conforme, mais, si des amendements s'en écartaient par la suite, ils devraient être déclarés inconstitutionnels.

Cette thèse n'a pas encore complètement triomphé devant la Cour suprême fédérale, mais elle n'a pas non plus été condamnée (tentative faite en 1920, par les distillateurs, pour obtenir la déclaration d'inconstitutionnalité du dix-huitième amendement sur la prohibition de l'alcool (*Rhode-Island V. Palmer*, Lambert p. 112).

D. *Du gouvernement des juges et des raisons particulières qui, aux Etats-Unis, ont fait tourner à ce résultat le contrôle de constitutionnalité des lois.* — En ramassant tous ces traits, on voit qu'il n'est pas étonnant que la situation, telle qu'elle s'est dessinée aux Etats-Unis depuis une quarantaine d'années, ait été traduite par l'expression *gouvernement des juges*. Incontestablement, les législatures américaines sont bridées par le pouvoir judiciaire, les réformes dites sociales sont arrêtées, ou tout au moins retardées. On a pu dire que la législation est tenue en échec par neuf juges inamovibles et irresponsables ou même par la majorité de ces neuf juges. Cette situation n'a pas été sans déchaîner des colères politiques, et les radicaux ont proposé, sans succès d'ailleurs, diverses armes de combat. Mais la grande majorité du peuple américain reste très attachés à la prééminence du pouvoir judiciaire qui lui assure à la fois la limitation des pouvoirs du législatif et la garantie de ses libertés. Aussi, après quelques soubresauts de l'opinion publique, qui s'étaient produits avant la guerre de 1914, le contrôle de constitutionnalité paraît aujourd'hui plus solide que jamais.

Cette hypertrophie du pouvoir judiciaire américain tient à cette cause déterminante : les pays anglo-saxons en général et l'Amérique en particulier sont restés d'*ancien régime* en ce sens que, chez eux, la loi n'a pas été affranchie de la tutelle exclusive du juge par l'institution d'un régime administratif.

III. — LE CONTROLE JURIDICTIONNEL DE CONSTITUTIONNALITE DANS LES PAYS A REGIME ADMINISTRATIF ET SPECIALEMENT EN FRANCE

Il nous faut examiner ici les points suivants : 1° les raisons pour lesquelles le régime administratif empêcherait chez nous le contrôle de constitutionnalité de dégénérer en un gouvernement des juges; 2° les intérêts pratiques que ce contrôle de constitutionnalité présenterait; 3° les moyens pratiques de l'établir.

A. *Comme quoi le régime administratif français empêcherait le contrôle de constitutionnalité de dégénérer en un gouvernement des juges*. — Le régime administratif français est fondé sur le principe constitutionnel de la séparation des pouvoirs entre l'autorité administrative et l'autorité judiciaire, établi par les lois révolutionnaires (L. 16-24 août 1790, tit. II, art. 13; C. 3 sept. 1791, tit. III, chap. V, art. 3; L. 16 fruct. an III). On n'a pas assez remarqué que, par contre-coup, ce principe affranchit la loi de la domination exclusive du juge en enlevant à celui-ci, pour les donner à l'autorité exécutive, tous les pouvoirs de mise en train de la loi et en enfermant le juge rigoureusement dans l'interprétation contentieuse.

Sous notre ancien régime, qui avait commencé par être, comme dans les pays anglo-saxons, un état de droit judiciaire, les Parlements judiciaires s'étaient arrogé le droit d'enregistrer ou de refuser d'enregistrer les ordonnance royales, ce qui, au cas de refus, équivalait à empêcher la promulgation de la loi; de plus, ils rendaient des *arrêts de règlement* pour fixer, à l'avenir et d'une façon objective, l'interprétation de la loi; enfin, ils adressaient des injonctions aux particuliers ou aux fonctionnaires pour leur enjoindre d'obéir ou de résister à la loi, en vertu d'une juridiction d'équité analogue à celle des cours anglo-saxonnes.

Tous ces pouvoirs réglementaires des juges furent supprimés à la Révolution; l'interprétation contentieuse des lois elle-même leur fut chichement mesurée et la conception primitive fut que l'interprétation des lois devait être réservée au législateur lui-même par le moyen du *référé législatif*, de telle sorte que le juge n'eût qu'à appliquer mécaniquement des textes d'une signification certaine (Sfr. Gény, *Méthode d'interprétation*, 2° édit., t. II, p. 197 et s.).

De pareilles conceptions exaltaient la loi et abaissaient le juge. Ajoutons qu'au sortir de la Révolution, les codifications napoléoniennes rendaient inébranlables les assises de la loi; que la coutume générale était supprimée comme source du droit par la loi du

30 ventôse an XII, que les puissantes compagnies judiciaires de l'ancien régime étaient détruites et les nouveaux juges étroitement soumis au pouvoir, administratif, tant par leur mode de nomination et leur hiérarchie, que par l'institution des parquets.

Il est donc bien vrai que le juge français est enfermé à perpétuité dans le contentieux, et, même là, son pouvoir est encore diminué par le fait qu'il existe deux ordres de juridictions parallèles et rivales : la juridiction judiciaire et la juridiction administrative, tandis que, dans les pays anglo-saxons, il n'y a que le juge ordinaire.

Cette situation diminuée du juge, qui, à certains égards, a des inconvénients, présente, du moins, un avantage; elle nous assure que nous ne risquons pas de tomber sous le gouvernement politique des juges, alors même que nous leur reconnaîtrions le droit de déclarer l'inconstitutionnalité des lois.

B. *Des intérêts pratiques que présenterait en France le contrôle de constitutionnalité des lois.* — On répète souvent que le contrôle de constitutionnalité des lois, alors même qu'il serait institué chez nous, ne présenterait aucun intérêt pratique et ne pourrait jamais fonctionner parce que notre constitution écrite de 1875 est extrêmement brève, qu'elle ne contient que des règles d'organisation des pouvoirs publics, qu'aucun *bill des droits* n'y a été formellement incorporé et qu'ainsi elle ne garantit aucun droit qu'une partie quelconque ait intérêt à faire valoir devant les tribunaux.

Cette vue des choses n'est pas exacte. Nous avons observé déjà (*supra,* p. 81) qu'il faut ajouter à la constitution écrite tous les principes fondamentaux de l'Etat, envisagés comme formant une légitimité constitutionnelle.

Il existe déjà, d'ailleurs, des décisions de justice qui ne s'expliquent que par l'inconstitutionnalité de dispositions de lois contraires à des principes de ce genre, dispositions que le juge a refusé d'appliquer. La plus importante de ces décisions est celle du Tribunal des conflits, 30 juill. 1873, *Pelletier :*

On sait qu'un décret du gouvernement de la Défense nationale du 19 septembre 1870 avait supprimé l'ancienne garantie administrative des fonctionnaires résultant de l'article 75 de la Constitution de l'an VIII. Le Conseil d'Etat, faisant fonction de Tribunal des conflits, et la Cour de cassation avaient d'abord conclu de là que toute garantie administrative était désormais supprimée et que les fonctionnaires pouvaient librement être poursuivis en responsabilité devant les tribunaux judiciaires (Cass., 3 juin 1872, *Meyère*). Mais le Tribunal des conflits, une fois réorganisé après la loi du 24 mai 1872, reprit la question et décida que le décret du 19 septembre 1870 avait bien pu abroger la formalité de l'autorisation préalable aux poursuites, exigée par l'article 75 de la Constitution de l'an VIII, qui n'avait plus actuellement de valeur constitutionnelle, *mais qu'il n'avait pas pu abroger le principe constitutionnel de la séparation des pouvoirs*, et qu'ainsi le décret du 19 septembre 1870 ne serait pas appliqué en tant qu'attribuant compétence aux tribunaux judiciaires pour l'appréciation de la responsabilité administrative (D'autres décisions analogues sont citées dans mon *Précis de droit constitutionnel*, p. 319 et s.).

D'autre part, l'interdiction du contrôle de constitutionnalité des lois impliquerait la négation du droit des juges d'interpréter les textes constitutionnels. Or les juges sont déjà entrés dans la voie de cette interprétation. La Cour de cassation, à propos de la portée de l'art. 13, L. const. 16 juill. 1875, sur l'immunité parlementaire (Crim. cass., 24 févr. 1893, *de Lesseps*), le Conseil d'Etat, à propos de la portée de l'art. 3, L. const. 25 févr. 1875, sur l'exécution des lois (C. E. 28 juin 1918, *Heyriès*, S. 22. 3. 49 et ma note). Les juges ne devraient pas non plus refuser d'interpréter les dispositions constitutionnelles sur le vote des lois par les deux Chambres en termes identiques ou sur leur promulgation par le Président de la République (Laferrière, *Juridiction administrative*, 2ᵉ édit., II, p. 9).

C. *Des moyens pratiques de réaliser en France le contrôle juridictionnel de constitutionnalité des lois*. — Il n'y a qu'à le vouloir et à faire une campagne devant l'opinion publique afin d'encourager les juges à persévérer dans une voie où déjà ils sont entrés. Il n'est pas besoin d'un texte constitutionnel, car la compétence des juges est le droit (V. *supra*, p. 85). On a effrayé le juge français, en rappelant des textes révolutionnaires qui sont périmés (L. 16-24 août 1790, tit. II, art. 11 et 12; C. 3 sept. 1791, tit. III, chap. V, art. 3; art. 127 C. pén.). Ces textes visaient les pratiques des Parlements judiciaires de l'ancien régime qui refusaient l'enregistrement des ordonnances ou rendaient des arrêts de règlement; ils ne visaient pas du tout l'interprétation, ni même l'appréciation de validité contentieuse des lois (Pour plus amples détails, v. mon *Précis*, 2ᵉ éd., p. 286).

§ 5. — Les garanties de la sûreté individuelle tant contre le juge lui-même que contre le pouvoir administratif.

Toutes les déclarations des droits et toutes les constitutions révolutionnaires font figurer *la sûreté* au premier rang des droits individuels. Il s'agit des garanties de la liberté individuelle contre l'arbitraire de la justice criminelle, c'est-à-dire contre les juridictions d'exception, contre les peines arbitraires, contre les arrestations et détentions préventives, contre les embûches de la procédure criminelle.

Les juridictions d'exception ont été abolies par la loi des 16-

24 août 1790, art. 17. (Cfr. C. 3 sept. 1791, chap. V, art. 4). Le principe du jury criminel a été posé par la loi des 16-24 août 1790, art. 15. Ajoutons le principe que, seules, les juridictions judiciaires ont la compétence répressive à l'exclusion des juridictions administratives (sauf l'exception de la compétence des conseils de préfecture pour les contraventions de grande voirie).

Les peines arbitraires ont été abolies et le principe *nulla pœna sine lege* a été posé par l'article 8 de la *déclaration des droits de l'homme* : « Nul ne peut être puni qu'en vertu d'une loi établie et promulguée antérieurement au délit et légalement appliquée. » Ce principe signifie, non seulement qu'il n'y a point de peine sans un texte légal, mais que le degré de la peine est proportionné au délit par la loi elle-même. (V. cependant ce qui a été dit de la Haute Cour de Justice [*Supra*, p. 203].)

En ce qui concerne les garanties contre les arrestations et détentions préventives et contre les dangers de la procédure criminelle, on est frappé d'une différence entre les préoccupations françaises et les préoccupations anglaises.

Les Anglo-Saxons ne se préoccupent que d'empêcher ou faire cesser les détentions arbitraires. C'est à cet objet qu'est relative leur célèbre institution de l'*habeas corpus* qui permet à une Cour de justice, sur la réquisition d'un citoyen, de lancer à tout moment, à toute personne détenant un prisonnier, l'ordre d'amener immédiatement devant elle ce prisonnier pour que son cas soit examiné par la Cour. Quant à leur procédure criminelle, c'est la vieille procédure accusatoire, toute en débats oraux et publics qui donnent toutes garanties à la défense.

En France, au contraire, on s'est moins préoccupé jusqu'ici des détentions préventives arbitraires (bien que la mise en liberté provisoire ait été développée par les lois du 25 novembre 1912 et du 22 décembre 1917), et on s'est préoccupé davantage des dangers de la procédure criminelle qui est du type inquisitorial; sans doute, dans sa seconde phase, celle du jugement, elle devient contradictoire et publique, mais il y a une première phase, celle de l'instruction, où elle est secrète, entièrement menée par un juge d'instruction qui est chargé de découvrir la vérité. Une loi du 8 décembre 1897 est venue, sur ce point, apporter des améliorations sensibles et, maintenant, la procédure de l'instruction est contradictoire; bien qu'elle reste secrète et sans débats, un défenseur assiste aux interrogatoires de l'inculpé et des témoins.

Un projet plus vaste de réformes relatives à l'instruction préparatoire est à l'étude depuis 1879 (cfr. Vidal et Magnol, *Droit criminel*, 6e édit., 1921, p. 772 et p. 945).

Les garanties de la sûreté individuelle ont été suspendues à diverses reprises par des lois dites de *sûreté général* (D., 17 sept. 1793; D. 3 mars 1810; I. 27 juin 1849; commissions mixtes de 1852; I. 27 févr. 1858).

Garanties contre l'arbitraire du pouvoir judiciaire et du pouvoir administratif : 1° en matière d'internement dans un asile d'aliénés. V. L. 30 juin 1838; 2° En matière d'expulsion administrative; un Français ne peut pas être expulsé de France, ni même d'une localité déterminée (sauf en cas d'*état de siège* et d'*état de guerre*, V. *supra*, p. 160, ou par application de la police des Nomades, L. 16 juillet 1912); un étranger peut être expulsé par mesure administrative; à signaler : *a*) l'obligation du passe-port à l'intérieur (D. 18 sept. 1807), non appliquée en temps ordinaire, mais non abrogée; *b*) la défense du port des armes cachées ou secrètes (Déclar. du 3 mars 1728).

Les indigènes des possessions coloniales sont loin de jouir des mêmes garanties contre l'arbitraire administratif; à noter les *délits d'indigénat* jugés et punis immédiatement par l'administrateur lui-même qui, comme le consul romain, circule accompagné de ses licteurs.

Inviolabilité du domicile (C. 5 fruct. an III, art. 359; C. 22 frim. an VIII, art. 76; C. pén., art. 194). — La maison de toute personne habitant le territoire français est un asile inviolable; c'est une conséquence de la sécurité et de la liberté individuelle :

a) Pendant la nuit, nul n'a le droit d'y entrer qu'en cas d'incendie, d'inondation ou de requête venant de l'intérieur;

b) Pendant le jour, on peut entrer pour un objet spécial déterminé par une loi ou par un ordre émané d'une autorité publique.

Lorsqu'il y a *état de siège*, l'inviolabilité du domicile est suspendue, l'autorité militaire a le droit de faire des perquisitions de jour et de nuit (L. 9 août 1849, art. 9).

OBSERVATION

Lorsque le domicile d'un citoyen est un établissement *ouvert au public*, comme un débit de boissons par exemple, les représentants de la force publique ont le droit d'y pénétrer librement jusqu'au moment de la fermeture.

SECTION II

LES GARANTIES POLITIQUES DES LIBERTES INDIVIDUELLES

Sommaire. — **I.** Les garanties constitutionnelles générales. — **II.** Le droit de pétition. — **III.** La résistance à l'oppression.

I. — LES GARANTIES CONSTITUTIONNELLES GENERALES

Par cela seul que les constitutions apportent des limitations au Pouvoir politique, elles sont des garanties pour les libertés contre celui-ci. De ce point de vue, la séparation du pouvoir militaire et du pouvoir civil et la subordination du premier au second; la séparation des Pouvoirs exécutif et législatif et la dualité des organes de chaque pouvoir; le contrôle que chacun des pouvoirs et des organes exerce sur les autres, constitue de précieuses garanties préventives. Dans le gouvernement parlementaire, il existe même un mécanisme répressif, qui est celui des interpellations au Parlement, mettant en cause la responsabilité ministérielle pour les abus de pouvoir de l'Exécutif (Cfr. p. 250 pour les garanties de l'égalité civile qui résultent de la centralisation politique).

II. — LE DROIT DE PÉTITION

C'est un très vieux droit qui a existé sous les monarchies les plus absolues. Il provient de ce qu'un homme a toujours été admis à parler devant un autre homme, quelque haut placé que soit celui-ci, du moment qu'il prend le ton de la sollicitation et non pas celui de la réclamation contentieuse.

Il faut distinguer un emploi privé de la pétition et un emploi public ou politique. Dans son emploi privé, les autorités publiques sont sollicitées de prendre en considération des intérêts particuliers; dans son emploi politique, les pouvoirs publics sont sollicités de prendre en considération telle ou telle affaire publique.

Des précautions de forme et de procédure ont été prises en ce qui concerne les pétitions adressées aux Chambres législatives (L. 22 juill. 1879; Règl. de la Chambre, art. 121, 127; Règl. du Sénat, art. 17. 95, 101). Toute pétition doit être écrite, signée, et la signature légalisée; elle doit être adressée au président de l'assemblée et ne peut pas être apportée en personne à la barre de l'assemblée ni déposée sur le bureau. Elle est renvoyée à une commission dont le rapport conclut, soit au refus d'examiner, soit à l'examen par l'assemblée, soit au renvoi au gouvernement.

Le droit de pétition est véritablement individuel, ouvert à tous les sujets et nationaux et même aux étrangers, sans condition d'âge ni de capacité. Les pétitions peuvent être individuelles ou collectives et, dans le cas de pétitions collectives, elles peuvent être colportées librement pour recueillir les signatures.

Le droit de pétition et l'initiative législative dans les pays à referendum (V. *supra*, p. 207).

III. — LA RESISTANCE A L'OPPRESSION ET LE DROIT A L'INSURRECTION

La déclaration de la Constitution du 24 juin 1793, art. 33-35, a affirmé ces deux droits dans des termes qui en exagèrent manifestement la portée (Cf. Esmein et Nézard, 7e édit., t. II, p. 533). Ils ne sauraient être qu'un *ultimum remedium* assez analogue à ces justifications que le droit pénal connaît sous le nom de *légitime défense* ou de *droit de nécessité*. A leur sujet, il convient de présenter les deux observations suivantes : 1° ils constituent ce que les théologiens du moyen âge appelaient une *résistance active* allant au besoin jusqu'à l'emploi de la force; 2° ce recours à la vieille justice individuelle ne saurait être considéré comme légitime que si le recours en la justice de l'institution politique est rendu manifestement impossible par les circonstances.

Il faut ici distinguer deux hypothèses : *a*) celle d'un gouvernement usurpateur qui s'annonce comme tyrannique; *b*) celle des actes illégaux ou injustes où se laisse entraîner un gouvernement jusque là régulier; en ce dernier cas, il ne suffirait pas d'un acte illégal isolé et accidentel n'intéressant que quelques individus; ainsi que le remarque Lock, « il est impossible, pour un homme ou deux plus ou moins opprimés, de troubler le gouvernement lorsque le corps du peuple ne se sent pas touché par le fait commis »; il faut des actes répétés et de nature à toucher le corps du peuple (Essay on civil government, §§ 206 et s.; de Pange, *Théories polit. du moyen âge*, p. 163).

TABLE ANALYTIQUE DES MATIÈRES

LIVRE II

Les lois constitutionnelles.

DEUXIEME PARTIE

La constitution sociale.

TABLE ALPHABÉTIQUE

Les chiffres renvoient aux pages de l'ouvrage

LA LICENCE EN DROIT

PRÉCIS ÉLÉMENTAIRE
DE DROIT CIVIL
par Joseph HÉMARD
Professeur à la Faculté de Droit de l'Université de Paris

TOME I : *Théorie générale du droit civil. Les droits de famille. Les droits réels*, in-8° écu, 1928 **25 fr.**

TOME II : *Les obligations*, in-8° écu 1929. Prix .... **25 fr.**

PRÉCIS ÉLÉMENTAIRE
DE
DROIT ADMINISTRATIF
par Maurice HAURIOU
Doyen de la Faculté de Droit de l'Université de Toulouse, Correspondant de l'Institut
Membre associé de l'Académie Royale de Belgique

1925. Un volume in-8° écu.. **25 fr.**

PRÉCIS ÉLÉMENTAIRE
DE
Droit pénal et de Procédure pénale
par J.-A. ROUX
Professeur de Droit criminel à l'Université de Strasbourg

1925. Un volume in-8° écu.. **25 fr.**

PRÉCIS ÉLÉMENTAIRE
D'ÉCONOMIE POLITIQUE
par Henri TRUCHY
Professeur d'économie politique à la Faculté de Droit de Paris

TOME I 1926-1928, 1 vol. in-8° écu **25 fr.**

TOME II 1928 1 vol. in-8° écu **25 fr.**

PRÉCIS ÉLÉMENTAIRE
DE
DROIT ROMAIN
Notes de cours

LES OBLIGATIONS

1926. Un volume in-8° écu. **25 fr.**

PRÉCIS ÉLÉMENTAIRE
D'HISTOIRE DU DROIT FRANÇAIS
par E. PERROT
Professeur à la Faculté de Droit de Paris
1930. Premier fascicule (en préparation)

PRÉCIS ÉLÉMENTAIRE
DE
LÉGISLATION INDUSTRIELLE
par Georges SCELLE
Professeur
à la Faculté de Droit de l'Université de Dijon

1927. Un volume in-8° écu. **25 fr.**

PRÉCIS ÉLÉMENTAIRE
DE
PROCÉDURE CIVILE
par Ch. CÉZAR-BRU
Professeur à la Faculté de Droit de l'Université de Toulouse

1927. Un volume in-8° écu. **25 fr.**

PRÉCIS ÉLÉMENTAIRE
DES
VOIES D'EXÉCUTION
7e édition, *revue et mise au courant*
par Louis JOSSERAND
Doyen de la Faculté de Droit de Lyon

1925. Un volume in-8° écu **25 fr.**

PRÉCIS ÉLÉMENTAIRE
DE
DROIT ADMINISTRATIF
par Roger BONNARD
Professeur de Droit administratif à la Faculté de Droit de Bordeaux

1926. Un volume in-8° écu.. **25 fr.**

PRÉCIS ÉLÉMENTAIRE
DE
DROIT ROMAIN
Notes de Cours, 1re année de licence
par E. PERROT
Professeur à la Faculté de Droit de Paris
1927. Un volume in-8° écu.. **25 fr.**

PRÉCIS ÉLÉMENTAIRE
DE
DROIT INTERNATIONAL PRIVÉ
par J.-P. NIBOYET
Professeur à la Faculté de Droit de Lille
1928. Un volume in-8° écu.. **25 fr.**

Les autres matières paraîtront successivement.

16.930. — BORDEAUX, Imprimerie Cadoret, 3, place Saint-Christoly. — 1930.